Comte MOLLIEN

MÉMOIRES
D'UN MINISTRE
DU
TRÉSOR PUBLIC
1780-1815

Avec une notice par M. Ch. GOMEL

TOME PREMIER

PARIS
GUILLAUMIN ET Cie
ÉDITEURS DU JOURNAL DES ÉCONOMISTES
RUE RICHELIEU, 14

1898

MÉMOIRES
D'UN MINISTRE
DU TRÉSOR PUBLIC

—

TOME I.

Comte MOLLIEN

MÉMOIRES

D'UN MINISTRE

DU

TRÉSOR PUBLIC

1780 — 1815

Avec une notice par M. Ch. GOMEL

TOME PREMIER

PARIS
GUILLAUMIN ET Cie
ÉDITEURS DU JOURNAL DES ÉCONOMISTES
RUE RICHELIEU, 14

1898

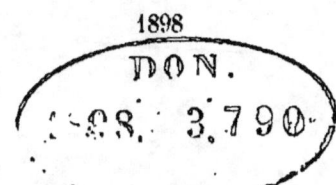

AVIS DES ÉDITEURS

Les mémoires du comte Mollien n'ont jamais été mis en circulation.

Nous avons pensé qu'ils seraient lus avec intérêt à l'époque actuelle où les questions de finances tiennent une place si importante et où les esprits recherchent avec ardeur tous les témoignages nouveaux qui peuvent éclairer et remettre à son véritable point cette période si extraordinaire de notre histoire. Les rapports journaliers du comte Mollien avec Napoléon sont à eux seuls de précieux documents.

NOTICE SUR MOLLIEN

Bien rares sont les auteurs de mémoires qui, en s'adressant à la postérité, prennent la plume avec le seul souci de la renseigner impartialement, sans passion et avec exactitude, sur les hommes et les événements au milieu desquels ils ont vécu.

Mollien est de ceux-là.

Après avoir été, pendant quatorze années, l'un des principaux collaborateurs du souverain qui avait porté le plus haut la gloire de la France et qui, malgré ses fautes et ses revers, était incontestablement un des plus étonnants génies qu'eût produit l'humanité, il considéra comme un devoir de conserver par écrit le souvenir des grandes choses qu'il avait vues de si près. N'avait-il pas d'ailleurs à sa disposition d'importants et nombreux documents, que lui avait valus l'exercice des fonctions dont il avait été investi ? Il résolut de s'en servir pour étayer son récit, et désireux de mettre en évidence non pas ses propres mérites, mais les procédés financiers qui avaient permis au gouvernement impérial de faire face aux dépenses nécessitées par des guerres presque ininterrompues, il entreprit de relater les actes principaux de sa carrière.

La clarté de l'exposition, la précision des détails, la modération des idées et des jugements, sont autant de qualités qui distinguent l'ouvrage de Mollien. Mais, ce qui en fait surtout le prix, c'est l'abondance des renseignements qu'on y trouve sur la part considérable prise par Napoléon non seulement à la direction des finances, mais encore à leur gestion pour ainsi dire journalière, sur l'attention avec laquelle il étudiait, à la veille de ses campagnes, les ressources que pourrait lui fournir le Trésor, sur l'intérêt qu'il attachait, si loin que l'eussent entraîné ses conquêtes, à se tenir minutieusement au courant de la situation budgétaire sur la vigilance qu'il mettait à surveiller, de loin comme de près, l'emploi régulier des crédits ouverts à ses ministres, sur l'économie dont il s'était fait une règle inflexible pour l'entretien de ses immenses armées.

Mollien, il est vrai, n'a eu de relations avec l'empereur que pour s'occuper des questions de trésorerie. Mais, même à ce point de vue restreint, ce qu'il nous raconte suffit pour attester les puissantes facultés d'administrateur que possédait Napoléon. Les *Mémoires d'un ministre du Trésor* présentent donc, dans leur genre, pour quiconque veut envisager sous ses divers aspects le génie du grand homme, une importance égale à celle des mémoires dans lesquels ses généraux ont dépeint les actions du capitaine qui les a menés si souvent à la victoire.

Dans son ouvrage, Mollien ne nous parle pas, au surplus, uniquement de sa carrière ministérielle. Il raconte les premiers incidents de sa vie, il nous fournit des indications d'un grand intérêt sur l'organisation financière de l'ancienne monarchie, il nous montre comment l'apprentissage financier qu'il accomplit sous l'ancien régime le prépara à remplir les places qu'il occupa plus tard avec une rare distinction.

François-Nicolas Mollien naquit à Rouen en 1758. Son père était commerçant. Il avait l'esprit cultivé, et voulant que son fils reçût une instruction plus soignée que celle qui aurait pu lui être donnée dans sa ville natale, il l'envoya, à l'âge de douze ans, dans un collège de l'Université de Paris. Le jeune Mollien s'y distingua : quatre ans plus tard, il avait terminé ses études et il retourna à Rouen, où un des premiers avocats de la ville l'admit dans son cabinet. Amené dans la capitale l'année suivante par un plaideur pour lequel il avait rédigé un mémoire, il fut présenté au célèbre avocat Gerbier, qui le détourna d'entrer au barreau. Celui-ci lui exposa que les vieilles institutions de la France étaient ébranlées, que tout le monde était d'accord pour les réformer, sans qu'on pût savoir quel nouvel ordre de choses s'établirait dans le royaume, qu'une révolution politique et sociale dont il était impossible de mesurer la portée se préparait, et que les anciennes lois étaient à la veille de disparaître. Comme Voltaire, comme d'Argenson et beaucoup d'autres esprits distingués de son temps, Gerbier prévoyait donc dès 1775 le mouvement émancipateur qui devait se produire en 1789, et Mollien, renonçant à l'étude du droit, se fit admettre dans les bureaux de la ferme générale.

C'était une compagnie composée de soixante fermiers généraux, et chargée de percevoir les taxes indirectes au profit de l'Etat : droits sur le vin, la bière, le cidre et l'alcool, sur le sel, sur le tabac, sur les fers, les cuirs et autres objets fabriqués, droits de douane qu'on appelait alors droits de traite et qui étaient exigibles tant aux frontières du royaume qu'à la limite de diverses provinces, droits sur les denrées à l'entrée des principales villes, etc. Le taux de ces droits variait à l'infini ; leur recouvrement était protégé par une législation fiscale dont l'extrême sévérité ne parvenait pourtant pas à empêcher qu'ils ne fussent souvent fraudés ; la contrebande était très active ; et la ferme générale entretenait, pour la levée des contributions, une sorte d'armée de trente mille agents de tous ordres. Ainsi mise sans cesse en contact avec la population, elle était l'objet d'une impopularité qu'augmentait encore l'envie suscitée par les grosses fortunes de quelques fermiers généraux. Sous Louis XV, certains d'entre eux avaient affiché un luxe scandaleux, qui avait contribué à leur déconsidération. Mais, sous Louis XVI, à l'époque où Mollien obtint un emploi dans la ferme générale, les fermiers étaient pour la plupart d'honnêtes gens, de riches fonctionnaires, qui trouvaient, dans les revenus que leur rapportait leur place, une fructueuse rémunération de leurs capitaux. La mise de fonds de chacun d'eux était, en effet, de 1.560.000 livres ; elle représentait leur part dans la valeur des bâtiments de la ferme et dans celle des sels et tabacs emmagasinés. Ils avaient droit sur cette mise de fonds à un intérêt de 5,65 %, et, en outre, ils avaient à se répartir entre eux un bénéfice de 2 à 300.000 livres par tête. Mais ils avaient presque tous des associés, ce qui diminuait le montant des sommes qui restaient en définitive entre leurs mains. L'organisation de la ferme générale s'était peu à peu perfectionnée ; elle possédait une comptabilité très compliquée, qui ne laissait échapper la trace d'aucune des recettes faites par la compagnie, mais qui présentait le défaut d'être toujours de deux ou trois ans en retard ; il est vrai que les comptes du Trésor royal n'étaient alors arrêtés et appuyés de pièces justificatives qu'avec un retard plus considérable encore.

Mollien fut attaché pendant six ans à l'administration de la ferme générale ; il en scruta tous les rouages et il ne tarda pas à se convaincre que l'intérêt de l'État eût exigé sa suppression. En faisant percevoir par ses propres agents les impôts indirects, il eût, en effet, accru ses recettes des bénéfices réalisés par la ferme. Le bail de celle-ci venant à échéance en 1780, Necker allait-il profiter de cette circonstance pour substituer la régie à l'affermage ? Il n'osa pas accomplir cette réforme, et il se contenta d'enlever à la ferme générale le recouvrement des droits d'aides sur les boissons, des droits de contrôle sur les actes et des droits domaniaux, recouvrement qui fût confié à deux régies différentes ; en même temps, il augmenta le prix du bail pour les impôts dont l'affermage fut maintenu, et il réduisit le nombre ainsi que le traitement des fermiers généraux. Mollien applaudit à toutes ces mesures et bientôt après, en 1781, il signala son zèle pour le bien public par la rédaction d'un rapport sur la franchise du port de Bayonne. La ferme générale était opposée à ce projet et elle le fit échouer ; mais un intendant des finances chargé de la surveillance de la ferme, M. de Villevault, fut frappé des considérations que Mollien avait développées dans son rapport et il lui proposa d'entrer dans son service. Mollien accepta, et d'agent de la ferme il devint l'un de ses contrôleurs. En cette qualité, il travailla à la préparation d'un nouveau bail que Calonne eut à passer avec la ferme en 1786. Il dressa des tableaux établissant la progression de plus en plus rapide du rendement des taxes affermées, et il contribua ainsi à l'adoption d'un traité qui accrut de dix millions par an le prix minimum, qu'en vertu de leur bail les fermiers généraux s'engagèrent à verser dans les caisses du Trésor.

On sait que l'Assemblée Constituante supprima non seulement la ferme générale, mais aussi les impôts dont la levée avait été dans ses attributions. Mollien paraît avoir été comme étourdi par la précipitation qu'apportèrent les Constituants à opérer des réformes fiscales, et par leur parti pris de laisser les contribuables se soustraire au paiement de l'impôt. Il aspirait à quitter Paris, et vers la fin de 1791 il accepta la place de directeur de l'enregistrement et des domaines à Evreux. Il ne la conserva pas longtemps, car après le 10 août il fut destitué. Sans fortune et avec l'espoir de se faire oublier en se consacrant à des affaires industrielles, il prit un intérêt dans une filature de coton qu'un de ses parents venait de monter dans le département de la Seine-Inférieure, et mandé à Paris par Clavières, au mois de mai 1793, il refusa de rentrer dans l'administration des finances. C'était agir prudemment, car, sous le régime de la Terreur, tout poste qui vous mettait en évidence vous exposait au danger. Il n'évita pourtant pas d'être dénoncé, comparut au mois de février 1794 devant le tribunal révolutionnaire d'Evreux, fut acquitté, mais arrêté quelques jours après, conduit dans la capitale et emprisonné avec les fermiers généraux. Ils étaient au nombre de trente-deux, et comme le dit Mollien, on n'en voulait qu'à leurs richesses. Ils repoussèrent victorieusement tous les reproches de malversation qui leur furent adressés; ils n'en furent pas moins condamnés à mort, sauf trois d'entre eux, et exécutés. Le 9 thermidor arriva avant que Mollien n'eût à son tour passé en jugement, et le 2 août 1794 il était remis en liberté. Il employa les années qui suivirent à s'occuper de sa manufacture et à voyager en Angleterre, où il étudia le système et le fonctionnement de la Banque. Il était de retour en France quand Bonaparte s'empara du pouvoir au 18 brumaire. Il ne cache pas la joie qu'il ressentit à voir un gouvernement fort et ami de l'ordre succéder à l'anarchie directoriale. Il éprouva une joie non moindre à voir le premier consul et son ministre des finances, Gaudin, réorganiser l'administration fiscale, veiller à la rentrée des contributions, et prendre des mesures tant pour relever la valeur de la matière imposable que pour hâter le paiement des rentes et d'une masse de dettes de l'Etat depuis longtemps en souffrance.

Gaudin était l'ami de Mollien. Il lui demanda son concours et lui offrit la direction de la Caisse d'amortissement qu'il venait de créer. Malgré son titre, elle avait moins pour but d'amortir la dette publique que de faciliter le service courant du Trésor, au moyen de la négociation des obligations souscrites par les receveurs généraux, obligations qui constituaient des avances sur la rentrée des impôts. Ceux-ci n'étaient en effet versés au Trésor que dans un délai de quinze à vingt mois, tandis que la plupart des dépenses devaient être acquittées par douzièmes à la fin de chaque mois. Mollien était d'avis qu'il était prématuré de constituer une Caisse d'amortissement, à une époque où les ressources de l'Etat étaient fort au-dessous de ses besoins, et où l'arriéré des ministères atteignait des sommes très élevées. Néanmoins, il estima que la nouvelle institution aiderait au relèvement du crédit public et faciliterait les paiements de l'Etat. Il accepta donc de diriger la Caisse d'amortissement, s'empressa d'en organiser la comptabilité et le contrôle, y introduisit la méthode de la partie double qui n'avait encore été mise en pratique dans aucune administration officielle, et dirigea les opérations de la Caisse avec tant d'habileté que, d'après les comptes qu'il publia au commencement de l'année 1801, son capital primitif de 10.800.000 francs se trouvait élevé à 13.400.000 francs. Les cours de la rente 5 % étaient si bas au début du Consulat, que moyennant 5.200.000 francs, la Caisse avait pu acquérir 686.000 francs de rente. L'apparition de ce compte produisit dans le public le meilleur effet. Mais le bruit s'étant répandu que la Caisse d'amortissement allait recevoir du gouvernement un supplément de dotation dont elle se servirait pour acheter des rentes, une spéculation à la hausse s'engagea à la Bourse; elle ne réussit pas, parce que le bruit qui lui avait donné naissance était mal fondé, et la Caisse fut accusée de connivence avec les joueurs à la baisse.

Cette circonstance fut l'occasion de la première entrevue de Mollien avec le général Bonaparte. Celui-ci commença par lui dire qu'à son avis la Caisse d'amortissement devait être l'arbitre du cours des effets publics. Mais Mollien lui démontra aisément que la hausse ou la baisse de la rente, tenait à un ensemble de causes bien plus complexes que la simple intervention d'un établissement disposant de quelques millions. Bonaparte avait d'ailleurs un autre objet en vue : c'était de se faire expliquer le mécanisme de la Caisse. Par des questions précises il amena, en conséquence, son interlocuteur à exposer non seulement de quelle manière ce mécanisme fonctionnait, mais les améliorations dont il était susceptible, et il s'appropria la plupart des idées qu'il lui soumit. Puis il tint une seconde conférence à laquelle assistèrent Mollien, les deux autres consuls et les ministres : il y critiqua dans les termes les plus sévères un plan de réorganisation de la Caisse préparé par le Conseil d'Etat, contrairement à quelques-unes des intentions qu'il avait manifestées à son ministre des finances, et finalement un décret réorganisa la Caisse d'amortissement, étendit ses attributions, augmenta ses moyens d'action, et nomma Mollien, qui avait eu jusqu'alors pour collègues deux autres administrateurs, directeur général de cette institution.

Les rapports qui s'étaient ainsi établis entre Napoléon et Mollien ne tardèrent pas à devenir fréquents. Le premier reconnaissait la compétence du second dans les affaires financières, son honnêteté et sa parfaite bonne foi. Il le consulta spécialement sur le rôle de la Banque de France, sur les services qu'en pouvait attendre le gouvernement, et Mollien lui fit sentir les dangers qui seraient résultés d'une émission de billets hors de proportion avec le montant des effets de commerce négociables. Devant les objections de Mollien, il renonça à exiger que la Banque vînt au secours de l'Etat ; et cependant le Trésor souffrait de l'insuffisance du produit des impôts par rapport aux dépenses, ce qui faisait que les valeurs par lui créées n'étaient pas reçues au pair : celles à brève échéance étaient elles-mêmes offertes à 1 % de perte. Autant

Napoléon se montrait cassant et absolu dans les discussions, autant il déployait de bonne humeur dans les conversations privées où il cherchait à s'instruire de ce qu'il voulait savoir. Un de ses principes consistant à toujours tenir ses ministres en éveil et à leur inspirer la crainte d'être, sur quelque point, pris en défaut, il ne négligeait aucun moyen d'informations. Il chargea donc Mollien, dont la modestie et le bon sens lui inspiraient confiance, de lui rendre compte de tous les mémoires qui lui étaient journellement adressés sur le crédit, les impôts, les emprunts, les monnaies ; et comme Mollien lui faisait remarquer un jour qu'il n'y avait pas un seul des conseils contenus dans ces mémoires qui fût digne d'être suivi, « ce n'est pas des conseils que j'attends, lui répondit vivement Bonaparte, mais des avertissements. » Paroles remarquables, qui montrent la conception qu'il se faisait du gouvernement personnel : toute l'autorité pour lui-même, mais avec le devoir de n'ignorer rien de ce qui disait et de ce qui se passait en France. Ses résolutions une fois prises étaient inébranlables, et il ne restait qu'à se soumettre. Nous n'en citerons qu'un exemple : les fonds publics ayant baissé au moment de la rupture de la paix d'Amiens, et le premier consul ayant ordonné à la Caisse d'amortissement d'intervenir à la Bourse afin de soutenir les cours du $5\,^0/_0$, c'est en vain que Mollien lui représenta que cette intervention serait inefficace, qu'elle était injuste et qu'elle occasionnerait à l'État une perte certaine. Bonaparte maintint ses ordres et les choses se passèrent comme l'avait prévu Mollien : la Caisse consacra douze millions en trois jours à acheter de la rente, devant la multiplicité des offres elle dut cesser ses achats et la baisse atteignit bientôt plus de 10 %.

Après la proclamation de l'empire, Mollien fut nommé conseiller d'Etat, tout en conservant la direction de la Caisse d'amortissement. La situation de cet établissement était bonne, mais il n'en était pas de même de celle des finances de l'Etat. Les dépenses des ministères de la guerre et de la marine avaient pris un développement qui finit par épuiser les ressources du Trésor. Pendant la campagne de 1805, ses embarras furent tels, qu'il lui fut impossible de continuer ses paiements. En même temps, la Banque de France qui avait imprudemment grossi le chiffre de ses escomptes et le montant de sa circulation de papier, se vit assaillie de demandes de remboursement de ses billets et elle ne put y faire face. Une crise intense éclata sur la place de Paris. Napoléon s'en inquiéta, et à peine de retour aux Tuileries, il réunit le 26 janvier 1806 un conseil qui dura neuf heures. Ce conseil eut pour résultat la destitution de Barbé-Marbois, ministre du Trésor, et son remplacement par Mollien.

C'est par pur sentiment du devoir et avec une appréhension bien compréhensible, que ce dernier accepta le ministère du Trésor. D'une part, en effet, les détails qu'il avait entendus dans la séance à laquelle il venait d'assister ne lui laissaient aucune illusion sur la gravité du déficit avec lequel il allait se trouver aux prises ; d'autre part, il connaissait la mésintelligence qui avait jusqu'alors existé entre les deux ministres qui se partageaient à cette époque l'administration des finances. Comme il l'explique fort bien, l'un avait la prévoyance sans l'action, l'autre avait l'action sans la prévoyance. Ce dédoublement des attributions était mauvais ; mais l'empereur l'avait imaginé, parce qu'il voulait que les deux ministres se contrôlassent l'un par l'autre, et surtout parce qu'il entendait être lui-même son propre ministre des finances.

Quoiqu'il en soit, à son arrivée au Trésor, Mollien trouva 30 millions d'ordonnances de paiement en souffrance, un arriéré de 15 millions sur la solde des troupes qui tenaient garnison en France et un excédent de dépenses de près de 100 millions comparativement aux recettes des deux derniers exercices. En outre, les opérations d'une société de banquiers et fournisseurs, connus sous le nom de faiseurs de service, avec lesquels avait traité M. de Marbois et qu'il n'avait pas surveillés suffisamment, se traduisaient par une perte momentanée de 142 millions. La gène de la trésorerie était, par suite, extrême et il importait d'y parer au plus vite. C'est à quoi s'appliqua Mollien, et le succès couronna ses efforts. Ainsi à la fin de 1806, le déficit des faiseurs de service était ramené à 85 millions et au mois de mars 1808 il n'était plus que de 13 millions. D'un autre côté, l'escompte des obligations souscrites par les receveurs généraux baissa en quelques mois, grâce à la paix qui venait d'être conclue avec l'Autriche, de 12 % à 6 ou 7 %. Mais Mollien trouvait avec raison que la faculté dont ils jouissaient de ne verser au Trésor qu'au bout de dix-huit mois le produit de l'impôt, était fort onéreuse pour l'Etat. Afin de les engager à se dessaisir plus tôt des sommes payées par les contribuables, il imagina d'attribuer un intérêt à leurs versements et il créa une caisse, dite caisse de service, dans laquelle les comptables furent tenus de verser les recettes aussitôt après leur recouvrement. Cette réforme eut pour conséquence d'accroître d'une quarantaine de millions les fonds de la trésorerie, de faciliter les opérations de paiement et de relever à ce point le crédit du Trésor, qu'il put placer au pair ses mandats, ses bons à vue, ses effets sur la province, et se procurer de 100 à 150 millions par des emprunts à court terme, qui se renouvelaient au fur et à mesure de leur échéance et dont le taux ne dépassait pas 5 %. Ces heureux résultats causèrent beaucoup de satisfaction à l'empereur, qui en félicita son ministre. Et comment ne l'aurait-il pas loué, en apprenant qu'au mois de janvier 1807, la trésorerie, au lieu d'être aux abois comme elle l'était un an plus tôt, possédait plus de 60 millions en espèces dans la caisse de service de Paris et dans les caisses de réserve de Mayence, Strasbourg et Turin ?

Rien n'est plus difficile que de changer une pratique administrative, si vicieuse qu'elle soit, et surtout quand son origine est ancienne. Mollien parvint néanmoins à obtenir que les receveurs généraux et tous les autres agents du Trésor tinssent leurs écritures en partie double. Il simplifia, en outre, les formalités applicables aux paiements, donna des instructions aux comptables pour qu'ils acquittassent plus rapidement les sommes dues par l'Etat à ses créanciers, soumit la comptabilité du Trésor à de nouvelles règles que sanctionna un décret, créa dans le sein de son administration un contrôle destiné à prévenir toute erreur et tout détournement ; enfin, il eût l'idée de faire dresser tous les trois mois un bilan du Trésor, présentant, en un petit nombre de feuilles, l'état de ses dettes et de ses ressources, des recouvrements et des paiements par lui effectués durant l'exercice en cours et de ceux restant à faire sur les exercices antérieurs. Ce bilan trimestriel était chaque fois soumis à l'empereur qui, même en campagne, l'étudiait avec le plus grand soin et qui en utilisait les indications pour accabler ses ministres de demandes de renseignements et de justifications.

Pendant les séjours qu'il faisait à Paris, Napoléon aimait à travailler avec Mollien et il approuvait en général ses propositions. Néanmoins, il décocha un jour contre les administrateurs qui avaient l'amour des innovations des épigrammes que Mollien crut être à son adresse, et il offrit de suite sa démission à l'empereur. Celui-ci la refusa et afin de prouver à son ministre qu'il n'avait pas entendu le blâmer, il lui accorda une gratification considérable sur son trésor privé. Ils n'étaient pourtant pas toujours d'accord.

Ainsi Mollien aurait attaché le plus grand prix à ce que les fournisseurs fussent exactement payés du prix de leurs fournitures ; c'eût été, suivant lui, le moyen de les obtenir à meilleur marché et de meilleure qualité. Mais l'empereur n'aimait pas les fournisseurs, il leur reprochait leurs gains, et il lui arriva plusieurs fois de réduire les crédits qui leur étaient destinés, afin de couvrir des dépenses d'armement et de solde. De même au début de la guerre d'Espagne, le cours de la rente 5 % ayant notablement fléchi, il ordonna au ministre du Trésor de ne pas la laisser descendre au-dessous de 80 francs : le ministre multiplia inutilement les objections contre cette fausse mesure, il dut se soumettre et l'Etat perdit une trentaine de millions à vouloir maintenir le cours de 80 francs. Ce fut encore contre l'avis de Mollien qu'une somme de 18 millions fut employée en 1810 et 1811 à des prêts consentis à des manufacturiers que ruinait le renchérissement des matières premières dû au blocus continental, prêts qui devaient être remboursés par eux et que bien peu purent restituer. Enfin Mollien déploya une insistance à peu près infructueuse à prier l'empereur de verser dans le Trésor les indemnités pécuniaires qu'il arrachait aux nations ennemies. Napoléon les consacra à constituer une caisse particulière à laquelle il donna le nom de domaine extraordinaire, et dont il se réserva l'entière disposition. A trois reprises seulement, en 1807, 1811 et 1813, il accorda au Trésor, par des versements du domaine extraordinaire, des secours montant ensemble à environ 120 millions. Dans le public on croyait au contraire que les contributions imposées aux peuples vaincus tombaient en majeure partie dans le Trésor, et la régularité inaccoutumée avec laquelle il remplissait ses engagements fortifiait cette opinion. Napoléon était bien aise qu'elle se propageât, car il tenait à ce que les Français fussent persuadés que la guerre leur rapportait plus de profits que de charges. Il est certain, au surplus, que l'empereur atténua singulièrement la dépense de ses armées, en les faisant vivre au dépens des nations dont, après la victoire, elles occupaient le territoire, et il prolongea souvent cette occupation, afin de soulager son budget par les réquisitions et les levées de subsides. Enfin, il veillait avec une rigueur étonnante chez un conquérant à renfermer dans d'étroites limites les frais d'entretien de ses troupes ; grâce à elle, la dépense moyenne par homme, depuis le simple soldat jusqu'au maréchal de France, ne ressortait qu'à 700 francs par an, y compris la solde, les vivres, l'armement et la remonte, et la garde impériale, quoique jouissant d'avantages spéciaux, ne coûtait annuellement, pour 30.000 hommes, que 22 millions.

Cela explique comment le premier empire put soutenir sans emprunts des guerres perpétuelles. Il résulte des tableaux budgétaires qui sont reproduits dans l'ouvrage de Mollien, que les dépenses du ministère de la guerre et de la marine ont toutefois toujours été en augmentant, qu'elles ont successivement atteint 418 millions en 1806, 460 en 1807, 493 en 1808, 508 en 1809, 498 en 1810, 663 en 1811,

722 en 1812, 816 en 1813, et qu'elles ont absorbé une part de plus en plus forte des recettes de l'Etat : les trois cinquièmes pendant les trois premières années, les deux tiers pendant les trois dernières. Quant aux recettes, elles furent pour chaque exercice, sauf celui de 1811, égales aux dépenses ; mais en dépit de la fermeté de l'administration qui n'aurait pas toléré que les contribuables ne payassent pas leurs impôts, les recouvrements éprouvaient des retards qui devinrent considérables à partir de 1809. Sans un judicieux emploi des moyens de trésorerie, l'acquittement des dépenses fût devenu presque impossible.

Après la chute de l'empire, les royalistes accusèrent Napoléon d'avoir dépensé un milliard au-delà des ressources réalisables, et ils reprochèrent à Mollien d'avoir laissé s'accumuler un arriéré de 600 millions dans les ministères. L'ancien ministre du Trésor n'eut pas de peine à démontrer combien ce reproche était immérité, mais il ne voulut pas livrer sa réponse à la publicité. Lorsqu'il apprit le retour de l'empereur en 1815, il s'empressa d'aller le saluer, mais il eût préféré ne pas avoir à le servir de nouveau, car il prévoyait à bref délai une guerre terrible et l'écrasement de la France. Napoléon lui parla en des termes qui prouvaient que la confiance lui manquait à lui-même, mais il fit appel à son dévouement et Mollien ne crut pas devoir lui refuser son concours. Il occupa donc pour la seconde fois le ministère du Trésor, et après les Cent jours il rentra dans la vie privée. La dignité de sa retraite et son renom d'habile administrateur appelèrent bientôt l'attention sur lui, et le duc de Richelieu, président du Conseil, lui offrit le ministère des finances. Il le refusa et ne voulut pas davantage s'en charger sous le successeur du duc de Richelieu, M. Decazes. Mais celui-ci lui proposa une place à la Chambre des pairs et il l'accepta avec empressement. Quoiqu'en 1819 Mollien fût déjà âgé de 61 ans, il resta pendant bien des années encore membre de la Chambre Haute. Sous la Restauration, comme sous le gouvernement de Louis-Philippe, il y rédigea d'importants rapports sur des questions financières, et il y jouissait d'une légitime autorité. Il s'éteignit en 1850. Peu de vies ont été plus nobles et plus utiles que la sienne.

Dans les pages qui précèdent nous nous sommes attaché à dire quel fut son rôle et à résumer les points les plus saillants de sa carrière. Nous aurons atteint notre but, si nous sommes parvenu à inspirer au lecteur le désir d'en connaître les détails, et de rechercher dans les Mémoires qu'il nous a laissés les preuves de la prodigieuse activité de Napoléon.

Ch. Gomel.

SUR

MES MÉMOIRES[1].

Quam depono, vitam expono.

J'ignore quel sera le sort de ce long écrit, et s'il sera jamais rendu public. Je lui donnerais son véritable nom, en l'appelant mon examen de conscience; et je pourrais assez raisonnablement mettre en question, si ce que je pense de moi peut intéresser le public, qui n'a plus aucun motif d'y penser.

Mon but a été surtout de me rendre compte à

---

[1]. Une première impression de ces Mémoires avait été faite en 1837, et tirée à quelques exemplaires, seulement pour ma famille. Quelques personnes m'en demandèrent confidentiellement la communication, et crurent pouvoir y trouver, pour des travaux d'une plus haute importance, des renseignements que je m'empressai de mettre à leur disposition. Cette circonstance me détermina à revoir cet écrit, et à l'imprimer définitivement en 1845.

moi-même de ma vie; toute simple qu'elle est, elle n'en appartient pas moins tout entière au public, qui pourrait toujours me demander ce compte. Depuis 1774 jusqu'en 1814 (sauf huit années passées dans la tourmente révolutionnaire ou dans la retraite), ma principale affaire a toujours été de prendre quelque part aux affaires de la France; j'ai donc un peu le droit de dire des faits contemporains : *Testis et pars aliqua fui.*

Mon cours d'études classiques était à peine terminé, lorsque déjà le hasard m'avait ouvert la carrière des emplois de finances. Mon père aurait désiré que je fisse un autre choix; il m'avait cependant laissé profiter de l'occasion qui m'était offerte; et, sans autre recommandation que celle que se donne à elle-même la jeunesse modeste et docile, j'étais parvenu, après quelques années de noviciat et fort jeune encore, à ce qu'on nomme, dans les bureaux, une place supérieure. J'étais chargé, sous la direction d'un intendant des finances, de surveiller, dans l'exécution de ses engagements avec le gouvernement et l'accomplissement de ses devoirs envers le public, une de ces grandes compagnies qui recouvraient alors les impôts, celle qu'on nommait la ferme-générale.

Dans ce temps, on disait des *premiers commis* qu'ils gouvernaient la France. C'était une manière de ridiculiser les *airs d'importance* que se donnaient quelques-uns ; mais il est vrai que, sur le terrain mouvant du ministère, il n'y avait, en effet, de stabilité que pour eux seuls ; et c'était là un moyen d'importance réelle. On les considérait comme dépositaires des vieilles traditions auxquelles la plupart des conseillers du trône tenaient, sans les définir, et seulement par les souvenirs qui s'attachaient encore aux noms de Louis XIV, de Colbert et de Louvois. Ainsi les coopérateurs secondaires survivaient, presque toujours, même aux ministres qu'ils avaient mal dirigés, ou auxquels ils n'avaient que trop bien obéi.

Si la terre tremblait sous les pas des ministres, c'était surtout sous ceux des ministres des finances. Croirait-on que, dans un espace de dix-sept ans (de 1774 à 1791), je me suis trouvé sous les ordres de quinze de ces ministres [1] ? En voici la liste : l'abbé

---

[1]. Mon admission dans les bureaux des finances date en effet de la dernière année de mon cours classique (1774); mais j'avais obtenu la permission de n'en profiter que plus tard, et à la suite de quelques autres études qui m'étaient nécessaires même pour le noviciat.

Terray, puis MM. Turgot, de Clugny, Taboureau, Necker, Joly de Fleury, d'Ormesson, de Calonne, de Fourqueux, Devilledeuil, Lambert, Necker, (2° ministère), Lambert (2° ministère), Delessart et Tarbé. Une succession si rapide de titulaires, pour un ministère où tout changement dans les hommes, lors même qu'il ne pronostiquait aucun changement dans le système, devait mettre en émoi tant d'intérêts, ne pouvait pas être seulement une singularité de l'époque ; elle était encore moins une fantaisie du monarque; elle était donc un symptôme; et il était grave ! Il signalait des obstacles que le pouvoir n'apercevait que trop tard, et pour reculer devant eux : mieux observé, ce symptôme l'eût averti et préservé de ses méprises; il lui eût révélé l'action encore occulte, mais irrésistible, d'une influence qui ne pouvait être méconnue sans danger.

En effet, quoi qu'on ait pu dire des intrigues de cour, il était au-dessus de leur puissance d'opérer seules de tels bouleversements; et certes on ne supposera pas non plus qu'un prince aussi moral que Louis XVI se fît un jeu de donner de si fréquents démentis à ses propres choix. On sait que, parmi les prétendants au ministère, Louis XVI avait toujours préféré celui qu'il croyait le plus probe et le plus capable ; s'il abandonnait un ministre, c'était toujours avec l'intention d'en donner un meilleur à la France; disons mieux, c'étaient les ministres eux-mêmes qui, après quelques épreuves assez courtes, croyaient devoir au monarque d'abandonner le poste auquel sa confiance les avait appelés, tout étonnés de trouver dans l'opinion publique une puissance nouvelle, dont ils ne pouvaient ni diriger ni braver les jugements ; de rencontrer plus d'embarras dans la manœuvre des finances, tandis que le pays croissait en richesse ; et d'avoir à se débattre contre une foule d'intérêts nouveaux qui prétendaient que le ministère devait aussi compter avec eux, puisqu'ils payaient mieux et plus cher l'attention et les égards qu'ils réclamaient.

Louis XVI avait toutes les vertus de l'homme de bien. Sa piété admettait même la tolérance, qui convenait à son siècle ; mais il portait (et peut-être trop loin pour un roi) la modération de ses principes dans l'expression de ses commandements, et la défiance de lui-même dans les questions politiques dont il devait être l'arbitre. Quoique son premier coup d'œil fût habituellement juste, il ne proposait jamais son avis que sous la forme du doute.

Déjà alors la lutte qui s'était engagée en Europe

entre les vieilles routines et les besoins récents des peuples, occupait plus sérieusement tous les esprits et commençait à les diviser.

Même parmi ces héritiers des anciens noms, auxquels on aurait presque pardonné de comprendre dans leurs droits des exceptions qui avaient traversé les siècles au profit de leurs ancêtres, chaque jour d'honorables transfuges venaient grossir les rangs des autres propriétaires, qui demandaient que, pour tous les Français, les lois et les taxes fussent égales.

Et cependant la réformation politique, dont se fût alors contentée la France, et peut-être pour longtemps, n'était guère autre que celle que le plus éclairé des ministres de Louis XV (M. de Machault) avait, dans sa sage prévoyance, proposée à ce prince au milieu du dix-huitième siècle.

La marche du gouvernement français était donc toute tracée ; son but était marqué : ce n'était plus le moment de douter ; l'indécision n'avait pas le prétexte de la prudence ; ce n'était pas même comme héritier d'un trône antique, c'était presque comme fondateur d'une monarchie nouvelle que le monarque de la France était appelé à accomplir le plus grand œuvre de la royauté.

Le chef d'un État qui n'a pas su user à propos de son droit pour faire la loi dans l'intérêt de tous, doit finir par la recevoir lui-même, au lieu de la donner ; il la reçoit alors moins bonne pour tous et pour lui.

Quand des changements unanimement réclamés par le vœu et le besoin du pays sont inévitables, ne faire même que les retarder c'est, de la part du pouvoir public, se déclarer également impuissant pour la concession et pour le refus [1].

Toutefois il faut encore rendre cette justice à Louis XVI, que, s'il avait trop de modestie pour croire à l'infaillibilité de ses choix, il avait en même temps trop de discernement pour croire à celle de ses ministres dans tous leurs actes. Il aimait à s'éclairer par la censure publique ; il avait même donné à quelques hommes probes de sa cour le privilège de discuter, dans leurs motifs, ces jugements du public sous lesquels tant de réputations succombaient ; et l'on remarquait presque toujours que chaque nouveau ministre choisi par lui se distinguait spécialement par une qualité dont le public avait signalé et regretté l'absence dans son prédé-

---

1. Ceci était écrit en 1817.

cesseur. Quel contraste, en effet, et quelle distance séparent le dernier ministre de Louis XV, qui fut aussi pendant quelques moments celui de Louis XVI, l'abbé Terray, d'un homme d'État tel que M. Turgot, qui fut l'objet du premier choix du nouveau roi, et qu'on nommerait peut-être aujourd'hui le ministre le plus éclairé du dix-huitième siècle, s'il eût pu ou voulu avoir plus de ménagements pour les médiocrités de son temps, et modérer son ardeur pour l'adoption simultanée de toutes les améliorations qui entraient dans son plan !

En même temps quel meilleur témoignage de la tolérance religieuse du prince et de sa condescendance pour les innovations utiles, que l'admission dans ses conseils d'un simple banquier, qui était à la fois étranger et protestant ! Seulement il arriva que, toujours dominé par sa trop grande défiance de lui-même, Louis XVI, après avoir permis à M. Necker [1] de s'engager aussi dans un système de réformes,

---

1. M. Necker avait d'abord partagé, en qualité de directeur-général du trésor royal, le ministère des finances avec M. Taboureau, conseiller d'État, qui avait seul le titre de ministre. M. Necker ne s'accommoda pas longtemps de ce partage nominal. Pour pourvoir à toutes les dépenses, il fallait bien qu'il eût la surveillance des recettes. M. Taboureau, magistrat modeste et probe, reconnut son inutilité et se retira.

peut-être prématurées, laissa bientôt après succomber le ministre sous l'attaque des ennemis de toute amélioration.

Je ne rappellerai pas plusieurs autres ministres que rien ne rappelle ; mais je ne puis pas laisser dans le même oubli M. de Calonne, qu'on peut regarder comme le dernier ministre du choix libre de Louis XVI.

Ce prince, qui avait jugé sans prévention l'esprit novateur de son siècle, pouvait, d'après ses épreuves personnelles, craindre également, pour la direction des affaires publiques, et ceux qui marchaient encore plus vite que le siècle, et ceux qui se tenaient trop en arrière. Il était peu touché de ce qu'on vantait le plus dans M. de Calonne, la bonne grâce de ses manières, la facilité de son esprit ; mais il en concluait qu'on pourrait du moins trouver en lui cette flexibilité de principes qui avait manqué à ses divers prédécesseurs, et qui rend les transactions plus commodes.

Sans doute M. de Calonne était fort inférieur à M. Turgot dans ce qu'on appellera quelque jour *la science des sociétés humaines* : il n'était pas non plus aussi austère dans sa morale que M. Necker, aussi habile dans la manœuvre des deniers publics. Mais il se prédestinait depuis longtemps au ministère ; car il avait préparé de nouveaux plans que ses amis préconisaient. Je parlerai ailleurs de ces plans, qui étaient annoncés comme devant redresser tous les torts ; ce qu'ils apportaient, c'étaient surtout de grands changements ; ainsi on n'aurait pas pu reprocher à M. de Calonne de ne pas répondre aux demandes de réformes. Il proposait de supprimer presque tous les privilèges locaux, et de soumettre toutes les provinces à des taxes uniformes ; il proclamait l'égalité de tous les Français devant l'impôt ; il espérait même modifier, sous plusieurs rapports, la condition des propriétés du clergé ; enfin, dans les finances, il ne devait rien laisser à sa place. Il est vrai que, pour combler le déficit des revenus publics, il ne présentait que de nouveaux impôts à *essayer* ; c'était un programme d'*épreuves à faire* : il fallait abattre avant de construire ; trouver dans les ruines des matériaux tout appropriés à leur nouvel emploi, dans tous les hommes disposition et aptitude à obéir. Certes il n'était pas difficile de prévoir, dès ce moment, que la révolution que M. de Calonne projetait dans les finances ne s'arrêterait pas à sa seule disgrâce.

Une assemblée des notables du royaume avait été

convoquée pour juger ces propositions. Un ministre des finances, qui n'avait jamais rien refusé à personne, ne trouva pas ces notables si complaisants, et lorsque, à l'occasion des premiers symptômes d'opposition qu'ils montrèrent, Louis XVI crût devoir venir au secours de son ministre, en disant aux notables : *Je veux qu'on sache que je suis content de mon contrôleur général*, il arriva dès lors que, par une seule phrase, cet excellent prince commença à compromettre, plus encore que la popularité dont il était si digne, le pouvoir du monarque.

Deux jours après, M. de Calonne n'était plus ministre !...

Cette première assemblée de notables avait été remplacée par une seconde qui se montrait moins exigeante. Plusieurs parlements[1] déclarèrent bientôt que de simples *notables* ne pouvaient pas être des organes assez imposants des griefs publics. Le parlement de Paris prit acte de ce vœu pour de-

---

1. Le parlement de Paris avait sur les autres parlements de France le privilège de pouvoir former plus souvent la Cour des Pairs par la convocation des pairs de cette époque : ses remontrances étaient accueillies, sinon avec faveur, au moins avec égards.

mander solennellement qu'on rendît à la France ses États-Généraux, qui n'avaient pas été convoqués depuis 1614. On avait bien conservé encore, en 1788, tradition de la division des États-Généraux de la France en trois ordres, et de la délibération séparée des trois ordres, composés chacun d'un nombre égal de membres. Mais, après quelques premières explications, et comme s'il eût été question de la formalité la plus simple, il fut décidé que les nouveaux États-Généraux seraient composés, pour les trois ordres, de mille députés, et que le *tiers-état* aurait seul autant de députés que le *clergé* et la *noblesse*. C'était arrêter déjà implicitement que les trois ordres délibéreraient en commun et *par tête*, la question du nombre n'étant de quelque intérêt pour le tiers-état que dans cette seule position. Il est vrai que le tiers-état commençait à prendre une bien plus grande place en présence des deux ordres depuis qu'on avait tant de fois répété, tant de fois imprimé cette définition : *Le tiers-état est la nation proprement dite, moins la noblesse et le clergé.* Et, en effet, dès les premières séances de ces États-Généraux, qui prirent le nom d'Assemblée nationale, le tiers-état, par les talents et la résolution qu'il montra, se fit d'imposantes recrues dans les deux autres ordres ; il devint et resta l'arbitre des délibérations.

Je n'avais aucune part à prendre aux redressements que voulait faire l'Assemblée constituante, ni aux renversements qu'elle opéra : on pourrait dire des uns et des autres qu'ils étaient la conséquence logique de la définition qu'elle avait adoptée sur le tiers-état. Je voulais être encore plus étranger à l'héritage qu'elle laissait à l'Assemblée législative, qui la remplaça ; je n'avais pas attendu la fin de sa session pour quitter Paris. En m'éloignant de tant d'ébranlements, devenus si faciles, je ne pouvais pas garder une grande estime aux méthodes administratives du gouvernement qui succombait. Je m'accusais (moi, à la suite de beaucoup d'autres) de n'avoir pas su le mieux défendre.

Jusqu'alors je n'avais encore fait que parcourir un livre anglais, dont parlaient avec un grand éloge les disciples qu'avait laissés M. Turgot, l'ouvrage d'Adam Smith. J'avais remarqué surtout que le vénérable et judicieux Malesherbes en disait du bien. Le même ouvrage était dénigré par tous les hommes de l'ancienne routine, qui se disaient si improprement de l'école de Colbert. Ils semblaient s'être persuadé que ce qui importait avant tout à la richesse de notre nation, c'était *qu'il ne sortît jamais un écu de France ;* qu'avec cette garantie et sous cette condition, le genre et la quotité de l'impôt, le taux du salaire, le plus ou le moins de perfection des procédés industriels, le prix des matières premières, étaient choses complètement indifférentes, *pourvu que ce fût un Français qui gagnât ce qu'aurait pu perdre un autre Français.* Ces mêmes hommes poursuivaient encore la mémoire de M. de Vergennes, parce que ce ministre avait pensé qu'il n'était pas hors de propos, après la guerre d'Amérique, d'ouvrir de nouvelles routes à notre commerce, soit avec les États-Unis, soit même avec l'Angleterre. Ce que M. de Vergennes avait surtout judicieusement pensé, c'était que la législation que Colbert avait rendue propre, en 1664, à l'industrie naissante de nouveaux arts, était successivement devenue d'autant moins propre aux vingt dernières années du dix-huitième siècle ; et sous son influence, le gouvernement, en renouvelant pour 1786 le bail des impôts affermés aux fermiers-généraux, en avait excepté les droits de douanes, parce qu'il se réservait de les modifier ; les fermiers-généraux ne devaient en continuer le recouvrement que comme simples régisseurs : je puis d'autant mieux attester ce fait et son motif, que j'ai été le rédacteur de ce nouveau traité de six ans, qui a eu un commencement d'exécution en 1786, et n'a pas atteint son terme.

Je l'avoue à la honte de ma première école, ce fut ce livre d'Adam Smith, encore si peu connu et déjà décrié par l'administration à laquelle j'avais appartenu, qui me fit, et un peu trop tard sans doute, mieux apprécier la multitude de points de contact par lesquels les finances publiques atteignent chaque famille ; ce qui leur fait trouver des juges dans chaque foyer.

Qui me fit mieux comprendre l'action réciproque des revenus publics et des revenus privés ;

Les caractères propres de la matière imposable ;

La proportion dans laquelle les impôts doivent se renfermer pour ne pas affaiblir le principe vital des sociétés, conséquemment celui des gouvernements, et pour ne pas tarir ainsi leur propre source ;

Le devoir et la nécessité pour tout gouvernement d'observer, avec assez d'attention et de discernement, la tendance des mœurs et des besoins, les développements de l'intelligence humaine et de l'industrie sociale, pour n'en jamais contrarier ni retarder les progrès, et surtout pour ne demander par l'impôt, à la propriété, quelle qu'elle soit, qu'une juste part dans les revenus et produits, dont elle peut faire l'abandon sans dommage pour elle.

L'horizon de l'impôt, qui jusqu'alors s'était borné pour moi aux seuls rapports de ses divers percepteurs avec le trésor royal, commença à s'étendre à mes yeux ; j'entrevis :

Que la connaissance textuelle des tarifs et des règlements, et la manœuvre des chiffres, ne constituaient pas seules le savoir en finance ; que l'étude de cette science ne pouvait se compléter que par celle de la société même, dont elle devait toujours avoir en regard les mouvements progressifs, conséquemment tous les intérêts nouveaux, dans l'application de chacun de ses actes.

Que, sous tout gouvernement prévoyant, l'impôt devait trouver sa limite comme sa cause dans les seules nécessités publiques, lesquelles ne se composent que du salaire exact des services dont la généralité a profité, ou du remboursement proportionnel des avances réelles, faites par quelques-uns dans l'intérêt de tous ;

Que, pour la levée de l'impôt, l'Etat n'intervenant que comme un *associé* admis au partage des *bénéfices*, sa part ne devait pas rester la même lorsque les bénéfices étaient moindres ;

Que, si les taxes ne pouvaient pas, sans inconvénients, varier chaque année, il était plus dangereux encore qu'elles restassent toutes indéfiniment immuables, car celles qui auraient causé la ruine d'une seule classe de contribuables pourraient produire le plus irrémédiable des déficits ;

Que le droit de lever des impôts supposait le devoir de leur restitution immédiate ; que la restitution, en ce cas, ne pouvait être légitime qu'en faveur de véritables créanciers ; qu'un État ne pouvait reconnaître comme tels que ceux de qui il avait effectivement reçu, sous quelque forme que ce pût être, l'équivalent de ce qu'ils recevraient de lui ;

Que la Trésorerie ne devant être qu'un instrument de transmission entre ceux qui, sous le nom d'impôt, fournissent les fonds applicables aux divers services publics, et ceux qui, par leurs travaux ou leurs avances, se sont rendus créanciers de ces services, le gouvernement devait distribuer les paiements de manière que chaque créancier reçût, à l'époque convenue, sa part exacte, sans plus ni moins ; et qu'on payait toujours trop chèrement le plaisir d'être plus que juste envers quelques-uns, par l'impuissance d'être complètement juste envers tous [1] ;

Qu'il en était de cette maxime : *un État bien administré ne doit jamais faire d'emprunt*, comme des doctrines absolues, si souvent contredites par les faits ; que la condition d'emprunter était au contraire tellement inhérente à tout gouvernement, qu'il avait constamment pour prêteurs tous ceux qu'il employait, et dont il ne payait jamais les services qu'après que l'avance lui en avait été faite ;

Qu'à l'égard des emprunts à plus long terme, qui ne doivent être que la ressource des cas extraordinaires, l'abus de leur emploi était dangereux

[1]. Les motifs qui recommandent à tout Trésor public la prompte restitution de l'impôt en paiements régulièrement exigibles sont développés dans ces Mémoires, très longuement, et peut-être trop longuement; mais j'avais connu un temps où, de la part du Trésor public, un paiement exact était regardé comme un bienfait, et même encore en 1800, parmi les gardiens de la fortune publique, j'en retrouvais qui croyaient la garder d'autant mieux lorsqu'ils faisaient plus attendre les paiements auxquels ils devaient pourvoir. Ils oubliaient que toute somme ordonnancée au profit d'un tiers, est, par ce fait, détachée de la propriété de l'Etat, qu'elle est celle de ce tiers, et que tout retard arbitraire dans sa disponibilité est synonyme de ce qu'on nomme délit contre la propriété d'autrui.

pour chaque pays, mais surtout pour son gouvernement, auquel le pays survit toujours, la sûreté d'un gouvernement étant compromise partout où la confiance de la nation en lui est ébranlée ;

Que, d'un autre côté, le système du crédit judicieusement employé était peut-être, de toutes les combinaisons modernes, la plus propre à révéler à un gouvernement la haute morale qui lui est propre; qu'il lui interdisait les déceptions, les entreprises hasardeuses et même les mystères ; qu'il plaçait près de lui un organe permanent de l'opinion publique ; qu'il imposait à tous ses actes la nécessité du bon ordre et de la bonne foi ; qu'il associait plus spécialement à un intérêt commun l'État, les prêteurs, les débiteurs de l'impôt ; et qu'il était ainsi dans les attributs du crédit de convertir en garanties, en sûretés nouvelles pour le gouvernement luimême, tous ses devoirs nouveaux envers les gouvernés.

Je commençai à donner, dans ma pensée, une acception plus large à deux mots de notre langue, qui me paraissent insuffisamment définis par la plupart de nos écrivains et même dans nos lois : ces deux mots sont la PROPRIÉTÉ, les CAPITAUX.

Je compris que ce qu'on nomme la propriété d'une grande nation ne pouvait pas se borner à son seul territoire ; que la propriété du territoire était, pour chaque peuple, une œuvre, un don de la Providence ; que pour que ce peuple pût en jouir et y prospérer, il avait besoin d'y créer à lui-même une autre propriété qui devînt alors l'œuvre de son industrie ; que cette nouvelle propriété devait se composer de tous les produits que le travail humain peut tirer du territoire, en substances alimentaires, en matières qui se convertissent en vêtements ou en instruments, en matériaux qui s'emploient à des constructions ; que c'était par le développement de cette seconde propriété que le territoire pouvait s'agrandir sans étendre ses limites, se couvrir d'une population plus abondante, se donner plus de sûretés pour ses habitants, plus de moyens de défense contre les attaques de ses voisins ; que l'intelligence, en variant naturellement dans chaque lieu les produits industriels, devait aussi y introduire des nuances d'amélioration; qu'il pouvait arriver sans doute qu'un procédé d'art, imité du dehors, eût besoin d'abord, dans le pays où il aurait été importé, d'être protégé pendant quelque temps contre la concurrence de ses premiers inventeurs ; mais que ce serait le condamner à une enfance éternelle que de l'affranchir indéfiniment de toute concurrence : que, s'il restait dans son état d'infériorité, ce procédé, loin d'être un secours pour le pays, n'y serait qu'une charge de plus, puisqu'il ferait payer plus cher son œuvre, probablement moins bonne qu'ailleurs ;

Que ce n'était pas la *monnaie* d'un pays qui faisait sa richesse ; que, quelque abondante que fût la monnaie[1], de quelque matière qu'elle se composât, elle n'égalait jamais la dixième, la quinzième partie des produits annuels du travail, dans le pays dont elle portait l'empreinte, s'il était suffisamment peuplé et convenablement industrieux ; mais que tout le pays qui voulait avoir la plénitude de son indépendance avait besoin de produire annuellement plus qu'il ne devait consommer ; que ce n'était que de l'excédent qui lui resterait libre sur les produits de chaque année, qu'il pouvait former sa véritable et durable richesse, c'est-à-dire ses capitaux : que ce n'était que sur ce fonds d'épargne, qu'un pays bien avisé pouvait raisonnablement prélever le prix d'achat des métaux précieux, qu'il

---

1. Métallique.

convertirait en sa monnaie ; qu'il devait, au surplus, bien se garder d'étendre un tel emploi au delà du strict nécessaire de ses échanges usuels, qui ne pourraient pas se solder autrement ; que la meilleure nature des capitaux de tout pays était dans la plus grande abondance des produits de travail meilleurs et à moindre prix, facilement transportables, partout applicables aux besoins humains en paix et en guerre; enfin qu'une telle richesse pourrait assurer au pays qui la posséderait une grande supériorité sur beaucoup d'autres, et même, dans certain temps, une prédominance qui, si elle n'était pas la plus éclatante, serait au moins la plus solide et la plus durable.

On ne trouvera sans doute rien de bien neuf dans ces déductions : en les considérant comme le seul produit de mes premiers moments de retraite, on penserait peut-être que, même alors, où la moindre perte était celle du temps, j'aurais pu mieux employer le mien ; cependant, je dois l'avouer, cette manière de définir et de résumer les principales conditions de la législation des finances, et les devoirs de ceux qui les administrent, donna une direction meilleure à mes autres études par les nouveaux rapports qu'elle me fit découvrir dans les hommes et dans les choses ; je ne les cite pas comme des règles, je dis seulement qu'elles diffèrent un peu de celles que j'avais trouvées en honneur pendant mes seize premières années de services.

C'est avec leur seconde période, de 1800 à 1814, qu'ont commencé mes relations avec l'homme extraordinaire qui, pendant la durée de son pouvoir, fut l'arbitre de tant de destinées. Une époque de guerre permanente n'était pas la plus favorable pour le choix des impôts et pour l'application des meilleurs principes de crédit ; et cependant c'est à travers ces quatorze années qui se sont successivement introduites, dans les finances de la France, des méthodes et des pratiques qu'on juge encore assez propres à faciliter l'analyse de chaque impôt dans ses effets et dans ses produits, à donner, sur l'emploi régulier des revenus publics, des garanties supérieures à celles que peut offrir la moralité personnelle et la surveillance d'un ministre ; enfin à affranchir la trésorerie de cette coopération, rarement fidèle et toujours trop coûteuse, que les administrateurs ont si souvent appelée au secours de leur propre incapacité dans la personne des prétendus banquiers de l'État.

Ces améliorations ont été maintenues par la plupart des ministres qui se sont succédé depuis la restauration ; elles survivent encore au gouvernement impérial. Cette épreuve seule est déjà une bonne recommandation pour elles.

Lorsque les passions se tairont, Napoléon restera pour l'histoire un des plus grands phénomènes des siècles. Sa haute fortune s'expliquera par cette réunion de qualités supérieures dont il fut doué. L'impartialité ne craindra pas d'avouer qu'une sorte de prédestination semblait l'avoir appelé au commandement des hommes.

Quoique les événements dont il disposa ne soient plus de nature à se reproduire, les souvenirs qu'il laisse, la diversité, l'étendue, la rapidité de ses entreprises, sa chute même (car quel autre tomba jamais de si haut !), seront longtemps une grande leçon pour les souverains et pour les peuples. La postérité jugera en lui le conquérant, le législateur, le suprême administrateur d'un empire qu'il avait rendu immense.

C'est sous ce dernier rapport, le moins saillant de tous, que j'essaie d'ajouter quelques traits au vaste tableau de sa vie.

L'administration qu'il éleva avait été trop vantée pendant son règne pour n'être pas décriée sans mesure après sa chute ; lorsque j'y concourais, je ne la trouvais pas exempte d'imperfections ; et, au milieu de tant de jugements divers, le mien reste encore tel qu'il était alors.

Elle fut, en effet, longtemps entourée d'un grand prestige, cette machine si compliquée, au centre de laquelle Napoléon s'était placé comme un pivot assez ferme pour résister, par son aplomb, à tous les mouvements contraires. On pouvait y remarquer l'empreinte de toutes les combinaisons dont un homme, doué en même temps d'une raison forte, et d'une imagination toujours plus avide de pouvoir, avait dû parcourir le cercle pour se révéler l'art du commandement, et pour faire renaître, du foyer même de l'anarchie, l'obéissance à son profit ; mais il n'avait fait ses études du pouvoir que dans les camps, où, pour trouver dans les hommes des instruments dociles, pour les pénétrer, les animer de son esprit, le chef a besoin de se faire proclamer, en quelque sorte, la providence universelle de tous ceux qui sont sous ses ordres.

Déjà de la hauteur où l'avait placé sa campagne d'Italie, ses derniers regards, lorsqu'il avait quitté la France en 1797, n'avaient pu lui laisser que peu de confiance dans la durée de ce gouvernement prétendu populaire, qui tenait les gouvernés sous la double oppression de tous les désordres de l'anarchie et de tous les excès du despotisme.

A son retour d'Égypte, tous les pouvoirs publics, étonnés, fatigués d'être la proie de pareils gouvernants, s'étaient réfugiés d'eux-mêmes dans sa main puissante : il les avait tous indistinctement ressaisis, parce que, pour rétablir parallèlement le commandement et l'obéissance, comme il les concevait, il croyait ne pouvoir demander au pays trop de gages.

Il avait voulu se rendre le régulateur de toutes les opinions, le modérateur de tous les partis, l'arbitre de tous les intérêts publics, l'espoir de tous les intérêts privés, en un mot, centraliser tout dans sa personne ; et il avait encore accru le nombre des agents qui faisaient descendre l'action directe du pouvoir suprême jusque dans chaque village, jusqu'au sein de chaque famille. Mais il s'était senti capable de tenir seul le nœud auquel se rattachaient les divers fils de ce vaste réseau qui enveloppait tous les besoins locaux, toutes les espérances individuelles; et, en quelque lieu qu'il se trouvât, sa main sentait la vibration de chacun de ces fils.

Il n'avait pu soumettre ainsi tous les éléments

de l'organisation sociale à son influence, fondre toutes les volontés dans une seule, tout un ancien pays dans un nouveau monarque, qu'en dirigeant vers un autre but cet esprit inquiet et sérieux, ce désir d'améliorations, qui, depuis dix ans, agitaient la France : il les avait remplacés par l'amour de la gloire ; et ses ennemis du dehors, par leurs imprudentes attaques, lui avaient frayé la route des conquêtes.

Il avait su, à l'intérieur, flatter la vanité par les distinctions, et donner le change au rêve de l'égalité par l'espérance offerte à tous d'arriver aux premiers rangs.

Enfin, dans le vaste horizon qu'il embrassait, il était parvenu à trouver plus d'obéissance encore qu'il n'en demandait ; car la soumission dépassait souvent les exigences ; l'empressement du *zèle*, même pour les sacrifices, se faisait encore plus remarquer que le pouvoir sans limite qui les provoquait.

Il n'épargnait pas, sans doute, à ses agents la continuité des efforts qu'il s'était imposés à lui-même ; et il avait tellement accoutumé ceux qui recevaient ses ordres à ne compter pour rien les difficultés de l'exécution, que, pour eux, lui désobéir était toujours la difficulté la plus grande. Mais il savait les diriger tous vers le même but, en les maintenant dans un éréthisme égal d'activité ; car ses prescriptions ou ses interpellations directes allaient souvent surprendre, à de grandes distances, les plus subalternes comme les plus élevés.

Si quelque irritation dans l'opinion publique se manifestait contre eux, Napoléon avait voulu en être averti ; et aucun d'eux, quelle que fût sa fonction, n'était assez puissant pour étouffer de justes plaintes.

Par l'effet de formules particulières qu'il s'était appropriées, il s'était, en quelque sorte, rendu présent partout ; il était rare que l'expression du plus sourd mécontentement ne retentît pas jusqu'à lui ; et il ne refusait jamais de se donner, en ce cas, envers les administrés, le mérite de satisfaire promptement à leurs justes réclamations.

Il n'avait pas à craindre à cet égard que quelque surprise fût faite à sa confiance par l'esprit de parti. On sait à quelle nullité s'étaient bientôt trouvés réduits tous les partis sous le gouvernement d'un homme qui avait prouvé, dès 1800, qu'il n'en faisait jamais son instrument, et qu'il leur en servirait encore moins.

Les fautes, les mécomptes d'un tel homme ne pouvaient pas être ceux des esprits faibles et superficiels. Mais Napoléon, qui avait commencé ses campagnes d'Italie avec une armée presque dépourvue de solde, de vêtements, de vivres et d'armes ; qui devait ses premiers succès aux soins, aussi actifs que minutieux, qu'il avait pris pour la recruter, la former, lui faire trouver dans la victoire le terme de ses privations, assurer son entretien, la surveiller jusque dans les distributions quotidiennes, se faire en un mot appeler le *caporal* de chacun de ses soldats, s'était persuadé que, dans l'ordre civil, ce système d'influence universelle, cette constante action d'un seul sur tous était encore une des obligations, comme aussi un des droits du rang suprême. Ses premières habitudes, son activité qui ne connaissait ni obstacle ni limite, l'avaient conduit ainsi à porter dans le gouvernement qu'il fondait, la vigilance inquiète, la prévoyance soucieuse du commandement militaire, sous lequel tout doit être passif. S'il n'allait pas jusqu'à croire qu'on pût discipliner une nation comme une armée, il ne voulait pas du moins se montrer novice et en défiance de lui-même dans la direction des affaires civiles. Il arrivait ainsi que son nouveau pouvoir conservait l'empreinte de ses premières pratiques. Aussi ses commandements eurent-ils presque toujours la concision et l'absolu d'une *consigne* : il dictait ses décrets de propre mouvement, comme des ordres du jour.

Il disait souvent qu'il avait trouvé la France dans l'*esclavage de l'anarchie*, et qu'il voulait rendre les Français le premier peuple de la terre. En fondant son ambition personnelle sur cette autre ambition plus noble, on pouvait penser que ce qu'il voulait aussi, c'était qu'aucune grandeur, ancienne et nouvelle, ne restât dans l'histoire égale à la sienne.

De là l'impulsion qu'il donnait au développement des talents militaires ; les préférences qu'il assignait à cette carrière ; les illusions qu'il offrait aux jeunes courages ; ses moyens de captation si puissants pour rattacher toutes les existences à la sienne ; ses égards envers les anciennes familles déjà illustrées par les armes, et auxquelles il voulait faire entrevoir sous ses drapeaux une illustration plus grande encore ; cette investigation qu'il portait sur les progrès des sciences et des arts, sur tous les produits nouveaux de l'industrie, sur tous les exercices de l'esprit, et par l'effet de laquelle la protection elle-même prenait quelquefois le caractère de l'inquisition; de là aussi ce haut degré d'exaltation auquel il avait élevé toutes les vanités ; ces excès de magnificence de la part d'un homme simple dans ses goûts personnels, de la part d'un prince naturellement économe, et qui ne se méprenait pas pour son propre compte sur les faux dehors ; cette profusion de largesses, de distinctions, de titres rajeunis, qu'il prodiguait en indemnité des privilèges que regrettaient les uns, et des institutions mieux assorties aux mœurs du siècle, qu'avaient si vivement réclamées les autres.

De tels changements dans les idées et dans les rôles, au sein d'une population aussi prompte à perdre les illusions qu'à les adopter, étaient l'œuvre d'un seul homme doué du génie le plus audacieux, plus remarquable encore par sa sagacité et son discernement que par son audace, qui avait espéré pouvoir arrêter la marche du siècle présent, et qui y était parvenu pour quelques années.

Napoléon toutefois, par les premiers actes de son consulat, semblait d'abord avoir transigé avec les nécessités d'une époque qui n'admet plus, sans doute, le droit de suffrage tel qu'il s'exerçait à Sparte, à Athènes et à Rome, mais qui attache à la qualité de *citoyen* une autre prérogative, celle de rendre les représentants de la propriété de toute nature, plus directement arbitres des sacrifices qu'elle peut faire pour l'État et des services qu'elle doit en attendre. Aucune époque antérieure n'avait peut-être aussi bien marqué la différence qu'à travers les combats de la barbarie et de la civilisation un espace de vingt siècles avait apportée entre les anciens et les nouveaux peuples ; entre quelques milliers de citoyens formant une nation distincte et les grandes nations européennes, entre les hasards de l'ère héroïque et les sûretés nouvelles dont les développements de la raison ont entouré les sociétés modernes; entre les passions primitives qui ne laissaient chaque peuplade en paix avec elle-même que lorsqu'elle était en guerre avec les peuplades voisines, et les intérêts, c'est-à-dire les besoins mutuels qui rapprochent et peuvent réunir aujourd'hui de grands peuples ; entre ces États qui ne fondaient leurs finances que sur la dévastation et le pillage, et ceux qui, réservant les armes pour la seule défense, ne font servir à leurs conquêtes que les arts utiles à l'humanité.

Mais de telles améliorations dans le moral des peuples, ainsi que les conséquences qu'elles devaient avoir sur la politique de leurs chefs, n'avaient pas pu conserver longtemps le premier rang dans les méditations d'un guerrier qui avait conquis la couronne *comme le premier qui fut roi*. Ce n'est pas dans l'île qui fut son berceau qu'il avait pu observer le mécanisme des sociétés modernes. Le spectacle offert à sa jeunesse avait été celui de tous les États d'Europe ébranlés dans leurs fondements ; et sa tête ardente et forte avait surtout été frappée du prestige que laissent encore aujourd'hui après eux les antiques modèles de la constance des efforts, de l'exaltation des courages, de l'âpreté même des vertus. Il ne pouvait pas redouter la force de ces ressorts ; il se sentait celle de les diriger et de faire son instrument propre de l'énergie qu'il inspirerait aux autres. Soit dans ses camps de Provence et d'Italie, soit sur les confins de l'Europe et de l'Afrique, soit lorsqu'il reparut pour renverser, en un jour, les dix années de règne de l'anarchie, le point d'optique où il s'était placé ne lui avait pas permis d'analyser dans leurs effets les concessions réciproques que le pouvoir et l'obéissance doivent se faire dans des nations composées de plusieurs millions d'hommes, qui se sont enrichis même en se créant de nouveaux besoins, parce qu'ils se sont en même temps créé des moyens encore plus grands pour les satisfaire. Ce n'était pas non plus au milieu des guerres étrangères et des discordes intestines, lorsque les vainqueurs et les vaincus sont momentanément jetés hors de leurs habitudes et de leurs positions naturelles, qu'il avait pu étudier le jeu des contre-poids qui peuvent seuls aujourd'hui maintenir l'équilibre social ; car c'est principalement au sein de la paix, qu'il serait si doux d'appeler l'état naturel des sociétés civilisées, qu'on peut justement apprécier l'influence de cette division de devoirs entre les nations et leurs chefs. Ce contrat qui sert de garantie à tous les autres ne peut, comme eux, trouver complètement la sienne que dans la plus exacte réciprocité. Si les profits du pouvoir ne peuvent appartenir qu'au petit nombre, il faut que la nation presque entière, dont la condition est d'obéir, trouve aussi les siens dans l'obéissance, et ceux-là ne sont pas difficiles à définir. Il suffit qu'un pays prospère, pour qu'il bénisse le pouvoir, qu'il fortifie par sa prospérité, en même temps que ce même pouvoir en garantit la durée.

Si, par l'effet de cet inévitable mélange, dont toute population nombreuse subit les conditions, des dissidences politiques ou religieuses, des ambitions imprudentes, des prétentions précoces s'y manifestent quelque part, la raison publique en a bientôt fait justice par sa seule indifférence.

Aujourd'hui la situation de l'Europe ne peut plus admettre durablement que des gouvernements réguliers et tempérés, et cette nouvelle garantie est conquise sans retour pour les diverses nations qui la peuplent. Les intérêts du pouvoir public ne peuvent plus se séparer des intérêts privés, partout où vit et se multiplie une population active et soigneuse de son avenir, qui porte, dans les champs et dans les cités, la fécondité du travail et de l'industrie; qui s'approprie avec discernement tous les arts, toutes les productions utiles à l'humanité; qui, pour tout dire en un mot, crée par son travail, et peut seule rendre efficaces, par sa coopération, les moyens de protection et de sûreté dont elle profite, et devient ainsi le principe vital du gouvernement qu'elle a adopté, en pourvoyant par ses œuvres aux besoins de l'État comme aux siens propres. Et c'est sans doute une puissance bien réelle, que celle qui reste encore en possession de se suffire à elle-même après avoir beaucoup donné.

Ce sont de vieilles maximes (qui n'en conviennent pas moins au temps présent), que celles qui disent que *nul homme, quel qu'il soit, ne peut avoir plus d'esprit que tout le monde* ; et que si, après de grandes perturbations, le salut d'un peuple peut quelquefois dépendre de l'impulsion que lui donne un homme de génie, ce chef d'État ne pourrait jouir durablement de son œuvre, après avoir opéré le rétablissement de l'ordre, qu'en cédant lui-même à son tour à l'impulsion du vœu commun et des intérêts réels de la population qui l'aurait admis à la gouverner. Mais Napoléon ne trouvait, ni dans les temps anciens ni dans les temps nouveaux, de leçons qui lui fussent propres. Et, par exemple, il parlait souvent de Rome, qui, pendant plusieurs siècles, avait su dominer le monde connu. Rome avait eu la prudence de laisser aux peuples vaincus par elle leurs lois, leurs magistrats, leur culte, leurs coutumes, leurs mœurs. Ce n'était pas à la même condition que, sous Napoléon, les royaumes du Piémont et de la Hollande étaient devenus des provinces françaises. Il voulait que les pays qu'il subjuguait fussent tous soumis à la même loi, et que cette loi fût la sienne ; il leur imposait les codes qu'il avait donnés à la France, et qui avaient été un grand bienfait pour la France alors dépourvue de lois ; pour des nations vaincues, ces codes devenaient le plus blessant des impôts.

Sans doute il faut encore reconnaître dans la plus gigantesque de ses entreprises, dans celle qui tendait à interdire l'approche du continent européen au commerce anglais, maître de toutes les mers qui entourent l'Europe, cette pensée de grandeur, qu'au premier aspect l'imagination prête assez naturellement à toute conception d'un homme à qui rien encore n'a résisté ; et au milieu des rapports actuels et des besoins mutuels des peuples, l'effet le plus étonnant peut-être de l'influence de Napoléon est d'avoir pu tenir, pendant un assez long temps, les puissances continentales confédérées avec lui, contre leur conscience et leur intérêt, pour l'accomplissement d'un tel plan ! Mais sans doute aussi un pareil système de gouvernement ne pouvait qu'élever autour d'un pouvoir qui avait paru sans bornes, des écueils encore plus grands. Il est évident que ce pouvoir commençait dès lors à se défier de lui-même.

Ce n'est cependant pas sous le rapport de son omnipotence et de la centralisation dont elle abusait, que l'administration de Napoléon a été le plus censurée. On ne s'est souvenu que de l'obéissance passive qu'elle avait obtenue pendant quatorze années, on n'a vu dans cette immense accumulation de pouvoirs qu'un plus grand nombre de parts à prélever sur son héritage. Ne pourrait-on pas en conclure qu'il y a aussi à l'époque actuelle (1817) méconnaissance des besoins du temps ?

Mais, à côté du superflu et du luxe dangereux qu'il avait porté dans ses moyens de domination personnelle, Napoléon n'avait garde de négliger le *nécessaire*. Il avait, je le répète, adopté des méthodes salutaires dans tous les temps pour le pouvoir, parce qu'elles sont la sauvegarde du bon ordre, comme le bon ordre est la sauvegarde du pouvoir. Ces méthodes préviennent les écarts, ou du moins elles en avertissent.

C'est à l'exposition de quelques-unes d'entre elles que la seconde et la troisième partie de cet écrit sont consacrées, la première n'étant, à proprement parler, qu'une notice sur le gouvernement que j'ai servi antérieurement à la révolution.

Ce ne sont pas des générations favorisées du ciel que celles qui assistent à la chute des pouvoirs sous lesquels elles vivaient. Pour ma part, j'ai vu plus d'une fois, et de bien près, ce redoutable spectacle. J'ai vu tomber, par excès de défiance de lui-même et des autres, un excellent prince, héritier de quarante rois, ses aïeux ; et par excès de force, par l'abus qu'il en a fait, un guerrier, le premier des temps modernes, vainqueur à la fois de la révolution dans l'intérieur de la France, et au dehors de tous les ennemis du nom français, mais à l'ambition duquel le premier rang parmi les souverains de l'Europe avait semblé ne pas suffire.

La vie de Louis XVI est déjà du domaine de l'histoire ; la mémoire de ce vertueux roi ne sera chargée que des moindres des fautes de son règne.

Dans le gouvernement impérial, au contraire, tout appartient à Napoléon, tout est son œuvre ; et, quand il a fait des fautes, elles ont eu la dimension de toutes ses actions ; elles ont été grandes comme ses victoires. Ce qu'on en doit conclure, c'est que de semblables fautes, si elles pouvaient se reproduire, ne seraient pas moins graves pour ses imitateurs qu'elles ne l'ont été pour lui-même, puisque toute sa gloire n'a pas pu en détourner de lui les conséquences.

On a eu tort de dire qu'*il avait seul le secret de l'organisation particulière dont il était doué.* Ce secret est celui qu'il gardait le moins. Il lui échappait sans cesse dans sa correspondance avec ceux qu'il avait associés à ses travaux et à l'exécution de ses volontés ; elle s'y révèle à chaque ligne, cette inquiète vigilance dont il était agité, pour qu'aucune parcelle du pouvoir ne lui échappât. On en jugera par les fragments que j'insère dans cet écrit des nombreuses lettres que j'ai reçues de lui.

C'est là qu'on reconnaît sa sollicitude toujours prête à descendre des entreprises les plus vastes, des intérêts de gouvernement les plus élevés, aux moindres détails d'administration et de police. et aux plus minutieux calculs soit d'un budget municipal, soit des intérêts d'une famille qui appelait son regard ; en un mot son insatiable besoin d'être le centre de tout, le principe unique d'action et d'impulsion sur toute personne et sur toute chose.

Il n'est pas probable que le privilège d'une telle organisation puisse, de si tôt, se retrouver dans tout autre ; mais ce qui est certain, c'est qu'aujourd'hui, Napoléon lui-même, s'il se relevait tout entier de sa tombe, ne parviendrait pas à se recommencer.

Dans une vie si courte, il a laissé sur toute l'Europe des traces si profondes de son passage, que son souvenir devient inséparable des souvenirs anciens et nouveaux. Ce passage semble être un songe, et il n'est pas de jour où sa grande figure

apparaisse à ceux qui l'ont approché. Il n'appar-
tiendrait à aucun d'eux de la reproduire dans tout
son ensemble ; mais dans la vie des grands hommes
le privilège des détails est de reposer des actions
d'éclat, et les témoins aiment assez à faire confiance des faits qu'ils ont pu observer de plus près.
Voilà pourquoi et comment je n'ai pas pu me défendre de retracer quelques-uns de ceux que j'avais
recueillis ; et parmi les traits caractéristiques, en
voici un, entre autres, qu'il doit m'être surtout permis de citer puisqu'il m'est personnel : c'est qu'un
homme qui lui était inconnu, qui, depuis 1792
jusqu'en 1800, s'était rendu étranger à l'administration française, qui n'avait appartenu à aucun
corps politique, qui, même depuis 1800, n'avait
eu que le seul mérite d'introduire quelques meilleures formules d'ordre dans une administration
nouvelle, laquelle ne se recommandait encore que
par de bonnes intentions [1], ait été remarqué par
lui dans la foule, se soit vu bientôt appelé, consulté, admis dans ses conseils, soit devenu et soit
resté un de ses ministres depuis le commencement de 1806 jusqu'à la chute du trône impérial.

1. La Caisse d'amortissement, créée et dotée en 1800.

Je n'ai pu résister aux souvenirs que m'avaient laissés mes seize années de premiers services dans l'administration qui a succombé sous la révolution, et j'ai peut-être parlé trop longuement de ses fausses mesures ; car à qui importent aujourd'hui des erreurs, des méprises, qui ont été expiées d'une manière telle qu'aucune ne peut laisser après elle le danger de l'exemple ? Je pourrais en dire autant de mes doléances sur la législation des douanes ; j'ai attaqué là des préjugés qui ne se défendent plus. Nos anciens tarifs s'épurent chaque jour par les seules lumières de notre industrie, qui a fait de grands pas depuis Colbert, à qui elle a dû les lisières de son enfance.

J'ai de plus rapporté dans leurs moindres détails, avec un respect qu'on pourrait nommer superstitieux, plusieurs de mes entretiens avec Napoléon sur les recettes et les dépenses publiques, sur le crédit, sur les emprunts, sur les banques d'escompte, sur les limites et les conditions des services qu'elles peuvent rendre, etc., etc.

Je rends également compte des changements qu'il m'a permis d'introduire dans l'administration des finances et dans le régime du trésor public. Ils avaient pour but, ils ont eu pour effet de rendre plus régulière et plus économique l'application plus prompte du produit des impôts aux divers besoins du service public. Ces améliorations ont mérité de survivre au règne de Napoléon ; c'est au moins une recommandation pour elles.

Enfin, sans m'étendre davantage sur l'intention de cet écrit, s'il est lu, qu'on me juge.

MOLLIEN.

MÉMOIRES[1]..

PREMIÈRE PARTIE.

Je suis loin de me placer au rang des hommes qui, par leur seul nom, appellent la curiosité ou l'intérêt sur tous les détails de leur vie ; mais mon destin ayant voulu que je parcourusse une partie de ma carrière au milieu des dissensions politiques, j'emploie les premiers loisirs de ma retraite à recueillir tous les faits qui pourraient éclairer le jugement de ceux qui voudraient examiner ma vie, et je remonte jusqu'à ses premiers temps. Je me défends de tous regrets sur le passé : je ne porte dans l'avenir que le désir du repos de la France, après tant d'orages, et du mien, après de longs et pénibles travaux.

---

(1) Ces Mémoires ont été l'œuvre de ma retraite ; je les ai commencés en 1817.

Dans les premières années de la révolution, je n'ai pris part qu'aux sacrifices qu'elle imposait : rappelé aux affaires publiques à la fin de 1799 par le général Bonaparte, qui s'était fait chef du gouvernement, je n'ai rien à désavouer de ce que j'ai fait : j'ai laissé après moi quelques traces qu'on n'a pas dédaigné de suivre.

Plus je m'examine, plus je vois que ma vie tout entière se ressemble ; que je suis assez resté le même dans toutes les positions, et je le dois surtout aux devoirs publics dont j'ai été chargé : ils n'ont jamais eu pour but que le maintien des méthodes et des règles qui concourent à l'ordre public : la nature de ces devoirs est de ne pas changer, lors même que les circonstances et les gouvernements changent.

Le sort m'a fait naître [1] dans la classe que j'aurais préférée, si j'avais pu choisir mes parents ; dans celle qui ne connaît pas l'envie et qui ne l'inspire pas, qui aime à dépendre des lois, et qui peut ne dépendre des hommes que par des devoirs réciproques.

Mon père était commerçant ; il avait augmenté son héritage par le travail et l'économie ; il avait élevé une très nombreuse famille ; il avait eu lui-même une éducation cultivée : il prit les premiers

---

1. En 1758.

soins de la mienne. Ma mère était bonne, et peut-être un peu faible, comme déjà toutes les mères commençaient à l'être : l'utile fermeté de mon père écarta de mon enfance les dangers de cette faiblesse. Mes premières instructions furent réglées comme l'heure de ses ateliers : il se faisait rendre compte chaque jour du progrès de mes études par l'instituteur qu'il m'avait donné. Lorsque j'avais à peine neuf ans, mes délassements consistaient à copier la correspondance de mon père, à placer quelques chiffres sur ses livres.

Une assez grande influence sur le reste de la vie appartient aux impressions de la première jeunesse. J'ai retenu et recueilli plusieurs des maximes habituelles de mon père.

Voici particulièrement les conseils qu'il me donnait, en matière de religion, dans ma douzième année, lorsque je me préparais à l'acte par lequel on initie les adultes aux mystères du christianisme. Il m'avait accoutumé à lui confier tous mes doutes, et je lui avais fait l'aveu de ceux par lesquels ma jeune imagination se laissait surprendre.

« Vous abuseriez, me disait-il, des soins que je
« prends pour développer votre raison, si vous
« aviez la présomption de croire que tout peut
« vous être expliqué par elle. C'est surtout contre
« les fausses explications, contre les erreurs, les
« mensonges sous lesquels on étouffe la raison des

« enfants, que j'ai voulu prémunir la vôtre. Je
« cherche à vous faire profiter, autant que peut le
« permettre votre âge, du fruit de mes cinquante
« ans d'expérience. Je ne repousse aucune de vos
« questions ; mais vous avez remarqué mes ré-
« ponses à plusieurs d'entre elles : *Je l'ignore ; Dieu*
« *seul le sait* ; *les livres saints ont ainsi prononcé.*

« Si je ne crains pas de vous avouer mon igno-
« rance, supportez patiemment la vôtre ; soumet-
« tez-vous aux décisions que je respecte ; mettez-
« vous en garde contre les écarts de votre curio-
« sité, contre la divagation de vos doutes ; je vous
« ai recommandé de ne rien croire avec légèreté,
« mais non pas de douter de tout.

« Vos livres vous ont appris que vous êtes com-
« posé d'un corps qui est le siège de vos sensations
« et d'une âme qui est la source de votre raison et
« de votre intelligence ; les aliments appropriés à
« vos besoins réparent vos forces physiques, favo-
« risent leur développement, et vos sensations vous
« avertissent qu'il y a danger pour votre corps
« dans l'emploi des mauvais aliments et même dans
« l'excès des bons. La pensée est la nourriture et
« l'exercice de votre âme ; soyez averti, par son
« trouble et son anxiété, du tort que l'abus de la
« pensée peut aussi faire à votre intelligence.

« Vous ne prétendez pas, à votre âge, être plus
« clairvoyant ou mieux inspiré que vos pères.

« Commencez par honorer Dieu comme ils l'ont
« honoré, ayez confiance dans la justice divine
« sans tenter de la juger.

« Je ne dis pas que les préceptes de nos pères
« forment autour de vous un cercle qui ne puisse
« pas s'agrandir. Dieu permet que les œuvres des
« hommes se perfectionnent chaque jour ; mais il
« ne récompense ainsi que la persévérance, et le
« propre de cette vertu est de marcher à la vérité,
« en aplanissant et en prolongeant les sentiers
« déjà ouverts.

« Résistez à la tentation de vous créer des routes
« nouvelles ; résistez surtout à celle de vouloir sou-
« mettre les autres à votre propre opinion. S'il ar-
« rivait qu'un jour votre raison ne restât pas sou-
« mise à toutes les opinions reçues, respectez tou-
« jours dans vos discours la croyance commune,
« quand même (ce qu'à Dieu ne plaise !) elle ne
« serait pas la vôtre sur tous les points. L'histoire
« des hommes et des peuples vous apprendra bien-
« tôt que trop souvent une assertion impérieuse,
« une contradiction imprudente, quelquefois
« même une simple censure, ont excité des haines
« irrémissibles, des divisions interminables.

« L'homme vient au monde avec une grande
« indépendance dans la volonté, mais avec une
« dépendance encore plus grande dans les besoins.
« Il faut donc qu'il renonce à celles de ses volontés

« qui blesseraient ceux dont l'assistance lui est né-
« cessaire. Remerciez-moi d'avoir, dans votre en-
« fance, combattu avec sévérité vos caprices ; j'ai
« voulu, par votre soumission envers moi, vous
« accoutumer à la condescendance que vous devez
« à tous les hommes. Ne dépendez-vous pas de
« ceux qui travaillent pour votre subsistance, qui
« fabriquent les vêtements et les meubles mis à
« votre usage ? Que deviendriez-vous s'ils vous
« refusaient leurs services et si je cessais d'inter-
« venir entre eux et vous ? Lorsque telle est votre
« dépendance, que vous ne pourriez pas, par vos
« propres moyens, vous assurer pour un seul jour
« les ressources que crée l'industrie la plus gros-
« sière, soumettez donc aussi votre esprit à ceux
« qui le cultivent et qui l'éclairent ; défiez-vous de
« votre ignorance avant de vous défier du savoir
« de vos maîtres. Que pourriez-vous mettre à la
« place des préceptes que vos doutes attaquent ?
« A qui pourriez-vous croire si vous vous accoutu-
« miez à douter de ce que vous ne pouvez pas com-
« prendre ? Et quels rapports, quels liens reste-
« raient alors entre les autres hommes et vous ?
« Appelez votre cœur, qui est fait pour la confiance
« et la reconnaissance, au secours de votre esprit
« qui est inquiet et défiant ; gardez-vous de regarder
« comme un succès le premier mouvement de sur-
« prise et d'émoi qui accueille souvent les opinions

« nouvelles et bizarres ; ce n'est pas en les éton-
« nant, qu'on s'attache les hommes ; en s'éloignant
« des opinions reçues, on éloigne bientôt de soi
« les affections. On finirait ainsi par être seul dans
« le monde ; et, de tous les *exils*, le pire est de ne
« trouver dans la foule que des gens qui vous évi-
« tent ! »

Ces raisonnements calmes arrêtèrent aisément les
écarts de mes jeunes pensées; je vis, dès ce temps,
que je n'avais rien de mieux à faire que de respecter le culte dans lequel j'étais né, et d'éviter cet
espèce d'examen qui conduit à la censure et au
doute. Cette règle a été celle de toute ma vie.

Dans ma douzième année mon père m'avait envoyé à Paris pour quatre ans, dans un collège de
l'Université, afin d'y terminer mon cours d'études
scolaires ; et j'eus, dès ma première année, la joie
d'entendre citer mon nom dans cette lutte solennelle que l'Université ouvrait annuellement, pour
chaque classe, entre les élèves des divers collèges :
J'eus la même chance dans les trois années suivantes, et même meilleure pour la dernière. On
accordait alors un peu d'intérêt à ces bonnes fortunes de l'enfance ; dans un temps où les moindres
emplois publics ne s'obtenaient qu'après quelques
épreuves, les administrations choisissaient plus volontiers leurs élèves parmi ceux dont les succès
dans leurs premières études pouvaient donner plus

d'espérances. Un échevin de Paris (M. de Saint-Sabin), ami de mon père et qui m'en tenait lieu à Paris, s'imagina de parler de moi au ministère des finances, où il était assez bien accueilli, et, grâce à lui, en 1774, lorsque j'accomplissais ma seizième année, je me trouvais déjà inscrit parmi les aspirants aux emplois de cette administration. Ainsi, par une sorte de prédestination, j'appartenais aux finances publiques avant même de pouvoir attacher un commencement de pensée à ce mot. Cette inscription n'était qu'une expectative.

Mon père voulait plus de temps et d'autres gages pour que son choix et le mien pussent se fixer sur ma vocation. A cette époque, il me rappela près de lui ; il me fit commencer un autre cours celui du droit. Le premier jurisconsulte de ma ville natale [1], ville où le barreau ne manquait pas d'activité (M. de Frémont), m'ouvrit son cabinet : j'assistais à toutes ses consultations; elles étaient nombreuses et variées. Il me confiait des recherches et des extraits à faire, des pièces de procédure à examiner, des autorités à consulter ; bientôt même il eut la confiance de me renvoyer, comme en premier examen, quelques plaideurs qu'il n'avait pas pu d'abord entendre; en un mot, en très peu de mois il m'avait fait une sorte de clientèle, et déjà on faisait

---

1. Rouen.

quelque attention à moi. Il était même arrivé que quelques honoraires m'avaient été offerts pour ces petits travaux, par des clients non moins novices que moi. Je m'en étais cru offensé, et je l'avais témoigné en repoussant un peu durement l'offrande. Mon patron l'avait su ; il en avait fait confidence à mon père, et je crois bien que tous deux, en commençant par rire ensemble à mes dépens de ma fausse délicatesse, n'en avaient cependant pas tiré un trop mauvais augure. Mais mon père, qui prenait tout au sérieux dans les premiers jugements de la jeunesse, trouvait là l'occasion naturelle d'une nouvelle leçon qu'il croyait utile à mon avenir. Je vais encore citer ses paroles ; elles sont surtout remarquables dans la bouche d'un commerçant de cette époque. On me pardonnera, pour le bon exemple, cette seconde citation : tant de leçons paternelles ont été perdues dans le dix-huitième siècle ! Il paraît que mon père avait préparé celle-là avec quelque soin, et j'en puis donner le texte presque littéral ; car, en la répétant, il me l'avait fait écrire sous sa dictée.

« Croiriez-vous (disait-il) honorer la profession
« à laquelle vous vous destineriez, en y portant
« une vertu qui la rendrait impossible ? Il y a tou-
« jours quelque alliage de vice dans l'excès de la
« vertu. Serait-ce pour vous donner le mérite du
« désintéressement ? Le porter jusqu'à l'oubli de ses

« propres besoins n'est pas une vertu ; refuser le
« prix légitime de son travail, c'est renoncer à sa
« propriété, et on se prépare mal à en défendre les
« droits pour autrui, quand on les méconnaît pour
« soi-même. C'est sur le maintien de ces droits que
« repose non-seulement la sûreté, mais même la
« probité, la dignité morale de l'homme en société.
« Si vous examinez bien le sentiment qui vous do-
« mine lorsque vous répugnez à recevoir un juste
« salaire, vous verrez qu'il y entre plus d'orgueil
« que de bienfaisance, et l'orgueil en ce cas fait un
« faux calcul ; car, donner à qui l'on ne doit rien
« c'est s'exposer à ne pas payer ce qu'on devra, et
« à descendre bientôt de la condition de donateur
« imprudent à celle de débiteur insolvable. On ne
« peut être généreux que de ce qui est à soi : on
« n'a rien à soi lorsqu'on n'est pas sûr de solder,
« par son revenu propre, les avances qu'on attend
« des autres pour les divers besoins de la vie. Si je
« vous avais confié un capital pour en obtenir l'in-
« térêt, vous vous feriez scrupule d'en négliger le
« placement et d'en faire des largesses ; votre édu-
« cation, dont j'ai fait les frais, n'est-elle pas aussi
« un capital pour vous, puisque l'instruction que
« vous lui devez trouve déjà des gens qui y mettent
« un prix ? Pour obtenir de vous ce qui leur manque,
« ils vous offrent une petite partie de ce qu'ils pos-
« sèdent ; ils font avec vous le même traité que

« vous faites avec les pourvoyeurs des objets que
« vous consommez ; tout, dans la société, se résout
« en échanges ; quand les échanges ont pour règle
« une exacte réciprocité, ils satisfont les deux con-
« tractants : les comptes qui ne se balancent pas
« sont de mauvais comptes, et le résultat accuse
« également le créancier et le débiteur. On blesse
« la propriété dans autrui quand on donne moins
« qu'on ne reçoit ; on la blesse dans soi quand on
« reçoit moins qu'on ne donne. Ce n'est pas sans
« raison que vous voyez la considération publique
« s'attacher aux grandes fortunes bien acquises ; il
« est en effet honorable de faire légitimement de
« grands profits, car ces profits ne peuvent être dus
« qu'à la persévérance et à la perfection du travail,
« quel qu'en soit l'objet. Celui qui s'est régulière-
« ment enrichi a commencé par enrichir la société
« de procédés nouveaux, d'inventions, de jouis-
« sances qui lui manquaient ; il a commencé par
« gratifier les autres de ce qu'il a produit pour eux,
« avant de recevoir d'eux, en échange, ce qu'on
« nomme communément la richesse ; et celui qui
« s'est créé de tels moyens de fortune manque rare-
« ment des vertus qui honorent le plus l'homme ; il
« échappe au goût des distractions frivoles, des
« plaisirs qui énervent l'âme et dissipent la vie,
« surtout au besoin des complaisances serviles, et
« il conserve sans altération la portion d'indépen-

« dance qu'il est possible de conserver dans ce
« monde ; on abuse bien souvent du mot sans jouir
« de la chose.

« Les profits que l'opinion réprouve sont ceux
« qui ne laissent pas dans la société d'équivalent.
« Tels sont les gains que l'on fait au jeu ou dans
« les spéculations aléatoires ; de tels profits res-
« semblent beaucoup, par leurs effets, à ceux dont
« la police et la maréchaussée tâchent de garantir
« nos grandes routes ; ils ressemblent aux dépouilles
« que, dans la guerre, on enlève à ses ennemis,
« avec cette différence que les joueurs de toutes les
« classes dépouillent en pleine paix leurs propres
« concitoyens. Je sais que je n'ai pas besoin de
« vous prémunir contre l'amour de pareils profits ;
« mais j'ai voulu, par les explications qui pré-
« cèdent, vous apprendre à discerner les gains qui
« déshonorent et ceux dont il faut s'honorer. La
« société doit sa prospérité aux efforts que font ses
« membres pour obtenir ces derniers ; c'est par eux
« que la propriété s'agrandit et multiplie ses bien-
« faits. La propriété est un mot que je ne prononce
« jamais qu'avec respect ; j'avoue que je n'ai en-
« core trouvé aucun livre qui la définisse comme
« je la conçois. Les jurisconsultes anciens et mo-
« dernes ne la considèrent que sous le rapport des
« titres légaux, des partages et des transmissions
« héréditaires ; mais j'ai eu occasion de lire quel-

« ques extraits nouvellement traduits d'un ouvrage
« anglais [1], dans lequel j'ai trouvé, sinon un traité
« spécial de la propriété, au moins des notions plus
« étendues sur ses éléments, sur les circonstances
« qui peuvent favoriser ou contrarier ses dévelop-
« pements, sur les liens qu'elle forme entre les
« hommes, auxquels, sous tant de formes diverses,
« elle fournit seule la matière des échanges. Je
« désire que vous lisiez et méditiez cet ouvrage ;
« l'auteur n'imagine rien, mais il a tout observé ; il
« n'a pas créé des hypothèses, mais il a saisi, dans
« tous leurs rapports mutuels, les combinaisons,
« les intérêts de l'ordre social ; sa théorie est telle
« que doit être toute théorie exacte, elle n'offre rien
« de conjectural : elle explique le mécanisme de la
« société comme Newton a expliqué le système du
« monde, *en le prouvant* : ce livre, dont je ne con-
« nais encore que quelques fragments, doit être
« consulté par tous ceux qui veulent se rendre
« compte du grand mouvement auquel chacun
« prend plus ou moins de part ; par les agents publics
« de toutes les classes, surtout par ceux qui les diri-
« gent. Je suis déjà vieux, et je nommerais à peine
« un ministre qui eût étudié et qui ait voulu prati-
« quer ces maximes. Peut-être parlait-il aux hom-
« mes de trop haut : ce n'est pas avec le mépris

---

1. *Recherches sur la richesses des nations,* par ADAM SMITH.

« qu'on attaque efficacement les fausses opinions
« qui se sont accréditées. L'homme qui s'est accou-
« tumé à faire de grands pas doit, quand il se
« trouve à la tête de la multitude, modérer sa mar-
« che pour ne pas la laisser trop en arrière : comme,
« au surplus, vous n'êtes appelé ni à gouverner ni à
« éclairer les autres, c'est seulement pour votre
« propre direction que je vous exhorte à étudier la
« doctrine de mon auteur anglais, que j'ai le regret
« de trouver très supérieur à nos économistes de
« France. Vous serez assez prudent pour ne pas y
« chercher des moyens de censure contre le gou-
« vernement et les ministres ; mais vous y trou-
« verez des règles de conduite pour vous et des
« points d'appui pour vos jugements et vos déter-
« minations, même dans les questions d'intérêt
« privé, telles que celle qui a donné lieu à cet en-
« tretien. »

C'est peut-être cette allocution si simple de mon père qui a décidé de l'emploi de ma vie. Ma pensée se trouva subitement portée vers de nouvelles méditations qui m'offrirent bien plus d'attraits que l'étude des formules du droit. Cependant je continuais de donner à cette étude la principale partie de mon temps.

Un maréchal de camp [1], que j'avais rencontré

---

1. Le marquis de Verdière.

quelquefois à Paris chez M. de Saint-Sabin, vint à Rouen, et je le revis ; il était fort occupé d'un procès qu'il avait à soutenir contre la marquise de Coaslin ; et sur quoi ? sur un compte de commerce, sur la liquidation d'un armement fait pour l'Inde, quelque vingt ans auparavant ; il me recherchait beaucoup, parce qu'il ne voulait parler que de son procès, et qu'il me trouvait toujours disposé à l'entendre. A force de l'écouter, je connaissais le procès aussi bien que lui ; j'en avais fait un résumé, et uniquement par forme d'étude et pour mettre en ordre les faits et les moyens. De son côté, il rédigeait chaque jour de nouvelles notes et préparait ainsi, me disait-il, les matériaux d'un grand mémoire qu'il devait publier. Il voulut voir mon précis ; après l'avoir lu, il abandonna le projet de son grand mémoire ; mais il en forma un autre, celui d'obtenir de mon père que je me rendisse à Paris à l'époque où son procès se jugerait ; il l'obtint en effet, et cette époque fut prochaine. J'étais dans ma dix-septième année ; mon noble client me présenta à plusieurs de ses amis, parmi lesquels je puis citer le vieux maréchal de Richelieu et le célèbre avocat Gerbier ; ce dernier porta l'indulgence jusqu'à donner, par sa signature, un passe-port à mon mémoire. Accueilli par lui avec une bonté toute paternelle, je lui demandai bientôt d'étendre jusqu'à moi l'adoption dont il avait honoré mon premier œuvre, et de permettre que j'eusse recours à ses conseils...

« Mon cher jeune homme, me dit-il, mon pre-
« mier conseil, qui sera, je crois, le meilleur, vous
« dispensera de m'en demander d'autres : renoncez
« au barreau ; je veux croire que vous y auriez des
« succès ; mais il faut maintenant les chercher ail-
« leurs. J'ai vu encore briller les beaux jours du
« barreau ; je n'ai peut-être pas trop malheureuse-
« ment parcouru cette carrière, et cependant je
« regrette de l'avoir préférée. Vous allez entrer
« dans le monde ; eh bien ! vous entendrez dire de
« toutes parts que tout est à réformer dans les
« lois, que tout est abus dans le gouvernement,
« que tout est à changer dans les institutions. Ju-
« gez de ce que doit devenir, au milieu de tels élé-
« ments d'agitation et d'incertitude, une profession
« qui consiste à appliquer sans cesse des règles gé-
« nérales à des cas particuliers, et qui suppose con-
« séquemment la fixité, l'inviolabilité de ces règles.
« L'esprit novateur se glisse jusque sous la robe
« de nos vieux magistrats. Vous prendriez mal
« votre temps pour l'étude de la jurisprudence. Je
« prévois que, dans quelques années, les avocats
« chercheront ailleurs la matière de leurs plai-
« doyers, et que l'épreuve ne sera pas heureuse
« pour le plus grand nombre. »

J'étais un peu surpris de ce que je venais d'en-

tendre ; mon vieux officier-général et un académicien nommé l'abbé *Arnault,* étaient présents : le premier se disposait à argumenter contre le prophète, le second à le défendre, lorsque Gerbier reprit à peu près ainsi la parole : « Dans mon
« intérêt pour ce jeune homme, je porte peut-être
« la prévoyance un peu trop loin ; mais j'observe
« ce qui se passe et ce qui se prépare dans ce monde,
« mieux que vous autres gens du monde. Je vois
« des hommes de toutes les conditions. Je n'assiste
« pas à une consultation qui ne s'ouvre ou qui ne
« se ferme par quelque discussion politique. Je ne
« vois pas un magistrat qui ne soit plus occupé
« des affaires d'Amérique [1] que du procès dont je
« dois l'entretenir ; pas un militaire qui ne discute
« les constitutions des Etats-Unis ; pas un com-
« merçant qui n'ait un plan de réforme pour l'im-
« pôt ; pas un plaideur qui ne soit plus disposé à
« me parler des affaires publiques que de sa
« propre affaire ; bien peu d'hommes de cour qui
« ne soient en plainte contre la cour. Le spec-
« tacle que donne au monde l'insurrection de
« quelques colonies contre leur métropole inté-
« resse, occupe toute la France ; on dirait quelle
« y trouve des motifs d'espérance, peut-être même

---

1. L'Amérique du Nord entrait en insurrection contre l'Angleterre sa métropole.

« un cours d'instruction pour elle : et nous sommes
« assez bien préparés pour de telles leçons ; assez
« de modifications commodes se font remarquer
« dans nos habitudes, nos relations, nos usages ;
« on ne retrouve presque rien, même dans les éti-
« quettes de cour de cet ancien régime qui, suivant
« l'expression de Montesquieu, établissait parmi
« nous la différence accablante *d'une nation noble*
« *et d'une nation roturière*; le commerce des idées
« rapproche toutes les conditions ; la supériorité de
« l'esprit est celle qui flatte le plus et défend le
« mieux l'orgueil ; l'homme qui parvient à se faire
« un nom distingué obtient presque autant d'égards
« que celui qui a hérité du sien. Mais qu'on ne s'y
« trompe pas ; je crains bien qu'on ne laisse pas les
« mœurs achever seules ce qu'elles ont commencé ;
« cette marche paraîtra trop lente aux réformateurs
« politiques ; ils ne se contenteront pas de conces-
« sions faites par l'esprit de sociabilité ; ils ont
« l'exemple d'une législation nouvelle qui n'admet
« aucune distinction de rang et de condition ; on
« pouvait ne pas les introduire là où elles n'exis-
« taient pas ; ils voudront les supprimer là où elles
« existent. Cependant parmi nous, quelle qu'ait été
« l'origine de ces distinctions, quelque abusives
« qu'elles aient pu être, elles reposent, comme
« tous les autres droits, comme toutes les transac-
« tions sociales, sur la possession, sur des titres.

« On voit s'atténuer chaque jour, avec leur impor-
« tance pour ceux qui les possèdent, leur impor-
« tunité pour les autres ; la plupart des premiers
« seraient, je crois, disposés à transiger sur les
« inégalités que le temps même ne justifie pas,
« celle de l'impôt, par exemple ; car ils ne sont pas
« non plus sobres de censures sur le temps passé
« et sur le temps présent. Mais cet accommode-
« ment pourrait bien ne pas suffire aux vanités ri-
« vales qui, à leur premier appel, trouveront des
« auxiliaires dans la multitude ; la France ne s'est
« déjà que trop souvent divisée en partis, et pour
« de moindres causes. Ces époques ont été un
« écueil pour la sagesse même de notre magistra-
« ture si renommée. Rappelez-vous le règne de
« Charles VI, la Ligue, la Fronde : je redoute encore
« plus le renouvellement de semblables crises pour
« le barreau français. Si le grand procès qui nous
« menace s'engage, je ne connais pas de profession
« dont je me permisse de garantir l'avenir : je n'en
« connais pas, surtout, dont l'avenir soit exposé à
« plus de hasards et de dangers que la mienne ; j'en
« écarterais mon fils si j'en avais un. Recevez donc
« mon conseil comme un conseil de père. »

Ma vocation pour le barreau n'était pas assez
décidée pour qu'elle eût besoin d'être si sérieusement combattue ; mais cette saillie prophétique,
dont j'atténue la véhémence, frappa encore plus

que moi-même, et dans un autre sens, le vieux général et l'académicien qui y assistaient, et qui s'empressèrent de répéter, chacun dans son cercle, ce qu'ils avaient retenu de cet entretien ; et comme j'en avais été l'occasion, mon nom se trouva naturellement mêlé aux commentaires. J'avais été présenté par le marquis de Verdière au maréchal de Richelieu, qui m'avait accueilli avec bonté ; il admettait chez lui des hommes principaux en finances, dont quelques-uns lui devaient leur fortune. « Messieurs, » leur dit-il un jour en me présentant à eux, « je vous recommande expressément celle-ci. » En effet, peu de jours après, je reçus un brevet d'apprentissage administratif plus spécial que mon inscription de 1774. Je m'ouvrais ainsi une route de plus pour arriver au même but, et je commençai à étudier la législation des revenus publics qu'exploitait, sous le nom de ferme-générale, une compagnie de finances.

Quoique je n'eusse encore que de bien faibles notions des lois civiles, les premières comparaisons que je fis entre elles et les lois de finances ne pouvaient être en faveur des dernières. Je trouvais un code de délits et de peines nouveau pour moi ; des amendes, des emprisonnements, des punitions corporelles mises à la discrétion de tribunaux spéciaux, souvent pour de simples omissions de formalités ; des distinctions de tarifs presque dans chaque province, un monopole qui faisait varier les prix de vente du sel de l'un des bords d'une rivière à l'autre, dans la proportion de douze à un ; des juges qui étaient affranchis de l'impôt du sel pour leur compte, et qui devaient envoyer aux galères ceux qui voituraient quelques pintes d'eau salée puisées à la mer. Heureusement je ne me bornai pas à la simple lecture de ce code, et j'eus bientôt lieu de reconnaître qu'il y avait entre son texte et son application la même différence qu'entre les mœurs des anciens financiers et celles des nouveaux. C'est surtout par l'étude du code des finances que j'eus l'occasion de remarquer la distinction qui s'introduit par la force des choses entre la loi écrite et la jurisprudence. Ce ne fut pas dans le texte même de la loi, mais dans les exceptions, dans les interprétations introduites par le temps, que je pus apprendre cette jurisprudence, toujours portée à l'atténuation des délits, à la modération des peines, et la seule que suivissent en général les juges et les agents du fisc : tant il est vrai que toute loi trouve la limite de son effet dans la volonté publique ; et que, si cette volonté ne se manifeste pas avec éclat contre quelque prescription qu'elle réprouve, la persévérance de la seule réprobation force les juges eux-mêmes à modifier cette disposition dans l'application qu'ils en font !

Un autre résultat que j'observai, ce fut que le

recouvrement des impôts [1] dont la ferme-générale était comptable employait près de trente mille commis, qui avaient pour chefs soixante fermiers-généraux ; une telle armée était elle-même un impôt bien lourd ; mais elle était la conséquence nécessaire de cette diversité de taxes, surtout de cette variation de tarifs qui rendaient en quelque sorte la plupart des provinces françaises étrangères l'une à l'autre.

La législation financière d'alors se ressentait nécessairement du temps d'ignorance dans lequel elle était née, des moments de détresse qui l'avaient inspirée, et surtout des traités qui, en agrandissant le royaume, avaient laissé à chaque territoire nouvellement réuni une partie de ses anciens usages. Elle avait été fort améliorée par Sully et surtout par Colbert, mais ils n'avaient pas pu en corriger les premiers vices, et ce n'était pas là, pour les agents d'exécution, un bon traité de morale et de politique intérieure. Cependant, par une des causes que j'ai indiquées ci-dessus, une telle discipline s'était introduite dans cette milice, qui tenait presque toutes les propriétés et toutes les personnes à la discrétion de son serment, que les abus du pouvoir envers les contribuables étaient rares, les

---

1. Ces impôts comprenaient toutes les taxes sur les consommations, le monopole de la vente du sel, du tabac, etc., etc.

infidélités presque sans exemple ; c'est une justice que les frondeurs ne pouvaient refuser ; ils la rendaient à leur manière en disant que le fisc s'était humanisé, comme les bourreaux qui savent arrêter la torture au point juste où elle pourrait ôter la vie.

La méthode de comptabilité que suivait la ferme-générale avait le même vice originel que sa législation ; mais les chefs avaient porté si loin l'exactitude dans les comptes qu'ils se faisaient rendre et dans ceux qu'ils rendaient eux-mêmes qu'on ne pouvait leur reprocher que la surabondance des explications, des raisonnements, des preuves morales qui établissaient que cette compagnie versait exactement au trésor le prix stipulé par son bail, et qu'elle ne retenait pour elle que les bénéfices que lui assurait ce traité ; il est vrai que ces bénéfices étaient de quelque importance. L'abbé Terray avait voulu les réduire par le bail qu'il renouvela en 1774. La troisième année de ce bail commençait lorsque j'en observai plus attentivement la marche ; les profits devaient être de plus de 200,000 fr. par chacune des six années, pour chacun des soixante fermiers-généraux ; ils jouissaient en outre d'un intérêt de cinq deux tiers pour cent sur leur mise de fonds qui était de 1,560,000 fr.[1] pour chaque

---

[1]. Cette mise de fonds a été liquidée et remboursée en 1794, comme on remboursait alors.

fermier-général. Cette mise de fonds ne représentait pas une avance réelle faite au trésor, mais, en presque totalité, le prix des bâtiments, des magasins, des matières premières, c'est-à-dire des sels et des tabacs dont la ferme-générale exerçait le monopole, et qui se transmettait de bail en bail sous inventaire. Ainsi, pour chaque année du bail commencé en 1774, un fermier-général recevait un dividende de près de 300,000 fr., ce qui signifie qu'il plaçait à vingt pour cent par an le capital de sa mise de fonds. Si l'on veut ensuite considérer les bénéfices attribués aux places de fermier-général dans leur rapport avec le produit des impôts que recevait cette compagnie, on voit que, pour un versement annuel d'environ 200 millions fait au trésor en prix de bail, il y avait un prélèvement de 18 millions pour les émoluments personnels de soixante fermiers-généraux, c'est-à-dire neuf pour cent, indépendamment des appointements de leurs commis et de tous les frais de leur régie ; et si l'on veut savoir pourquoi le ministère laissait les finances sous cette énorme charge, c'est que, pour s'en affranchir, il aurait fallu rembourser aux fermiers-généraux un capital d'exploitation qui s'élevait à 93 millions ; et comment aurait-on pu trouver cette somme, lorsqu'en épuisant tous les modes d'emprunt, on parvenait à peine à couvrir le déficit du service courant ?

M. Necker fut donc obligé lui-même de traiter avec la ferme-générale à peu près aux mêmes conditions que l'abbé Terray [1] ; je dois toutefois reconnaître qu'il introduisit dans son bail plusieurs combinaisons utiles. Je le rappellerai en rendant compte de la part que j'ai prise moi-même au renouvellement du bail postérieur.

Ce que j'avais observé, et sans beaucoup d'efforts, sur l'organisation de la ferme-générale pendant mon noviciat de quelques mois, n'était pas remarqué des principaux commis auxquels mon instruction était confiée ; la plupart des fermiers-généraux étaient même étrangers à ces notions. La finance se croyait *en possession d'état*, comme la noblesse et la magistrature ; et ce n'était pas dans son cercle qu'on se permettait de mettre en question s'il était indispensable de conserver soixante fermiers-généraux (dont les cinq sixièmes ne prenaient part qu'aux répartitions) et à chacun d'eux un revenu de deux ou trois cent mille francs. Je me serais fait un scrupule moi-même d'abuser contre la ferme-générale des recherches qu'elle me laissait faire dans ses bureaux ; mais, sans qu'on en soupçonnât le but et le résultat, on remarquait mon

---

1. M. Necker avait sagement distrait du bail de la ferme-générale, renouvelé en 1778, pour commencer en 1780, le recouvrement des droits d'aides et droits domaniaux, dont le produit annuel excédait 80 millions.

assiduité ; on m'accorda plus d'attention que n'en obtenait ordinairement un simple élève. On m'offrit un emploi utile dans une province éloignée ; je ne l'acceptai pas, je demandai et j'obtins qu'on me laissât suivre paisiblement mon cours d'instruction.

La première administration de M. Necker commençait à jeter tout son éclat, et elle était pour Paris un grand sujet de controverse ; on ne s'entretenait plus que de politique ou de finances dans les cabinets, dans les salons, et même dans les boudoirs ; je voyais plusieurs amis du ministre, je rencontrais aussi quelques-uns de ses adversaires. Celui que je remarquai le plus était un Suisse nommé *Penchaud*, qui avait longtemps habité l'Angleterre. Il avait formé à Paris une maison de banque dont il s'occupait peu ; il était versé dans tous les genres de spéculations qui se font sur les places de Londres et d'Amsterdam ; il avait fait de grands profits et des pertes souvent plus grandes ; la place de Paris lui semblait trop étroite pour ses opérations ; mais il y avait fondé une espèce d'école, et quelques-uns de ceux qui la fréquentaient l'avouaient pour leur maître ; tous espéraient y apprendre la haute science de la finance, les uns pour censurer d'autant mieux le ministre et le remplacer peut-être, les autres pour spéculer plus sûrement sur la variation du cours des effets publics ; on y voyait des hommes de cour, des abbés, de nouveaux magistrats, tels que ceux que m'avait dépeints Gerbier. Penchaud avait une éloquence entraînante, et il n'était jamais si éloquent que dans ses sorties contre le ministre Necker; il l'attaquait surtout dans les combinaisons de ses emprunts, faits, disait-il, sans gages, à un énorme intérêt; il employait à cet égard une formule de calculs progressifs qui tendait à prouver que certains emprunts de M. de Necker devaient coûter à l'État quatre fois et demi leur capital. Lorsqu'il se défiait de ses raisonnements, il les fortifiait par des chiffres; il parlait mieux qu'il n'écrivait; mais il écrivait mieux qu'aucun des administrateurs de ce temps sur l'impôt, sur la monnaie, sur les prohibitions, sur le crédit public considéré dans les garanties qu'il donne aux propriétés particulières, aux spéculations commerciales, et dans le secours qu'il en reçoit. Sa théorie était entendue tant bien que mal par les adeptes qui l'écoutaient; ils la répandaient pour être écoutés à leur tour; on croyait toujours avoir trouvé la solution des grands problèmes, dans ses définitions, tant elles paraissaient à la fois exactes et lumineuses; et comme il rattachait habituellement chaque discussion à son système de censure contre M. Necker, comme il satisfaisait ainsi un sentiment personnel dans presque tout ce qu'il disait ou écrivait, il n'avait jamais les inconvénients d'un homme qui veut endoctriner : il paraissait, en instruisant, vouloir plutôt justifier son opinion que maîtriser celle des autres.

Ceux qui ont connu M. Penchaud jugeront si je suis fidèle à sa mémoire ; j'étais le plus jeune, le plus obscur et le moins assidu de ses auditeurs. Un jour que dans un cercle peu nombreux il analysait un des emprunts viagers de M. Necker, et qu'il attaquait par des chiffres la triple combinaison de l'intérêt de dix pour cent sur une tête, neuf pour cent sur deux têtes, et huit pour cent sur trois têtes, je hasardai de dire que je trouvais encore dans les emprunts viagers d'autres inconvénients que ceux que ces calculs attaquaient ; qu'ils devaient détruire l'esprit de famille, porter les hommes à s'isoler des générations futures : que ces emprunts restreignaient l'avenir des sociétés au lieu de l'étendre ; que, s'ils favorisaient quelques convenances particulières, c'était en écartant une partie de la nation du but vers lequel un gouvernement éclairé doit diriger la nation tout entière ; que leur effet devait être de diminuer la somme du travail dû à la société par tous ses membres, puisque, en doublant au moins le revenu que tout autre placement pouvait promettre, ils favorisaient le goût de la vie oisive ; qu'ils accoutumaient l'homme à ne rien voir au delà de soi ; à limiter la durée du monde à la sienne ; qu'ils le détournaient du noble désir de se survivre à lui-même en laissant d'honorables traces de son existence dans l'amélioration des propriétés immobilières, dans les établissements utiles, dans les bienfaits qu'il pourrait transmettre aux autres ; que chacun de ceux qui s'intéressaient dans les emprunts viagers devrait s'interroger sur ce qu'ils seraient devenus si leurs pères avaient fait le même emploi de ce qu'ils possédaient. J'ajoutais que, parmi les leçons que les gouvernés donnent assez souvent aux gouvernants, je remarquais celle que quelques prêteurs en viager donnaient au ministère, en n'employant chaque année à leur dépense que la moitié de dix pour cent qu'ils recevaient, et en plaçant à intérêt l'autre moitié ; que, par cette combinaison, ils recouvraient en douze ou quatorze années leur capital entier, en s'assurant gratuitement, pour le reste de leur vie, au delà de ces douze années, la conservation de l'intérêt de dix pour cent et la propriété de leur capital primitif reconquis par eux ; que, si le ministère profitait de la leçon, il pourrait lui-même combiner les emprunts de la manière suivante: emprunter en perpétuel au lieu d'emprunter en viager, continuer cependant d'affecter dix pour cent sur les revenus de l'État aux intérêts de l'emprunt, mais n'en donner que cinq au prêteur, et réserver le reste pour rembourser au cours de la place les prêteurs qui voudraient l'être : et que, puisque quelques prêteurs en viager parvenaient à rentrer dans leur capital en douze ou

quatorze ans, en économisant et en plaçant successivement la moitié de leurs intérêts, il ne devrait pas être plus difficile pour l'État de rembourser tout l'emprunt dans le même délai, lorsqu'il y emploierait aussi, chaque année, une somme égale aux cinq pour cent qu'il aurait attribués à ses prêteurs en perpétuel, et le montant de l'intérêt de la somme d'emprunt qu'il aurait annuellement rachetée. C'était assurément là un système bien incomplet, je ne le présentais que comme l'imitation d'une spéculation particulière; c'est uniquement là que j'en avais puisé l'idée. « J'avais fait proposer quelque chose
« de semblable, me répondit Penchaud, à M. Tur-
« got, lorsque je m'occupais de l'organisation de ce
« premier établissement de banque que lui doit Pa-
« ris, sous le nom de la caisse d'escompte. M. Turgot
« était fait pour apprécier et diriger un tel plan ;
« mais jamais une combinaison de cet ordre ne
« pourrait entrer dans celles d'un ministère qui ne
« veut pas couvrir l'insuffisance des revenus par
« des impôts pour ne pas se *dépopulariser* ; qui pré-
« fère emprunter et aggraver encore le déficit par
« les intérêts de ces emprunts ; qui emprunte sans
« gages, et ne peut conséquemment employer que
« les emprunts les plus onéreux et les plus immo-
« raux. »

Cette conversation n'eut pas d'autres suites ; en cherchant à profiter pour mon instruction du bien et du mal qu'on disait d'un ministre trop remarquable pour être toujours jugé avec modération, mon opinion personnelle ne me faisait pas préférer ses détracteurs : M. Necker succomba à leur attaque au commencement de 1781, et depuis quelques mois je rencontrais moins M. Penchaud.

L'insurrection de l'Amérique septentrionale, protégée par la France, avait alors allumé la guerre de la France avec l'Angleterre, et l'Espagne s'était unie à la France. L'intérêt que je prenais à cette guerre se bornait au désir que j'avais qu'elle fût glorieuse pour nos armes, et qu'elle finît par être utile à notre commerce. Je ne cherchais pas la réputation d'un homme à projets : voici cependant celui qui me vint en tête.

Je voyais dans les colonies anglaises, séparées de leur métropole, un peuple nouveau qui ne cultivait avec succès que le *premier-né* des arts, et qui était accoutumé, par la métropole dont il se séparait, à la jouissance de tous les autres. Je voyais l'Angleterre menacée de perdre dans ses colonies un grand marché pour ses manufactures ; je pensais que le but et le prix de la guerre, pour la France, devaient être la conquête de ce marché. Un système complet d'échanges ne pouvait pas s'ouvrir entre la France et les États-Unis ; mais je m'imaginais qu'ils pourraient tirer des ports de France des draps, des sels, des cuivres, et même des fers fabriqués [1], des toiles, des armes ; en solder une partie avec des tabacs, des cotons et du bois ; et acquitter le reste avec le produit des ventes qu'ils auraient faites ailleurs des productions moins nécessaires à la France. La marine américaine, qui depuis a reçu de si rapides développements, était encore au berceau ; j'avais pensé que, dans les premiers moments, un sentiment d'antipathie réciproque, devant écarter les vaisseaux américains des ports anglais, la France devait chercher à leur faire prendre en sa faveur une autre habitude ; et qu'on pourrait leur ouvrir le port de Bayonne, celui de tous les ports de France qui se trouvait le plus librement accessible à la navigation américaine. Les marins d'une nation qui faisait de si grands efforts pour son indépendance se seraient difficilement assujettis à toutes les formalités de notre régime ordinaire des douanes, surtout pour des cargaisons qui devaient être composées de tabacs ou d'objets réexportables ; mais on pouvait appliquer au port de Bayonne, pour le commerce des États-Unis, la franchise dont jouissait le port de Marseille pour le commerce du Levant. La topographie de Bayonne donnait à la fois des facilités pour la franchise de

---

[1]. Je supposais qu'ils pourraient se rédimer de la condition de payer trop chèrement nos fers fabriqués, par le prix plus élevé qu'ils mettraient à leurs tabacs du Maryland et de la Virginie, nécessaires au monopole de la ferme-générale.

son port, et des sûretés contre ses abus. On aurait pu exiger, dans l'intérêt du fisc, que le commerce de Bayonne fît construire, à ses frais, un vaste entrepôt dans lequel toutes les cargaisons américaines, sujettes à la réexportation, auraient été emmagasinées sous la clef des douaniers. Je ne doutais pas qu'il ne fût disposé à faire cette avance, et qu'il n'en obtînt promptement le dédommagement. Le port de Bayonne, moins fréquenté par les vaisseaux des autres nations, à cause des risques que présente la navigation de l'Adour, me paraissait convenir d'autant mieux à un commerce spécial qui trouverait des avantages supérieurs aux risques, et rendrait à Bayonne son ancienne activité. Le successeur de M. Necker, M. Joly de Fleury, était à peine en fonctions lorsque je lui fis parvenir le mémoire que je viens de résumer ; cette pensée d'un novice devait assez naturellement venir à beaucoup d'autres ; et ce fut cette fois un mérite pour elle. Le lendemain, je fus appelé par l'intendant des finances, M. de Villevault, chargé, sous ses ordres, de la surveillance de la ferme-générale ; ce magistrat, qui avait déjà quelque bienveillance pour moi, m'attacha immédiatement à ses bureaux, et avec quelque distinction : c'était beaucoup plus que je n'espérais.

M. de Villevault voulut bien me dire que M. Joly de Fleury avait fait quelque usage de mon travail sur le port de Bayonne; que le comte de Vergennes, ministre des affaires étrangères, se montrait favorable à de pareils projets ; le commerce de Bayonne venait aussi d'ouvrir les yeux sur la nouvelle destinée à laquelle son port pouvait être appelé ; et il avait même envoyé des députés à Paris pour obtenir les règlements exceptionnels que comportait l'établissement d'un port franc sur ce point. Je savais bien qu'une des premières conditions devait être de rendre l'*Adour* navigable ; ce qui exigeait de grands travaux. Je n'étais pas assez instruit pour prévoir toutes les objections de la ferme-générale contre cette franchise; mais ce que je savais moins encore, c'était que des armateurs américains avaient paru dans quelques-uns de nos ports, et qu'ils avaient eu lieu de se plaindre des cargaisons de retour. On disait aussi qu'ils avaient, pendant trois années, tiré des draps, pour l'habillement des troupes, d'une de nos villes manufacturières (que je m'abstiens de nommer), et que chaque année on leur avait vendu plus cher des draps d'une qualité moindre; qu'ils avaient fait à Paris un marché pour un grand approvisionnement d'armes ; que ces armes avaient été embarquées dans un port de la Manche ; et que, par une fatalité qui avait été mal interprétée, même en France, les bâtiments chargés de ces armes avaient été presque tous pris par des corsaires.

D'un autre côté, il arrivait que la ferme-générale, à qui les droits de douane étaient affermés, puisait chaque jour dans son bail de nouvelles objections contre la franchise du port de Bayonne; elle décourageait les députés de cette ville par ses exigences toutes fondées sur les règles de sa législation [1], et les conditions de son bail. Près de dix-huit mois avaient été employés à discuter ce qui aurait dû être résolu en un mois. Quand on fut à peu près d'accord sur les conditions, l'à-propos était manqué, l'occasion perdue sans retour, au grand déplaisir du comte de Vergennes; et je n'en accuse pas seulement les fermiers-généraux, qui, en 1780, ne ressemblaient plus à ces financiers dont on avait dit *qu'ils étaient chargés de recouvrer tous les revenus de l'État, à la condition d'en rendre quelque chose.* Il restait bien encore parmi eux un groupe d'héritiers presque directs, scrupuleux conservateurs des anciennes traditions, qui croyaient que chaque renouvellement de bail les rendait *aliénataires,* pour six ans, des impôts qu'ils devaient administrer, et à la proportion desquels le gouvernement ne pou-

---

1. A la tête de cette députation était l'évêque de Bayonne, digne prélat, qui, lorsqu'il était évêque de Tréguier, avait personnellement secouru, au risque de sa vie, quelques-uns de ses diocésains qui allaient être noyés. Louis XV avait dit de lui qu'il allait à l'eau comme ses frères allaient au feu. Ce prélat se nommait de la Ferronnays.

vait faire aucun changement dans cette période ; or, quoiqu'ils ne fussent qu'en minorité, ils n'en formaient pas moins le comité dirigeant; c'était par eux que les ministres des finances toujours nécessiteux, obtenaient, au delà des versements périodiques stipulés par le bail, ces subventions additionnelles dont la compagnie les aidait sur son crédit. Mais en général, et quoique la compagnie gardât ainsi quelques nuances du vieux esprit de corps (ainsi qu'il arrive aux associations dont le public censure volontiers les profits et qui n'en croissent pas moins en considération par l'accroissement même de ces profits), la très grande majorité des fermiers-généraux de 1780, par la culture de l'esprit et l'aménité des mœurs, tenait honorablement sa place dans les premiers rangs de la société française ; et plusieurs, par la direction qu'ils avaient donnée à leurs études, auraient été très disposés à mieux servir l'État, même avec moins de profits, si les ministres, connaissant mieux leur siècle, avaient su mieux discerner les sources de la fortune publique, y mieux puiser, et la diriger plus habilement vers son véritable but.

J'en vais citer une preuve dans quelques améliorations que je fus promptement en état de proposer pour la petite administration sur laquelle on venait de m'accorder quelque influence, et dont je ne puis pas me faire un mérite. Mes premières recherches m'avaient fait découvrir dans ses cartons un manuscrit, qui y restait en oubli depuis plusieurs années ; ce manuscrit, que son auteur semblait avoir oublié lui-même par modestie, était l'œuvre d'un homme célèbre dans les sciences, fait pour honorer toutes les positions, même celle *d'un fermier-général d'alors ;* le nom de M. Lavoisier me dispense de rien dire de plus. Dans ses études économiques et statistiques sur la population de Paris, sur ses divers approvisionnements, sur les prélèvements que l'impôt local faisait subir aux revenus privés, M. Lavoisier avait reconnu que le nombre habituel des habitants requérait proportionnellement, en objets consommables, un cinquième, au moins, de plus que la quantité que l'impôt parvenait à atteindre; il avait jugé que deux causes principales pouvaient être assignées à cette soustraction, qui opérait dans le produit des taxes un déficit de près de six millions: 1° le surcroît d'habitations nouvelles, dont s'agrandissaient les faubourgs à l'extrémité de leur rayon, et auxquelles une double issue donnait un accès libre pour les approvisionnements envoyés en fraude des magasins extérieurs ; 2° l'abus que les pourvoyeurs des Invalides, de l'École militaire, de la Bastille et de quelques communautés religieuses, faisaient de la franchise de l'impôt dont ils jouissaient à titre de dotation; et il était parvenu à constater que les approvisionnements en objets consommables, qui étaient annuellement expédiés à la destination de ces établissements, excédaient, dans une forte proportion, leur consommation possible. Déjà même il devenait assez notoire que, dans le voisinage de chacun de ces enclos privilégiés, se trouvaient des marchands de toute espèce de denrées, auxquels on ne connaissait point de correspondants au dehors, et dont les magasins n'en étaient pas moins toujours très abondamment pourvus. On avait même remarqué, dans plusieurs d'entre eux, une habileté qui devient assez justement suspecte en commerce, celle de s'enrichir plus vite, en vendant à meilleur marché. Cette concurrence, très léonine, avait fini par éveiller les soupçons et les plaintes des commerçants fidèles à la loi de l'impôt; elle leur causait un préjudice presque égal à celui qu'en souffrait le trésor public. Aussi, quelques-uns des plus notables avaient-ils déjà appelé sur un tel état de choses l'attention du ministre des finances, qui n'avait pu rien faire de mieux que de consulter la ferme-générale qui représentait tous les intérêts lésés par ce désordre, en même temps qu'elle avait mieux à sa disposition les éléments de l'enquête dont il pouvait être l'objet; et la direction de cette enquête avait été judicieusement confiée à M. Lavoisier, qui, par la portée de son esprit, pouvait mieux apprécier dans leur dommage respectif cet ensemble de droits violés et d'intérêts lésés.

Le travail de M. Lavoisier avait été terminé en moins de deux mois ; et, comme je l'ai dit, il attendait depuis plus de deux ans qu'on le mît en œuvre.

Bien d'autres symptômes plus graves passaient alors inaperçus !

Dans une grande ville où tout change si souvent, et où tout s'oublie si vite, personne, peut-être, ne se souviendrait aujourd'hui de ce qu'étaient, à un demi-siècle en arrière, les faubourgs de Paris, refuge alors de toute espèce de désordre, et surtout ces bureaux de perception qu'on nommait les barrières de la capitale de la France ; eh bien ! ils n'étaient rien de plus ni de moins qu'une grossière clôture en planches sur laquelle s'appuyait une guérite pour les commis des droits d'entrée, et qui n'offrait, dans le jour, que le passage d'une voiture. Cette clôture terminait la rue principale de chaque faubourg ; et à quelque distance des maisons particulières, des jardins, des enclos mal fermés offraient de l'extérieur à l'intérieur des communications trop nombreuses pour que les agents de la police ou de l'impôt pussent les surveiller avec efficacité.

Afin de restituer au trésor public et à ses cointéressés dans le produit de l'impôt local ce que l'abus de quelques immunités dotales, comme aussi la fraude d'infiltration, leur faisaient perdre, de rétablir, en faveur de tout le commerce, cette égalité d'obligations et de charges que la justice et la raison réclament hautement, et de donner en même temps à l'ordre et à la sûreté publics quelques garanties de plus, M. Lavoisier avait proposé : 1° de remplacer par une rente annuelle équivalente la franchise des droits d'entrée dont jouissaient encore, sur tous leurs approvisionnements, les établissements exempts, situés dans l'intérieur de Paris, et qui, par l'abus de leur privilège, ne compromettaient pas moins l'intérêt du commerce que celui du trésor public ;

2° D'enceindre Paris d'un mur de clôture qui fût à la fois sa limite municipale et la sauvegarde de l'impôt auquel chacun de ses habitants devait contribuer.

Les plaintes du commerce loyal contre ce désordre étaient une bonne recommandation pour celles de la ferme-générale.

Les mesures proposées en son nom par M. Lavoisier me dispensaient d'en chercher de meilleures ; j'en rendis compte à M. de Villevault, qui fut de mon avis, en regrettant, comme moi, que tant de temps eût été perdu pour la préparation des moyens d'exécution, et ces moyens demandaient un assez long travail, une foule de négociations délicates : les abus qu'on laisse vieillir finissent par se défendre comme des droits. Il a bien fallu que, dans nos codes, la seule possession pût, avec le temps, devenir un titre !

Aussitôt que l'utile document, dont on ne me devait que la découverte, eut été mis par M. de Villevault sous les yeux de M. Joly de Fleury, ce ministre en rendit compte au roi; et deux jours après je fus autorisé à donner suite aux préliminaires de la double opération, et même à porter les premières paroles de transaction aux chefs des établissements privilégiés.

J'avais pu me munir d'un extrait de leurs propres registres qui constatait, pour quelques mois, que, pendant plusieurs années, leur consommation réelle sur les objets les plus imposés avait été d'un tiers au moins inférieure aux quantités qui avaient été déclarées sous leur nom aux barrières, comme leur étant nécessaires et exclusivement destinées. Quoique ces établissements ne se ressemblassent guère, ils semblaient s'être entendus pour donner la même formule à leur première objection; on commença par me répondre que la réforme projetée leur enlevait la distinction qui les honorait le plus, et semblait attaquer leur administration dans son honneur; je répondis, sans autre commentaire, par l'extrait de leurs propres registres dont je viens de parler et qui ne laissait pas de réplique à faire; quant à l'indemnité qui devait remplacer leur privilège, je leur fis connaître que sa fixation serait en rapport exact avec le nombre de leurs commensaux comme avec les droits d'entrée exigibles sur tous leurs approvisionnements nécessaires, et que le paiement de cette indemnité serait aussi ponctuel que celui des autres subventions qui leur étaient attribuées sur le trésor public. On conçoit que ces transactions occupèrent plusieurs mois; ce n'est pas en France qu'on renonce sans regret à des distinctions quelles quelles soient; la perte des distinctions n'était pas la seule pour chacun des établissements qui échangeaient ainsi leur privilège, et il y eut cependant résignation paisible.

Le projet d'enceindre Paris de murs présentait des difficultés d'un autre genre, et successivement, sans opposition comme sans éclat, les lignes furent tracées, les acquisitions de terrains préparées, les plans de constructions dressés ; mais ce n'était ni à M. Joly de Fleury, qui y avait donné un premier assentiment, ni à M. d'Ormesson, son successeur, qui fut trop peu de temps ministre pour en entendre même parler, qu'il était réservé de conduire ces deux entreprises à leur dénouement.

Dans ce temps, un désir vague de réformes fermentait déjà partout ; elles n'étaient pas toutes aussi faciles que celles dont je devais m'occuper !

Quoique le ministre des affaires étrangères, M. le comte de Vergennes, ne fût rien moins qu'un novateur, sa position officielle entre les intérêts de divers

États, qu'il cherchait à concilier, avait insensiblement donné plus de flexibilité à ses opinions ; il avait prévu et annoncé de bonne heure que l'Angleterre reconnaîtrait l'indépendance de ses colonies plus tôt qu'on ne l'espérait, qu'elle ne sacrifierait pas ses intérêts de commerce à son orgueil de métropole; qu'elle voudrait conserver au moins comme consommateurs des produits de son industrie les colons qu'elle ne pouvait plus garder comme sujets. C'était cette pensée qui avait fait désirer à M. de Vergennes que quelques premières relations s'ouvrissent en France avec les États-Unis, pour que la France pût avoir sa part dans les avantages de ce commerce. Chaque État, en effet, commençait à compter ses développements commerciaux parmi ses moyens de puissance ; à s'étonner de ce que des traités de paix et d'alliance n'en laissaient pas moins subsister entre les peuples l'hostilité des anciens tarifs ; mais en même temps il arrivait en France qu'indépendamment de cette tendance de toute industrie à s'épargner de nouveaux efforts aussi longtemps que les lois prohibitives lui épargneraient toute lutte avec ses émules du dehors, la législation financière, qui admettait pour une partie assez notable des revenus publics des baux de six années et aliénait en quelque sorte les impôts à prix convenu pour cette période, y rendait toute modification aux anciens tarifs plus difficile que partout ailleurs ; et c'était bien en effet sur les clauses de son bail que la ferme-générale avait, à l'occasion du port franc projeté pour Bayonne, fondé ses objections contre tout changement. M. de Vergennes ne l'oubliait pas ; il avait dit plus d'une fois au conseil, en parlant de la ferme-générale, que cette compagnie de finance était plus puissante que le roi et ses parlements ; que la politique de la France était presque à la merci du bail fait à cette compagnie ; et Louis XVI accueillait avec assez de faveur ces censures de son principal ministre. M. Joly de Feury, essentiellement légiste, défendait la ferme-générale par le texte de son traité ; il voulait surtout lui ôter tout prétexte de retard dans les versements réguliers qu'elle s'était obligée à faire au trésor, et de réduction dans les ressources additionnelles dont elle l'aidait par ses moyens de crédit. Comme les questions de finance acquéraient chaque jour plus de gravité, Louis XVI imagina de créer un conseil de finance où elles seraient portées, et ce fut à M. de Vergennes qu'il en donna la présidence. M. Joly de Fleury, comme on s'y attendait, présenta sa démission ; le roi lui donna pour successeur M. d'Ormesson, magistrat recommandable, mais novice encore en affaires, et auquel on n'avait peut-être pas assez dit qu'il n'était pas seul ministre des finances depuis qu'il y avait un président du conseil ; il entrait bien toutefois dans les vues de ce président; aussi le bail de la ferme-générale de 1780 fut-il un des premiers documents qu'il se fît représenter. J'assistai à la première lecture qu'il fit de cet acte. M. de Villevault avait voulu me présenter à mon nouveau ministre, le jour même où il donnait sa démission de l'intendance des finances, et M. d'Ormesson m'avait retenu après son départ : il m'avait demandé divers renseignements qui donnèrent lieu à plusieurs conférences successives, et il était rare que le bail de la ferme-générale n'y fût pas mis au moins en question. A l'ouverture de la dernière, l'intention du ministre fut plus explicite : après avoir fait lui-même à haute voix une nouvelle lecture de ce bail, sa conclusion avait été que, d'après ses clauses mêmes et tous les antécédents du traité, la responsabilité des signataires pour le *prix rigoureux* était une fiction ; qu'il n'y avait d'autre chance à courir pour eux que celle du plus ou du moins dans le *prix espéré* au delà duquel seulement devait commencer leur partage dans les produits excédants ; que la garantie du versement périodique des recouvrements, tels qu'ils étaient arbitrés par le bail, était la seule qu'ils offrissent au gouvernement, qui, de son côté, les autorisait à prélever sur les mêmes recouvrements les intérêts (à un taux favorable) de leurs fonds d'avances, et des droits de présence qui s'élevaient provisoirement à 60,000 francs pour chacun d'eux ; qu'un pareil traité, considéré dans ses devoirs si faciles à remplir, ne constituait, au lieu d'un *affermage* proprement dit, qu'une régie intéressée, exempte de tout risque pour les gérants, et qu'il n'y avait qu'une rectification grammaticale à faire pour que cet acte reçut et reprît son appellation propre.

Je me permis de représenter qu'une partie des fonds d'avance des fermiers-généraux (et ces fonds étaient de 1,560,000 fr. pour chacun d'eux) avait été prêtée à leur titre de fermiers; qu'ils avaient en outre ouvert, sous le nom de billets de la ferme-générale, un de ces emprunts discrétionnaires dont dans ces temps, le trésor royal avait bien besoin de s'aider; que la continuation de ce secours ne reposait que sur leur bon vouloir..... Je n'étais pas seul avec M. d'Ormesson; un maître des requêtes présent répondit à mon observation qu'il n'y avait ni dérogeance dans sa qualité, ni amoindrissement dans son crédit pour la ferme-générale, qui allait se trouver aussi rapprochée par son nouveau titre, qu'elle l'était par ses fonctions de deux honorables *régies*[1] qui rendaient les mêmes services qu'elle; et qu'elle ne s'exposerait sûrement pas à entrer en lutte avec le ministre pour une querelle de mots. Je ne fus pas mieux écouté en proposant que le ministre appelât du moins auprès de lui les principaux

---

1. La régie des aides et celle des domaines.

membres de la ferme-générale, ceux qui composaient le comité dirigeant, qui pouvait ouvrir ou fermer les sources de son crédit.

Il fut décidé qu'un arrêt du conseil mettrait fin au débat, et que nous aurions une ferme-générale de moins et une régie de plus.

La Cour était à Fontainebleau. A peine la résolution prise par M. d'Ormesson fut-elle connue, qu'il y eut aux caisses de la ferme-générale affluence de porteurs des billets des fermes pour en réclamer le paiement immédiat. La caisse d'escompte de cette époque, qui émettait dans ses billets des engagements encore plus exigibles, eut le même assaut à soutenir ; les fermiers-généraux déclarèrent qu'ils ne pourraient reprendre le cours de leurs versements réguliers au trésor que quand ils auraient satisfait à leurs prêteurs.

Je me rendis auprès de M. d'Ormesson, que je trouvai calme au milieu de l'agitation publique ; il me dit qu'il ne se reprochait rien; qu'il n'avait pas dû prévoir ce qui arrivait ; qu'une telle résistance n'était ni juste ni consciencieuse ; que la ferme-générale donnait là un dangereux exemple : il ne se plaignait que d'être abandonné de M. de Vergennes, qui, de son côté, sans désavouer ouvertement la mesure, en blâmait la précipitation ainsi que les moyens d'exécution.

C'est la seule trace que M. d'Ormesson ait laissée

de son ministère, qui fut court. Sa démission ne se fit pas attendre; il fut remplacé par M. de Calonne, dont le premier acte fut de révoquer le dernier acte de son prédécesseur.

Les demandes de remboursement cessèrent à l'instant, toutes les sources de l'aisance parurent se rouvrir pour la trésorerie, quand il fut décidé que la ferme-générale ne changerait pas de nom. Au lieu de laisser craindre des retards dans ses versements, elle offrit des avances. Le nouveau ministre eut facilement le mérite de restaurer le crédit, de le rasseoir sur ses anciennes bases, qui n'en devenaient pas plus solides. M. de Calonne voulut même y joindre celui des procédés; il éloigna de ses bureaux un commis qui avait cru réussir auprès de lui en publiant et en lui adressant un pamphlet contre son prédécesseur. Il est vrai qu'il n'avait pas à craindre que ce prédécesseur pût redevenir son rival.

Je n'avais pas proposé à M. d'Ormesson l'opération qui rendit sa chute si prompte; je voyais bien qu'elle s'engageait mal, je le dis, mais peut-être pas assez haut : ce fut une faute. Celle du ministre fut d'avoir agi comme s'il avait voulu surprendre ceux qu'il suffisait d'éclairer pour les convaincre : ce que j'avais pris sur moi d'annoncer confidentiellement à quelques fermiers-généraux, il fallait que le ministère le déclarât franchement à tous ; on ne devait craindre les explications ni avec eux ni avec le public; on devait mettre tous leurs prêteurs, tous les gens d'affaires, dans la confidence du dernier traité de 1780 ; il n'est personne qui n'eût reconnu qu'on ne voulait faire, en 1783, qu'une rectification de titre qui mettait en effet plus de concordance entre la dénomination des mandataires et l'intention du mandat ; qui n'ôtait rien à leurs profits, et conséquemment à la sûreté de leurs prêteurs ; qui faisait seulement disparaître une équivoque au moins inutile à l'intérêt du crédit, et nuisible à beaucoup d'autres intérêts par la tendance de la routine à abuser des mots. Au surplus, grâce à un nouvel abus de mots, l'arrêt du conseil qui venait de venger la ferme-générale de l'atteinte portée à son prétendu bail, fut suivi d'un autre arrêt qui résiliait ce bail pour les droits de douanes ; il fut en outre interdit à la ferme-générale de conclure aucun marché pour les achats de tabac, sans qu'il en eût été rendu compte au conseil royal des finances. Elle avait mal administré le monopole du tabac, au moins pour l'achat des matières premières, pendant la guerre de l'insurrection américaine.

M. de Villevault, mon second patron, avait été remplacé dans l'intendance de la ferme-générale par un jeune magistrat[1], d'un esprit vif et distin-

---

1. M. de Colonia.

gué, qui, dans notre première entrevue, ne m'avait pas dissimulé ses préventions contre moi. Un mois après il devint mon meilleur ami, et c'est ce qu'il n'a pas cessé d'être depuis cette époque.

Je fus surtout recommandé par cette circonstance : je venais de terminer le travail commencé depuis deux ans sur les limites de Paris, qui devaient devenir en même temps celles de l'impôt, connu alors sous le nom de droits d'entrée, et sur l'indemnité qui devait remplacer la franchise de ces droits pour les établissements publics renfermés dans son enceinte ; le projet de lettres-patentes qui devaient consacrer cette seconde opération avait été concerté avec plusieurs membres du parlement de Paris, comme avec les administrateurs des établissements intéressés. Il fut présenté par M. de Calonne au roi, qui y retrouva l'expression de sa première volonté. Le parlement de Paris enregistra ces lettres-patentes aussitôt qu'elles lui furent présentées ; et c'était alors un succès pour un ministre qu'un enregistrement non contesté.

Le projet relatif à la nouvelle enceinte de Paris ne fut pas moins bien accueilli par le nouveau ministre ; mais il trouvait trop de simplicité dans les plans proposés pour les bureaux de perception : j'avais cru qu'ils ne devaient se faire reconnaître que par une modeste uniformité, M. de Calonne pensa que la perception n'était là qu'un accessoire ;

qu'il ne fallait pas perdre l'occasion de donner aux portes de la capitale de la France un caractère spécial qui rappelât par exemple les *Propylées* d'Athènes. Les constructions qui s'élevèrent furent en effet d'un *genre nouveau*. Je ne prononce pas entre l'opinion de M. de Calonne et la mienne, qui était partagée par l'intendant des finances ; je trouvais, dans l'intention d'employer le luxe de l'architecture à l'embellissement des bureaux de perception, une inconvenance égale à celle qu'on commettrait en appliquant le luxe de la typographie à une édition de tarifs d'impôts. Il me semblait que, dans l'exécution même, le public aurait dû retrouver quelque signe du regret par lequel un gouvernement paternel s'excuse et se console de la nécessité d'employer des moyens extrêmes[1]. J'avouerai cependant que parmi les embellissements qui nous paraissaient si improprement prodigués à la clôture de Paris, il en est un dont M. Colonia et moi nous

1. Voici les propres expressions que j'avais employées dans mes rapports : « Puisque la prudence fiscale n'a pu rien imaginer
« de mieux qu'une ceinture de murailles autour de Paris, 1° pour
« faire restituer au trésor royal et aux hôpitaux les 6 ou 7 mil-
« lions que leur enlève annuellement la fraude ; 2° pour protéger
« le commerce de bonne foi contre la concurrence de cette cou-
« pable industrie ; 3° pour protéger avec lui l'approvisionnement
« de Paris, qui ne peut être durablement assuré qu'autant que
« ses pourvoyeurs auront une égale condition ; 4° enfin, pour
« garantir à la généralité des contribuables, atteints par le tarif

fûmes complices. Il ne suffisait pas d'opposer à la fraude une haute muraille, il fallait que cette fortification fiscale eût son chemin de ronde ; qu'elle fût isolée au dedans, et plus encore au dehors, des habitations particulières. Nous imaginâmes de convertir l'isolement extérieur en un boulevard qui pût embrasser toute l'enceinte; ce boulevard devait faciliter toutes les communications, et éclairer la surveillance des commis. Il devait en même temps offrir aux habitants de Paris, dans un circuit de quelques milliers de toises, une promenade nouvelle, et sur un terrain libre. Nous la destinions encore à un autre usage : c'était de diminuer pour Paris l'embarras des nombreux transports qui le traversent, et non sans danger pour l'impôt, pour les voitures plus légères, et pour le bon état du pavé ; les objets de gros encombrement, dirigés sur Paris des provinces qui l'environnent, devaient suivre aussi cette route extérieure jusqu'à la barrière la plus rapprochée de leur destination dans

« des droits d'entrée dans leurs divers besoins, cette égalité de
« condition au nom de laquelle seulement un gouvernement juste
« peut leur demander à tous l'égalité de l'obéissance, il est au
« moins bien désirable que la dépense des travaux n'absorbe pas
« à l'avance les produits qu'on veut reconquérir; une mesure qui
« est commandée par la nécessité, et qui ne peut être justifiée
« que par la même cause, ne peut admettre, dans les détails de
« son exécution, rien qui ne soit strictement nécessaire..., etc. »
(*Rapport à M. le contrôleur-général, décembre* 1783.)

l'intérieur de cette ville ; et on désirait depuis longtemps, pour la sûreté et la commodité publiques, pour l'économie dans l'entretien du pavage des rues, que ces lourdes masses ne parcourussent au moins dans Paris que le trajet strictement nécessaire. Voilà dans quelles vues le boulevard extérieur avait été établi ; et il serait temps encore de les remplir complètement.

Nous avions associé à ce travail un fermier-général nommé M. de Saint-Cristau, qui, par son esprit conciliant, par sa droiture, par l'aménité de ses manières, négocia et consomma, en moins d'une année, l'acquisition de la presque totalité des terrains dont il fallait disposer. Je ne pense pas à cet homme de bien sans être ému, et j'y pense souvent. Sa mort [1] est une des peines les plus sensibles que la révolution m'ait fait éprouver.

J'avais formé dans le même temps, et malgré la différence de position, une autre liaison que l'absence et les troubles révolutionnaires n'ont point altérée et qui ne peut plus avoir qu'un terme. Le duc de Liancourt, aujourd'hui duc de la Rochefoucault[2], avait été le compagnon d'études et était

---

1. Il a été une des victimes de l'assassinat juridique de vingt-neuf des trente-deux fermiers-généraux traduits au Tribunal révolutionnaire en 1794.

2. Lorsque j'exprimais ces sentiments, le duc de Larochefoucault-Liancourt était encore plein de vie.

resté l'ami de M. de Colonia ; il voulut bien devenir le mien. Ce que j'eus bientôt l'occasion de reconnaître et d'honorer en lui, ce qui m'attacha surtout à sa personne, c'est ce goût passionné qu'il manifestait dès sa jeunesse pour les institutions utiles à l'humanité ; il semblait ne se souvenir de son rang, ne désirer du crédit, des honneurs, que pour les faire servir à une ambition plus noble encore : celle d'entourer les autres hommes de tout ce qui peut prévenir ou consoler les peines de la vie humaine. On a vu, dans les siècles passés, quelques grands seigneurs renoncer aux dignités, aux faveurs de la cour et même à leur nom, pour se consacrer, dans les hôpitaux et les cloîtres, à l'exercice des bonnes œuvres ; aucun d'eux n'a pu avoir une vocation plus naturelle, plus active, que le duc de Liancourt, pour le soulagement de l'humanité [1]. On les loue d'être descendus à la pratique de ces vertus modestes qui paraissent réservées à une classe inférieure ; le duc de Liancourt a sur eux l'avantage d'avoir étendu le cercle des secours et agrandi en quelque sorte la bienfaisance en appropriant à la France les découvertes, les procédés, les bons exemples des philanthropes éclairés des autres pays ; et c'est avec quelque orgueil que je consigne ici la

1. Voir l'hommage rendu à sa mémoire dans la séance de la Chambre des Paris du 18 avril 1827.

date d'une amitié dont je m'honore depuis ma première jeunesse.

Dans le cours de l'année 1784, on s'occupa de préparer la base du nouveau traité qui devait être renouvelé avec la ferme-générale au 1ᵉʳ janvier 1786.

Suivant l'usage établi par l'abbé Terray pour le bail de 1774, et maintenu par M. Necker pour celui qu'il avait conclu en 1780, avec quelques modifications que j'ai précédemment indiquées, la ferme-générale devait rendre compte au ministère des finances de la situation de chaque nature d'impôt, en présentant des états distincts des divers recouvrements qu'elle avait obtenus dans les trois premières années du bail courant et dans les six années du bail antérieur, en y joignant, comme pièces justificatives, les comptes de détails et les registres des principaux agents comptables. Ces états faisaient connaitre le montant des produits bruts, avec celui des frais de recouvrements de chaque grande division de taxes ; et de cette comparaison résultait l'indication des produits qui devaient servir de première base aux fixations du nouveau traité. Les fermiers-généraux ne présentaient de pareils comptes qu'une fois dans la durée de chaque bail ; ils ne se seraient pas refusés aux autres communications qui auraient pu leur être demandées. Mais ce qui importait le plus au ministre des finances, c'était l'exactitude du versement régulier ; que (quel que fût l'état du recouvrement) ils devaient faire, chaque mois, du douzième du prix de leur bail ; et comme ils étaient habituellement en avance sur cette fixation, on était peu empressé à exiger des comptes, à provoquer des vérifications dont le résultat aurait été de présenter des créanciers là où on aurait préféré des débiteurs ; il n'entrait pas d'ailleurs dans les habitudes du ministère d'observer d'assez près la marche de l'impôt pour apprécier la proportion relative de la matière imposable dans chaque province, d'examiner les causes locales du ralentissement ou de l'accélération des recouvrements, de comparer les taxes entre elles, et de chercher ainsi à reconnaître celles qui auraient pu être augmentées sans appauvrir la matière imposable et celles qu'il fallait supprimer ou modérer ; enfin d'analyser, par l'étude de l'impôt, les causes de l'inégalité de l'aisance entre les habitants du même empire. Les ministres avaient bien d'autres soins à prendre pour rester en place : et j'ai déjà dit quel avait été pendant plus de deux ans le sort des observations et des calculs de M. Lavoisier, quï établissait que le produit des droits d'entrée diminuait à Paris à mesure qu'on élevait les tarifs. La comptabilité de la ferme-générale avait une grande réputation d'exactitude ; et cette réputation était méritée en ce que les fermiers-généraux en présentaient de bonne foi et sans dissimulation tous les résultats. Ce que cette méthode pouvait avoir d'incomplet était, autant que possible, compensé par le moral des comptables et par la multiplicité des vérifications et des contrôles; c'était précisément parce que la ferme-générale avait multiplié les formules de sa comptabilité pour augmenter ses sûretés, sans avoir adopté les meilleures, qu'elle ne pouvait rendre un compte complet de sa situation et de l'ensemble des produits de chaque nature d'impôts qu'à deux ou trois ans de date, conséquemment trop longtemps après qu'ils avaient été absorbés par les dépenses publiques ; elle ne connaissait, elle ne reproduisait que dans le cours de la quatrième année d'un bail le résultat des divers recouvrements faits par la première. Or, depuis 1750, plus notamment depuis 1774, les divers genres d'industrie qui s'étaient développés en France avaient agrandi la matière des impôts : les taxes sur la consommation profitaient nécessairement de cette progression ; c'est là le mérite de ces taxes, elles suivent la proportion des jouissances nouvelles que procure aux contribuables l'augmentation de leurs revenus.

Dans un tel état de choses, et lorsque la progression des produits de l'impôt est garantie par celle des revenus particuliers et par le plus grand volume qu'acquiert la matière imposable, si l'on afferme, dans l'acception rigoureuse de ce mot, les revenus d'un État d'après des recouvrements antérieurs de trois années, on livre inévitablement au fermier-général, aux dépens du trésor public, des profits qu'il n'a pas même le mérite d'acheter par quelques efforts. Le système d'une régie est assurément en ce cas bien préférable ; mais ce n'était pas à M. de Colonia qu'il était permis d'en faire la proposition ; et j'en avais moins le droit que personne. Toutefois, puisque nous ne pouvions pas changer la forme et la dénomination du traité, nous étions bien résolus, l'intendant des finances et moi, de ne rien négliger dans nos calculs et dans nos recherches, pour que le trésor royal obtînt du moins la plus grande part dans l'accroissement spontané des revenus dont la ferme-générale conservait l'exploitation.

Cette compagnie m'ayant remis, sous l'ancienne forme que le temps avait consacrée, les nombreux états qui rendaient compte, par classifications de produits, de ses recouvrements pendant une période rétrograde de neuf années, dont les trois dernières n'offraient même que des approximations, je n'eus besoin d'invoquer auprès des fermiers-généraux que leurs propres résultats pour qu'ils comprissent que cette fois on devait chercher dans ces neuf années une autre mesure que la moyenne proportionnelle ou le taux commun des produits annuels ; que chacune de ces années comparée à celle qui la précédait, présentant une progression constante dans les recouvrements, il fallait s'arrêter aux deux dernières (1782 et 1783), et non pas même pour faire du terme moyen de leurs recouvrements la base définitive du nouveau bail, mais pour chercher, dans la comparaison de l'une avec l'autre, l'évaluation approximative des produits proportionnels que devraient obtenir les trois dernières années du bail courant ; que l'élan progressif de ces produits devant moins que jamais être désormais suspendu, puisqu'il ne l'avait pas même été pendant la guerre terminée en 1782, les recouvrements que cette assimilation devait attribuer à l'année 1785 devenaient la nouvelle base qu'il fallait adopter; que si la ferme-générale craignait de l'admettre pour le prix rigoureux qu'elle devait garantir, elle ne devait pas au moins la récuser pour la seconde fixation du bail que l'on continuerait d'appeler le *prix espéré*, et au delà duquel, seulement, les fermiers-généraux auraient droit à des bénéfices.

J'exprime ici en peu de lignes, et peut-être aux dépens de la clarté du sujet, une conclusion qui ne put être préparée que par de longs calculs, et qui fut la matière de nombreuses conférences. Il serait inutile de rappeler ces calculs, qui s'appliquaient à un système de taxes et de recouvrements qu'on ne verra plus se reproduire ; mais une observation qui s'applique à tous les temps et à tous les systèmes de finances, c'est que l'accroissement du produit d'anciens impôts devant être regardé comme le symptôme le plus caractéristique de l'accroissement de la prospérité publique, ce mouvement, une fois donné, peut être plus ou moins secondé par les circonstances politiques ; et aussi qu'il ne devient presque jamais rétrograde (si l'on n'abuse pas, toutefois, de cette disposition pour changer les premiers tarifs) ; qu'alors c'est uniquement sur la comparaison des progressions acquises qu'il faut établir les calculs de l'avenir, et non sur des moyennes proportionnelles qui ne font que niveler le passé, et semblent ne présenter, dans une série d'années, qu'une masse en quelque sorte inerte et stationnaire. La langue des chiffres, celle qui paraît la plus exacte et la plus précise des langues, est aussi celle dans laquelle il faut se tenir le plus en garde contre l'abus des traditions et des exemples, et le faux emploi des formules.

Je dois aux fermiers-généraux d'alors la justice de dire qu'ils firent peu d'objections contre notre nouveau mode d'évaluation, comme je dois à M. Necker celle de reconnaître qu'il nous avait frayé la route en éclairant, par une analyse à peu près semblable, les calculs du bail qu'il avait renouvelé en 1780. Mais si les fermiers-généraux ne contestèrent pas le calcul de probabilités sur lequel se fondaient les espérances du nouveau bail, ils représentèrent avec force que leurs commis subalternes étaient loin de profiter de la meilleure fortune de toutes les classes de la société ; que ceux qui étaient le plus exposés aux entreprises des contrebandiers et des fraudeurs n'avaient obtenu, depuis vingt ans, aucune augmentation dans leur traitement annuel, qui n'était, pour la plupart, que de deux à trois cents francs ; qu'il devenait nécessaire, non seulement d'assurer un meilleur salaire aux commis actuels, mais même d'augmenter leur nombre, comme l'extension des taxes avait augmenté le nombre des fraudeurs. Je trouvai, en effet, des preuves bien affligeantes de cette tendance plus générale à la violation des lois fiscales, dans l'examen des condamnations et le dénombrement des condamnés. Dans l'année 1783, pour la seule contrebande des sels, on avait fait près de 4,000 saisies domiciliaires, on avait arrêté sur les routes 2,500 hommes, 2,000 femmes, 6,600 enfants, près de 1,200 chevaux, 56 voitures ; les condamnations à la peine des galères excédaient le nombre de 200. En résumé, sur les 6,000 forçats qui se trouvaient dans les bagnes, le tiers était composé de contrebandiers.

La demande que faisait la ferme-générale d'une augmentation dans les frais de régie, telle qu'elle était présentée par elle, équivalait précisément à celle de la réduction d'une somme égale dans la fixation du nouveau bail. Mais, puisque c'était principalement pour reconquérir sur la contrebande et sur la fraude les produits détournés par elles des caisses publiques, qu'il était nécessaire d'augmenter la force et le salaire de la milice du fisc, le moindre effet de cet accroissement de moyens devait être d'obtenir, dans les recettes, une augmentation égale à la nouvelle dépense; il n'y avait donc aucune réduction à demander pour l'accroissement des frais de régie, et aucun changement à faire pour cet objet dans l'évaluation donnée au produit des taxes qui devaient former la consistance du nouveau bail : et la ferme-générale, après quelques explications, finit par céder à ce raisonnement.

Les revenus de ces taxes avaient été portés à 129 millions par le traité qu'avait fait M. Necker avec les fermiers-généraux, en 1780; l'extension donnée ensuite à leur tarif, par l'édit de 1781, qu'on avait cru pouvoir produire 15 millions [1], dans les taxes affermées, ne produisit en effet qu'environ 11 millions. Dans cet état, la ferme-générale aurait dû, jusqu'au 1ᵉʳ janvier 1786, verser chaque année au trésor royal 140 millions. La fixation du nouveau bail, qui devait commencer avec l'année

---

1. L'édit de 1781 avait produit ses principaux effets sur d'autres taxes que celles que recouvrait la ferme-générale.

1786 pour finir au 1ᵉʳ janvier 1792, n'en fut pas moins portée à 150 millions dans les combinaisons suivantes :

Les fermiers-généraux garantissaient la somme de 144 millions. La chance des bénéfices ne devait s'ouvrir pour eux qu'au delà de 150 millions. Le prix rigoureux de 144 millions formait le minimum des versements qu'ils devraient faire au trésor royal à raison d'un douzième par mois ; au delà de ce douzième, ils étaient autorisés à prélever une somme suffisante pour assurer à chacun d'eux un traitement provisoire de 60,000 fr., outre l'intérêt de leurs fonds d'avance.

Ils continuaient à ne recouvrer le produit des douanes que comme régisseurs.

L'approvisionnement des tabacs avait été assuré pour les six ans d'après un marché fait avec un agent des États-Unis ; le ministre était intervenu dans ce marché : les meilleurs tabacs de Maryland et de la Virginie devaient être livrés dans les ports de France au prix moyen de 33 francs par quintal.

Les quatre natures de taxes qui formaient la consistance du bail contribuaient aux deux fixations réglées (l'une de *prix rigoureux*, l'autre de *prix espéré*) dans les proportions suivantes :

	Prix rigoureux	Prix espéré
	fr.	fr.
Monopole du sel ou gabelle	48,000,000	50,000,000
Monopole du tabac	30,000,000	32,000,000
Entrées de Paris et droits d'aides du territoire circonférentiel	34,000,000	36,000,000
Douanes en régie	32,000,000	32,000,000
	144,000,000	150,000,000

Le contingent de chacune des quatre natures de taxes, dans l'augmentation réelle de 10 millions que promettait le nouveau bail comparé à l'ancien (indépendamment des 11 millions provenant des taxes additionnelles de l'édit de 1781), était pour le monopole du sel de . . . . . 1,000,000 fr.

Pour celui du tabac de . . . 2,000,000

Pour les droits d'entrée à Paris, principalement par l'effet de la nouvelle enceinte 3,000,000

Pour les droits de douanes de 4,000,000

Total . . 10,000,000 fr.

La progression se trouvait précisément en sens inverse de celle qu'avait voulu opérer de vive force, dans les produits, l'édit de 1781, en augmentant indistinctement et uniformément tous les tarifs d'un dixième ; et l'on voit, par exemple, qu'elle était portée à plus de douze pour cent sur les droits de douanes, à près de huit pour cent sur les droits d'entrée à Paris, tandis qu'elle n'était que de deux pour cent sur le monopole du sel. On n'aurait pas dû avoir besoin de cet exemple pour apprendre que si rien ne paraît plus simple et plus facile, rien n'est en effet plus décevant, pour les calculs du fisc, que cette routine qui croit avoir augmenté de dix pour cent les revenus, quand elle a augmenté d'un dixième tous les impôts. Plus un pays s'éclaire et s'enrichit, plus la matière imposable qui s'y crée tend à s'affranchir de certains impôts, à se dégager des entraves qu'ils mettaient à ses développements ; et il est des taxes qui, par le seul fait de l'augmentation de leurs tarifs, deviennent insensiblement rétrogrades, lors même que les revenus particuliers s'accroissent et que la prospérité devient progressive pour toutes les classes de la société. Quand les gouvernements ont créé des impôts, il faut ensuite que l'industrie et le travail continuent d'en créer à leur tour la matière. Ainsi l'effet de tout impôt est d'établir une sorte d'association entre le gouvernement et l'industrie. S'il arrive donc que des taxes mal choisies arrêtent les progrès de l'industrie, que doit-on en conclure ? Comme l'a dit Montesquieu, que ce gouvernement ressemble au sauvage qui coupe l'arbre pour avoir le fruit. Au surplus, comme il n'entre pas dans mon projet de mêler des observations théoriques ou critiques à ce simple exposé des opérations auxquelles j'ai pris part, je me borne à dire, pour terminer l'article relatif au renouvellement du bail de la ferme-générale pour 1786, que, quoique cette compagnie protestât encore au moment de la signature, que jamais elle n'avait donné une plus grande preuve de son désintéressement qu'en le souscrivant, les calculs qui servaient de base à ce traité étaient si peu exagérés, que, dès la première année, les recouvrements dépassèrent le prix espéré ; et si la révolution ne l'avait pas surprise au milieu de sa durée, les causes qui avaient permis, dans une période de six années, d'augmenter d'un quatorzième le prix de ce bail, pouvaient, malgré le système vicieux de la plupart des taxes, malgré la dispendieuse organisation de la ferme-générale, préparer dans le bail suivant une augmentation au moins égale.

Les traités des deux autres régies furent renouvelés en même temps que le bail de la ferme-générale ; le produit des impôts qu'elles recouvraient était également progressif ; et leurs nouvelles fixations purent être augmentées de quatre pour cent : elles furent portées pour chacune d'elles à 52 millions au lieu de 50.

Ainsi, un nouveau revenu de 14 millions se trouvait acquis en six ans, sans efforts, sans nouvelles taxes pour les contributions indirectes qui formaient à peine la moitié des recouvrements du trésor royal ; ce revenu pouvait être le gage de 280 millions d'emprunt à cinq pour cent. Il promettait d'être progressif d'année en année ; mais les divers emprunts de M. de Calonne sous toutes les formes excédaient déjà, en 1786, ce capital ; la progression des déficits était plus rapide que celle des revenus ; le terme moyen de l'intérêt des divers emprunts dépassait beaucoup le taux de cinq pour cent, eu égard aux effets discrédités qu'on admettait dans les versements des prêteurs, au grand nombre d'emprunts viagers dont les moins onéreux étaient ceux qui donnaient dix pour cent sur une tête, et surtout à cette multitude d'emprunts indirects qui se renouvelaient plusieurs fois par an par le moyen de faiseurs de service, et toujours avec d'énormes frais de commission et de courtage.

J'ai dit que, dans l'intervalle de 1774 à 1783, l'intérêt de la dette constituée s'était élevé de 93,363,000 fr. à 162,395,000 fr. ; je dois ajouter que dans cette dernière somme l'intérêt des anticipations et des autres emprunts non constitués n'était pas compris, il s'élevait alors à 64,604,000 fr., comme le déclara M. Necker, qui évalua, en 1785, l'intérêt total de la dette de France à 207 millions [1].

---

1. *Administration des finances*, tome II, chap. xi.

Cet intérêt s'était encore accru de plus de 10 millions à la fin de 1785 ; l'État se trouvait chargé alors d'un intérêt de dette publique supérieur de 123,637,000 fr. à celui qu'il supportait en 1774. Mais on sait que la dette constituée n'était pas la seule que Louis XV eût léguée à son successeur ; et d'ailleurs il ne faut pas plus accuser le règne de Louis XVI d'un si grand accroissement dans la dette constituée que de la guerre d'Amérique : ce n'est pas la dette constituée, c'est la dette qu'on ne constituait pas, qu'on laissait flottante et sans gage, qui creusait l'abîme.

Dans un moment où l'industrie, prenant plus d'essor (sans trouver encore dans la loi un meilleur guide), avait développé dans un plus grand nombre d'hommes l'amour de la propriété, le désir de la conservation, le soin des affaires domestiques, le goût et le besoin d'une aisance assurée ; ceux qui avaient confié une partie de leurs propriétés à l'État souffraient avec plus d'impatience la violation de la loi des contrats, de la part du débiteur qui devait le plus à tous les *débiteurs* l'exemple de l'exactitude : et malheureusement, depuis la retraite de M. Turgot, les ministres, tous si opposés dans leurs plans, s'étaient rapprochés sur un point : ils avaient étendu le ruineux expédient des anticipations ; et en même temps ils avaient laissé s'accroître cette partie de la dette exigible dont le non-paiement constitue le plus onéreux des emprunts, l'arriéré des ministères.

En 1785, l'arriéré des ministères, désigné sous le nom de dette exigible, excédait 250,000,000 fr.

En 1789 (quatre ans plus tard), M. Necker l'évalua à 559,202,000 fr. [1].

M. Turgot, qui avait trouvé, en 1775, les anticipations portées à 78,250,000 fr., les avait réduites, en 1776, à 50,480,000 fr. : elles s'étaient élevées après lui, en 1781, à 119,000,000 fr. ; en 1782, à 154,760,000 fr. ; en 1783, à 176,000,000 fr. ; en 1787, à 280,000,000 fr. [2].

On conçoit combien les emprunts réguliers et directs, ouverts en vertu d'une loi, et qui augmentaient successivement la dette constituée, devaient souffrir dans leurs conditions, soit de la concurrence des emprunts déguisés sous le nom d'anticipations et avance des compagnies de finances, soit de la permanence de cet emprunt forcé qui résultait du non paiement de plusieurs centaines de millions de dette ministérielle non constituée, qui restait sans gage et sans terme d'échéance !

Combien une année qui s'ouvrait avec des charges croissantes, lorsque déjà la moitié de son revenu avait été absorbée par des dépenses antérieures, laissait d'inquiétudes à tous les porteurs de titres

---

1. Rapport de M. Necker aux États-Généraux.
2. Conclusion des comptes-rendus.

sur l'État, à tous ceux surtout, qui, comme les rentiers, étaient à la merci de leur débiteur pour le paiement de leurs revenus !

Combien de germes de mécontentement devaient fermenter dans cette classe si nombreuse de créanciers des ministères, presque tous débiteurs eux-mêmes de ce qu'ils avaient fourni, et qui associaient ainsi à leurs plaintes contre le gouvernement tous ceux que son inexactitude associait à leurs souffrances !.....

C'était donc en effet, dans un tel état de choses, un bien modique secours que l'augmentation de quatorze millions, que présentait, dans le revenu annuel, le renouvellement des traités avec les trois compagnies de finances chargées de recouvrer les taxes indirectes ; mais, réduit aux seules notions que je pouvais puiser dans l'administration de ces taxes, j'étais loin de connaître complètement alors la situation de nos finances ; et la sécurité que conservait le ministre m'autorisait à penser qu'il n'avait pas lui-même sondé toute la profondeur de l'abîme ! Jamais ministre ne parut moins sentir ou ne sut mieux déguiser les embarras d'une position difficile ; les fonds ne manquaient jamais au trésor, lorsqu'il était question de distribuer des grâces !

Quoique j'eusse avec M. de Calonne moins de rapports directs qu'avec ses deux prédécesseurs, je le vis assez pour recevoir de lui plus d'éloges que ne méritaient mes services, et il en donna surtout à mon travail sur le nouveau bail de la ferme-générale. La récompense de ce travail aux deux époques précédentes avait été une grande place de finance ; je n'en éprouvais pas le désir, et je ne fus pas tenté de me prévaloir de l'exemple. M. de Calonne me fit accorder par le roi une gratification que je ne demandais pas ; mais il y fit joindre une autre grâce que j'estimai plus qu'un *bon* de fermier-général : le roi honora mes vingt-cinq ans d'une pension de trois mille francs *pour services extraordinaires*; et c'est la seule perte que j'aie regrettée lorsque la révolution m'enleva, comme à tant d'autres, à peu près tout ce que je possédais.

Plus particulièrement occupé des détails relatifs à l'administration de la ferme-générale, je pris peu de part aux autres actes du ministère de M. de Calonne ; ils pouvaient ne pas être tous à l'abri de la censure ; mais il rencontra aussi des censures qu'il pouvait bien ne pas attendre. Voici ce qui lui arriva à l'occasion de son opération relative à la refonte des espèces d'or. J'avais retrouvé auprès de lui le banquier Penchaud que j'avais très peu vu depuis 1777, et qui avait, je crois, plus habité Londres que Paris dans les trois années suivantes. La situation politique d'alors dit assez pourquoi M. de Calonne avait jugé qu'il pouvait tirer un grand parti d'un tel homme pour la combinaison de ses emprunts ; il l'avait attaché à son ministère avec un traitement considérable, comme agent consultatif ; mais il ne l'avait pas consulté lorsqu'il entreprit sa refonte de la monnaie d'or, et le banquier Penchaud, qui s'était fait doctrinaire en finances, ne voulut pas que son opinion fût perdue pour tout le monde parce qu'elle était négligée par le ministre. Il y aurait de l'injustice à dire que M. de Calonne avait voulu sciemment renouveler dans la refonte de la monnaie d'or la fraude des anciens temps, ou bien que, par un étroit calcul d'économie, il avait voulu trouver dans le produit d'un nouveau droit de fabrication un profit de quelques centaines de mille francs pour le trésor royal. On ne reconnaîtrait pas là M. de Calonne. La vérité est que, d'après le rapport du prix vénal des deux métaux à cette époque, la pièce d'or neuve de vingt-quatre francs valait quelque chose de plus, intrinsèquement, que quatre pièces d'argent, de six francs chacune ; mais cette inégalité était un bien moindre mal que l'exorbitance du droit de seigneuriage, dont le prélèvement à la fabrication, exercé sur la matière de chaque pièce, opérait une altération réelle de valeur sur toutes nos espèces d'or ; et le calcul de M. de Calonne n'était pas allé jusque-là. Il fut facile à Penchaud d'établir par un mémoire fort clair, sur une question qu'on regardait encore alors comme obscure, que c'était ne remédier à rien, que d'affaiblir seulement dans son poids la monnaie d'or pour la mettre en rapport plus exact avec la monnaie d'argent; que le vice du système monétaire était dans la disproportion de la valeur réelle et de la valeur nominale des espèces françaises, toutes trop affaiblies par le droit de fabrication ou de seigneuriage, que c'était là une des causes de la défaveur habituelle de notre change. On sait combien, en tout pays et dans toutes les classes, tout nouveau tarif de monnaie occupe les esprits, éveille de commentaires. Il n'est pas de fortune privée, pas de créancier, pas de débiteur qui ne soit en émoi. La cour s'agitait comme la ville. Au jeu de la reine, on commençait à dire qu'après la refonte il faudrait convenir du mode de paiement en espèces d'or. Ce fut dans cet état des opinions que Penchaud fit parvenir au roi son mémoire, sans se découvrir. Sa lecture donna des scrupules à cet excellent prince. Il envoya le mémoire avec l'ordre exprès d'y répondre, à son ministre, qui n'avait pas prévu de telles objections, et qui sentit bien qu'en pareille matière son propre fond ne lui fournirait pas de solutions promptes et plausibles. Je ne sais si l'auteur s'était trahi par quelques confidences, ou si M. de Calonne, qui, malgré son apparente légèreté, avait le tact très fin, le devina ; mais ce fut lui qu'il chargea de la réfutation, sans lui laisser entrevoir le moindre soupçon ; il fallut bien que Penchaud s'y résignât : et, comme l'attention du roi appartenait à d'autres intérêts qu'à une discussion théorique sur les monnaies, le ministre parvint aisément à effacer l'impression qu'avait produite le mémoire quand il put en présenter au roi la rétractation faite par l'auteur même.

Le banquier Penchaud fut sobre de confidences sur cette anecdote ; ce n'est pas par lui qu'elle m'a été confiée ; mais je la dois à un de ses plus zélés disciples [1]. Bien des années après, dans une collection de nombreuses notes qu'a laissées le banquier Penchaud, j'ai retrouvé le mémoire contre la refonte des *louis*, dont je viens d'extraire quelques pensées ; la réfutation, faite par ordre, n'y était pas jointe. Ce qui me reste de quelques entretiens que j'ai eus alors avec le banquier Penchaud sur cette opération, c'est qu'il avait commencé par la désapprouver (elle était en effet très contraire à la doctrine qu'il professait), et je crus remarquer ensuite qu'il en parlait avec plus de réserve ; qu'il trouvait surtout que les inconvénients pouvaient être fort atténués par le peu d'habitude qu'on avait en France d'employer les espèces d'or dans les paiements du commerce. M. de Calonne se bornait à dire qu'il n'avait voulu que mieux mettre en rapport la valeur de l'or et de l'argent dans notre système monétaire ;

---

1. M. Louis.

c'était l'argument que lui avait fourni son plus dangereux adversaire qu'il avait su convertir à propos, et qui lui avait sacrifié le plan plus vaste qu'il avait d'abord conçu.

Combien de transactions pareilles ont retardé d'utiles réformes !

Combien aussi elle était mal préparée pour de graves événements, cette administration obstinée dans son immobilité au milieu des lumières, des besoins, des intérêts nouveaux qui se développaient autour d'elle !

J'observai dans le même temps un autre trait d'adresse dans la conduite de M. de Calonne ; il n'avait pas négligé de faire remarquer que les contributions, dont le revenu avait été évalué en 1780 de 229 à 230 millions, étaient portées, dans les traités qu'il venait de renouveler, à 254 millions. Les amis de M. Necker disaient que cette augmentation résultait des nouvelles taxes de l'édit de 1781 et de quelques circonstances très étrangères à l'influence de M. de Calonne ; que les améliorations introduites dans la combinaison de ces traités appartenaient encore à M. Necker ; et M. de Calonne sut que ces commentaires étaient aussi parvenus jusqu'au roi ; il termina le dernier rapport au roi que j'avais rédigé sur l'ensemble des trois traités, par une assez longue péroraison d'un seul jet, dans laquelle il eut grand soin de dire *qu'il avait profité de quelques-unes des idées de M. Necker.*

En faisant ainsi la part de son rival, il conserva d'autant mieux la sienne, et ce fut à la suite de ce rapport que le roi lui accorda la gratification de trois cent mille francs, qu'on nommait *le pot-de-vin du bail des fermes*. M. Necker avait refusé cette gratification ainsi que le traitement du ministre, il avait même prêté au trésor royal une somme de deux millions [1].

Ce même banquier Penchaud avait présenté à M. de Calonne, pour soutenir le crédit des emprunts à faire et des emprunts faits, de nouvelles combinaisons d'amortissement, précisément à la même époque (1786) où M. Pitt fondait en Angleterre ce système qui a donné un si grand et peut-être trop grand développement à son crédit, à ses ressources, à son influence sur le reste du monde. Un mode régulier d'amortissement pouvait-il s'appliquer aux emprunts directs de la France, à côté de plusieurs centaines de millions d'emprunts indirects qui se

---

1. Cette somme a été remboursée en 1814 à madame de Staël, par le trésor public.

Quant à la gratification de 300,000 fr., à la suite du renouvellement du bail de la ferme-générale, elle était depuis longtemps tellement regardée comme un droit du contrôleur-général, qu'en 1714 le conseil de régence ne crut pas pouvoir la refuser au ministre Desmarets qu'il révoquait. Ce ministre destitué était neveu de Colbert.

composaient des anticipations et de l'arriéré de la dette exigible? (Arriéré qui constituait un emprunt forcé)... Cette objection ne fut pas faite, parce que la profondeur de cette seconde plaie n'était pas connue, et parce que l'inconvénient des atermoiements indéfinis était moins remarqué, lorsque le trésor ne connaissait d'échéance fixe pour aucun de ses engagements. J'étais loin d'avoir alors une notion exacte des procédés et des effets de l'amortissement tel qu'on le conçoit aujourd'hui. J'entrevoyais seulement, et ces calculs n'étaient pas un mystère, la progression rapide que pouvait obtenir toute somme produisant intérêt, par le seul effet de la rotation de ces intérêts sur eux-mêmes, et de leur placement cumulatif. Je fus curieux de connaître toute la pensée de Penchaud, et je dois déclarer que, sur ma simple provocation, il me développa en peu de phrases un système d'amortissement qui devait être indépendant, dans son action, de tout ordonnateur ; dont tous les mouvements, toutes les opérations, devaient être commandés d'avance par le règlement même qui l'aurait créé ; qui aurait employé chaque fraction des recouvrements successifs des fonds qui lui auraient été assignés, à racheter à la Bourse, aux taux du marché, une quantité relative d'effets de dette publique en préférant l'effet dont le cours serait le plus bas ; et qui aurait ajouté à ce fonds primitif les intérêts de chaque fraction de dette rachetée, pour en augmenter progressivement ses moyens de rachat. Le procédé d'amortissement est aujourd'hui trop connu pour que j'aie besoin d'exposer les raisonnements et de reproduire les calculs sur lesquels Penchaud fondait sa théorie alors nouvelle.

Dans le mouvement d'enthousiasme que me causa la première exposition de ce plan, je crus qu'il allait remédier à tout ; je ne doutai pas que le ministre ne l'adoptât avec transport, et qu'il n'y vît le salut des finances et le sien. M. de Calonne y trouva des imperfections qu'il voulut corriger ; il substituait, par exemple, le remboursement par la voie du *sort* au rachat à faire sur la place au cours de la Bourse. Or, ce qu'il rejetait était précisément la solution du problème. M. de Calonne se récriait contre ce rachat au-dessous du pair, qu'il accusait d'être *impolitique et immoral ;* le ministre, qui ne croyait pas le trésor déshonoré lorsqu'il se dispensait de payer à ses créanciers les intérêts de quelques centaines de millions, objectait que l'honneur du pays s'opposait à ce que le trésor, en achetant les effets publics au cours, remboursât un capital moindre que celui qu'il avait reçu, à des créanciers qui se seraient trouvés trop heureux alors d'obtenir un tel remboursement ! Après avoir toléré et peut-être encouragé l'artifice qui avait momentanément élevé de plus de deux cents pour cent au-dessus de leur valeur réelle, la valeur vénale de certaines actions [1] livrées, à titre de gage ou de paiement, au trésor royal, il regardait comme un agiotage scandaleux le rachat, qu'une caisse d'amortissement ferait pour son compte, d'effets de la dette publique, que les porteurs lui auraient librement vendus au prix qu'en aurait donné tout autre acheteur. Il n'y a qu'une manière d'expliquer ces contradictions; c'est de dire que M. de Calonne, qui effleurait avec facilité les surfaces, n'avait pas pris la peine d'approfondir, dans sa marche et dans ses véritables effets, un plan d'un ordre supérieur aux combinaisons dans lesquelles il s'était exercé jusqu'alors : son excuse est aussi dans l'exemple de M. Necker; et peut-être serait-il juste de les excuser tous deux en reconnaissant qu'un système d'amortissement ne peut être efficace que là où tous les éléments du crédit public se trouvent dans la pratique exacte des devoirs communs aux gouvernements et aux gouvernés, dans la juste répartition des impôts, dans la fidélité du trésor envers tous ses créanciers. Le crédit public ne commence qu'avec le respect des gouvernants pour les propriétés particulières de toute nature. Il paraît, au surplus, que

---

1. Les actions d'une association qui avait entrepris la distribution dans Paris des eaux de la Seine, extraites du lit de la rivière par une machine à vapeur.

M. de Calonne avait été conduit par la force des choses à penser, comme M. Necker, qu'une grande révolution dans le système des finances était désormais le seul remède qu'on pût appliquer à leurs désordres ; et il se crut assez fort pour l'entreprendre. Ni M. Necker, ni M. de Calonne, ni peut-être personne en France, n'avait alors prévu qu'une grande révolution dans les finances en amènerait infailliblement une dans tout l'ordre social. Je ne sais quel publiciste a dit qu'il n'y avait plus de gouvernement en Europe qui pût résister longtemps au ressentiment de la propriété longtemps blessée ; celui-là seul avait pu pressentir l'explosion que préparait, sans le vouloir, M. de Calonne.

Ce ministre avait une merveilleuse prestesse d'esprit, une élocution facile ; il exprimait avec assurance les opinions qu'il avait souvent conçues avec trop de légèreté ; mais la vivacité de ses aperçus, sa bonne grâce, sa flexibilité devant les objections, le tour heureux qu'il donnait à ses explications, laissaient rarement à ses contradicteurs le droit de se prévaloir de leurs avantages.

Un des plus singuliers contrastes était celui de son maintien, de sa démarche, de ses goûts, avec son âge et son habit magistral ; là du moins l'élégance de ses manières le sauvait du ridicule.

Comme ministre des finances, il offrait une disparate plus étrange, il ne savait rien refuser à ses amis ; il craignait même de faire essuyer un refus à des indifférents ; et, dans son goût pour la prodigalité, il ne soignait pas plus sa fortune propre [1] que la fortune publique ; ceux qu'il étonnait par la facilité de sa munifience lui avaient fait, sans doute pour s'acquitter envers lui, la réputation d'un homme inépuisable en ressources et en expédients. Il soutenait sans efforts cette réputation devant ses obligés et ses inférieurs. Ses prôneurs en avaient conclu qu'il ne pouvait craindre aucune autre épreuve ; M. de Calonne en était encore plus persuadé qu'eux. Celle qu'il choisit était trop forte pour lui.

Il avait présenté au roi Louis XVI ses nouveaux plans de finances, et il eut la confiance de demander pour juge une assemblée de *notables* du royaume composée de l'élite du clergé, de la noblesse, de la magistrature et des principaux citoyens de quelques villes.

Il avait rassemblé plus de projets qu'il n'en

---

1. M. de Calonne sortit du ministère avec plus de 700,000 fr. de dettes. Une dame fort riche et veuve eut la noblesse de lui offrir sa main et sa fortune, qui était de plusieurs millions. M. de Calonne revint à Paris en 1802, à soixante-quinze ans ; il était toujours le même homme : il adressa aussi des plans de finances à Napoléon, premier consul. Après sa mort, j'ai vu plusieurs fois sa respectable veuve, qui n'avait pas conservé six mille francs de rentes et ne se plaignait pas !

fallait pour composer un système complet ; mais il n'y avait, dans ces projets, ni ensemble ni résultat : des changements sans analyse suffisante de leurs motifs et de leurs effets ; des concessions qui devaient amener des prétentions plus fortes ; des sacrifices qui coûteraient de vifs regrets à une partie de la nation, sans satisfaire l'autre ; tel fut le premier jugement que les notables portèrent des plans de M. de Calonne, et leur seule nomenclature suffirait pour justifier ce jugement.

1° Établissement des assemblées provinciales pour opérer une plus juste répartition des contribution directes ;

2° Subvention territoriale en remplacement des vingtièmes ;

3° Liquidation et remboursement des dettes du clergé, qui serait autorisé à y appliquer la somme qu'il recevrait par le rachat de ses rentes foncières et autres droits honorifiques ;

4° Réduction, en faveur des roturiers, de la contribution nommée *la taille*, au vingtième du revenu ;

5° Libre circulation des grains dans l'intérieur du royaume ;

6° Remplacement de la corvée par une prestation en argent à la charge de la classe corvéable ;

7° Tarif uniforme pour les droits de douanes aux frontières de terre et de mer, et abolition des tarifs intérieurs ;

8° Suspension du droit de marque sur les fers dans l'intérieur ;

9° Modération de tous les droits d'aides, et suppression de quelques-uns de ces droits ;

10° Suppression des droits dans l'intérieur, sur les fabrications d'huiles et de savon ;

11° Suppression des droits d'amirauté sur la pêche maritime ;

12° Établissement d'un tarif uniforme dans les colonies sur toutes les denrées qu'elles produisaient ;

13° Établissement du monopole des tabacs dans toutes les provinces ;

14° Modération et répartition plus égale de l'impôt de la gabelle ;

15° Aliénation des domaines royaux par inféodation ;

16° Vente des forêts royales au-dessous de quatre cents arpents ;

17° Modification de l'impôt du timbre ;

18° Projet d'emprunt.

Je crois n'omettre et ne dénaturer dans cette série aucune des questions sur lesquelles M. de Calonne appelait la délibération des notables ; la plupart se recommandaient peut-être par une intention louable et par un but utile ; mais la première réflexion qui se présente, c'est que, ces projets n'ayant pas de connexion entre eux, ils semblaient plutôt appartenir à un ouvrage théorique qu'à un plan de finances, et qu'ils étaient en effet plus propres à préparer des discussions que de prompts secours au trésor royal. J'avais pris, comme tous les autres agents du ministère, quelque part aux détails préliminaires, et je me plaignais de trouver le ministre toujours disposé à se contenter de résultats imparfaits, dont j'étais loin d'être content moi-même. Je disais souvent à ses amis qu'il me paraissait se placer dans une position pire que celle dont il voulait sortir.

Le premier effet des changements qu'il annonçait dans la consistance des anciens impôts devait être d'en ralentir partout le recouvrement.

Les nouveaux impôts ne pouvaient offrir que des moyens de remplacement longtemps équivoques.

Cependant les besoins du service courant ne pouvaient que s'accroître, puisque d'irrésistibles causes, dont plusieurs ont déjà été expliquées, rendaient nécessairement progressif le renchérissement d'une partie des objets que consommaient les ministères de la guerre et de la marine; et l'on se bornait à dire que la guerre ne devait coûter annuellement que cent vingt-quatre millions, la marine quarante-cinq, sans paraître se souvenir que cette dépense avait été excédée chaque année dans une forte proportion. Il n'y avait aucune garantie pour l'évaluation des revenus qui dépendaient de nouveaux impôts non encore éprouvés, ni pour l'évaluation des dépenses, fixées, comme à l'ordinaire, au-dessous des besoins réels; et une telle garantie pouvait seule être la base d'un système de finances.

On annonçait, sans preuves suffisantes, qu'à son avènement à la couronne, Louis XVI avait trouvé dans les finances un déficit annuel de 40,200,000 fr., qui remontait à ce ministère fantasmagorique auquel l'Écossais Law a donné son nom; que ce déficit s'était encore accru par les emprunts qu'avait nécessités la guerre terminée en 1783; et l'on ne rendait pas mieux compte de la quotité définitive [1] de ce déficit que de son origine.

Aux divers projets indiqués ci-dessus se joignait un projet d'emprunt; celui que l'on proposait, en supposant qu'il eût été rempli, aurait à peine couvert l'inévitable déficit que devaient éprouver les années 1787 et 1788, lors même que tous les plans de M. de Calonne auraient été immédiatement adoptés, et que leurs produits auraient répondu aux vagues assertions qui remplaçaient à leur égard les calculs exacts; et la dette exigible, composée de l'arriéré accumulé des ministères, restait sans gage.

Ainsi le ministre qui, sous prétexte de restaurer

---

1. Quelques calculs portaient le déficit effectif des revenus annuels, comparativement aux dépenses aussi annuelles, à plus de 130 millions !

les finances, voulait modifier tous les impôts, ne présentait en effet qu'une longue série de nouvelles épreuves à faire. Or ce n'était pas un changement d'incertitudes que demandait la France. Plus l'esprit de la propriété se développait par l'effet de quelques procédés meilleurs dans l'industrie, plus la propriété, je le répète, devenait jalouse du maintien de ses droits et de ses sûretés, qu'elle définissait mieux. Les propriétaires français ne trouvaient que des hasards dans leurs rapports avec leur propre gouvernement, qui leur devait au moins la sécurité qu'ils achetaient assez cher par l'impôt. Plaçaient-ils leurs capitaux dans ses emprunts, ils ne pouvaient jamais compter sur une époque fixe pour le paiement des intérêts ; construisaient-ils ses vaisseaux, réparaient-ils ses routes, vêtissaient-ils ses soldats, ils restaient sans garantie pour leurs avances, sans échéance pour le remboursement, réduits à calculer les chances d'un contrat fait avec les ministres, comme celles d'un prêt fait à la *grosse aventure*.

C'était la principale cause de cette indisposition générale des esprits dans toutes les classes, quoiqu'elle ne fût explicitement énoncée ni dans les remontrances des parlements, ni dans les plaintes de la noblesse, ni dans les réclamations même du commerce. Sous le gouvernement le plus doux, le plus modéré de l'Europe, dans un beau climat que la civilisation éclairait, que l'industrie commençait à enrichir en dépit même de la législation qui lui était imposée, tout le monde était devenu inquiet, mécontent, frondeur ; et quiconque avait mission pour parler au nom du peuple, n'apportait au pied du trône qu'un sentiment vague de récrimination et de défiance, sans savoir cependant quels redressements il devait provoquer. Ce fut donc une grande imprudence, dans un tel état de l'opinion publique, qui était encore sous le charme de la révolution américaine, que d'assembler des *notables*, pour ne leur présenter que de nouveaux problèmes, que le temps seul pouvait résoudre. Cette faute de M. de Calonne devait être la dernière. On voulait d'autres changements que ceux que proposait le ministre ; on les voulait dans les personnes et dans les choses.

M. de Calonne avait admis parmi ses conseillers intimes le célèbre avocat Gerbier : j'ai cité les pronostics de ce jurisconsulte, faits douze ans auparavant ; en fort peu de temps Gerbier avait été séduit par M. de Calonne ; et, quoiqu'il vît bien que l'orage s'approchait, il croyait que M. de Calonne parviendrait à le détourner : il ne parlait qu'avec admiration de ses plans, de sa fécondité, de ses ressources. Il vérifiait ainsi ce qu'il m'avait dit lui-même de la disposition d'esprit que les orateurs du barreau portent, en général, dans les affaires publiques. A combien d'autres j'ai pu appliquer, dans la suite, le jugement dont il m'avait fourni le texte, sur les contradictions, les erreurs, les écarts d'opinion dans lesquels peuvent tomber, en pareille matière, les plus distingués et les plus habiles ! Chaque question publique n'est, pour la plupart, qu'un procès qui prend son importance dans celle du client, et sa décision dans la jurisprudence du jour.

Ce n'est pas à une profession utile que j'honore, à un ordre que je respecte, que j'adresse, comme censure, ce qui précède ; mais uniquement à ceux qui sortent de cette profession pour porter les manières qui lui sont propres, les affections et les passions qu'elle admet, dans une tout autre profession, celle de l'homme public.

Au surplus, Gerbier ne jouit pas longtemps des honneurs de sa nouvelle carrière ; il survécut à peine à la retraite de M. de Calonne, dont je vais rapporter ici une circonstance peu connue.

Lorsque M. de Calonne avait provoqué l'assemblée des notables, il avait compté sur l'appui de M. de Vergennes, et sur sa prépondérance dans le ministère ; la mort de M. de Vergennes avait précédé de quelques jours l'assemblée des notables ; et elle laissait M. de Calonne réduit à ses propres forces. M. de Calonne, attaqué par les notables fut bientôt abandonné par les autres ministres ; il fut plus qu'abandonné par M. de Miroménil, garde des sceaux, qui, non content de le laisser succomber sous ses plans, chercha encore à accélérer sa chute en attaquant auprès du roi ses assertions et ses calculs sur le déficit, par des assertions et des calculs contraires et récents de M. Necker et de M. Joly de Fleury.

M. de Calonne était bien parvenu à éventer cette mine avant qu'elle éclatât ; il avait provoqué une explication entre le garde des sceaux et lui devant le roi ; il en avait eu tous les avantages, il ne douta pas de la disgrâce de son ennemi ; elle fut en effet la suite immédiate de cette conférence (9 avril 1787) ; mais le plan d'attaque contre M. de Calonne étai trop bien combiné, trop d'intérêts publics réclamaient son éloignement du ministère, pour que ce triste succès ne fût pas la dernière joie de sa fortune ; dans la soirée du même jour, le roi lui fit demander sa démission. Il venait d'apprendre que la même résolution était prise à l'égard de M. de Miroménil, et il eut le malheur d'y trouver quelque consolation.

Quant à ce dernier ministre, quoique sa disgrâce eût précédé de quelques heures celle de M. de Calonne, il ne la connut pas le jour même ; il venait de perdre une de ses filles (madame de Bérulle) ; un juste calcul d'égards et de bienséance fit penser au baron de Breteuil qu'il devait épargner à son

collègue la douleur de deux pertes en un seul jour.
Il ne se rendit chez lui que le lendemain 10 avril ;
M. de Miroménil, qui croyait n'avoir plus rien de
commun avec M. de Calonne, ne vit au premier
moment, dans la démarche du ministre de la maison du roi, qu'une visite de condoléance sur la perte
de sa fille ; M. de Breteuil ne lui avait en effet parlé
d'abord que de la mort de madame de Bérulle ; et
avant qu'il eût prononcé le mot fatal, M. de Miroménil avait engagé la conversation sur M. de Calonne, sur les écarts de son ministère, sur l'incohérence de ses plans, sur la justice trop tardive que
le roi venait de faire de lui ; et ce fut seulement,
lorsqu'à la suite de cette oraison funèbre M. de Miroménil demandait le nom du successeur, que M. de
Breteuil put dire : « Le roi a donné les finances à
« M. de Fourqueux, *et les sceaux à M. de Lamoi-*
« *gnon.* »

Cette anecdote n'apprend rien de nouveau sur
les bons sentiments que se portent souvent et la
fidélité que se gardent quelquefois les membres du
même ministère.

Il est bien évident que, dès ce temps, une grande
et sérieuse révolution commençait en France. Le
roi continuait de nommer des ministres, mais il n'y
avait plus de ministère ; le gouvernement (dont
j'excepte le roi), placé sur un terrain nouveau où
sa marche était d'autant plus incertaine qu'il n'y

avait apporté que ses anciens souvenirs, cherchait un point d'appui dans l'opinion publique ; il la trouvait partagée peut-être pour les redressements, mais unanime dans ses censures. Tous ceux qui prétendaient au ministère essayaient de flatter l'opinion, parce que ses jugements étaient en effet la seule force qui conservât quelque activité ; aucun d'eux ne parvint à la satisfaire, parce que personne, dans cette classe, n'avait suffisamment étudié son véritable vœu, qui n'était ni exprimé, ni deviné par la plupart des écrivains mêmes qui croyaient être ses organes ; M. de Lamoignon la choqua par sa théorie du pouvoir absolu, en même temps qu'il consacra par une déclaration royale une concession très populaire, car c'est lui qui décida que, dans les assemblées provinciales, le troisième ordre aurait seul autant de membres que les deux autres réunis[1]. L'opinion publique reçut la concession comme un droit, et provoqua le renvoi du ministre qui l'avait faite. On ne le blâma pas de s'être fortement prononcé en faveur de l'autorité du roi, mais de la

1. Je cite ce fait parce qu'il a été trop peu remarqué. Il est certain que lorsqu'on mit en question, en 1788, si les trois ordres auraient aux États-Généraux une représentation numériquement égale, ou si le tiers-état aurait seul une représentation égale aux deux autres ordres, cette question se trouvait déjà jugée par l'autorité d'un premier exemple : ainsi ceux qui sont convaincus que cette innovation était dangereuse doivent au moins s'abstenir d'en accuser M. Necker seul.

séparer des intérêts dans lesquels, surtout alors, elle devait chercher son appui.

L'opinion publique respectait le roi, et voulait que son pouvoir fût respecté. Les Français du tiers-état qui avaient déjà la prépondérance du nombre ne savaient-ils pas que c'était par la prérogative royale que la propriété de leurs ancêtres avait été défendue contre les usurpations des grands, comme c'était aussi dans sa confédération avec le tiers-état que la puissance royale avait puisé sa force? Mais l'opinion publique voulait que le roi employât cette puissance à protéger les mêmes droits contre les usurpations ministérielles, contre tout système d'impôt nuisible à l'industrie ; contre tout emploi des deniers publics qui ne se dirigeait pas vers les besoins publics bien définis ; contre la violation des contrats faits avec le gouvernement ; contre les emprunts publics sans gage ; contre les attermoiements habituels de la trésorerie ; en un mot, contre toute atteinte à la propriété, que la loi punirait dans un simple citoyen ; et ceux qui voulaient être portés par l'opinion lui promettaient, lui offraient plus encore qu'elle ne demandait.

Les parlements avaient eu part à la faveur de l'opinion publique, lorsqu'ils avaient paru élever la voix pour la défense de ces principes ; mais elle avait pris peu d'intérêt à leurs remontrances, et même à leurs disgrâces, lorsqu'il n'y avait eu qu'un débat de pouvoir entre les ministres et les parlements, et lorsque ceux-ci ne parlaient au nom de l'intérêt public que pour augmenter la prérogative judiciaire aux dépens de la prérogative royale. Elle s'était déclarée contre les parlements, lorsqu'ils s'étaient agités pour des extensions de privilèges personnels, d'immunités, d'exemptions, sous prétexte de *constitutionnalité*, parce que, sans bien définir le mot, elle n'admettait comme constitutionnel que ce qui était juste, et ne connaissait rien de moins juste que l'inégale répartition des charges publiques.

Il était assurément bien facile d'observer ces nuances de l'opinion publique, et les moyens d'épreuves se multiplièrent encore plus dans l'intervalle de la seconde ouverture de l'assemblée des notables à celle des États-Généraux. Jamais plus d'écrits politiques n'avaient inondé la France; ceux qui ne parlaient qu'à la vanité seulement exaltaient quelques têtes ambitieuses, et laissaient la nation tout entière indifférente et calme ; ceux qui ne proposaient des redressements que par des renversements, des réformes que par des destructions, ne trouvaient pas d'abord de lecteurs ; l'écrit de l'avocat Linguet (l'écrivain du paradoxe), qui cherchait à prouver, par des axiomes de droit, que le roi n'était pas obligé par les dettes légales de son prédécesseur, ne fut guère connu que par l'arrêt du parlement qui le condamna au feu.

Les seuls écrits qui fussent recherchés par toutes les classes et se multipliassent dans leurs éditions étaient ceux qui recommandaient l'union des sentiments, le partage des sacrifices, la fidélité aux engagements, le respect pour la foi publique, la sûreté pour la propriété, la juste appréciation des intentions du prince. Jamais souverain ne voulut plus sincèrement le bien de son peuple; jamais, peut-être aussi, nation, considérée dans la masse, ne fut plus unanimement disposée à oublier les torts de l'administration, qui n'avait pas rempli les intentions de son chef; à écarter les souvenirs amers, à recevoir comme un bienfait le nouveau pacte que son roi voulait faire avec elle ; mais la nation, proprement dite, ne fut rien dans la révolution ; elle fut bien plus victime de ses écarts qu'elle n'en fut complice.

La nation ne fut rien dans la révolution: la révolution ne se fit ni pour elle ni par elle, parce que la majorité de ceux qui se firent ses organes n'étaient pas ses représentants naturels ; qu'ils avaient des intérêts, des besoins différents des siens ; qu'ils manquaient surtout de l'esprit de modération, de conservation et d'ordre : et cet esprit pouvait-il se trouver dans des hommes placés aux deux points extrêmes de la société, qui ne sont, pour une nation, que ce que les exceptions sont pour les règles ? La plupart des députés de 1789 étant ou des titulaires de possessions viagères, ou des nobles qui, s'ils consentaient à quelques sacrifices, voulaient, et avec quelque raison, conserver leurs distinctions héréditaires, ou enfin (en majorité) des hommes nouveaux, impatients de se *faire un nom* : tout cela ne formait conséquemment, dans le plus grand nombre des votants, que cette espèce de classe *flottante* qui n'a que des vanités à défendre ou des vanités à attaquer.

On crut que l'intérêt de la propriété proprement dite (elle était encore assez mal définie dans ce temps) n'était que secondaire et quelle ne devait traiter ses propres affaires que, comme devant un tribunal, par le ministère d'*orateurs du barreau ;* et ces orateurs, moins occupés de leur devoirs envers les propriétaires que des applaudissements de ceux qui ne l'étaient pas, plaidèrent pour ce qu'on nommait les droits de l'homme beaucoup plus que pour ceux de la propriété. Ils placèrent l'égalité des droits dans l'abolition des titres et des rangs, et la dignité d'une partie de la nation dans la dégradation inutile et impossible de l'autre. Ils ne savaient pas que la garantie de la dignité de l'homme n'est que dans l'indépendance où il sait se placer pour les besoins auxquels la nature le condamne ; qu'il n'acquiert cette dignité que par la propriété ; qu'il ne la conserve qu'avec elle ; qu'il faut conséquemment que l'indépendance[1] de la propriété soit préalablement assurée, pour que l'indépendance des personnes ait un commencement de garantie.

Si les novateurs qu'improvisèrent les années 1788 et 1789 avaient mieux étudié les anciens gouvernements qu'ils voulaient imiter, ils auraient reconnu qu'à l'exception d'un seul, ils étaient tous fondés sur ce principe ; et, dans les vieux temps, la propriété n'avait pas encore reçu, par le concours de tant d'arts modernes, les développements utiles et l'heureuse diversité de formes qu'elle a obtenus plus tard.

Dans les premières sessions, les grands talents ne furent que les organes des grandes passions ; les passions ne peuvent que porter plus de nuages dans l'avenir; et c'était surtout des sûretés pour l'avenir que demandait, en 1789, la propriété.

Les assemblées qui suivirent amenèrent sur la scène publique des talents moindres, des passions plus ardentes ; et, au nom de l'égalité des droits, la propriété perdit les siens.

C'est elle en effet qui supporta le poids des dépenses et des consommations de ce gouvernement révolutionnaire, qui, sans finances et sans impôts,

---

[1]. On entend par ce mot indépendance, une garantie assurée contre toute violation arbitraire à tout propriétaire, qui achète et paie la sûreté de tout ce qu'il possède, par l'acquittement exact des taxes.

avait levé quinze corps d'armée, et se vantait d'entretenir dans ses camps quinze cent mille combattants. Et à côté de cette ruine et de cette dévastation universelle, auxquelles elles fut en proie, c'eût été certes un sacrifice bien léger pour les propriétaires de la France que le dernier effort qu'ils auraient eu besoin de faire pour combler le déficit de 1789.

Elle put, sous quelques rapports, avoir le mérite des bonnes intentions, cette Assemblée constituante, qui ne parvint à rien constituer ; mais les difficultés de leur accomplissement naissaient surtout de sa composition; la propriété y était mal représentée, puisque de simples usufruitiers, des titulaires viagers, etc., etc., s'y trouvaient en grande majorité ; une telle majorité ne tarda pas à se défier d'elle-même ; et elle montra ce qu'on pouvait attendre d'elle, en cherchant ses appuis auprès de tous ceux qui ne possédaient rien.

La plus grande des plaies de la France était alors celle des finances ; et si l'on avait appelé à sonder le mal ceux qui, seuls, disposaient des moyens de le guérir, on aurait prévenu la séance du mois de juin 1789, la nuit du 4 août, les attentats du mois d'octobre, et le système violent d'expropriation, qui date de la même époque : car il est des vérités que l'instinct seul de la propriété révèle ; c'est cet instinct qui apprend, par exemple, qu'exproprier par l'abus de la force publique, c'est rendre légal le vol à main armée; que confisquer les biens des condamnés, c'est porter nécessairement la peine au delà du crime; car la propriété ne peut jamais être considérée comme complice des personnes; les hommes n'en sont que les dépositaires; la loi de l'hérédité ne doit pas dépendre de leur genre de vie ni de leur genre de mort. Eh! que deviendraient les droits du trône et les garanties que donne la royauté, si le titre héréditaire du fils d'un mauvais prince pouvait être contesté?

La propriété est le premier des organes du corps social; c'est lui qui donne le mouvement à toutes les autres parties; cet organe est aussi le plus irritable; sa sensibilité est si délicate et si expansive, que la lésion qu'il éprouve sur un point se communique à tous les autres, et met le corps entier en souffrance, parce qu'il est en péril. C'est sous ce rapport, trop peu observé peut-être, surtout alors, qu'avec quelques bons esprits de la société du duc de la Rochefoucault-Liancourt, je considérais le vice d'une première convocation nationale et son influence déjà si funeste; et ce que je viens de dire est le résumé des réflexions qui nous occupaient. Nous comprenions dans les éléments de la propriété tout ce que l'intelligence et la prévoyance humaine parviennent à créer et à s'approprier durablement pour la conservation de l'homme.

Je pris peu de part aux affaires sous l'anarchie ministérielle qu'on nomme le gouvernement de M. le cardinal de Brienne. Lorsque, sous le second ministère de M. Necker, la révolution, déjà commencée, parut ouvrir la carrière à toutes les ambitions, je n'eus qu'un désir, celui de la retraite. Je fus encore retenu quelque temps par la confiance d'un ministre (M. Lambert) que M. Necker s'était adjoint sous le titre de contrôleur général, et qui était plus particulièrement chargé de tous les détails administratifs. M. Lambert s'était longtemps fait remarquer au parlement de Paris par sa sagacité et son intégrité. Le choix de Louis XV avait balancé entre M. Laverdy et lui, en 1765, pour le ministère des finances ; appelé au conseil d'État, il y avait conservé la réputation qu'il avait acquise au parlement, celle d'un magistrat probe, très versé dans les traditions de l'ancien temps, mais qui n'avait rien de commun avec des circonstances si nouvelles.

M. Necker, en se réservant les rapports politiques avec les États-Généraux, qui s'étaient constitués en Assemblée nationale, avait abandonné à M. Lambert le soin de communications plus pénibles : ce dernier ne s'y présentait que comme accusateur ; car, dans le compte qu'il était chargé de rendre à cette Assemblée de l'effet des nouveaux décrets, il avait sans cesse à l'entretenir des désordres sous lesquels succombait partout la fortune publique, et même de dévastations que souffraient les propriétés particulières. On n'avait pas encore imaginé de créer un ministère de l'intérieur, et de partager entre deux ministres le soin de la matière imposable et celui de l'impôt. M. Lambert m'avait associé à la tâche de découvrir, chaque jour, les nouvelles plaies de la France, à des hommes qu'il ne regardait pas comme ses meilleurs médecins. Les transmissions, qui se réduisaient à l'expression simple et impartiale des faits, étaient, par cette raison même, assez mal accueillies ; et quoique M. Lambert ne craignît pas la défaveur de l'Assemblée, il me confiait souvent les dégoûts que lui faisaient éprouver une lutte inégale et des représentations inutiles. Il avait déjà proposé plusieurs fois sa démission. Depuis plusieurs mois M. Necker avait donné la sienne ; et je n'attendais que la retraite de M. Lambert pour me retirer moi-même. Les derniers traités faits en 1786 avec les compagnies de finances se trouvaient résiliés par force majeure ; les approvisionnements qui alimentaient le monopole du sel et du tabac avaient été pillés dans plusieurs lieux ; la perception était troublée partout où elle n'était pas suspendue ; la contrebande exécutait elle-même à main armée le renversement des douanes intérieures; le recouvrement ne se maintenait qu'aux barrières de Paris, grâce à la nouvelle enceinte. Je crus devoir à cette masse de fortunes particulières, qui pouvaient se trouver compromises par un si brusque changement dans la condition des financiers, d'employer du moins les derniers moments de mon activité à sauver des désordres du temps la résiliation des trois traités de finances, ainsi que les intérêts privés qui s'y trouvaient liés, et à préparer la liquidation qui devait s'ouvrir entre le trésor royal et les trois compagnies de finances, entre celles-ci et leurs nombreux créanciers; et, après avoir rempli ce devoir comme le temps le permettait, je ne voulais pas seulement quitter les affaires ministérielles, je voulais surtout quitter Paris. Un de mes collègues, M. Tarbé, venait d'être appelé par la juste confiance du roi au ministère des finances; il combattit d'abord ma résolution par son exemple, qui était en effet celui du dévouement; il insista du moins pour que je n'élevasse pas, par ma renonciation à toute fonction publique, des doutes sur mes opinions, qui pourraient exposer ma retraite à quelques troubles. J'avais quelque curiosité de mieux observer dans ses détails l'administration des domaines et de l'enregistrement, qui venait de se fonder sur de nouveaux principes. Je demandai la place de directeur de cette régie dans le département où je voulais fixer ma résidence (celui de l'Eure), et je ne tardai pas à m'y rendre.

Je cherchais surtout à échapper à mes pressentiments; là du moins je ne trouvais que des opinions modérées, car les habitants du pays étaient sans enthousiasme pour la révolution; ils s'étaient résignés, avec le roi, à l'essai de la constitution promise pour 1791 ; mais ils ne virent pas sans indignation les événements du mois de juin de cette année, qui la violaient si outrageusement.

Le duc de Larochefoucault-Liancourt avait alors le commandement des départements dont se composait l'ancienne province de Normandie; il parcourait cette province pour en observer les dispositions, surtout pour rallier les bons citoyens, et opposer, sur chaque point, la grande majorité des Français, qui trouvait que la révolution n'avait déjà que trop ébranlé le pouvoir public, au petit nombre de factieux qui voulaient achever de le détruire à leur profit. Il était venu passer quelques jours à Évreux avec moi ; les sentiments des habitants furent consignés dans une adresse au roi. Nulle part ils ne purent être plus prononcés contre tout désordre. Mais pendant que là, comme partout, la majorité se bornait à opposer sa simple réprobation aux menaces d'une minorité plus active[1], celle-ci s'armait, dressait les listes de ses proscrip-

---

1. Cette minorité avait un auxiliaire qui faisait d'elle une terrible majorité. Elle avait mis dans ses intérêts tous les pro-

tions, ouvrait aux coupables les portes des prisons, brisait les fers des galériens, promettait le pillage des riches aux indigents, l'impunité à tous les crimes. J'avais vu la population qui m'environnait exprimer du moins avec quelque force son indignation contre l'attentat du 20 juin 1792 ; je la vis frappée de stupeur, mais silencieuse, devant l'attentat plus grand du 10 août. Bientôt après j'appris que le chef de la maison de Larochefoucault venait d'être assassiné à Gisors, et que le duc de Larochefoucault-Liancourt, son cousin, n'avait échappé que par miracle aux mêmes assassins. Le même jour j'étais mandé à Paris comme *suspect*, pour rendre compte de ma conduite.

Le nouveau gouvernement, à qui j'avais été dénoncé, avait autre chose à faire qu'à suivre l'effet de son mandat contre un directeur des domaines. Il se borna à me destituer, et je me trouvai ainsi naturellement délié des affaires publiques. Je ne voulais pas quitter alors la France. Je ne blâmais pas ceux qui avaient émigré ; mais ce qu'ils honoraient en eux comme un devoir, ne leur aurait paru en moi qu'une prétention ; et, eussé-je été *noble*, la question m'aurait peut-être encore paru plus douteuse.

létaires, et tous ceux qui, sans travail et sans efforts, croyaient s'enrichir en s'appropriant quelques lambeaux des propriétés publiques et privées qu'ils dévastaient !

Je n'avais pas fait beaucoup d'épargnes, et je n'avais en propre qu'un assez modique revenu au delà de la pension que Louis XVI m'avait accordée, et que je conservais encore alors : mais j'avais longtemps vécu avec les riches sans perdre le goût des mœurs simples, j'avais l'habitude de l'application, et j'espérais ne pas porter dans tout autre état moins d'aptitude que dans l'administration publique.

On commençait alors à multiplier en France les essais des procédés mécaniques que l'Angleterre avait depuis vingt ans appropriés à ses manufactures, et particulièrement à la filature du coton. Un de mes alliés élevait dans un département voisin un grand établissement de ce genre, et il me proposa d'y prendre un intérêt; né moi-même dans une manufacture, je retrouvais là mon ancien patrimoine, et il me paraissait tout simple de finir ma vie comme mon père avait commencé la sienne. J'acceptai donc l'intérêt qui m'était offert, bien résolu de mettre dans l'entreprise le peu que je possédais, avec le peu que je valais. Après quelques mois d'apprentissage, j'avais déjà fait assez de progrès pour que mes nouveaux confrères montrassent quelque déférence pour mes opinions et pour mes expériences. Si je pouvais vanter en moi quelque mérite, je serais disposé à croire que j'aurais fini par me faire une assez bonne réputation dans ce métier;

mais je n'étais pas destiné à jouir longtemps de mon nouvel état.

Vers le mois de mai 1793 (je ne sais par quelle inspiration), le ministre des finances d'alors m'invita à venir le voir. Sa lettre ne m'était parvenue que plusieurs jours après sa date. Une lettre qui m'arrivait si tard aurait bien pu ne pas m'arriver du tout ; je restai tranquille ; l'invitation me fut renouvelée par une seconde missive, et mon retard n'eut plus de prétexte. Je me vis donc condamné à revoir Paris, qui déjà, trois ans auparavant, m'avait paru inhabitable. Quoiqu'en 1793 toute entrevue ministérielle fût dangereuse, j'étais beaucoup moins préoccupé de celle à laquelle je me rendais que du nouvel état qu'allait me présenter Paris lui-même, et surtout la première *place* que j'allais traverser[1] à l'entrée de cette ville. Je ne pouvais me distraire de cette dernière pensée ; au moment où j'arrivai, lorsque mes yeux, qui auraient voulu ne rien voir, virent, retrouvèrent le concours ordinaire des allants et des venants, leur marche indifférente..... j'eus la simplicité de m'en étonner.

J'étais trop impatient de quitter Paris pour ne pas être fort pressé de voir le ministre[2] qui m'ap-

---

1. La place Louis XV.
2. Le Genevois Clavière.

pelait, je ne connaissais pas même sa personne ; il me dit qu'il avait reconnu qu'on avait commis une injustice envers moi et qu'il voulait la réparer ; que ma destitution avait été l'effet de ces mesures précipitées qui suivent les grands mouvements politiques ; que le gouvernement réclamait le concours des hommes exercés aux affaires ; que j'étais sans doute trop bon Français pour déserter la chose publique. Je répondis que je croyais mieux servir la chose publique dans mon nouvel état que dans l'ancien ; que je cultivais une industrie nouvelle pour la France ; que déjà j'étais nécessaire à une population dont j'assurais l'aisance et la tranquillité. — « Mais
« ne craignez-vous pas que votre éloignement des
« affaires publiques ne soit mal interprété ? — Si je
« m'occupais de moi, répondis-je, je prévoirais plus
« de dangers dans les affaires publiques que dans
« la vie privée. » En prononçant cette phrase, je m'aperçus qu'elle réveillait dans mon interlocuteur des pensées sombres. Il garda quelques moments le silence ; puis il ajouta qu'il ne fallait pas juger des intentions du gouvernement par quelques actes que les circonstances avaient commandés ; que le gouvernement voulait s'entourer d'hommes probes, et capables de résister aux entreprises d'un parti violent qui ne savait pas s'arrêter dans les renversements, et qui ne cherchait des appuis que parmi les brigands ; qu'une partie de la Convention était réu-

nie au ministère contre cette faction ; que le moment, pour les amis de la *liberté* et de l'*ordre*, était venu de choisir entre ceux qui voulaient fonder la république sur des lois protectrices des propriétés et des personnes, et ceux qui ne voulaient gouverner que par des confiscations et des supplices. Ces confidences, qui ne me laissaient pas sans surprise, furent interrompues par la brusque arrivée de trois personnes annoncées sous le nom de *représentants du peuple*. Je saisis cette occasion pour me retirer ; je dis au ministre en le quittant que j'étais obligé de repartir le lendemain pour ma manufacture.

Les mois suivants virent se développer dans toute sa férocité le système d'inquisition, d'expropriation, de condamnation, qui décelait la faiblesse, l'imprévoyance et surtout la terreur convulsive, dont étaient eux-mêmes atteints les nouveaux usurpateurs du pouvoir, frappant de terreur toute la France.

Ce fléau parut d'abord respecter le canton que j'habitais. Depuis l'établissement de nouveaux ateliers, qui offraient un travail facile à tous les âges, on n'y rencontrait pas un habitant oisif. Les émissaires du gouvernement révolutionnaire n'avaient pas pu y trouver un seul dénonciateur ; mais chaque jour m'apprenait l'emprisonnement ou la mort de tout ce que j'avais connu d'hommes de bien ; je n'avais rien fait pour être séparé d'eux et j'attendais mon sort.

Le 15 février 1794, quatre gendarmes vinrent me notifier l'ordre de me rendre à Évreux ; je savais que *trois représentants du peuple* étaient dans cette ville : Legendre, Lacroix et Louchet (je les nomme parce qu'ils ne sont plus) ; on disait qu'ils venaient pour punir la ville d'Évreux de son attachement à la cause du roi ; en peu de jours on avait rempli les prisons de cette ville de ses principaux habitants, après avoir converti en prisons les édifices publics : les gendarmes qui m'accompagnaient (et qui ne faisaient, je crois, qu'obéir à la consigne donnée alors, à tous ceux qui escortaient les détenus) confirmaient les présages sinistres que je n'étais que trop disposé à recevoir ; je me rappelle que, du sommet d'un petit monticule qui domine Évreux, un d'eux me montrait du doigt la place qu'il me disait être destinée *aux vengeances nationales*.

Je fus conduit au comité révolutionnaire, qui tenait ses séances dans une pièce voisine de celle où se réunissaient les trois hommes qu'on appelait réprésentants du peuple français. Mes premiers regards me firent reconnaître, parmi les membres de ce comité, quelques artisans que j'avais employés et qui ne pouvaient avoir aucun sujet de se plaindre de moi.

Leur président me dit que j'étais mandé par l'ordre des représentants du peuple envoyés dans le département de l'Eure, comme soupçonné d'avoir pris part à la rédaction d'une adresse au roi, relative aux événements du 20 juin, et dont les signataires connus étaient déjà arrêtés. Je commençai ma réponse par témoigner mon étonnement de ce que, sur un simple soupçon, le comité révolutionnaire d'Evreux faisait saisir, au milieu de ses ateliers, un citoyen qui n'était pas son justiciable, puisque je ne résidais pas sur le département de l'Eure ; j'ajoutai que je n'avais pas voulu me prévaloir de l'illégalité du mandat pour ne pas comparaître, parce que je ne pouvais craindre ni d'être accusé, ni de répondre sur aucun de mes actes, et parce que j'avais voulu donner aux ouvriers, auxquels on m'avait enlevé, l'exemple de l'obéissance due au pouvoir public, quel que soit ce pouvoir. Je demandai ensuite si l'écrit sur lequel on m'accusait pouvait être représenté, et si quelqu'un de mes juges connaissait assez mon style pour affirmer que j'en étais l'auteur. Lorsque je parlais ainsi, j'ignorais que l'adresse au roi, que j'avais rédigée au mois de juin, n'existait plus : un des signataires (que je dois nommer), M. Pavie, avocat distingué par son courage et son talent, était parvenu à l'enlever d'un des bureaux de la Convention nationale, où elle se trouvait parmi les pièces saisies chez le roi ; mais je voyais, par l'interpellation qui m'avait été faite, que cette pièce n'était pas au pouvoir du comité qui m'interrogeait.

Je sentais que j'avais l'avantage du moment, il fallait qu'il fût décisif ; je voulais surtout éviter d'être renvoyé devant les trois représentants ; je voulais que le comité se jugeât injuste envers moi et crût se devoir à lui-même de réparer sans délai cette injustice. On vint dire au président que les trois représentants le demandaient ; je continuai de parler sur le même ton aux autres membres. Le président rentra ; il annonça que les trois représentants venaient de recevoir un ordre de la Convention qui les envoyait ailleurs, et qu'ils allaient partir à l'instant même. Je demandai avec fermeté si on se proposait de me retenir plus longtemps ; on prétendit que je n'avais pas cessé d'être libre ; qu'on avait voulu obtenir de moi de simples éclaircissements, et que j'avais parfaitement satisfait le comité ; ce n'était déjà plus un interrogatoire, mais une simple conversation. Le président s'était levé pour dire aux gendarmes qu'ils n'avaient aucun droit sur ma personne ; les membres s'étaient approchés de moi et me faisaient retrouver dans leurs manières les égards qu'ils me témoignaient deux ans auparavant ; on me disait que je n'avais laissé à Evreux que de bons souvenirs ; on me parlait presque d'excuse : Vous devenez juste envers moi, leur dis-je ; mais l'êtes-vous envers ceux de vos concitoyens qu'on retient dans les prisons sur le même soupçon ? Sans doute vous avez tous lu cette adresse, vous vous en rappelez les expressions ; lorsqu'elle a paru, quel est celui de vous qui aurait protesté contre elle ? Est-il un seul de vos concitoyens détenus qui vous ait accusés dans vos opinions, troublés dans votre propriété, menacés dans votre liberté ? Traitez-les du moins comme vous me traiter moi-même, moi qui ne suis qu'un étranger pour vous.

De tels conseils auraient pu être mal accueillis partout ailleurs ; on m'écouta sans impatience ; mais je n'obtins pas que les prisons fussent ouvertes ; j'emportai cependant une consolation : ces artisans, dont on avait fait des révolutionnaires, n'étaient pas des hommes cruels ; ce que je venais d'éprouver de leur part me rassurait sur le sort des détenus qu'ils regardaient comme mes complices, et mon espérance n'a pas été trompée.

En échappant à ce danger, je me surpris dans une position d'esprit que j'ai eu rarement l'occasion de reconnaître en moi dans ces temps de malheur. L'épreuve que je venais de faire m'avait inspiré une sorte de sécurité ; je ne prévoyais plus de périls révolutionnaires qui pussent m'atteindre ou du moins que je ne dusse surmonter. Je crus que ma part était faite dans cette épouvantable loterie ;

je pris le parti de ne lire aucuns journaux ; j'écartai de moi la connaissance des arrêts de mort qui venaient chaque jour frapper quelques-uns de ceux avec qui j'avais vécu ; j'ignorais même l'emprisonnement des fermiers-généraux, le prétexte de cet emprisonnement (ils étaient accusés d'avoir soustrait deux ou trois cents millions), ainsi que le nom de leurs accusateurs, lorsque, vers la fin de février, de nouveaux sbires vinrent me saisir *comme complice des fermiers-généraux*, d'après un ordre du comité de sûreté générale de la Convention. Ils étaient aussi chargés de s'assurer de mes papiers, et ils commencèrent par procéder à cet examen ; ils remarquèrent surtout mon brevet de pension signé par le roi ; et ils n'avaient pas omis, dans l'inventaire qu'ils avaient commencé, la qualité de *pensionnaire du tyran* : mais, après plusieurs heures de délibérations et de recherches, l'inventaire ne contenait encore que quelques lignes ; ils avaient voulu mettre en réquisition les municipaux de ma commune pour qu'ils les aidassent dans la rédaction ; ces braves gens s'étaient éloignés. Ce que je redoutais le plus, c'était l'émeute des nombreux ouvriers qui entouraient mon habitation. Je n'avais qu'un signe à faire pour que les commissaires de la Convention, dont j'étais le prisonnier, devinssent les miens : qu'en serait-il résulté ? que j'aurais retardé ma captivité de quelques jours, rendu ma perte plus certaine, et enveloppé dans mon malheur une centaine de familles ; mais ce ne fut pas le moins pénible de mes soins, que celui que je fus obligé de prendre pour préserver mes geôliers du danger qui les menaçait, et pour les empêcher de soupçonner même ce danger.

Je fis répandre dans les ateliers que je ne serais absent que pour quelques jours ; je ne réglai d'avance les travaux que pour une quinzaine ; je parvins à persuader que je n'étais pas plus inquiet de cette seconde arrestation que de la première, et qu'on ne devait pas l'être plus que moi ; je fis en même temps observer à mes gardiens que, s'ils s'obstinaient à faire l'inventaire de mes papiers, ils ne le termineraient pas en huit jours ; mais que, puisqu'ils m'arrêtaient comme complice des fermiers-généraux, il leur suffisait de vérifier s'il se trouvait, dans mes papiers, quelques renseignements relatifs à cette compagnie de finances ; que tous les autres étaient indifférents à leur mission, dont l'objet principal était de remettre promptement ma personne à la disposition du comité de sûreté générale. Outre le désir que j'avais de prévenir de la part des habitants un mouvement qui aurait pu leur devenir funeste, j'avais encore un autre motif pour presser mon départ : le pire des maux pour moi est toujours celui que je ne peux pas définir : le pire des fléaux m'a toujours paru l'incertitude.

Je sais que l'anxiété des gouvernés est un des ressorts de la politique de certains gouvernements. Je pense, moi, qu'un gouvernement a tout à redouter des hommes qu'il oblige à tout prévoir, et qu'il condamne à tout craindre. Quel que fût le sort qu'on me destinait, je voulais le connaître, et tout retard était pour moi un accroissement de supplice. Mais ce ne fut pas sans peine que je déterminai les commissaires à se remettre en route le jour même : ils objectaient qu'ils avaient besoin de repos, qu'ils avaient fait cinq ou six cents lieues pour me chercher, parce qu'on leur avait mal indiqué mon domicile ; ils prétendaient que je devais leur rembourser les frais de poste de ce long voyage : je m'y refusai comme à une lâcheté ; et ils exigèrent que je leur donnasse par écrit une déclaration de mon refus. Enfin je partis : deux des sbires s'établirent dans ma voiture, et dans un voyage d'une vingtaine de lieues, je ne trouvais pas un village, il ne se présentait pas à la vue un château d'où ils ne se vantassent d'avoir enlevé quelques victimes.

Le nombre des emprisonnements que leur devait le comité de sûreté générale, au moins d'après leur calcul, était si grand, que je ne doutais pas qu'il ne fût exagéré ; et, forcé de les écouter, je déplorais intérieurement l'influence des révolutions sur cette classe d'hommes que leur misère et leur crédulité livrent à toutes les passions qui cherchent des instruments. Je déplorais le délire de la vanité humaine dans des misérables qui croyaient se rendre moins vils en se chargeant de crimes qu'ils n'avaient point commis.

Je n'arrivai à Paris que vers le milieu de la nuit ; mes conducteurs crurent qu'il était trop tard pour me présenter au comité de sûreté générale ; ils me déposèrent dans la prison où trente-deux fermiers-généraux étaient déjà réunis ; cette prison était l'ancien hôtel des Fermes même, qui avait été en quelque sorte le siège de leur autorité, et qui leur appartenait encore ; on en avait converti une petite partie en cachots, à force de grilles. Les propriétaires y étaient entassés comme des criminels. On eût pu croire qu'il y avait de la recherche.

L'innocence même dort mal dans les prisons ; et quoique la nuit fût fort avancée, la plupart des fermiers-généraux veillaient encore ; ils s'occupaient avec une sorte de confiance ingénue, dont les honnêtes gens ne se corrigent jamais, à opposer des calculs exacts aux absurdes suppositions de leurs adversaires. Mon arrivée les surprit au milieu de ce travail, et ce fut pour eux un grand sujet d'étonnement, non pas de me voir arrêté, mais de me voir accusé avec eux et comme eux ; leur premier soin fut de m'offrir le partage du chétif mobilier dont ils disposaient ; un matelas jeté sur le carreau et un paravent formaient mon établissement, et j'attendis le jour. Des barreaux et des grilles furent le premier objet qu'il me fit voir ; le premier son que j'entendis fut celui des clés, des verrous, des armes. J'avouerai que ces impressions me trouvèrent faible ; bientôt je fus entouré par mes trente-deux compagnons d'infortune, et le spectacle de leur résignation, de leur patience, de l'espèce de sécurité qu'ils conservaient encore, ranima mon courage. Il était tout simple qu'ils fissent les premières questions, puisque la veille je respirais un air plus libre qu'eux ; mais je ne pouvais rien leur apprendre sur mon arrestation, dont j'ignorais le motif, ni sur leur procès, dont je ne connaissais aucune circonstance. Ce furent donc eux qui m'apprirent que leur principal persécuteur [1] était un de leurs anciens employés, auquel, sur la demande de M. de Vergennes et de M. d'Ormesson, j'avais moi-même fait obtenir, dans leur régie, une place de confiance dont il avait abusé ; qu'ils m'avaient instruit alors de ses malversations, et que le ministère public avait, en 1789, poursuivi cet homme comme prévenu d'avoir falsifié des pièces comptables, et soustrait à sa caisse deux ou trois cent mille francs ; qu'échappé de sa prison après le 10 août 1792, il avait voulu se rendre maître des pièces de son pro-

---

1. Il se nommait Gaudot ; il avait été receveur des droits d'entrée à Paris au port Saint-Paul.

cès et des preuves du délit dont les traces se trouvaient tant au greffe de la cour des aides que dans mes anciens bureaux au ministère des finances, et dans ceux de la ferme-générale ; qu'il n'avait rien imaginé de mieux, pour ne pas rencontrer d'obstacles dans ses recherches, que d'annoncer qu'il avait à faire contre les fermiers-généraux des révélations dont l'effet serait de faire rentrer au trésor public plusieurs centaines de millions ; que les dépôts qu'il avait désignés lui avaient été immédiatement ouverts; que, parmi les pièces qui l'accusaient, il avait trouvé la correspondance de plusieurs d'entre eux avec moi, relative à son débet ; que c'était par ce motif sans doute qu'il avait fait étendre jusqu'à moi les mesures qu'il avait provoquées contre eux ; et, enfin, qu'il m'avait aussi dénoncé particulièrement comme ayant trahi les intérêts de l'État dans le dernier traité fait avec la ferme-générale. Ils ajoutaient que ce même homme serait plus embarrassé maintenant pour produire des preuves contre eux qu'il ne l'avait été pour soustraire les preuves qui existaient contre lui; mais que, comme il avait atteint son principal but, il ne s'engagerait sûrement pas à soutenir son système de calomnies; que les premiers calculs, par lesquels il avait trompé la Convention, leur avaient été communiqués ; qu'ils n'avaient pas laissé une seule objection sans réponse, un seul calcul sans réfutation, une seule justification sans preuve ; et que l'accusation dont ils étaient l'objet ne pouvant pas prendre une couleur révolutionnaire, ils attendaient, malgré les circonstances, leur jugement avec sécurité.

Après quatre ans de révolution, ces honnêtes gens ne connaissaient pas mieux l'esprit des jugements de ce temps et la marche des passions politiques ; rien ne prouve mieux combien ils s'étaient tenus à l'écart de tous les partis extrêmes. Ils ignoraient que, dans les discordes civiles, les partis extrêmes, même en se combattant, sont d'accord dans leur haine contre la modération, la raison, la justice, qui ne sont les boucliers de l'innocence que dans les temps calmes. Je ne cherchai pas à détruire leur illusion, mais je ne pouvais pas la partager ; mon opinion personnelle était que, tant que le pouvoir resterait dans les mains d'hommes trop nouveaux dans son exercice pour ne pas être inquiets, craintifs, soupçonneux, et conséquemment féroces, qui ne pouvaient alimenter le trésor que par une part dans les confiscations, salarier leurs complices que par l'autre part, un danger égal menaçait en France tout ce qui conservait quelque réputation de richesse et de vertu, quel que fût d'ailleurs le prétexte des accusations contre les individus ; que les chances du salut n'étaient que dans le grand nombre des proscrits, et sinon dans le remords, du moins dans la lassitude des bourreaux ; que des gens qui ne cherchaient que des victimes ne prendraient pas même la peine de varier la formule de leurs jugements ; qu'ainsi toute tentative de justification auprès d'eux ne ferait qu'accélérer la solution qu'ils avaient adoptée pour tous les cas, *l'arrêt de mort*; et que, dans cette épouvantable épidémie, la seule ressource était d'attendre que la contagion vînt nous atteindre, au lieu d'aller la défier dans son foyer. Ce fut dans cette pensée que mon premier soin fut de prier tous ceux qui me conservaient quelque intérêt de m'abandonner à ma destinée.

Quelques-uns des fermiers-généraux avaient fini par comprendre qu'on en voulait surtout à leur fortune. Ceux-ci proposaient d'en offrir le sacrifice ; ce n'était pas le vœu de la majorité, et le motif des opposants n'était fondé, ni sur l'espoir ni sur le désir de la conserver ; le désintéressement n'était plus alors une vertu difficile ; mais ils faisaient observer qu'une telle offre ne serait considérée et présentée à la France que comme une reconnaissance des malversations qui leur étaient reprochées, une transaction honteuse, un acquiescement à leur propre déshonneur.

Je dois ajouter que la proposition de l'abandon avait été faite par les plus riches, et leur donna lieu d'examiner quel aurait pu être le produit du sacrifice qu'ils auraient fait en donnant tout ce qui leur restait ; ces trente-deux chefs de familles des finances, qui étaient réputées les plus opulentes, et dont plusieurs avaient hérité en ligne directe de leurs places, eh bien! ces trente-deux fermiers-généraux qu'on accusait d'avoir soustrait au trésor de l'État deux ou trois cents millions, auraient pu à peine réaliser alors vingt-deux millions [1], en réunissant tout ce qui leur appartenait effectivement (en maisons, terres, mobiliers, capitaux) pour sauver leur tête, si leur salut eût été mis à ce prix.

On se rappelle que les écrivains de l'époque, fidèles, comme dans tous les temps, au devoir de servir les passions des gouvernants, quels qu'ils soient, ne manquaient pas d'imprimer le bilan de chaque fermier-général, et de prouver par leurs chiffres que la fortune du plus pauvre excédait dix millions ; que c'étaient eux qui soudoyaient l'armée des princes français absents, peut-être même celle de Prusse et d'Autriche ; que c'était l'émigration *de leur or* en Angleterre qui soutenait la dette publique de ce pays ; que *le vertueux républicain* qui les avait dénoncés n'avait été jeté dans les cachots sous la monarchie que parce que *seul* il avait leur secret! Dans les dissensions publiques, l'arithmétique des partis est toujours la même. Croirait-on que, parmi ces hommes emprisonnés

---

1. Cette compagnie de finances perdait un capital très considérable (plus de quatre-vingt millions) dans la banqueroute publique.

pour leurs richesses, il s'en trouvait plusieurs qui, ayant employé toutes leurs ressources disponibles à se libérer envers leurs prêteurs, étaient réduits à emprunter le prix de la très frugale nourriture [1] que nous prenions tous en commun dans la prison !

On disait avec raison des prisons de ce temps qu'elles étaient l'asile des vertus ; aucune ne put présenter une réunion plus complète de vertus nobles et touchantes. Je n'y fus pas témoin d'un mouvement d'impatience.

Si l'espèce de sécurité que j'avais remarquée en eux dans les premiers moments provenait en partie de la confiance qu'ils avaient dans leurs moyens de justification, elle avait encore un autre principe ; car, lorsqu'il ne fut plus possible de douter qu'ils ne fussent à la fois menacés dans leur vie et dans leur fortune, ils conservaient encore le même sang-froid, le même courage pour la défense de leur honneur ; et jusqu'au dernier moment, ils repoussèrent avec tant d'avantage les reproches de malversation présentés contre eux sous toutes les formes, que la Convention fut réduite à décréter (le 6 mai 1794) *qu'ils avaient mis la république en péril, parce que quelques-uns de leurs agents avaient été*

---

1. Je trouvai, en arrivant dans la prison, la dépense totale de la table, fixée par les fermiers généraux à 5 francs par jour, *en assignats*, pour chacun d'eux.

soupçonnés en 1789 *de vendre du tabac trop humide.* Le décret se terminait par l'envoi au tribunal révolutionnaire de ceux *qui avaient ainsi conspiré.*

Le célèbre Lavoisier fut instruit le premier de ce décret, et il eut le courage de l'annoncer à ses collègues ; ils étaient tous tellement désintéressés de la vie et des choses de ce monde, que leur réponse fut unanime : *Nous l'avions prévu, nous y sommes préparés.* La plupart élevaient leurs espérances vers le ciel, et je trouvai en eux une bien touchante preuve de tout ce que les sentiments religieux peuvent donner de consolations et de force à des hommes dont la conscience est sans reproche.

Quoique le décret n'envoyât nominalement au tribunal révolutionnaire que les fermiers-généraux, il ne me vint pas un seul moment dans la pensée que mon sort pût être différent du leur ; le même ennemi nous poursuivait ; je n'étais pas pour lui une victime moins nécessaire, et je n'étais pas faible devant l'image de la mort. J'avouerai seulement que je n'envisageais pas aussi tranquillement ses préliminaires ; presque chaque jour, entre deux et quatre heures, les cris de la populace, qui insultait sur leur passage les condamnés conduits au supplice, retentissaient dans la partie de la prison que j'habitais. Je me voyais sous peu d'heures destiné à être un des objets de ces outrages ; traduit devant un tribunal qui m'aurait condamné avant

d'avoir connu mon nom et ma vie ; flétri de l'accusation de *traître* envers mon pays que j'avais bien servi ; poursuivi jusqu'à l'échafaud par les injures d'un peuple abusé, et rendant mon dernier soupir au milieu des malédictions publiques !......
C'étaient les circonstances d'une telle mort qui se présentaient à mon imagination comme réunissant toutes les tortures qui peuvent atteindre l'âme ; et la mienne en soutenait mal la menace, malgré le bel exemple de résignation que j'avais sous les yeux. Je dirai même, puisque je ne dois rien cacher dans cet écrit, que, m'étant procuré une assez forte quantité d'opium, de concert avec un autre captif [1] qui redoutait comme moi *cette manière* de quitter la vie, nous avions confié notre secret à M. Lavoisier, qui nous aimait tous deux, en lui offrant le partage d'une mort qui serait du moins libre. Voici la réponse que nous fit cet homme aussi distingué par sa force d'âme que par ses lumières. « Je ne tiens
« pas plus que vous à la vie ; j'ai fait le sacrifice
« de la mienne. Les derniers moments qui nous
« attendent sont pénibles sans doute, mais nous
« ne serions pas sûr de les prévenir par les moyens
« que vous proposez : l'asphyxie pourrait nous
« mieux servir ; mais pourquoi aller au-devant de
« la mort ? Serait-ce parce qu'il est honteux de la

---

1. M. de Boulogne.

« recevoir par l'ordre d'un autre, et surtout par un
« ordre injuste? Ici, l'excès même de l'injustice
« efface la honte ; nous pouvons tous regarder avec
« confiance et notre vie passée et le jugement
« qu'on en portera peut-être avant quelques mois ;
« nos juges ne sont ni dans le tribunal qui nous
« appelle, ni dans la populace qui nous insul-
« tera : une peste ravage la France, elle frappe
« du moins ses victimes d'un seul coup ; elle est
« près de nous atteindre ; mais il n'est pas im-
« possible qu'elle s'arrête au moins devant quel-
« ques-uns de nous. Nous donner la mort, ce se-
« rait absoudre les forcenés qui nous y envoient.
« Pensons à ceux qui nous ont précédés ; ne
« laissons pas un moins bon exemple à ceux qui
« nous suivent. »

M. Lavoisier avait à peine prononcé ces dernières paroles, que la municipalité de Paris, escortée de gendarmes, accompagnée de chariots couverts, se présenta à l'hôtel des Fermes pour faire l'évacuation de cette prison et livrer les prisonniers au tribunal. Elle fit procéder par le concierge à l'appel, en suivant l'ordre des *écrous* ; nous étions tous réunis devant le guichet de la prison. Lorsque quatre prisonniers avaient été nommés, quatre gendarmes s'en emparaient et les conduisaient dans les chariots couverts qu'ils refermaient sur eux. Un contraste remarquable, et qui prouve l'ascendant de la vertu sur les âmes les plus grossières, c'était l'émotion de nos guichetiers qui fondaient tous en larmes, à côté du maintien calme que conservaient et ceux qu'on enlevait et ceux qui attendaient le même sort. Dans l'espace d'une heure, vingt-quatre seulement de mes malheureux compagnons avaient ainsi passé le seuil de la prison, et le concierge suivait d'un œil triste chaque enlèvement, tandis que les officiers municipaux buvaient et vociféraient dans sa chambre. J'étais au milieu des huit fermiers-généraux restants (ne devant être appelé qu'après eux, puisque *mon écrou* était le trente-troisième), lorsque le concierge, s'approchant de moi et me poussant vers l'intérieur de la prison, me dit à voix basse : « Rentrez, vous n'avez rien à « faire ici. » Je n'eus que le temps de jeter un dernier regard sur ceux dont j'allais être séparé, et de les voir sourire encore à l'espérance de mon salut. La porte de ma prison se referma à l'instant sur moi, et je me retrouvai dans la solitude... quelle solitude que celle d'une prison dans laquelle on va survivre à trente-deux innocents ! Tout entier à la pensée du sort qui se préparait pour eux, je ne me sentais plus vivre. J'étais encore dans ce premier état de stupeur à minuit, lorsque je vis près de moi le concierge que je n'avais pas entendu s'approcher. Il était lui-même encore tout ému ; il revenait du comité de sûreté générale, auquel il avait rendu compte de l'évacuation de la prison ; il avait évité d'y prononcer mon nom ; il avait pu m'oublier là, comme il m'avait omis dans l'appel qu'il avait fait, le décret ne nommant que les fermiers-généraux. Il fallait bien, disait-il, se consoler par quelque bonne action de *tant d'autres* !... Il me recommandait surtout de continuer à me faire oublier. Je n'étais pas en état de le remercier du bienfait, ni même de le sentir. Le lendemain il vint me dire que les fermiers-généraux n'étaient pas encore mis en jugement ; qu'on faisait des démarches pour eux, et qu'il espérait que le plus grand nombre reviendrait me joindre ; mais le soir je le trouvai plus triste. Il avoua qu'il avait entendu prononcer mon nom dans une espèce de comité, que s'était associé, sous le nom de comité de révision, le calomniateur en chef des fermiers-généraux ; qu'on s'y étonnait de me voir rester seul. Ce brave homme craignait d'avoir perdu sa bonne œuvre. Le silence de toute la nuit, qui ressembla pour moi à la précédente, ne fut troublé que par le bruit d'une seule voiture ; elles étaient rares alors à Paris. Je remarquai qu'elle s'approchait de la prison ; je gagnai machinalement la porte qui me séparait du lieu où couchaient les guichetiers. La voiture passa sans s'arrêter ; et j'en entendis un qui disait à ses camarades : *C'est Fouquier-Tinville qui va préparer avec Robespierre la journée de demain ; ordinairement il ne passe pas si tard.* Le nom de Fouquier-Tinville et l'objet de sa course nocturne, en venant se mêler à toutes les pensées qui m'occupaient, les rendirent encore plus sinistres. La matinée qui suivit cette nuit me laissa dans le même état ; mais je ne pouvais pas douter que mes malheureux compagnons ne fussent en présence du tribunal qui devait les envoyer à la mort. Une femme, digne du nom qu'elle portait alors, madame de Lavoisier, avait, au péril de sa vie, et bravant un décret qui l'éloignait de Paris, vainement fait les derniers efforts pour sauver son mari, son père et les autres fermiers-généraux ; c'était tout ce que j'avais appris. A deux heures, le 8 mai, j'entends dans les escaliers de la prison un mouvement extraordinaire ; je crois reconnaître le pas des gendarmes; ils entrent en effet au nombre de quatre; derrière eux, je distinguai d'autres hommes que j'avais peine à reconnaître, tant ils étaient pâles et abattus, et qui vinrent presque s'évanouir dans mes bras. Hélas ! ils n'étaient que trois[1] ; ils avaient été sauvés par une heureuse équivoque de titre que fit valoir un juge du tribunal révolutionnaire qui se trouvait le parent de l'un d'eux ; mais il avaient laissé au pied de l'échafaud leurs pères et leurs frères : et leur propre agonie durait encore plu-

---

[1]. MM. de La Hante, de Laage fils et Sanlot, au lieu d'être fermiers-généraux en titre, n'avaient eu que le titre d'*adjoints*.

sieurs heures après qu'ils me furent rendus. Nous passâmes le reste de cet affreux jour, et la nuit qui le suivit, seuls dans cette prison; le lendemain nous eûmes des sujets de distraction presque aussi tristes que nos souvenirs. En peu de jours, près de quatre-vingts nouveaux détenus furent entassés dans un petit espace déjà trop étroit pour trente-trois personnes. Mais dans les calamités politiques le bon côté est souvent le côté de ceux qui souffrent. Nous prenions en patience notre part de cette incommodité; nous ne pensions pas même à y échapper. Le concierge qui m'avait sauvé y pensa pour nous. Il s'était réservé pour son usage personnel un petit emplacement sous le même toit, hors de l'enceinte de la prison qui n'occupait qu'un étage, hors des grilles et des verrous. Ce fut là qu'il nous établit dans le mois de juin. « Vous n'êtes plus ici, nous
« dit-il, que prisonniers sur parole ; mais je compte
« sur la vôtre ; *il se prépare dans les maisons d'arrêt*
« *des manigances qui m'inquiètent.* » Il désignait ainsi les prétendues conspirations des détenus dans les prisons. « Au moins ici elles ne pourront vous at-
« teindre. » Puis, me conduisant seul dans un corridor obscur et me montrant une petite porte, il me dit: « Au besoin souvenez-vous de cette porte. »
— Qu'on me pardonne en faveur de l'homme à qui je dois la vie le souvenir de ces traits d'humanité si contrastants avec sa fonction ! Et ce concierge ne

fut pas humain pour moi seul ; car je lui dois aussi la vie d'un détenu que je ne connaissais pas, et que, sur ma demande, il refusa de livrer à un huissier du tribunal révolutionnaire, sous prétexte d'une différence dans l'orthographe du nom.

Vers la fin de juillet (jamais les massacres juridiques n'avaient été plus multipliés que dans ce mois), le pressentiment des événements du 27, auquel répondait alors le 9 thermidor, était parvenu jusqu'à nous : ce jour même au matin, le concierge m'avait remis la clef de la petite porte qu'il m'avait désignée, en me disant que si, dans la journée, la prison était forcée, cette porte me conduirait dans un bâtiment voisin qui était libre de toute surveillance, et par lequel je pourrais échapper. La générale qui se faisait entendre, la marche et les cris des citoyens armés dans les rues, nous présageaient en effet une journée orageuse. Elle fut un long combat entre la Convention, qui s'était soulevée contre Robespierre, et la municipalité de Paris, qu'il avait mise en révolte contre la Convention. Ce ne fut que le 28, à quatre heures du matin, que nous en connûmes le résultat ; et mon premier soin fut de donner aux quatre-vingts détenus dont nous étions séparés l'espérance que la mort allait enfin suspendre ses coups. Parmi ces détenus se trouvait le gendre [1]

---

1. M. de Chauvelin, gendre de M. de Boulogne.

d'un des amis que j'avais le plus regrettés dans la journée du 8 mai.

Le 31 juillet, les prisons commencèrent à s'ouvrir : le 2 août, je fus libre moi-même.

Je ne restai à Paris que le temps qui m'était nécessaire pour m'assurer que mes trois compagnons ne tarderaient pas à être libres aussi, et pour donner quelques faibles preuves de ma reconnaissance au geôlier qui m'avait si bien servi ; je commençais à me rattacher à la vie. Je partis le lendemain pour retrouver ma retraite et reprendre les occupations que j'avais choisies : huit jours après mon retour, j'appris que l'homme qui s'était préposé à mon salut était mort subitement : que de réflexions seraient à faire sur un pareil concierge des prisons de la terreur ! Quand je pense à celui-ci, j'oublie sa profession pour sa bonne œuvre. Je fis faire des recherches sur sa famille, et je ne trouvai après lui personne des siens à qui je pusse, à mon tour, être utile.

Je fus un des premiers délivrés parmi les captifs, et je ne dois pas omettre à qui je dois cette préférence. Si on ne se souvenait pas d'un bon office, à quoi servirait la mémoire ? Mes amis étaient parvenus, pendant mon emprisonnement, à intéresser vivement à moi un jeune artiste [1] qui a payé de sa

---

1. Il se nommait Topino Le Brun.

tête, en 1802, ses illusions démagogiques, mais qui en 1794, était en faveur auprès des auteurs de la révolution du 9 thermidor. Ce fut lui qui, par ses démarches, avança ma liberté de quelques jours : je ne le connaissais pas, mais je savais que je lui devais ce service, et j'étais à peine rentré dans ma retraite qu'il vint me demander un asile, craignant d'être persécuté à son tour. Je devinai qu'il y avait division entre les successeurs de Robespierre ; je n'hésitai pas à le recevoir, malgré la différence de nos opinions : il fut, au surplus, assez réservé sur la sienne pendant son séjour auprès de moi. Après quelques jours, ses inquiétudes se calmèrent ; il me quitta. En connaissant mieux ce jeune homme, je le plaignis ; son principal tort était d'être né dans un temps qui n'était pas fait pour lui, et dont il ne pouvait pas soutenir l'épreuve, parce que son éducation même l'avait rendu étranger à son siècle : il savait Plutarque par cœur, il ne connaissait pas même la géographie de la France. La révolution l'avait surpris étudiant les arts à Rome ; sa folie fut de croire que la Grèce devait avoir été le pays le mieux gouverné ; que toutes les sociétés européennes devaient être refondues sur le modèle de quelques peuplades de ce coin du monde qui a jeté tant d'éclat. Ce qu'il savait seulement de leur gouvernement, c'était qu'il se disait républicain. Dans un temps calme, ce jeune homme eût été un artiste distingué ; revenant en France au milieu des troubles civils, il ne fut qu'un de ces esprits turbulents s'agitant sans résultat et sans but, et que la peine atteint souvent plutôt que les vrais factieux, dont ils ne sont eux-mêmes que les instruments et les dupes.

J'avais à peine eu le temps de constater que la manufacture dans laquelle j'étais intéressé n'avait pas trop souffert de mon absence, lorsque j'appris que mon père était attaqué d'une maladie grave ; il était dans sa quatre-vingtième année. J'avais passé loin de lui plus des deux tiers de ma vie ; mais ils avaient encore profité de l'influence des premiers soins qu'il avait donnés à mon enfance ; j'avais souvent puisé dans sa correspondance les conseils que je ne pouvais plus devoir à ses entretiens. Il avait approuvé ma résolution de m'écarter des affaires publiques à l'époque où je les avais quittées. Je savais que la catastrophe du 21 janvier 1793 avait fait sur lui une impression profonde ; c'était de l'époque de nos grandes convulsions que datait l'altération de sa santé, qui jusqu'alors semblait avoir échappé aux atteintes de l'âge, et ma périlleuse détention avait porté à sa vieillesse un nouveau coup qu'elle ne pouvait plus supporter. C'est aussi dans l'intérieur des familles qu'on apprend à juger les révolutions ! Mon père, qui avait conservé toute sa présence d'esprit, malgré l'affaissement de

ses forces, pardonnait à la révolution française
d'avoir tant affligé ses derniers jours ; mais son
inquiétude sur l'état dans lequel il laissait la France
s'étendait au delà de sa vie, et j'étais peut-être le
principal objet de ses craintes ; quand je m'approchai de son lit, il me dit d'une voix presque
éteinte : « Je ne puis pas, comme Epictète, me
« féliciter d'avoir assisté ici-bas à un beau spec-
« tacle, du moins dans les dernières années de
« ma vie ; mais je remercie Dieu de vous revoir. »
Un sourire de tendresse précéda ses derniers soupirs.

Lorsque je fus obligé de prendre connaissance
des affaires qui devenaient les miennes, je les trouvai dans l'ordre le plus parfait. Mon père ne laissait pas une dette ; mais les cinq sixièmes de sa
fortune consistaient en rentes foncières, en prêts
faits à modique intérêt, en anciennes créances de
commerce. Bientôt les rentes furent rachetées, les
prêts remboursés, les créances acquittées dans *la
monnaie d'alors*, c'est-à-dire avec une perte de plus
de quatre-vingts pour cent de la valeur réelle. Je
me persuadais, sans beaucoup d'efforts, qu'on pouvait avoir perdu par la révolution son état et son
patrimoine, avoir eu longtemps sa liberté compromise et sa vie gravement menacée, sans se plaindre
avec aigreur de ces injustices, sans vouloir s'en
venger sur leurs auteurs, et je ne désespérai pas

de la généreuse résignation des émigrés lorsqu'ils rentreraient dans leur patrie.

Les pertes de fortune n'étaient comptées pour rien alors; j'en avais une bien plus grande à déplorer : la mort m'enlevait celui à qui je devais bien plus que la vie, de qui j'avais reçu les meilleures leçons dans mon enfance, les meilleurs conseils dans un âge plus avancé, les meilleurs exemples à toutes les époques ; un modèle de modération au milieu du déchaînement des passions humaines, de bienfaisance active jointe à l'amour de l'économie et de l'ordre, de modestie et de simplicité avec des lumières fort étendues sur les devoirs publics et privés des hommes; de sévérité dans ses mœurs propres, avec une grande aménité pour les autres, et une indulgence sans mollesse pour leurs faiblesses. Je cherchai mes premières consolations dans les soins que je devais à ceux auprès desquels il m'avait chargé de le remplacer. Le souvenir de mon père reproduit encore en moi les mêmes réflexions, les mêmes émotions après plus de trente ans.

Je n'avais trouvé que de bons sentiments pour moi dans toute la population de la province où je m'étais retiré en 1791 ; et, quoiqu'il y eût là comme ailleurs quelques nuances dans les opinions, la bonne disposition à mon égard n'avait pas varié pendant tout le temps de la résidence que j'y avais faite. Mais c'était là que m'était échu mon lot d'infortunes révolutionnaires : rien n'y avait manqué que l'échafaud, et j'en avais été bien près. La perte de mon père me laisait presque sans intérêt de famille dans ce département et dans son voisinage. Mon intérêt de commerce était encore bien récent dans la manufacture où j'avais cherché à retrouver du moins l'état de mon père, en perdant le fruit de plus de quinze années de services publics. Or, cette manufacture avait bien pu se passer de moi pendant la longue captivité que le régime de la terreur m'avait fait subir; et j'avais rapporté de ma prison des souvenirs et des impressions qui ne fortifiaient pas ma résignation à surveiller des ateliers, à diriger des détails de frottement et des calculs de vitesse dans les rouages de machines à filer.

Je ne pouvais plus d'ailleurs conserver les espérances qui m'avaient porté à ce nouveau genre de vie, et qui auraient pu m'y faire persister. Je n'avais pas tenté d'effacer mes antécédents pour ceux qui poursuivaient, dans tous ses débris, le gouvernement que j'avais servi : je n'avais ni désavoué ni abjuré ces antécédents. Je ne pouvais pas rester assez obscur dans une manufacture qui occupait plus de cent ouvriers à vingt lieues de Paris ; elle ne pouvait plus rester pour moi un lieu de refuge et de sécurité. Je venais d'en faire une assez rude épreuve par mon implication dans le procès des fermiers-généraux ; j'y avais échappé, moins parce que la coaccusation était absurde, que parce que ma mort ne pouvait pas éteindre, comme la leur, une revendication de plusieurs dizaines de millions, qu'ils avaient le droit d'exercer.

Je devais donc me mettre en mesure de renoncer prochainement à une association industrielle qui ne me promettait plus ce que j'avais voulu y trouver.

Sans doute une crise politique qui ne discernait et ne respectait pas mieux les premières conditions, les premières nécessités de toute société humaine, devait finir par perdre aussi elle-même les points d'appui qu'elle enlevait partout : mais elle pouvait prolonger encore assez longtemps sa durée; elle trouvait un aliment pour elle dans la destruction qu'elle opérait ; elle faisait des dépouilles de ses victimes le salaire de ses agents.

On pouvait seulement prévoir que l'Europe ne se résignerait que difficilement à supporter un système qui pouvait mettre partout l'ordre public en danger ; et, dans ce cas, ce qui restait de mieux à faire à un homme réduit, comme moi, au soin de son seul salut, c'était de se préparer à quitter momentanément la France pour se faire au dehors le spectateur passif de la lutte qui s'engagerait entre elle et l'Europe.

Je ne puis trop répéter que c'était surtout par leurs propres actes que les gouvernants éphémères d'alors rendaient plus difficile à manœuvrer le pouvoir qu'ils avaient saisi. Ce qu'on oublie toujours malgré tant d'épreuves, c'est que l'éducation en cette matière ne s'improvise pas. Comme dans leurs divers commandements ils portaient tout au delà du possible, ils rencontraient presque partout résistance ; et leur seule arme contre elle était la violence. Ils n'avaient gardé pour moyen de finances que les confiscations, pour moyen de police que les emprisonnements, et ils se vantaient d'être parvenus, par de telles mesures, à tenir encore alors plusieurs armées sur pied ; ces armées composées de soldats et de chefs également novices avaient cependant su repousser les premières invasions du territoire et se rendre conquérantes elles-mêmes ; mais elles ne pouvaient être entretenues dans l'intérieur que par des réquisitions sur les villes et les campagnes, ce qui augmentait encore la détresse générale. Toutefois, le mécontentement n'était pas inactif partout ; la Vendée était en armes, et, par une autre frénésie, l'insurrection éclatait aussi en Provence : le port maritime de Toulon en était le foyer ; l'Angleterre y entretenait le feu.

Un jeune chef de bataillon, âgé de vingt-cinq ans, et qui faisait presque ses premières armes, fut appelé à prendre part au siège de cette ville forte, et, par ses premières dispositions, qui furent bientôt suivies de la reddition de la place et de la soumission de tous ses environs, il fit apercevoir une telle supériorité dans toutes ses combinaisons militaires, et sa puissante raison acquit une telle influence sur l'imagination des autres, ses divers ordres, qui portaient toujours la garantie du succès, trouvaient une obéissance si prompte, que subitement les plus anciens généraux, les tacticiens les plus expérimentés, les proconsuls eux-mêmes, qui représentaient le gouvernement républicain d'alors, se rangeaient auprès de lui, déjà, *sous le gouvernement d'un seul.* Mais ce n'était éteindre l'incendie que sur un point. Des Pyrénées au Rhin, l'invasion étrangère menaçait toutes nos frontières ; le danger devenait grave ; la nouvelle attaque était mieux concertée ; l'Angleterre promettait des subsides ; l'Espagne, le Piémont, l'Autriche, la Prusse et les princes allemands avaient réuni leurs meilleures troupes : la France avait à peine alors un simulacre de gouvernement. Dans cet état, le danger conseille assez bien pour qu'on n'hésite pas sur le choix du défenseur ; tous les vœux appellent le jeune général devenu si promptement le premier. On ne peut mettre à sa disposition que quelques détachements, il en a bientôt fait une armée digne de lui ; il prévient l'irruption là où elle était plus imminente ; il force d'abord les Piémontais à reculer, leur roi à demander la paix ; et le Piémont lui est ouvert. Par une diversion habile, il met en sûreté nos frontières du Rhin en pénétrant en Italie, où l'Autriche se trouve obligée de porter toutes ses forces. Là, à chaque rencontre, il bat une des armées autrichiennes ; la sienne se porte subitement partout où les Autrichiens osent l'attendre ; il livre vingt batailles en moins de deux campagnes, et ne fait plus compter ses combats que par autant de victoires.

Ce sont de tels faits qui, remplaçant par des actions d'éclat les crimes révolutionnaires et voilant en quelque sorte l'anarchie qui désolait encore l'intérieur, par la gloire de nos armes au dehors, ont, en effet, bien plus que les maximes de ses apôtres, donné à la révolution française l'influence électrique qu'elle a exercée, et ont commencé par elle, en la modifiant elle-même, les changements que l'*esprit du siècle* pouvait appeler dans les autres gouvernements de l'Europe ; toutes les grandes commotions politiques ont des causes profondes que ne soupçonnent souvent pas ceux qui s'en montrent les apôtres les plus ardents.

Je jugeai cependant que, si la nation française pouvait se montrer déjà un peu plus mûre que les autres, pour quelques modifications et réformes désirables, le moment n'était pas encore venu pour elle de se les approprier utilement, puisque cet homme qui avait si miraculeusement tout changé dans la marche de notre révolution ainsi que dans l'opinion que les autres peuples devaient prendre d'elle, et auquel les plénipotentiaires d'Autriche, de Prusse et même d'Angleterre avaient, après la campagne d'Italie, apporté les premiers des paroles de paix, jugeait lui-même, revenant si glorieux dans la capitale, que la seule place qui pût lui convenir en France n'était pas encore assez bien préparée ; que quelques nouvelles et rudes épreuves restaient à subir par la France pour qu'elle sentît le besoin d'un gouvernement fort et régulier.

Je révèle ici ma pensée qui, à cette époque, cherchait à expliquer l'espèce d'ostracisme auquel allait se condamner celui sur lequel seul reposait notre salut ; et je me demandais alors si cette expédition d'Égypte, qui vit cependant s'accomplir de si hauts faits militaires, était autre chose qu'un prétexte d'absence. Là ne pouvait se reproduire la puissante diversion qu'il avait opérée en Italie : et, tôt ou tard, l'Angleterre ne devait-elle pas atteindre avec des forces supérieures la flotte qui l'aurait porté en Égypte, et rendre plus difficile et plus hasardeux son retour si nécessaire en France?

Je n'avais eu personnellement avec cet homme, qui s'était fait subitement si grand, aucun rapport; mais j'en avais eu de fréquents avec deux des savants qui devaient l'accompagner (MM. Monge et Berthollet), et d'assez intimes pour que j'eusse pu me permettre de leur témoigner mes scrupules sur cette entreprise, avec autant de bonne foi qu'ils en mettaient eux-mêmes à se féliciter de l'occasion qu'ils allaient avoir de comparer, sur les lieux mêmes, l'Égypte moderne des musulmans avec l'ancienne Égypte des *Pharaons*. L'un d'eux me rappelait à son retour ce que je leur disais en recevant leurs adieux : — Celui qui vous conduit n'a fait encore ici que commencer son œuvre. Son absence va redevenir un temps d'épreuves. Je suis résolu de passer hors de France une grande partie de ce temps, et pour cause. Pendant que vous visiterez en Égypte les monuments des temps anciens, je tâcherai d'observer, dans les pays que je parcourrai, ceux des temps nouveaux qui peuvent être plus à notre usage, et quand nous nous reverrons, de meilleures chances pour la France seront revenues, j'espère, avec vous. —

Cette époque était précisément celle où l'Angleterre venait d'éprouver une crise bien capable de devenir partout ailleurs une grande révolution ; et elle pouvait devenir grave même pour l'Angleterre, où les esprits, moins malades qu'ailleurs, l'étaient cependant assez pour ne pas tout mesurer alors dans sa juste dimension.

La banque de Londres avait momentanément suspendu le remboursement obligé de ses billets en monnaie d'or ou d'argent à toute réquisition ; ce grand établissement avait manqué ainsi à une principale condition de son contrat avec le public. La banque de Londres n'avait été réduite à cette nécessité que parce qu'elle avait excédé la mesure de ses moyens réguliers dans ses avances et ses escomptes, tant envers le commerce qu'en faveur de la trésorerie anglaise ; mais son bilan n'en présentait pas moins un actif très supérieur à son passif. Ce passif se composait de ses billets convertibles en monnaie réelle à bureau ouvert ; et son actif, formé tant de créances à long terme sur le gouvernement anglais que d'effets de commerce à prochaine échéance, ne présentait pas en moyens immédiats de paiement, c'est-à-dire en monnaie réelle, l'équivalent du quart de ses billets circulants. Dans cet état, les billets de banque semblaient dégénérer en papier-monnaie, et au moment où la nation la plus commerçante du monde paraissait n'avoir bientôt qu'une monnaie sans valeur fixe et sans titre, elle avait été menacée de pertes dans son change sur tout ce qui lui était dû, et de toutes les conséquences de l'atermoiement sur tout ce qu'elle devait. La banque aurait pu offrir, sans doute, de se libérer à l'égard de ses créanciers directs par sa liquidation, par la cession de ses divers capitaux et de toutes ses créances actives ; mais alors ses billets cessant d'avoir cours, l'échiquier aurait pu être forcé de suspendre ses paiements ; les impôts pouvaient n'être plus acquittés ; en cet état tout se trouvait en suspens dans le commerce, et le mouvement entier de la machine sociale pouvait s'arrêter !

Certes, jamais ceux qui, depuis longtemps, avaient prophétisé perturbation et ruine pour l'Angleterre, n'avaient eu plus de chances en faveur de leur sinistre prophétie ! Et l'Angleterre avait échappé à un danger si grave, sans commotion, sans secousse, sans scandale ! Le plus grand procès qu'une nation pût avoir avec les actionnaires, les administrateurs, les créanciers d'une banque, venait de se terminer en deux jours comme une transaction de famille !... Je désirais ardemment pouvoir m'expliquer au sein même de la population intéressée, et par le rapprochement des divers faits que j'espérais consciencieusement observer, comment, dans le pays du monde qui a le plus de paiements à renouveler, le plus de salaires, le plus d'échanges à solder, le gouvernement, les consommateurs, les manufacturiers, les divers pourvoyeurs, avaient pu remplir leurs engagements, garder leur crédit intact, conserver tous leurs rapports mutuels, et maintenir, dans tous les détails du mouvement social, la régularité ordinaire.

Lorsque je me demandais quelle aurait été l'issue d'une pareille crise en France, je n'osais me répondre.

Notre résignation aux *assignats* sous la *terreur*

n'était pas une réponse ; cette résignation n'avait été ni libre ni méritoire, et cependant ce n'était pas pour en rapporter des censures contre mon pays que je voulais visiter l'Angleterre. J'y cherchais de l'instruction pour moi, sans mettre même en question si quelque jour j'aurais l'occasion d'en faire emploi. Mais il fallait des passe-ports ; je n'avais aucun prétexte pour en demander, aucune relation avec les agents du gouvernement pour en obtenir ; et je ne voulais mettre personne dans ma confidence. J'appris, par quelques Français qui revenaient d'Allemagne, que rien n'était plus facile à franchir que cette limite naturelle qu'on appelait le Rhin. Un d'eux racontait que, n'étant muni d'aucune des précautions requises, et ayant seulement une commission d'agent d'une administration française, il avait traversé le Rhin à Mayence, et que de la rive droite il avait gagné sans obstacle la Hollande, où il n'avait eu que l'embarras du choix sur les moyens de se rendre à Londres.

J'adoptai pour moi cet itinéraire ; j'avais conservé quelques rapports avec un administrateur des douanes françaises qui me devait quelque attachement, et qui m'en avait donné des preuves pendant ma captivité révolutionnaire. Je lui demandai pour moi la commission d'un modeste emploi dans son administration à Mayence ; il eut la confiance et la discrétion de ne pas me faire une seule question. La commission me fut expédiée, et je partis pour Mayence vers la fin de l'année 1798. Ma station dans cette ville, où je n'avais rien à faire pour le service des douanes, ne pouvait pas être longue : je trouvai bientôt un prétexte d'absence ; je laissai croire que quelques affaires m'appelaient momentanément dans les provinces intérieures, et j'exécutai mon véritable projet sans obstacle. Mais, après quelques mois seulement de séjour en Angleterre, je trouvai dans les journaux français, qui étaient mes seuls correspondants, tous les symptômes d'une nouvelle crise en France. La rupture violente du congrès de Rastadt, la reprise des hostilités avec l'Autriche, l'entrée des Russes en Italie, la retraite des armées françaises et leurs défaites sur plusieurs points, le renouvellement des discussions entre le Directoire et les deux Conseils législatifs, le rétablissement des clubs, l'agitation et le trouble des républicains, appelant à leur secours les mesures de 1793, proclamant le *danger de la patrie*, menaçant conséquemment de redevenir féroces, parce qu'ils prévoyaient quelque danger pour eux : tant de causes réunies devaient faire prévoir de grands et prochains changements ; et quoique je n'eusse ni les moyens ni l'intention d'y prendre une part active, il était cependant d'un assez grand intérêt pour moi de revenir veiller en France au salut de mes modiques ressources, pour ne pas les exposer à quelques main-mise révolutionnaire ; je ne voulais pas me trouver réduit peut-être aux secours de la bienfaisance étrangère, pour être allé chercher les éléments d'un parallèle entre deux pays, en esprit public. Je regagnai donc la Hollande et la rive droite du Rhin, ayant pu à peine jeter un regard sur la patrie d'Adam Smith, dont l'ouvrage était mon seul compagnon de voyage ; et je parvins de Londres à Strasbourg aussi facilement que j'étais sorti de Mayence.

Vers le temps où j'arrivai à Paris, le débarquement inattendu d'un seul homme à Fréjus avait suffi (car c'était toujours le même homme) pour arrêter comme par enchantement cette fermentation qui se manifestait partout. Les différents partis, gardant l'attitude de la menace, restaient immobiles ; il semblait qu'une puissance supérieure enchaînât leurs bras et leurs résolutions, ou plutôt que le pouvoir public, désertant partout ses usurpateurs, tendît de lui-même à se concentrer dans une seule main. Mais sans définir encore le pouvoir qui venait de surgir, et en désirant qu'il fût ferme et puissant pour le salut commun, on le voulait assorti aux droits nouveaux qu'on nommait la conquête du peuple ; tous les partis, sauf un seul, s'accordaient dans ce plan. Aussi cette crise n'était-elle rien moins que favorable au retour des Bourbons. On prévoyait d'eux que leurs anciens droits les conseilleraient toujours mal ; et cette fois même, leurs amis ne s'y méprenaient pas ; ils se montraient si indécis, si timides, quelques-uns si abattus, tous dans une résignation si passive, que le nouveau chef de l'État n'avait en effet à *détrôner*, comme l'a dit M. de Fontanes, que l'*anarchie*.

Cette époque est importante dans ma vie, car c'est alors que j'ai été rappelé aux affaires publiques, sous le gouvernement de l'homme qui venait de réunir dans sa main, sans résistance, tous les pouvoirs détruits et créés par la révolution ; il était destiné à un miracle encore plus grand, celui d'être successivement vainqueur de toutes les puissances de l'Europe, à l'exception d'une seule, et de tomber en un seul jour sous l'effort de l'Europe réunie.

Je ne me suis point laissé éblouir pendant sa toute puissance par l'éclat de ses entreprises. Les premières ont eu pour but d'assurer l'indépendance de la France et de venger son honneur ; la gloire lui en reste tout entière. On a cru que c'était surtout par une passion personnelle qu'il s'était laissé entraîner dans les dernières ; il y a succombé, destiné par chacun de ses actes à être toujours un exemple !

Depuis 1792, je m'étais tenu loin des divers pouvoirs qui tous allaient disparaître devant lui. Je n'ai pas hésité à servir le pouvoir dont il devenait le chef, et les devoirs que j'ai eu à remplir ont été tels qu'il me semble que, sous tout autre gouvernement régulier, je n'aurais pu les remplir autrement, dans l'intérêt de la France.

Dans ses idées de puissance, Napoléon attachait un grand prix aux idées d'ordre. Appelé par lui à seconder surtout son gouvernement sous ce point de vue, je m'associai franchement à sa destinée. J'aimai sa gloire tout en déplorant ses fautes, et je me sentis honoré par les témoignages de sa confiance et de son affection. Presque tous ses dons se sont évanouis pour moi comme ses conquêtes pour la France, et lorsque j'ai pu échapper aux anxiétés de la vie publique, cette consolation m'est au moins restée, c'est que, sous un rapport que je ne crois pas étranger à l'ambition des hommes, la carrière la plus ordinaire ne m'aurait pas conduit au repos avec moins d'avantages que je n'y suis parvenu après plus de quarante ans de services et neuf ans de ministère. Mais je n'avais pas oublié les mœurs de la vie privée, et déjà en 1802 l'intérêt de ma vie se trouvait mieux placé que dans les illusions de la fortune et de ces grandeurs que les révolutions élèvent et abaissent tour à tour ; je devais au ciel un bien supérieur à tous ceux qu'on peut obtenir de la puissance et de la faveur des hommes, une compagne, l'honneur et le charme de ma vie, qui n'a été occupée que de mes sollicitudes au milieu de mes apparentes prospérités, à qui la retraite n'a apporté aucune privation, parce que son caractère la met au-dessus de toutes les fortunes. Certes, si mes travaux avaient mérité quelque prix, seule elle serait la plus haute récompense du peu de bien que j'aurais pu faire.

C'est au détail de ces travaux, depuis 1799 jusqu'en 1814, que sont consacrées la seconde et la troisième partie de ces Mémoires.

NOTE

SUR QUELQUES MINISTRES

DU RÈGNE DE LOUIS XVI

Le produit annuel des impôts qui constituaient le revenu public de la France était loin d'égaler le montant des dépenses publiques, jugées indispensables sous le ministère de M. Joly de Fleury, comme sous celui de M. Necker, qu'il avait remplacé.

M. Joly de Fleury avait, ainsi que son prédécesseur, cherché des ressources dans des emprunts, mais il n'avait pas eu la prétention de soutenir, sans accroissement d'impôt, les accroissements de dépenses qu'exigeait la guerre ; il n'avait pas créé de nouvelles taxes ; il n'avait pas même changé la nomenclature des anciennes ; il n'avait changé que les tarifs, et par la commode addition des *sous pour livres*, la plupart des taxes s'étaient accrues sous son ministère, depuis dix pour cent jusqu'à cinquante pour cent. S'il avait augmenté par ses emprunts la dette de l'État, il avait eu, au moins, le mérite d'augmenter aussi le gage des créanciers nouveaux et anciens, et il laissait à son successeur une tâche moins pénible que n'avait été la sienne. Il avait rencontré peu de résistance dans les cours judiciaires pour l'enregistrement de ses tarifs ampliatifs, parce que dans la théorie de ces cours, qui, en matière d'impôts, ne repoussaient que les nouveautés, on regardait alors comme une chose simple et naturelle la progression de taxes, que la progression de valeur de la propriété commune semblait rendre plus supportable pour toutes les classes ; et en même temps chacun commençait à penser, même dans les provinces, que la banqueroute qui frapperait dans leurs capitaux la nombreuse famille des créanciers de l'État serait un fléau pire que l'impôt, qui ne prélevait chaque année qu'une partie des revenus de toutes les familles : que la banqueroute deviendrait le terme inévitable d'un renouvellement annuel d'emprunts qui ne pouvaient combler le déficit d'une année qu'en préparant un surcroît de déficit pour l'année suivante, par la charge des intérêts des nouveaux emprunts.

Telle était alors la situation de la dette publique, que l'intérêt des rentes perpétuelles s'élevait à 80,995,000 fr. l'intérêt des seules rentes viagères à . . . . 81,400,000 fr.

Total . . . . 162,395,000 fr.

Or, à la mort de Louis XV (1774), l'intérêt total de la dette constituée ne s'élevait qu'à 93,363,000 fr. ; depuis 1723 jusqu'en 1774, l'intérêt de la dette constituée avait été porté de 51,500,000 fr. à 93,363,000 fr. ; ainsi, dans l'espace de cinquante-un ans, la charge annuelle ne s'était accrue que de 41,863,000 fr. : et dans l'espace de 1774 à 1783, l'intérêt de la dette constituée avait été porté de 93,363,000 fr. à 162,395,000 fr. ; il s'était conséquemment accru en neuf années de 69,032,000 fr.

Dans un ministère de quelques années et quelques

mois, M. Joly de Fleury avait voulu emprunter une somme de deux cents millions contre des rentes perpétuelles à cinq pour cent. Il n'avait pu obtenir par emprunt direct qu'environ cent millions ; la charge annuelle de la dette n'avait été augmentée, sous son ministère, que de 6,150,000 fr. Les extensions qu'il avait données aux anciens tarifs formaient, y compris *les troisièmes vingtièmes*, un revenu nouveau de plus de 55,000,000 fr. Il avait donc assuré à la nouvelle dette contractée depuis 1774 jusqu'au commencement de 1781 un supplément de gage de 49,750,000 fr. La charge annuelle de la nouvelle dette, de 1774 à 1781, était de 62,780,000 fr. ; elle n'était alors balancée par aucun revenu nouveau. En 1783, cette charge, portée par les emprunts de M. Joly de Fleury à 69,032,000 fr., n'excédait plus que d'environ treize millions les accroissements de revenus que procuraient ces nouvelles combinaisons de tarifs ; il avait donc eu le mérite d'assurer, à ceux qui s'étaient rendus créanciers de l'État dans les emprunts directs depuis 1774, un gage équivalent aux onze quatorzièmes de leur créance. A la vérité, ce gage n'était pas spécial pour les prêteurs, puisque les nouveaux revenus étaient indistinctement applicables à tous les besoins du trésor royal, sans préférence pour les nouveaux créanciers ; mais il leur offrait au moins, malgré cette concurrence, une garantie plus réelle que les économies projetées par M. Necker, qui trouvaient, dans la force des habitudes, au moins autant d'obstacles que dans les mécomptes inséparables de l'état de guerre.

Quoique cet écrit soit plutôt destiné à recueillir mes actions que mes jugements, je m'arrête quelques moments sur cette époque, non pour mettre en parallèle deux administrateurs de dimension si différente, mais pour consigner, sur chacun d'eux, l'opinion que j'en avais conçue dès lors.

L'un a terminé une carrière qu'honoraient déjà ses services personnels et les souvenirs attachés à son nom distingué dans la magistrature, par un ministère qu'on citera peu, mais du moins qu'on n'accuse pas.

L'autre, ne devant qu'à lui seul sa fortune et sa réputation, semblait s'être arrêté au milieu de sa première course comme pour diviser sa vie en deux parts. Ce n'était pas peut-être en simple observateur qu'il avait étudié les nombreuses fautes des ministres en France ; mais s'il avait commencé par bien savoir comment un banquier habile pouvait tirer parti de ces fautes, il est juste de reconnaître qu'il évita d'autant mieux ensuite d'en renouveler les profits pour les autres.

M. Joly de Fleury avait apporté au ministère les vertus d'un magistrat, la connaissance des lois, l'habitude des formules administratives, l'esprit de règle plutôt que l'esprit de ressources, plus de sagacité pour les affaires contentieuses que pour les combinaisons de finances, les notions que la jurisprudence positive donne sur la propriété, celles que le respect pour la lettre des contrats donne sur le crédit public ; il n'allait pas plus loin, et conséquemment pas assez loin pour un homme d'État. Dans les questions de finance, il prenait facilement l'ascendant sur les cours judiciaires, et l'aurait bientôt perdu devant les hommes qui cherchent la solution de ces questions ailleurs que dans les édits et les ordonnances royales; mais alors ces hommes étaient rares et n'avaient pas d'accès chez les ministres. Les partisans de son prédécesseur ne le ménageaient pas dans leur censure, et je ne l'ai jamais entendu parler de lui qu'avec modération et décence. S'il ne suivait pas, s'il n'approuvait pas ses plans, c'était uniquement parce qu'il les trouvait nouveaux, et non pas par haine pour sa personne. Il n'avait pas l'orgueil de faire mieux, mais il pensait qu'il était de son devoir de faire autrement. Toute nouveauté lui était antipathique. C'est principalement par ce motif qu'en opposition avec le principe de M. Necker, qui empruntait sans imposer, il s'était déterminé à fortifier le système des emprunts par celui des taxes. Le ministère de M. Joly de Fleury ne pouvait que ressembler à tous les ministères qui l'avaient précédé, si l'on en excepte celui de M. Turgot, qui n'avait pas été jugé, et celui de M. Necker, qui ne l'était que par des hommes passionnés. M. Joly de Fleury n'avait pas cherché d'autre gloire.

Les ennemis de M. Necker, en disant qu'il ne réunissait pas toutes les qualités d'un grand homme d'État, étaient forcés de reconnaître en lui le mérite d'une haute intelligence dans le mouvement des fonds publics, d'une administration pure comme la morale de ses livres, d'une éloquence à laquelle *la langue de la finance* n'était pas accoutumée ; et peu de ministres en France avaient laissé après eux de pareilles traces.

M. Necker justifiait son aversion pour les impôts par des réflexions assez judicieuses sur les vices du système fiscal d'alors, surtout sur l'inégalité de la répartition ; c'était là, en effet, un vice organique qui devait rendre tout supplément de taxes plus accablant pour les contribuables qui étaient déjà le plus accablés par les anciennes. Il avait cru trouver dans une autre espèce d'impôt, qui ne pouvait atteindre qu'une petite partie de la nation, dans les suppressions et dans les économies, des moyens de balancer les accroissements de charge qu'apportaient annuellement les seuls intérêts de ses emprunts. Il avait entrevu quelques-unes des théories de *l'économie publique* ;

mais son hésitation naturelle, son goût pour les transactions, le retenaient comme placé à une distance égale des vérités qui commençaient à poindre dans le dix-huitième siècle et des erreurs des siècles précédents ; il se rapprochait même de ces erreurs lorsque, dans le grand ouvrage qu'il publia en 1783, il s'excusait de n'avoir rien préparé pour le remboursement, pour l'amortissement de la dette publique qu'il avait si fort aggravée, parce que, selon lui, l'amortissement devait être en France l'œuvre spontanée du temps, non seulement pour les rentes viagères, mais même pour les rentes perpétuelles. Il était de bonne foi quand il écrivait que *la balance du commerce apportant naturellement en France une augmentation annuelle de trente à quarante millions d'or et d'argent, une telle progression dans la masse du numéraire ferait infailliblement baisser le taux des prêts : que le trésor royal trouverait conséquemment des prêteurs à quatre pour cent pour rembourser ceux qui auraient prêté à cinq, si ces derniers n'offraient pas eux-mêmes une réduction dans l'intérêt primitif.* Il faut se rappeler que de pareilles méprises sur les impôts, les capitaux et la monnaie, se trouvaient mêlées aux pensées si profondes de Montesquieu sur toutes les autres matières pour se consoler de les retrouver dans M. Necker. Mais lorsque l'*Esprit des Lois* parut, Adam Smith n'avait pas écrit, et M. Turgot n'avait pas été ministre.

On a reproché à M. Necker une sorte d'aversion jalouse contre les grands corps de finances ; personne cependant n'a mieux fait remarquer dans ses écrits l'honorable révolution qui s'était faite depuis cinquante ans dans les mœurs des hommes de finances ; mais il avait trouvé en 1776 soixante fermiers-généraux en possession d'un bail qui donnait à chacun d'eux plus de deux cent mille francs de bénéfice annuel, indépendamment de l'intérêt de leurs fonds d'avance. Ce fut malgré lui qu'il en conserva quarante en 1780 ; il en aurait encore réduit le nombre s'il avait pu rembourser leurs mises de fonds, car il n'ignorait pas que la plupart de ceux qui restaient ne prendraient part qu'aux bénéfices du bail. Un examen plus approfondi des frais de perception lui avait fait connaître que ces frais s'élevaient avant 1780 à plus de quatorze pour cent. Il avait cherché à les diminuer ; il répétait souvent aux chefs des compagnies de finances que la dépense des perceptions analogues ne s'élevait dans d'autres États qu'à cinq pour cent ; et, malgré les réductions qu'il avait tentées, on dépensait en 1783 plus de 58 millions pour en recouvrer moins de cinq cents, ce qui portait encore les frais de perception à près de douze pour cent. Il était à la fois ambitieux de gloire et de popularité, et c'est surtout par ce dernier motif qu'il cherchait à diminuer les énormes profits des compagnies de finances, persuadé que le peuple les regardait comme la plus lourde partie des impôts. Il croyait encore en 1783, dans sa retraite, être parvenu par son nouveau bail à réduire à moins de 80,000 francs le produit de chaque place de fermier-général : par l'événement de ce bail, les bénéfices que son traité a encore laissés aux fermiers-généraux ont excédé de plus de cent pour cent son évaluation. Mais il est juste de dire qu'il n'eut pas le temps de rendre profitables au trésor royal les réformes qu'il projetait.

M. Joly de Fleury montra plus de complaisance pour les corps de finances, et parce que M. Necker en avait montré moins, et parce que lui-même avait plus besoin de leurs secours pour ses nouveaux impôts et pour les petits emprunts indirects qu'il espérait obtenir par leurs moyens.

Lorsqu'en 1781, dans la seconde année du traité qui

venait d'être renouvelé pour six ans, il avait présenté le plan des taxes additionnelles, ce n'était que par des concessions nouvelles qu'il avait pu obtenir l'adhésion des fermiers-généraux à des combinaisons qui, en changeant l'état de l'impôt, changeaient, disaient-ils, les bases de leurs conventions avec le trésor royal pour le versement, et avec leurs agents pour le recouvrement ; offraient un nouvel appât à la fraude ; menaçaient conséquemment d'une forte réduction leurs bénéfices, qu'ils présentaient comme le gage de leurs prêteurs, etc., etc. Je me rappelle que ce ministre ne parlait jamais qu'avec effroi du *veto*, si terrible pour *un ministre*, que les compagnies financières opposaient à toute espèce d'innovation par la seule menace de ne pas verser dans le mois la somme promise par leur traité. Je n'ai pas besoin d'ajouter que M. Joly de Fleury n'avait pas encouragé les travaux qu'avait fait commencer M. Necker pour la modification de l'impôt des sels, pour l'uniformité du tarif des douanes ; il appelait cela des *innovations*.

Dans ce temps où le goût des nouveautés fermentait déjà dans toutes les têtes, ce n'était assurément pas comme *novateur* que le comte de Vergennes avait proposé M. d'Ormesson pour succéder à M. Joly de Fleury ; mais le président du conseil royal des finances espérait trouver dans un contrôleur-général plus jeune un coopérateur plus docile.

Une combinaison administrative qu'on n'a pas pu juger dans ses effets, car elle n'a pas laissé de traces, peut au au moins prouver que le malheureux gouvernement de Louis XVI n'avait pas, comme on l'en accuse, des ennemis de réformes dans tous ses ministres.

Cette combinaison aurait apporté une grande innovation à une époque déjà impatiente de nouveautés. Elle n'a pas survécu au ministre qui l'avait conçue, et qui l'avait fait prévaloir d'abord dans le conseil de Louis XVI. L'appui de ce judicieux ministre a été perdu pour elle avec lui ; mais les sages mesures d'exécution dont il l'avait entourée pour qu'aucun intérêt ne fût blessé peuvent au moins mériter de n'être pas oubliées.

Le bail de la ferme-générale, par l'action duquel se recouvrait sur toute la France la partie la plus notable des contributions qu'on nommait *indirectes*, se préparait toujours deux années avant celle de son terme. On devait donc, en 1784, discuter et fixer les bases du nouveau traité qui remplacerait celui de 1780. C'était une grande affaire, dans ce temps, pour le ministre des finances, quand il faisait un pareil traité, que d'obtenir par son résultat quelque augmentation dans les revenus publics.

Le gouvernement avait toujours besoin d'un surcroît de ressources pour atténuer d'autant le déficit progressif de chaque année, dans les recettes du trésor comparées à ses dépenses.

Par ma fonction je me trouvais chargé en 1784 de la rédaction de cet acte.

M. de Calonne, alors ministre des finances, voulait d'autant plus se donner le mérite d'augmenter les revenus de l'État, qu'il savait bien qu'on l'accusait d'être un peu facile sur leur emploi : il était toutefois assez bien servi par cette récente *plus-value* dans les impôts (l'addition du *sol pour livre*) que lui avait léguée son prédécesseur presque immédiat, M. Joly de Fleury ; il était, en effet, arrivé que les bons contribuables avaient, dans leurs rapports avec le fisc, confondu l'accessoire avec le principal : et on s'était partout résigné, sans trop d'humeur, à tous deux. Seulement de bons esprits (indépendamment même de ceux qui faisaient leur état d'être économistes) demandaient depuis quelque temps, et par compensation, des modifications dans nos tarifs de douanes. Ils représentaient que dans tout pays, dont l'industrie était en progrès, des restrictions, des prohibitions, des gênes qui restaient toujours les mêmes, devaient, avec le temps, beaucoup plus nuire au véritable commerce qu'elles ne pouvaient profiter à quelques *routines arriérées* ; et ils avaient l'assentiment de plusieurs de nos habiles manufacturiers parvenus, par leurs seuls et constants efforts, à approvisionner le marché public, à moindre prix, de produits meilleurs, qui étaient leurs œuvres.

Le ministre me paraissait peu touché de ces remontrances, et des bonnes raisons qu'elles exposaient en faveur des rectifications diverses dans nos taxes sur les importations et les exportations. Une seule pensée le préoccupait : il craignait que, si on laissait voir le symptôme de quelque variation possible dans ces tarifs (qu'on fait remonter jusqu'à Colbert pour les mieux défendre), les fermiers-généraux ne s'en prévalussent pour réduire le surhaussement de 15 à 20 millions, qu'ils lui avaient fait espérer dans le prix de leur nouveau bail. Aussi M. de Calonne ne rendit-il compte au conseil du roi des représentations qui lui étaient parvenues contre le régime de nos douanes, que pour proposer l'ajournement de toute proposition semblable, en disant que ce n'était que sous cette condition qu'il parviendrait à élever jusqu'à 150 millions, en 1786, les impôts dont le produit annuel n'avait été porté qu'à 129 millions par le bail de 1780. M. de Calonne ne doutait pas d'un assentiment unanime ; son étonnement fut grand quand il entendit le ministre des affaires étrangères, le comte de Vergennes, prendre la parole pour dire que dans ce nouvel état du monde toute question de douanes n'était pas moins une question de politique qu'une question de finances ; que comme ministre des affaires étrangères, il ne pourrait guère désormais entamer une négociation, dans laquelle on ne lui demandât pas des garanties explicites sur la nature et les conditions des rapports respectifs du commerce entre le pays que le traité intéressait et la France : qu'au lieu donc de se dessaisir encore par un bail de six ans de son arbitrage supérieur sur la législation des douanes, le gouvernement du roi devait, plus que jamais, retenir à sa disposition cet arbitrage, entier et libre, pour l'exercer au besoin dans l'intérêt de sa politique avec lequel il saurait d'autant mieux concilier celui du commerce mieux compris. Tout le conseil fut de l'avis de M. de Vergennes, et il fallut bien que M. de Calonne parût lui-même s'y rendre.

Un second étonnement l'attendait ; en quittant le conseil, il y avait laissé voir la crainte de ne pas obtenir des fermiers-généraux, qui pourraient, disait-il, ne plus rien voir de stable dans les tarifs de douanes, la confirmation définitive du prix de bail qu'ils lui avaient d'abord fait espérer. Quand il leur en fit la question, les fermiers-généraux répondirent que comme ils avaient évalué à trente-deux millions, dans le prix de leur nouveau bail porté à cent cinquante millions, le produit actuel des tarifs de douanes, ils continueraient de prendre cette première somme pour base de leurs versements mensuels en acquittement de leur bail, aussi longtemps que les tarifs seraient maintenus dans leur état actuel.

Et c'est là que se montra véritablement homme d'État le comte de Vergennes : en même temps que le nouveau traité fait avec ces fermiers-généraux stipula qu'à compter de 1786 ils ne garantiraient plus, à *prix fixe*, les produits des douanes dont les tarifs pouvaient être modifiés, comme ils garantissaient leurs autres recouvrements, et qu'ils ne seraient pour les douanes que *régisseurs comptables*, il fut

administrativement convenu et réglé « *que les taxes de
« douanes, que le gouvernement voudrait réduire ou com-
« plètement supprimer, ne seraient, d'abord, que modérées et
« successivement amoindries dans chaque année, soit d'un dixième,
« soit d'un quinzième, quelques-unes même seulement d'un
« vingtième pendant la durée d'un nouveau bail, etc., etc., etc.* »

C'était avec de tels ménagements pour les intérêts publics et privés engagés dans cette grande question, qu'en 1784 le gouvernement français déclarait qu'il se réservait la faculté d'opérer des changements partiels et successifs dans le régime des douanes à compter de 1786 : de telles mesures préparaient sans doute une révolution dans le commerce, mais il n'y aurait eu ni surprise, ni cause de perturbation pour aucune branche d'industrie ; et c'était bien une garantie pour tous les autres intérêts, que l'assentiment si facilement donné à ce grand projet par une compagnie de financiers qui n'étaient étrangers en France à aucun des intérêts publics et privés, et se trouvaient alors de plus de quatre-vingts millions en avance envers la trésorerie française.

Mais on sait que le comte de Vergennes ne survécut pas longtemps au système qu'il avait fait prévaloir relativement aux douanes. Et il est inutile de dire que M. de Calonne ne fut pas pressé de reproduire ce système ; il n'était que trop embarrassé dans ses propres plans. Le gouvernement de Louis XVI commençait à s'ébranler dans toutes ses parties.

On sait aussi que le nouveau traité de six ans à compter de 1786, fait avec les fermiers-généraux, n'accomplit pas même sa quatrième année. La violation de ce traité par le pillage de tous les bureaux d'impôts fut un des premiers faits de cette révolution de 1789, qui devait ne rien laisser à sa place ni dans les choses ni dans les hommes.

Ce qui n'aurait pas dû être moins observé et mérite

bien qu'on y pense, c'est que nos tarifs de douanes dans lesquels le comte de Vergennes, ministre peu novateur, voulait opérer lentement et successivement des modifications, parce qu'il jugeait mieux et de plus haut les besoins du commerce que beaucoup de nos commerçants, sont encore parvenus à traverser presque intacts, pendant plus d'un demi-siècle, les six ou sept révolutions qui ont suivi celle de 1789, si contraires entre elles, et qui ne se sont guère accordées que par le privilège d'inviolabilité que toutes ont conféré à ces mêmes tarifs, qu'ils conservent encore presque tous.

DEUXIÈME PARTIE

MÉMOIRES

DEUXIÈME PARTIE

Dans la plupart des écrits, et même dans les rapports officiels qui ont paru sur les finances après le 31 mars 1814, on n'a pas été sobre d'accusations contre l'administration précédente. On a dit que son système était principalement fondé sur la déception ; que chaque année ses budgets n'avaient été qu'une œuvre d'imposture ; qu'elle ne parvenait à une équation apparente entre ses recettes et ses dépenses qu'en exagérant les unes et en atténuant les autres ; que ses comptes imprimés ne méritaient aucune foi ; qu'en même temps qu'elle laissait les paiements s'arriérer sur tous les services, les anticipations de chaque année dévoraient les ressources de l'année suivante, etc., etc.... Je prouverai plus tard, par les chiffres mêmes des budgets, à quel point ces allégations sont mensongères : je me borne, quant à présent, à rappeler que leurs auteurs étaient ceux mêmes qui, la veille encore, encensaient jusque dans ses illusions le gouvernement qui succombait, et s'étaient montrés ses instruments les plus dévoués ; ils eurent le tort d'attaquer même celles de ses institutions qu'ils étaient obligés de conserver comme un utile héritage, et les amis éclairés de la restauration le sentirent. C'était un emprunt intempestif fait aux pratiques révolutionnaires. On ne satisfit ainsi quelques petites passions que pour réveiller plus de passions contraires : on commit une faute grave, et ses conséquences devinrent plus graves encore.

Eh ! quel eût donc été le langage de tels juges, s'ils avaient eu à rendre compte de l'état dans lequel cette administration, si reprochable à leurs yeux, avait trouvé les finances de la France dans les derniers mois de 1799 ?

Les produits des douanes couvrant à peine leurs dépenses ; ceux de l'enregistrement à peu près réduits aux droits modiques que supportait la vente des domaines nationaux ;

Le commerce écrasé, à la suite des réquisitions et des perceptions arbitraires, par une énorme taxe dont le prétexte était la réparation des routes (lesquelles restaient impraticables), et qui suffisait tout au plus à l'entretien des barrières et de leurs gardiens ;

La trésorerie, n'ayant pour ressource que quelques recouvrements tardifs sur des domaines mal vendus, et une contribution foncière si mal répartie que celle qui frappait les domaines nationaux restant à vendre, absorbait presque leur fermage ;

Le faux-monnayage des assignats, remplacé par l'émission de prétendues valeurs qui n'étaient pas plus propres à faire office de monnaie, puisqu'elles n'avaient pas de cours fixe, telles que des *cédules hypothécaires* souscrites par des adjudicataires d'immeubles, la plupart insolvables ; des *délégations* sans échéances certaines sur des caisses publiques, dont les recouvrements étaient aussi incertains que ces échéances ; des *assignations* sur des rentes foncières dont l'État se prétendait propriétaire, et dont il ne connaissait pas les débiteurs ; des *titres de compensations*, en vertu desquels les rentiers auxquels l'État se dispensait de payer leurs rentes, se dispensaient à leur tour, eux et leurs amis, de payer leurs contributions ; effets discrédités qui perdaient sur la place de cinquante à quatre-vingts pour cent, et que la trésorerie prétendait maintenir au pair dans ses paiements, parce qu'elle les donnait en effet à ce taux à des gens qui, souvent, ne lui livraient rien en échange ;

Les comptables et leurs caisses mis partout à la

discrétion d'un essaim de soi-disant banquiers, entrepreneurs de tous les services ministériels, envers lesquels le ministère se constituait débiteur, avant que ces fournisseurs eussent rien fourni ;

Une banqueroute solennelle de 2 milliards [1] pour compléter ce système journalier de banqueroutes qui datait de la première émission des assignats ;

La matière imposable appauvrie partout comme les revenus particuliers qui en sont la source, par l'effet des confiscations, des réquisitions, des emprunts forcés, de l'annihilation des deux tiers du capital de la dette publique, et du non-paiement de plusieurs années d'arrérages ;

Le prix vénal des immeubles, des marchandises, des denrées, variant chaque jour dans chaque province, dans chaque ville, souvent dans chaque quartier ;

Plus de six cents millions de dépenses indispensables avec moins de trois cents millions de recettes publiques ;

Enfin, un corps législatif qui était l'arbitre de la France, demandant sérieusement alors si la trésorerie ne pouvait pas, pour sortir d'embarras, imiter les commerçants qui, avec un million de capital, font pour dix millions d'affaires.

---

1. Réduction du capital et des intérêts des rentes sur l'État au tiers, c'est-à-dire de 100 fr. à 33 fr. 1/3.

Et tandis que l'intérieur de la France n'était plus qu'un vaste champ de désordres et de ruines, le armées de trois grandes puissances menaçant sur tous les points ses frontières.

Rien n'est exagéré dans ce tableau de la situation de la France.

Et quand j'aurai ajouté qu'en 1800, dans l'espace de peu de mois, un plan de finances régulier pour la répartition et le recouvrement de l'impôt foncier fut établi sur de tels débris, j'aurai dit assez pour l'honneur du ministre dont ce plan fut alors principalement l'ouvrage, qui parvint à replacer, du moins, sur leur ancienne base l'assiette et la répartition des impôts directs, à préparer des rentrées certaines, à rétablir le trésor dans de meilleurs rapports avec ses comptables et dans ses droits sur eux.

Ce ministre et moi nous avions parcouru la même carrière avant la révolution ; il avait été longtemps chargé de l'administration des contributions directes, comme moi de celle des contributions indirectes ; la révolution avait suspendu nos rapports sans affaiblir notre estime mutuelle ; il me communiqua ses divers projets d'améliorations, en me proposant de m'associer à leur exécution. Tout projet qui tendait au rétablissement de l'ordre dans la fortune publique était nécessairement dans le vœu comme dans le besoin de toute la France, puisqu'il promettait de rendre aux propriétés particulières et à leurs propriétaires la sécurité qui leur manquait : ce n'est pas à de telles vues que je pouvais refuser de prendre part ; et quoique celui qui me les confiait sût bien que ses doctrines n'étaient pas sur tous les points d'accord avec les miennes, il me connaissait assez pour que sa confiance dans la fidélité de mon concours ne fût pas ébranlée.

Comme il avait tout l'avantage que la connaissance des méthodes éprouvées aura toujours sur les doctrines spéculatives, il était très promptement parvenu à rendre à la plus importante des contributions, pour ce temps, à l'imposition foncière et à sa répartition, leur régulateur nécessaire. Depuis plusieurs années le recouvrement ne s'était fait que sur d'anciens rôles, dont l'inexactitude rendait en quelque sorte chaque cote contentieuse. Tous les rôles furent refaits et mis à jour dans près de quarante mille communes ; et quand on eut ainsi fixé les devoirs des contribuables, il devint plus facile de déterminer la responsabilité des comptables.

Quoique ceux-ci pussent recouvrer les contributions, par portions égales, en douze mois, le ministre avait cru qu'on pouvait, comme autrefois, leur accorder un plus long terme pour leurs versements ; ce délai fut réglé suivant la distance des lieux, la quotité relative de l'impôt, la richesse et l'industrie des départements. Mais les principales dépenses auxquelles la trésorerie avait à pourvoir étaient exigibles par douzième à la fin de chaque mois ; et l'imposition, qui formait alors sa principale ressource, ne pouvait pas se réaliser dans une proportion égale, puisque le recouvrement complet ne pouvait s'opérer pour le trésor public que dans quinze ou vingt mois. Or, le ministre imagina de faire souscrire par les receveurs-généraux, au commencement de chaque année, des engagements personnels pour le montant des sommes qu'ils devaient recouvrer ; de remplacer ainsi par des valeurs à échéance, dont le gage était assuré, ces divers effets sans garantie et sans terme que la trésorerie émettait précédemment sans mesure ; et, pour surcroît de gage, il institua une caisse qui devait, sur la simple présentation d'un seul protêt de ces engagements, en acquitter le montant à Paris avec les intérêts du retard ; 10 millions devaient former les premiers fonds de cette caisse, et ces fonds se composaient des cautionnements nouveaux que les receveurs-généraux devaient immédiatement fournir en monnaie réelle.

D'autres attributions étaient encore données à cette caisse ; elle devait hériter de toutes les rentes viagères, de toutes les pensions éteintes par le décès des titulaires, et employer le produit de ces extinctions à racheter, au cours de la bourse, des rentes perpétuelles constituées à cinq pour cent. Elle devait aussi devenir successivement le dépôt de tous les cautionnements qu'on allait demander aux autres agents comptables et à tous les officiers judiciaires : c'était peut-être la seule espèce d'emprunt qui fût praticable dans l'état où se trouvaient les finances. Les divers cautionnements devaient, à l'exception de ceux des receveurs-généraux, aider d'abord le service courant, et être ensuite restitués par le trésor public à cette institution, qu'on voulut mettre en crédit en l'appelant *caisse d'amortissement*, et sur laquelle reposait la garantie d'une nouvelle dette publique, les cautionnements. C'était cette caisse qui devait en payer les intérêts ; une telle obligation lui devenait facile à remplir, par l'emploi qu'elle pouvait faire des premiers capitaux, puisqu'en rachetant, par exemple, des rentes perpétuelles à cinq pour cent au cours de 30 fr., elle s'assurait un revenu de plus de quinze pour cent, pour payer une charge annuelle de cinq pour cent.

C'est de cette partie de son plan que le ministre voulait me confier l'exécution.

Il y avait sans doute quelques objections à faire contre ce plan, et voici les premières qui se présentèrent à mon esprit.

Avant qu'un gouvernement entreprenne d'amortir sa dette, il faut qu'il la puisse mesurer dans toute son étendue et sous toutes ses formes. Ce serait méconnaître la première loi des contrats, que d'admettre qu'un débiteur dont les dettes sont devenues exigibles par leur échéance puisse établir des préférences arbitraires entre ses créanciers ; on ne peut donc entreprendre avec justice le rachat de la dette constituée, qu'en pourvoyant en même temps et proportionnellement au remboursement de la dette non constituée ; il faut que chaque créancier puisse, aussi facilement que le gouvernement lui-même, calculer d'avance les effets graduels de ce rachat : il faut que le volume de la dette, que ce procédé doit progressivement atténuer, soit déterminé : or, à cette époque où les rentes perpétuelles réduites au tiers n'étaient pas encore toute reportées sur le nouveau grand-livre, la quotité de la dette constituée n'était pas plus fixée que celle de la dette non constituée.

Un fonds annuel d'amortissement doit ne présenter rien d'éventuel ; cette première objection serait déjà assez forte contre le projet d'affecter à un tel service les extinctions des rentes viagères et des pensions, dont le produit est incertain ; celle qui suit est peut-être plus sérieuse. Est-ce amortir réellement que de dépouiller les rentes viagères et les pensions de leur amortissement naturel, et de les convertir en quelque sorte en rentes perpétuelles, en faisant revivre leurs extinctions pour racheter l'autre dette ?

Un bon système n'admet pas d'éléments contradictoires. Pour que l'amortissement soit un instrument de crédit, il ne faut pas que le gouvernement qui l'emploie se réserve en même temps la chance des spéculations qu'il pourrait faire sur son propre discrédit ; et pourrait-on donner un autre nom au projet de placer à quinze pour cent dans les rentes perpétuelles des capitaux de cautionnements, dont on ne paierait qu'à cinq pour cent les intérêts aux propriétaires de ces capitaux ?

Quelque justes que pussent être ces observations, elles étaient inopportunes ; quel autre plan alors n'eût pas présenté des inconvénients encore plus graves ? Le ministre, à qui seul je communiquai mes doutes, les avait sans doute prévus ; il avait la sagesse de ne pas prétendre à improviser la perfection et à remplacer subitement le pire des états par le meilleur état possible. Mon devoir se bornait donc à seconder ses efforts dans la ligne qui m'était tracée, et j'y employai tous les miens.

Des craintes s'étaient assez généralement manifestées sur la réalisation du nouvel emprunt ouvert sous le titre de cautionnements ; les seuls receveurs-généraux devaient y contribuer pour 10,810,000 fr., et je me trouvais particulièrement chargé d'assurer ce recouvrement, qui devait fournir ses premiers fonds à l'établissement dont l'administration venait de m'être confiée avec le concours de deux autres administrateurs. Si je n'avais pas été déjà persuadé que le retour vers un meilleur ordre n'était pas moins dans l'intérêt et dans le vœu des gouvernés que dans les besoins du gouvernement, rien ne me l'aurait mieux appris que la célérité avec laquelle, sur la seule espérance de le voir s'établir dans les finances, tous ceux que la nouvelle loi sur les cautionnements devait atteindre obéirent à cet appel ; les receveurs-généraux en donnèrent le premier exemple. Je ne trouvais pas en eux les financiers que j'avais laissés en 1792. Absent depuis près de huit ans, j'étais aussi nouveau pour les financiers d'alors qu'ils l'étaient pour moi ; mais je trouvai des hommes plus disposés à acheter par quelques sacrifices la sécurité que donne le rétablissement de l'ordre, qu'à conserver la chance des profits que le désordre facilite.

Ce fut alors que je laissai paraître, sous le titre d'*Aperçus et résultats de la doctrine française et de la doctrine anglaise en finances,* un petit écrit qui rendait témoignage de la mienne, et j'eus le bonheur de voir qu'elle inspirait quelque confiance. Le nouvel établissement, que l'on nommait caisse d'amortissement, devait avoir des correspondants sur tous les points de la France, puisqu'il était chargé de la comptabilité de tous les cautionnements, de leur remboursement en cas de mutation, et de la distribution des intérêts annuels qui y étaient attachés ; les fonds dont il était dépositaire ne devaient jamais rester oisifs. Comme ils se composaient principalement de cautionnements dont il devait payer les intérêts, il fallait qu'il se créât des profits, et il ne devait chercher ces profits que dans des combinaisons favorables au crédit public.

Fort peu d'hommes en France (et je n'en excepte pas ceux qui s'occupaient le plus d'affaires de finances) avaient alors des notions exactes sur le système d'amortissement pratiqué depuis quinze ans en Angleterre ; et je ne devais pas trop m'en plaindre, du moins pour l'essai imparfait auquel j'étais appelé à concourir. Il y aurait eu trop à perdre pour nous à la comparaison. Mais ce qui est plus étonnant peut-être encore que cette ignorance, et ce qui en donne une bien triste preuve, c'est la nature des félicitations qui m'étaient adressées sur ma fonction. Le compliment banal que je recevais partout (et même des hommes d'État qui affectaient la morale la plus austère) était celui-ci : « Vous « êtes bien heureux d'avoir une place dans laquelle « on peut, *légitimement*, faire la plus grande fortune « de France. »

Je tâchai d'esquisser, dans un mémoire simple et court, la théorie de l'amortissement. Mon but était de faire entrevoir aux personnes les moins exercées sur cette matière ce que l'exemple de l'Angleterre permettait à la France d'espérer, si nous parvenions à une imitation plus fidèle. Je fis distribuer ce mémoire aux membres des principales autorités ; et l'on commença à trouver moins énigmatique la mission dont j'étais chargé. Mais ce n'était pas par un simple mémoire que je pouvais apprendre et persuader que, s'il était très-légitime qu'une caisse d'amortissement cherchât des profits pour le compte de l'État dans le rachat des effets publics offerts sur la place au-dessous du pair, il serait très illégitime dans ceux qui la dirigeaient de s'associer pour leur compte personnel à de tels profits. Je parvenais, même difficilement, à faire entendre les calculs par lesquels je démontrais que, presque dans tous les cas, ce serait le fonds d'amortissement lui-même qui supporterait la dépense des bénéfices qu'obtiendraient les spéculations particulières qui s'aideraient de l'impulsion donnée par une de ses opérations ; et il est trop vrai que cette espèce de collusion était plus difficile à prévenir, lorsqu'au lieu d'employer des rentrées fixes à des rachats presque journaliers dans un système d'amortissement marchant régulièrement vers son but, la nouvelle caisse devait attendre en quelque sorte que quelque caprice de la bourse, quelque écart des effets publics, provoquassent son intervention. Il fallait que le mode d'exécution vînt au secours de l'imperfection du principe, pour que, parmi les divers agents dont le concours était inévitable pour chaque opération, aucun ne pût abuser de la part qu'il y devait prendre, soit pour en préparer, soit pour en constater les résultats : et il peut être permis de croire que le mode d'exécution qui fut employé n'était pas le plus mal choisi, puisqu'en 1814, si l'institution en elle-même ne fut pas épargnée dans les censures, on n'a pu du moins, sous les rapports moraux, lui reprocher aucun abus.

L'instrument le plus efficace de cette méthode était une comptabilité qui pût saisir chaque opération à sa naissance, la définir immédiatement dans ses résultats, donner la garantie de l'exactitude des dates par la nécessité de tout écrire sous la dictée même du fait ; classer tous les faits analogues dans une série chronologique ; prendre l'analogie des actes pour règle de la division des comptes, et maintenir tous les comptes ainsi composés dans un ordre tel, qu'ils pussent être chaque jour comparés, soldés, balancés ; que chaque compte pût à toute heure être jugé dans son ensemble et dans chacun de ses articles ; placer ainsi à côté de l'action administrative un contrôle incorruptible, auquel rien ne pouvait échapper, et qui, par les formules mêmes qui consacraient son témoignage, ne pouvait rien exprimer que de vrai, soit pour accuser, soit pour défendre.

De telles conditions n'auraient pas pu être remplies par cette ancienne comptabilité qui ne compose sa nomenclature que de deux seuls mots, la *recette* et la *dépense*. Je me dispense d'exposer les causes qui l'ont fait si longtemps préférer en France pour les affaires publiques ; mais l'insuffisance de ses formules est appréciée depuis que le développement des sociétés a multiplié les rapports entre les hommes et compliqué leurs intérêts.

Le haut commerce me traçait, par son exemple, la méthode que je devais employer pour des opérations qui avaient quelque connexité avec les siennes. Cette méthode a créé un idiome universel à l'aide duquel tous les commerçants du monde s'entendent aux plus grandes distances sur les opérations dont ils se confient réciproquement la direction, se contrôlent dans tous leurs actes, maintiennent constamment leurs intérêts en présence, connaissent chaque jour leur situation envers chacun de leurs correspondants, quelque nombreux qu'ils soient et en quelques lieux qu'ils résident. Elle n'est cependant que le produit d'une analyse fidèle, qui épie chaque opération d'un commerçant pour en décrire, comme spontanément, les effets sur les capitaux, les valeurs, les marchandises dont il dispose ; qui exprime tout avec la concision des formules arithmétiques ; qui inscrit chaque objet dans un compte nouveau à chaque modification qu'il subit, mais en conservant la trace de son passage dans les autres comptes, et dans une combinaison telle, que tout compte se déclare débiteur de la valeur qu'il reçoit et créancier de la valeur qu'il affecte à un autre. C'est ainsi que tout compte maintenant en parallèle les dettes et les créances, le mécanisme des comptes et la forme contradictoire de chacun d'eux donnent, aux résultats qui en sont extraits, cette espèce de garantie que l'opposition des intérêts confère à des témoignages identiques ; lorsqu'il est question d'établir et de résumer la situation de tous les comptes, il suffit, après avoir balancé chacun d'eux, de mettre en présence les soldes débiteurs des uns avec les soldes créditeurs des autres ; si leurs totaux sont en égalité dans les deux plateaux de la balance générale, le parfait équilibre de leurs résultats donne la meilleure garantie de l'exactitude des divers éléments de chaque compte ; et celle de toute la comptabilité est dès lors prouvée ; car si un seul fait était omis, si le détail d'un seul compte était altéré, si un seul chiffre était mal posé, les membres de l'équation se trouvant inégaux, cela seul prouverait l'existence d'une ou plusieurs erreurs, mettrait sur leurs traces, et elles seraient découvertes. Avec cette méthode, quelques heures d'examen données à la gestion la plus compliquée mettent en état de juger de la régularité des principaux comptes, tels que ceux de la caisse, du portefeuille, etc., il suffit même que tous les comptes soient à jour pour qu'on puisse prendre confiance dans la moralité des actes qu'ils décrivent, car alors la démonstration d'une infidélité serait trop facile. Ce n'est pas sans raison qu'on regarde dans le commerce tout retard dans les écritures comme un premier symptôme de désordre dans les affaires ; et le procédé qui donne de telles sûretés contre l'erreur ou contre la fraude est tellement mécanique, qu'il est en quelque sorte indépendant de la pensée qui a dirigé les opérations, et que l'agent secondaire qui le pratique n'a pas même besoin de s'élever jusqu'au raisonnement qui l'a créé.

Déterminé, par ces considérations, à introduire dans la petite portion des affaires publiques que je devais diriger la comptabilité connue sous le nom de *partie double*, j'eus la sagesse de ne pas me vanter de cette innovation. Parmi les nouveaux hommes d'État que je trouvai à la tête des affaires, personne n'aurait eu la patience de m'écouter ni la volonté de m'entendre ; la comptabilité n'est jamais assez simple pour les administrateurs peu exercés aux calculs, et qui craignent de joindre, sur de pareilles matières, la fatigue des raisonnements à l'ennui des chiffres. On n'aurait pas manqué de dire qu'il n'était pas de la dignité d'une administration publique d'emprunter des formules commerciales, et de m'opposer les ministres qui avaient vainement tenté cette prétendue réforme. Je trouvai qu'il valait mieux, pour moi, me passer de permission que de m'exposer à la censure implicite et peut-être à l'interdiction explicite d'une méthode que je regardais comme ma sauvegarde dans le sentier encore mal tracé que je devais ouvrir : et lorsqu'il ne me fut plus possible de cacher que la soi-disant caisse d'amortissement tenait ses comptes dans la même forme que les grands comptoirs de commerce et les établissements publics des pays éclairés, déjà les rapports de cette caisse avec ses divers correspondants, la clarté des premiers résultats présentés par elle, l'espèce de faveur qu'elle obtenait auprès de ceux mêmes qui ne définissaient pas ses devoirs, avaient assez recommandé son arithmétique, pour qu'on ne cherchât plus à en contester la forme.

Mais je dois interrompre ces premiers détails de mon rappel aux affaires publiques par le récit d'une rencontre qui me révéla les espérances et les moyens du parti que les princes conservaient alors en France.

J'étais seulement depuis deux jours à Paris lorsqu'un homme de l'ancienne cour, qui s'était fait généralement aimer, vint me voir : c'était le chevalier de Coigny ; je ne m'attendais pas à le retrouver dans cette ville ; je ne l'avais pas vu depuis que je l'avais quittée, c'est-à-dire depuis plus de huit années, et quelles années !

Il me dit qu'il avait appris que j'étais rappelé aux affaires ; qu'il trouvait que je faisais bien d'y rentrer ; que, dans la nouvelle direction qu'elles prenaient, il n'y avait pas d'honnête homme qui ne pût convenablement s'en occuper; il me fit ensuite quelques questions, auxquelles je ne pouvais pas répondre, sur la personne du nouveau chef de notre gouvernement, que je ne connaissais pas plus que lui ; il me parla avec éloge de ses hauts talents, qui, disait-il, le rendaient aussi propre à gouverner un grand pays qu'à commander des armées. S'étant mis ainsi en état de confidence, il alla jusqu'à me dire que le général Bonaparte ne devait pas s'arrêter ; qu'il lui restait à faire un acte plus grand que tout ce qu'il avait encore fait, et il se pressa de me demander si, par exemple, je ne croyais pas que la dignité de *connétable* rétablie en sa faveur ne vaudrait pas mieux pour lui que celle de premier consul, dont il venait de se décorer.

J'étais persuadé que la France n'accepterait pas un tel changement, et personne ne me paraissait moins disposé à l'amener qu'un guerrier, qui, d'après tout ce qu'il avait acquis et conquis, avait, certes, plus d'une raison de penser qu'il n'était plus de dignité ni de pouvoir au monde, quels qu'ils fussent, auxquels il ne pût et ne dût atteindre. Ce fut là ma première observation, et je me hâtai d'ajouter ce qui suit : « Quoique je n'aie encore guère vu à Paris que le ministre des finances, je crois que je devine mieux que vous Paris, la France entière et ce guerrier qui, s'élevant au-dessus de tout rival, a rétabli et saisi pour lui seul tous les pouvoirs détruits. Vous croyez bien que je devine aussi ce que vous n'avez pas voulu me dire tout à fait ; mais je vous demande avec instance de ne pas aller même aussi loin en confidence avec qui que ce soit.

— Comment donc ? reprit M. de Coigny ; mais, si j'avais accès auprès de votre premier cousul, c'est à lui que j'irais en faire l'ouverture dans le calme de ma conscience.

— Vous y risqueriez moins, lui dis-je, qu'avec tout autre ; mais il vous inviterait sûrement à ne plus chercher de confidents.

M. de Coigny me quitta ; j'allai le voir deux jours après ; il n'était pas seul ; j'appris le surlendemain qu'il avait été invité à sortir de France, et qu'il avait choisi Dusseldorf pour lieu de son exil.

J'ai cité cette rencontre, parce qu'elle prouve qu'au milieu des acclamations universelles qui saluaient les premiers pas d'un général français à la souveraineté, des opinions contraires fermentaient encore. Je ne doutai pas que ce bon chevalier de Coigny n'eût trouvé qui voulût l'entendre. C'est assez dans ce pays le privilège de tout opposant, de quelque parti qu'il soit. La France gardera longtemps ce goût.

Jusqu'alors, dans les discordes politiques auxquelles la France était livrée, les pouvoirs transitoires si soupçonneux, si défiants, par qui elle s'était successivement laissé dominer, n'avaient imaginé, pour se mettre en garde contre tous les genres d'attaques qu'ils pouvaient si justement craindre, qu'un seul moyen de défense, le même pour tous : c'était de traiter provisoirement en coupables *au premier chef* tous ceux dont, sous quelque forme et à quelque titre que ce fût, ils soupçonnaient les intentions. On les accusait comme suspects, et l'accusation banale de conspiration s'appliquait à tout acte, à tout symptôme qui n'était pas dans la politique du jour ou dans la convenance du moment : les factions qui se succédaient si rapidement les unes aux autres considéraient toujours comme ennemis ceux de la faction abattue, et les maîtres de la veille étaient les traîtres du lendemain. Dans la mesure qui venait d'atteindre le chevalier de Coigny, ce qui me frappa, ce fut de voir qu'au moment même où on le condamnait à l'exil comme chef d'une *conspiration royaliste*, on prononçait la peine de la déportation contre une troupe de *républicains déterminés* qu'on nommait *les restes de Robespierre*. Ainsi, déjà la politique du nouveau maître de la France avait une autre allure que celle de ses prédécesseurs : il semblait, en effet, qu'en frappant du même coup les deux extrêmes, il voulait étonner, défier tous les partis, et leur dire : *Désespérez de vous-mêmes, et n'espérez qu'en moi.*

Sans doute, il était vrai pour tous que, dans sa dixième année, la révolution française ne pouvait plus que reculer devant elle-même ; qu'elle avait accompli, autant qu'elle pouvait l'être, cette œuvre d'un nivellement absolu, dans une société si peu homogène, lorsque Bonaparte entreprit l'œuvre bien plus difficile du rétablissement d'un pouvoir public, capable de se faire respecter au dedans et craindre au dehors.

Dans cette France, le pays de la civilisation la plus recherchée, les divers liens sociaux, ébranlés dans toutes les conditions, s'étaient relâchés, désunis partout. Tous les rangs étaient confondus sans que personne fût content de celui qu'il s'était fait ; et c'était au milieu de ces myriades de prétentions jalouses, d'égalités rivales, qu'apparaissait inopinément un général qu'une expédition difficile devait retenir hors de France. Tous les pouvoirs épars étaient venus d'eux-mêmes se réfugier dans sa main ; et ce nouveau chef de la France, qui se disait encore républicaine, se trouvait investi dès le premier jour d'une autorité plus que monarchique.

On a dit que, plus d'une fois, la France avait été bien conseillée par son instinct pour le choix de ses moyens de salut. Dans les influences morales tout s'explique par elles ; il est certain qu'en 1800 la France obéissait à celle d'une âme forte, qui devait en élever beaucoup d'autres jusqu'à elle ; et cette âme parvint en peu de temps à leur donner plus de valeur à toutes.

En effet, lorsqu'il était arrivé au général Bonaparte d'abandonner aux hasards de son absence l'armée française qui lui avait été confiée sur une plage étrangère, il n'y eut alors personne parmi les politiques de Paris, qui ne jugeât que, pour la sûreté commune, sa présence ne fût plus nécessaire en France qu'en Égypte.

Bonaparte n'était pas le seul général français qui se fût illustré : mais, parmi eux, il s'était fait d'autant plus remarquer qu'il était le plus jeune, et qu'il réunissait plus éminemment les qualités qui rendent propre au commandement militaire ; celles qui imposent le mieux l'obéissance, et promettent le plus de sûreté à ceux qui obéissent. Ce n'était que trois ans avant cette époque qu'il avait, dans sa première campagne, attiré sur lui l'attention de toute une armée qui commençait un siège dont il ne devait commander que l'artillerie ; là c'était déjà de lui que les chefs des autres corps aimaient à prendre conseil ; et lorsque après la prise de Toulon, à laquelle il avait principalement contribué, le gouvernement de l'époque lui avait remis la défense de la frontière de la France que menaçaient toutes les forces de l'Autriche, c'était avec confiance qu'il avait été accueilli par les généraux plus anciens, par les vieux corps placés sous ses ordres ; confiance honorable pour eux comme pour lui, et que justifia si bien la belle campagne d'Italie. Celle d'Égypte n'avait fait qu'accroître sa renommée, et il s'était trouvé au niveau des grandes circonstances qu'il devait dominer pour retirer la France de l'anarchie où elle était plongée [1].

Je ne connus que par la confidence que m'avait faite le chevalier de Coigny les griefs qui lui furent reprochés. Si le but de ce singulier coup d'État, qui proscrivait en même temps des hommes placés à une telle distance, était de produire un grand effet sur l'opinion publique, il ne fut pas atteint. Le nouveau symptôme que je croyais apercevoir ne fut guère remarqué. Le lendemain, les exilés étaient oubliés de chaque côté ; la lassitude de pareilles épreuves avait produit partout l'indifférence. Dans le gouvernement qui s'établissait, chacun ne s'occupait que de la part qu'il y pouvait prendre, et des profits qu'il pouvait en attendre. Non-seulement il ne se manifestait aucune opposition nouvelle, mais partout les dissensions s'apaisaient : la Vendée se

1. Il faut bien en convenir, dans les plus brillantes périodes de notre ancienne gloire militaire, quelle est celle qu'on pourrait comparer à ces quatorze années de 1798 à 1812, pendant lesquelles toutes les nations continentales, liguées contre la France, ont été réduites par la victoire à souscrire à des traités de paix tels que ceux de Campo-Formio, de Lunéville, de Presbourg, de Tilsitt, et celui dont une archiduchesse d'Autriche se rendait le gage en venant partager le trône de Napoléon ?

pacifiait; les amis de la royauté semblaient se consoler par un commencement de monarchie; et beaucoup se mettaient sur les rangs pour tous les emplois. Les révolutionnaires (je parle surtout de ceux qui avaient pris part aux affaires) s'étonnaient de retrouver une espèce de sécurité qu'ils n'avaient pas connue lorsqu'ils gouvernaient eux-mêmes : ce dernier sentiment se démontrait surtout dans cette foule de propriétaires nouveaux qui formait déjà par sa masse la partie prépondérante de la nation. Il semblait que l'horizon de l'avenir s'éclaircissait, s'agrandissait pour la propriété, et conséquemment pour le gouvernement lui-même, qui, s'il n'avait pas tous les vœux pour lui, ralliait du moins toutes les espérances au désir de l'ordre et de la paix intérieure. Ce qui fut depuis un de ses écueils était même un motif de confiance; on aimait à voir son chef suivre avec ardeur le système d'une révolution complète; chercher à effacer la trace de ces époques désastreuses que l'on avait érigées en fêtes publiques; vouloir, en un mot, rendre à la France ce qu'elle pouvait recouvrer de ses anciennes mœurs. On le louait même de ses tentatives pour rétablir en un jour ce qui avait été successivement détruit en dix années, de la précipitation avec laquelle il adoptait, il exécutait une foule de nouveaux plans qu'il était souvent difficile de mettre d'accord entre eux, mais qui avaient au moins le mérite d'être encore plus opposés aux pratiques immédiatement antérieures,

Il avait cru, par exemple, avoir posé la première base du crédit en instituant une caisse d'amortissement *telle quelle ;* il oubliait que ce doit être là la dernière pierre de cet édifice ; et, comme il voulait improviser une amélioration universelle, il n'eut pas plus tôt créé cette prétendue machine de crédit public, qu'il voulut en avoir une seconde dans une banque d'escompte et de circulation dont il se pressa d'adopter le plan.

Les auteurs [1] de cette proposition craignirent d'abord de ne pas trouver beaucoup d'actionnaires ; et un des moyens qu'ils imaginèrent fut d'engager le gouvernement à prendre pour son compte les cinq mille premières actions : or, dans le dénuement du trésor, pour réaliser les 5 millions qui devaient acquitter le prix de ces actions, on fut réduit à les prélever sur les 10 millions de cautionnements affectés au service de cette autre machine nouvelle qui, avec ces 10 millions, devait, entre autres choses, commencer l'amortissement d'une dette d'un milliard. C'était la première fois, peut-

---

1. M. Cretet fut un des plus influents ; c'était un homme d'une assez grande capacité, mais auquel l'étude des faits et du monde avait manqué ; il avait été membre d'un des deux conseils législatifs détruits au 18 brumaire ; il avait eu le malheur de prendre une grande part à la réduction des rentes au tiers.

être, qu'il arrivait à un gouvernement, dont toutes les caisses étaient épuisées, de donner de l'argent à une *banque d'escompte*, pour exploiter son lucratif privilège, au lieu d'en demander à ses actionnaires pour prix de ce privilège ! On ne définissait pas mieux alors l'importance d'une pareille concession, et les conditions auxquelles les concessionnaires devaient être soumis, ni les règles qui devaient être la garantie réciproque du gouvernement, du public et des entrepreneurs eux-mêmes : le public, il est vrai, avait encore présent à la mémoire la catastrophe révolutionnaire de l'ancienne caisse d'escompte ; mais les banquiers et négociants qui consentaient à s'intéresser dans le nouvel établissement n'avaient guère conservé de la tradition de l'ancien qu'un seul résultat, la facilité de l'escompte qu'ils obtiendraient pour eux ; aussi avaient-ils eu l'ingénuité de stipuler une préférence d'escompte pour les actionnaires, sans soupçonner ce qu'il y avait d'inconvenant dans cette clause. C'était par un autre calcul non moins faux qu'ils avaient cru se donner des sûretés contre le gouvernement, en lui faisant prendre rang parmi les actionnaires. Ce fut ainsi qu'on réduisit en articles de statuts quelques lieux communs sur les banques, sans donner, par ces statuts, des sûretés suffisantes aux intérêts qu'on mettait en contact. Le général Bonaparte, qui n'avait pris encore que le titre de premier consul, et à qui il était sans doute bien permis de ne pas connaître l'exacte théorie des banques, remplissait son principal objet, celui d'attirer et de satisfaire les premières maisons de banque de la capitale ; et en même temps il aimait assez à entendre dire qu'il relevait encore dans la banque une des ruines de la révolution. Quant aux banquiers, ils étaient en effet d'autant plus satisfaits, qu'ils regardaient comme une amélioration, dans le système des banques, les dangereuses facilités qu'ils avaient introduites dans les statuts à leur profit : et plus d'une épreuve fut nécessaire pour dissiper leur illusion.

Il ne restait donc plus à la petite administration dont j'étais chargé que la moitié de son capital (cinq millions et quelques cent mille francs) : pour garantir plus de deux cents millions d'obligations souscrites par les receveurs-généraux, dans les cas de non-paiement de la part des souscripteurs ; et pour travailler à l'amortissement, comme on l'entendait, en intervenant à la Bourse pour quelques achats de cinq pour cent, lorsqu'on voulait en soutenir ou en élever le cours. Elle fut fort exacte à rembourser à présentation les obligations d'abord assez nombreuses qui lui furent présentées en état de protêt ; elle ne le fut pas moins à exercer son recours sur les receveurs-généraux débiteurs ; et comme, par sa correspondance avec eux, elle apprit bientôt à apprécier, tant leurs ressources locales que leur solvabilité personnelle et leur zèle, elle fit mieux que rembourser à vue les obligations en état de protêt, elle parvint à prévenir les protêts eux-mêmes en escomptant d'avance et dans le mois de leur échéance, ceux de ces effets dont le paiement exact sur les lieux pouvait laisser quelques doutes : et il arriva qu'en moins de trois mois, le taux de l'escompte des *obligations* fut réduit de quatre à un pour cent par mois, et qu'en employant ainsi son modique capital, qui se renouvelait plus d'une fois dans le même mois, la caisse d'amortissement présentait le phénomène d'une caisse publique qui prêtait à toutes les autres. Elle devenait créancière sur les principales places de la France, propriétaire d'engagements à courts termes, souscrits par les receveurs-généraux ; elle avait toujours des crédits à offrir sur eux ou des remises à leur demander.

L'effet public qui circulait sous le nom d'*obligations*, reproduisait moins bien les rescriptions que souscrivaient, avant la révolution, les anciens receveurs ; et le ministre des finances, qui les avait mises en œuvre, ne se dissimulait pas, sans doute, qu'elles n'étaient pas une bonne imitation d'une combinaison qui, même pour le temps, n'était pas la meilleure. Considérées comme valeurs négociables et comme moyen de paiement pour le trésor, les nouvelles obligations avaient contre elles la défaveur de n'être recouvrables qu'à des distances éloignées du lieu où elles étaient émises ; on pouvait craindre surtout, dans les premiers moments, que leur émission ne dépassât la mesure des produits d'impôts qui devaient être leur gage ; il était encore possible que les receveurs-généraux qui les souscrivaient ne missent pas assez de prix à l'honneur de leur signature pour ne pas spéculer eux-mêmes sur la dépréciation de leurs propres engagements ; mais on espérait trouver plus de bonne foi dans le nouveau gouvernement que dans les précédents, parce qu'on lui supposait plus de lumières ; on éprouvait le besoin de se confier à un meilleur avenir ; toute innovation était accueillie comme une amélioration, et c'est surtout cette disposition des esprits qui soutenait, dans l'influence qu'on lui attribuait sur le crédit public, le frêle établissement dont on n'avait emprunté que le nom à l'Angleterre. Il est vrai que la caisse d'amortissement était peut-être alors la première caisse publique de France qui respectât l'échéance de ses engagements avec autant de scrupule que si elle eût eu à craindre des protêts et leur suite ; on ne calculait pas ses ressources, on les croyait inépuisables, parce qu'aucun de ses paiements n'éprouvait de retard. Il lui arrivait souvent d'offrir à la trésorerie des crédits sur des places où des besoins imprévus demandaient de prompts secours ; et la trésorerie ne se doutait pas que c'était elle-même qui lui avait livré la source de ces crédits, puisque la caisse d'amortissement ne les avait acquis qu'en devenant propriétaire d'obligations recouvrables dans les mêmes lieux, et dont la trésorerie avait indiscrètement aliéné la possession.

Je jouissais médiocrement de la trop bonne opinion qu'on avait si promptement et si légèrement conçue d'une machine si imparfaite ; il est vrai que c'était par son imperfection même qu'elle échappait d'autant mieux à l'analyse des hommes superficiels. Comme on ne définissait pas ses éléments, on ne pouvait la juger que par ses actes ; et ce n'était pas dans ses actes qu'elle était reprochable. Lorsqu'on louait devant moi le mystère de sa combinaison, que je n'entreprenais pas d'expliquer, je me bornais à dire que la bonne doctrine en finances ne connaissait pas de mystère ; je rencontrais souvent des hommes assez ingénus pour me dire que j'étais l'arbitre de bien des fortunes ; que la leur serait bientôt faite si, dans certains moments, je leur livrais mes secrets ; ils ne soupçonnaient ni l'absurdité ni l'indiscrétion d'un pareil vœu. Comme on commençait assez à croire et à dire que la révolution était finie, on se serait fait scrupule de prétendre à renouveler les fortunes révolutionnaires de quelques nouveaux banquiers ou fournisseurs, fortunes qui ont causé plus de scandales qu'elles n'ont laissé de profits ; mais on croyait les profits de la Bourse beaucoup plus légitimes : on allait jusqu'à me dire qu'avant la révolution M. Necker et M. de Calonne avaient ouvert à leurs amis cette carrière de fortune ; on me rappelait ce célèbre abbé 1 qui, dans le cours de l'année 1786, avait gagné en moins de six mois une fortune de dix-huit millions, qu'à la vérité il avait perdue en six jours.

On disait qu'on ne voulait connaître le secret des opérations de la caisse d'amortissement que pour la seconder, que pour acheter des cinq pour cent en même temps qu'elle ; qu'en voulant opérer avec elle on n'avait évidemment, comme elle, pour but que l'intérêt du crédit public. Ces prétendus auxiliaires étaient la plupart de bonne foi ; ils disaient qu'une caisse d'amortissement n'était bonne qu'à faire hausser les rentes en cinq pour cent ; et qu'il était tout simple que les profits de la hausse fussent pour les plus habiles et *les mieux informés* ; qu'un tel profit était *très licite, qu'il ne se faisait aux dépens de personne ;* que le gouvernement, en improvisant autour de lui des capitalistes de son choix, réparerait les ravages que la révolution avait apportés dans tant de fortunes, et rétablirait par eux le crédit public. Je cite ces misérables faits pour faire

---

1. L'abbé d'Espagnac.

connaître quelles fausses notions on avait alors du crédit d'un système régulier d'amortissement, des devoirs et des moyens du petit établissement qui en était encore si loin. Ai-je besoin de dire à quelle classe de la société appartenaient ces zélateurs du crédit public? ce n'était ni dans le haut commerce, ni au sein d'une utile industrie ni parmi les hommes trop sérieusement occupés des affaires publiques pour penser à leurs propres affaires, que de pareils calculs sont connus ; le désir des profits faciles et des fortunes rapides est un sentiment si peu conforme aux intérêts de la société et à sa marche régulière que, dans les temps ordinaires, ceux qui se laissent surprendre par lui sont heureusement une exception dans les diverses classes ; mais, comme cependant chacune d'elles y fournit son contingent, le résultat de cette agrégation présente une masse assez imposante par le nombre, et qui accroît encore l'influence du nombre par son agitation continuelle. On comptait des hommes de tout état et de toute condition parmi les illuminés que fit le système de Law. L'administration timide (et du moins économe) du cardinal de Fleury ne pouvait pas être favorable à cet essaim d'aventuriers : aussi, pendant le règne de Louis XV, qui, à l'économie près, conserva l'empreinte de cette administration, le goût des profits faciles cherchait-il d'autres chances dans les faveurs de la Cour et dans celles de l'Église;

et, comme les premières places de finances étaient aussi comprises dans les grâces de la Cour, les courtisans ne se faisaient pas scrupule d'en partager les profits avec les heureux plébéiens qui en obtenaient le titre et en exerçaient les fonctions. Mais lorsque les profits de la finance étaient devenus trop faibles pour être l'objet d'un partage ; lorsque s'était ouverte cette période d'arriérés dans laquelle le ministère, placé sous le joug d'un déficit toujours croissant, avait été réduit à chercher d'insuffisants secours dans toutes les combinaisons par lesquelles les emprunts peuvent tenter l'avidité des capitalistes, on avait vu paraître aussitôt une génération nouvelle de ces hommes qui, sans avoir rien à prêter ni à perdre, se constituent les prophètes du crédit ou du discrédit des emprunts ; se chargent de calculer d'avance le nombre d'acheteurs et de vendeurs réels de tels effets publics qui se trouveraient, tel jour, en présence ; imaginent, à l'appui de leurs prédictions, toutes les fictions qui peuvent être utiles à leurs vues, en confidences ministérielles, en révélations diplomatiques ; achètent ce qu'ils savent bien ne pouvoir jamais payer ; vendent ce qu'ils ne pourraient pas livrer ; élèvent entre eux des fantômes de ventes et d'achats d'une proportion très supérieure à celle des marchés réels ; et définitivement, transigent sur des négociations de quelques dizaines de millions, en recevant ou en payant pour solde quelques mille francs.

Les spéculations aléatoires séduisent d'autant plus les hommes légers que, de tous les moyens de faire fortune, ce sont ceux qui demandent le moins d'application et d'études ; en même temps qu'ils promettent des profits plus grands et plus prompts, ils n'exigent pas même l'espèce d'apprentissage, malheureusement si facile, qui prépare à la profession de joueur proprement dit. Le hasard est de tous les bienfaiteurs le moins incommode ; il laisse aux hommes la ressource d'attribuer à leur prévoyance personnelle ce qu'ils ne doivent qu'à lui seul : et lorsque la révolution, en remettant tout en question dans la société, eut rendu au hasard cette influence que les institutions sociales tendaient successivement à lui faire perdre, le goût des marchés aventureux ne se borna pas aux seules affaires de la Bourse ; on ne fit pas seulement alors des paris sur le cours des effets publics ; on en fit sur celui des monnaies, sur celui des marchandises de toute espèce, des terres, des maisons, tant à Paris que dans les villes de France, enfin partout où des Français portaient l'incertitude de leur avenir.

C'est ce qui explique comment, en 1800, un établissement public, destiné à faire des achats réels de cinq pour cent, fixait si particulièrement l'attention de cette caste nombreuse qui ne vit que de la différence des cours ; et pourquoi cette classe d'hommes, dont l'imagination toujours vague se promet les plus grands effets des plus petites causes s'exagérait l'influence de cette intervention nouvelle, comme, dans son besoin d'illusions, elle avait l'habitude de tirer les conséquences les plus graves des événements les plus indifférents.

J'attendais l'époque à laquelle je pourrais rendre publics les premiers comptes de la caisse d'amortissement ; je désirais que l'opinion fût éclairée sur la nature et l'étendue des services qu'elle pouvait rendre ; et que ceux qui avaient le malheur de se tromper ou de tromper les autres, en matière de crédit public, ne pussent pas du moins l'accuser d'être leur complice.

Les premiers comptes de la caisse d'amortissement parurent au commencement de 1801 ; ils établirent que le capital primitif de 10,800,000 fr. se trouvait élevé, par l'effet de quelques attributions nouvelles, et surtout des bénéfices d'escompte qu'elle avait obtenus, à 13,400,000 fr. ; qu'elle avait acheté : 1° pour 5,000,000 fr. d'actions de la Banque ; 2° pour 5,200,000 fr. de cinq pour cent qui l'avaient rendue propriétaire d'une rente perpétuelle de 686,000 fr. inscrite sous son nom ; 3° qu'elle avait en caisse ou en portefeuille 3,600,000 fr.

La conclusion que j'avais voulu qu'on tirât de ce résultat était celle-ci : c'est que, si la caisse d'amortissement avait gagné quinze ou vingt pour cent sur son capital, en achetant sur la place, à deux et trois pour cent d'escompte par mois, les obligations des receveurs-généraux qui cherchaient des acheteurs, et en employant à cet escompte les fonds que laissait libres pour elle l'intervalle de ses achats en cinq pour cent, la trésorerie, qui avait négocié trente fois plus d'obligations que la caisse d'amortissement n'avait pu en racheter, avait perdu *trente fois* peut-être les quinze ou vingt pour cent de profits d'escompte obtenus par cette caisse. Un tel calcul aurait dû n'échapper à personne ; il en arriva tout autrement.

On ne voyait dans le système des obligations que le service qu'il avait rendu en créant une nouvelle monnaie lorsque toutes les caisses publiques étaient épuisées, et en mettant les principaux revenus de l'année à la disposition du gouvernement sous une forme qui les rendait disponibles, avant même que l'année commençât. On oubliait qu'on ne parvenait jamais à en maintenir dans la circulation pour plus de trente ou quarante millions ; et qu'un si modique emprunt et quelques autres expédients accessoires avaient coûté, pour la seule année 1800, plus de vingt millions de commission, intérêts et frais d'escompte au trésor, comme le prouve le compte imprimé de cette année ; et que si l'on avait voulu réaliser cent cinquante millions d'obligations en un court délai, il aurait peut-être fallu perdre trente pour cent. On faisait un grand honneur à la caisse d'amortissement de ses bénéfices d'escompte, qui ne devaient donner que des regrets et des inquiétudes. On exaltait surtout la combinaison bien peu méritoire par le résultat de laquelle cette caisse avait racheté, avec une somme de 5,200,000 fr., une rente perpétuelle de 686,000 fr., et conséquemment remboursé et amorti un capital de 13,700,000 fr. de dette publique, c'est-à-dire environ la cinquante-septième partie de la dette perpétuelle alors inscrite.

Au reste, pour renouveler ces prétendus prodiges, il ne restait plus à la caisse d'amortissement que le revenu des capitaux qu'elle avait placés. On lui avait bien affecté les extinctions des rentes viagères et des pensions ; ce n'eût été là qu'un produit éventuel ; le trésor public en était le débiteur ; il en était en même temps le liquidateur ; il ne pouvait pas manquer de prétextes d'ajournement. Pour que la caisse d'amortissement eût réellement profité des extinctions, il aurait fallu qu'on lui eût abandonné, à l'ouverture de chaque semestre, les fonds affectés par le budget au paiement des rentes viagères et des pensions, en la chargeant de payer les parties exigibles. Et je ne l'aurais pas demandé ; car je ne trouvais pas, je le répète, qu'il fût d'un bon calcul de priver le trésor d'une économie annuelle de 1,500,000 fr., que l'amortissement naturel des rentes viagères et des pensions pouvait produire, pour employer cette somme de 1,500,000 fr. à racheter et à n'amortir, au cours de cinquante, par exemple, que 150,000 fr. de rentes perpétuelles, dont les propriétaires ne pouvaient pas demander le capital.

Il fut sérieusement question, vers ce temps, d'attribuer à la caisse d'amortissement un revenu de dix millions à prélever sur le produit des postes ; puis on modifia encore cette concession, et on la remplaça par une somme de soixante-dix millions payable par égales portions, en sept ans, sur le prix d'adjudication des domaines nationaux restant à vendre.

Certes, ce n'était pas encore là le meilleur fonds d'amortissement qu'on pût choisir. Le résidu de cette masse de domaines nationaux, qu'avait dévorés la révolution, ne présentait plus alors en espérance qu'environ deux cent cinquante millions de ventes à faire ; il ne se composait évidemment que des immeubles qui n'avaient pas pu trouver d'acheteurs ; et en même temps qu'on déléguait, sur un tel gage, soixante-dix millions à la caisse d'amortissement, on réservait par priorité au trésor, pour compléter les recettes du budget, un prélèvement de trente millions ; ainsi cette nouvelle dotation, réduite à sa juste valeur, pouvait laisser longtemps la caisse d'amortissement oisive. Le bruit ne s'en répandait pas moins qu'au premier jour elle pourrait employer soixante-dix millions à racheter des rentes ; beaucoup de gens le croyaient, se pressaient d'accaparer des cinq pour cent dans l'espérance de les lui revendre plus cher : et, quand l'événement avait trompé leurs calculs, ils accusaient la caisse d'amortissement d'être d'intelligence avec les joueurs à la baisse, les agents de change et même l'étranger, dans *la conspiration formée contre le crédit public.* Ils déclamaient contre l'agiotage, qui était leur seul métier, et contre l'abus des marchés à terme, quoiqu'eux-mêmes n'en fissent pas d'autres.

Ce fut dans un moment où ces plaintes aussi absurdes qu'injustes s'étaient manifestées avec plus d'impatience que le premier consul, que je n'avais jamais approché, m'appela pour la première fois près de lui ; il avait chargé un de ses deux collègues (le consul Lebrun) de me conduire à Malmaison. J'en avais reçu l'avis avec une sorte d'émotion ; elle me quitta (je ne sais par quel sentiment qui ne provenait pas de plus de confiance en moi-même) lorsque je fus en présence de cet homme imposant, et jamais je ne m'étais trouvé plus calme.

Cette entrevue fera connaître que celui qui savait si bien employer le temps savait, quelquefois aussi, très bien le perdre ; le premier consul commença par me regarder attentivement, puis il ouvrit le dialogue qu'on va lire, tel que ma mémoire me le retraça, à mon retour chez moi, dans la soirée du même jour. Il dura plus de deux heures, en présence des deux consuls Cambacérès et Lebrun, témoins silencieux. Je demande pardon de ne pas faire parler mieux qu'un autre, sur des marchés de dette publique et sur des manœuvres de Bourse un homme si supérieur aux autres. Je transcris le dialogue :

Le premier consul me dit d'abord « que son in-
« tention, en établissant une caisse d'amortisse-
« ment, avait été d'en faire l'arbitre du cours des
« effets publics. »

Je lui répondis : « Général, si les rentes en cinq
« pour cent, qui étaient il y a environ vingt mois
« à 10 fr., se balancent aujourd'hui entre 40 et
« 50 fr., ce n'est sûrement pas à la caisse d'amor-
« tissement que cette amélioration est due.

— « Mais depuis quinze mois, les circonstances
« ne sont-elles pas assez heureusement changées
« pour que l'espérance d'une amélioration pro-
« gressive soit devenue un sentiment général ?
« Cette progression n'est-elle pas dans l'intérêt de
« tout bon Français ?

— « Général, tout spéculateur, à la Bourse
« comme ailleurs, me semble suivre son instinct
« naturel en achetant au plus bas prix, quand il est
« acheteur, et, quand il est vendeur, en cherchant
« à obtenir le plus haut prix possible.

— « Mais n'est-il pas évident que ceux qui

« jouent constamment à la baisse annoncent peu
« de confiance dans le gouvernement ?

— « Permettez-moi, général, de demander s'il
« est possible d'être constamment joueur à la
« baisse, et si, au contraire, l'inévitable condition
« de tout spéculateur étant d'être alternativement
« acheteur et vendeur, il n'est pas nécessairement
« joueur à la baisse quand il achète et joueur à la
« hausse quand il vend ?

— « Mais, sous un gouvernement qui ne veut
« que la gloire et la prospérité du pays, la hausse
« des effets publics devant être naturellement pro-
« gressive, il ne devrait plus y avoir de spécula-
« tion à la baisse ?

— « Je pense que, dans l'hypothèse d'une hausse
« constamment progressive, il y aurait nécessaire-
« ment, dans la progression, des degrés que les
« spéculateurs se disputeraient, et la lutte reste-
« rait la même... Mais je vous demande pardon,
« général, d'occuper, par des définitions aussi mi-
« nutieuses, les moments que vous m'accordez.

— « Puisque c'est moi qui vous les demande,
« vous n'avez pas à vous excuser, je ne crains pas
« de m'occuper de détails ; je demande si l'on ne
« doit pas regarder comme des malveillants ceux
« qui, pour avilir les effets publics, offrent d'en li-
« vrer dans un délai convenu des quantités consi-
« dérables à un cours plus bas que celui du jour ?

« On dit que les principales affaires de la
« Bourse se font entre des hommes qui vendent
« des effets publics qu'ils n'ont pas, ou qui ne
« pourraient pas payer complètement le prix de
« ceux qu'ils achètent.

— « Il y a, général, dans les comptes qui vous
« ont été rendus, des faits vrais et des conséquences
« fausses ; on fait aux spéculateurs de la Bourse les
« honneurs d'une influence à laquelle ils ne pré-
« tendent pas sur le crédit public ; ce n'est pas là
« leur affaire ; la Bourse, comme tous les autres
« marchés publics, est fréquentée par des gens qui
« y cherchent des profits : et puisque les engage-
« ments contractés sur ce marché se remplissent
« aussi exactement que ceux qui sont pris sur tout
« autre, il faut bien que, dans le délai fixé, il soit
« virtuellement possible aux vendeurs de se pro-
« curer les effets publics qu'ils doivent livrer, et
« aux acheteurs de solder ceux qu'ils ont acquis.
« Il arrive sans doute aussi quelquefois à la Bourse
« qu'on manque à sa parole ; mais ce scandale y
« est plus rare et moins toléré qu'ailleurs.

— « Vous ne répondez pas à mon objection ; je
« demande si l'homme qui offre de livrer dans un
« mois à 38 fr. des rentes en cinq pour cent, par
« exemple, qui se vendent aujourd'hui au cours
« de 40 fr., ne proclame pas et ne prépare pas le
« discrédit ; s'il n'annonce pas, au moins, que, per-

« sonnellement, il n'a pas confiance dans le gou-
« vernement, et si le gouvernement ne doit pas
« regarder comme son ennemi celui qui se dé-
« clare tel lui-même ?

— « Sans doute celui qui fait un pareil calcul
« peut être soupçonné d'augurer mal d'une mesure
« administrative ou d'un événement politique; mais
« l'influence réelle que cet événement ou cette me-
« sure peut effectivement avoir sur le crédit public
« n'en reste pas moins très indépendante de son
« calcul ; s'il est trompé, il est puni par une forte
« amende ; car, au moment de la livraison, il achè-
« tera peut-être au-dessus du cours de 40 fr. ce
« qu'il n'aura vendu qu'au cours de 38 fr., et (si ce
« qui n'est pas impossible) il lui arrivait de deviner
« juste, de devancer l'opinion publique, cette
« espèce de conseiller indirect pourrait bien en
« valoir un autre pour le gouvernement lui-même.
« Si vous me permettez, général, de donner quel-
« ques développements à mes idées sur la Bourse,
« je la comparerais à une grande maison de jeu
« dans laquelle se trouvent aussi des gens qui ne
« sont pas en état de faire les fonds des parties,
« et qui se bornent à parier pour ou contre tel
« joueur : je demande si l'on pourrait justement
« attribuer à ces paris quelque influence sur l'évé-
« nement des parties ? Assurément, non : sans doute
« plusieurs de ceux qui fréquentent la Bourse y font

« des paris pour la baisse ; mais ce n'est pas parce
« qu'ils ont ainsi parié que la baisse arrive ; elle
« aurait également eu lieu, et par des causes très
« indépendantes de leur intervention.

— « Vous supposez donc qu'il n'y a rien à faire
« de la part d'un gouvernement pour soutenir le
« crédit des effets publics, et conséquemment que
« l'établissement que vous dirigez est inutile?

— « Il est sans doute toujours honorable pour
« un gouvernement de racheter sa propre dette,
« comme pour un négociant d'escompter ses pro-
« pres effets avant l'échéance ; mais, pour que cette
« anticipation de paiement donne au négociant de
« nouveaux moyens de crédit, il faut qu'il ne fa-
« vorise pas quelques-uns de ses créanciers aux dé-
« pens des autres ; il faut qu'il ait fait preuve de
« solvabilité envers tous, pour avoir droit d'en
« rembourser d'avance quelques-uns.

— « Je vois bien où tend votre comparaison ;
« mais vous en auriez une autre à faire, celle de
« l'état dans lequel j'ai trouvé les finances et de
« leur état actuel. Tous les maux ne sont pas encore
« réparés ; mais ils le seront d'autant plus prompte-
« ment que le gouvernement rencontrera moins de
« censeurs et moins de contradicteurs. Or, je sais
« ce qui se passe à la Bourse de Paris ; je juge les
« hommes par leurs actes, par les motifs et les
« conséquences de ces actes ; je ne dis pas qu'on y

« prêche la révolte ; mais souvent on y donne une
« fausse direction à l'opinion publique, sinon par
« esprit de parti, au moins par un intérêt moins re-
« levé, et qui n'est pas moins dangereux. Pour que
« l'opinion soit bien dirigée, il faut que le gouverne-
« ment lui donne l'impulsion, et que cette impulsion
« soit partout la même. Croyez-vous, par exemple,
« que, lorsque tant de petits intérêts conspiraient
« contre le crédit de ces nouveaux effets, qui sont
« aujourd'hui notre principale ressource, les obli-
« gations des receveurs-généraux, l'intervention de
« la caisse d'amortissement ait été inutile ? Valait-
« il mieux les laisser déshonorés par un escompte
« de plus d'un pour cent par mois, sous prétexte
« de ne pas gêner les transactions ?[1] A l'égard de
« ces marchés à terme sur les cinq pour cent, je
« ne croyais pas que nous dussions être plus in-
« différents que la loi qui les réprouve.

— « Il est vrai, général, que ces marchés ont
« été proscrits avant la révolution par un arrêt du
« conseil ; mais, lorsqu'on voit qu'ils n'ont jamais
« été plus multipliés que depuis cette époque, on
« pourrait demander si c'est la loi ou les marchés à
« terme qu'il faut accuser : quand on considère en-

---

1. Le trésor public faisait souvent alors entrer dans ses paiements, et avant leur échéance, ces obligations, qui s'élevaient
à plus de trois cents millions, et dont le tiers avait plus de
douze mois de terme.

« suite la marche de toutes les transactions civiles,
« on voit que presque tout se résout en marchés à
« terme ; c'est par eux que les villes sont approvi-
« sionnées, que les armées s'entretiennent; c'est sur
« eux que reposent toutes les grandes combinai-
« sons du commerce ; on applaudit à l'habileté du
« négociant qui achète des denrées pour une somme
« décuple de ses capitaux, parce qu'il a tellement
« calculé les besoins de la consommation, que la
« vente est assurée pour lui avant l'échéance des
« termes qu'il a pris pour les paiements. Pourquoi
« ce qui est en usage et en honneur sur toutes les
« places de l'Europe ne serait-il pas légitime dans
« le lieu qu'on appelle la Bourse? Pourquoi n'y
« tolérerait-on pas que celui qui voudrait disposer
« dans deux mois de la valeur d'un effet public,
« traitât d'avance avec l'acheteur qui lui en pro-
« mettrait le prix qu'il en veut avoir? que celui qui
« attendrait un remboursement à terme fixe en as-
« surât l'emploi par l'achat d'un effet public livrable
« à la même époque? que le commerçant qui aurait
« des capitaux libres préférât, pour leur place-
« ment temporaire, les fonds publics, et trouvât
« l'intérêt de ce placement dans la différence de son
« prix d'achat à son prix de vente? Objectera-t-on
« qu'à la Bourse les marchés à terme n'ont pas de
« pareils motifs? Eh! faudra-t-il donc renoncer aux
« lettres de change parce que de mauvais commer-

« çants en abusent? Il existe, à la vérité, une dif-
« férence entre la Bourse et les autres marchés
« publics. C'est le gouvernement qui fabrique la
« matière qu'on y met en vente, qui règle le tarif
« auquel il la livre, et qui est conséquemment fort
« intéressé à ce que l'avilissement de son prix n'en
« altère pas la valeur, n'en discrédite pas la con-
« sommation. Mais s'il a pris toutes les mesures qui
« sont toujours en son pouvoir pour qu'elle re-
« trouve auprès de lui, dans un gage certain, le
« prix qu'il lui a assigné, s'il n'en rend pas la
« consommation forcée, en la faisant admettre par
« ceux à qui il avait fait d'autres promesses, le
« taux vénal de cette matière ne doit-il pas alors
« être maintenu dans sa proportion naturelle, et
« protégé contre toute espèce d'écart comme celui
« de tout autre objet par le seul intérêt de ceux à
« qui le gouvernement en a transmis la propriété?
« Est-ce parce qu'il plaît à quelques hommes de
« parier que ce prix variera dans un temps donné,
« qu'il peut et doit éprouver des variations? Et s'il
« en éprouve en effet, n'est-ce pas évidemment par
« d'autres causes bien ou mal observées par eux,
« mais qui leur sont étrangères ?

— « Une telle théorie tendrait à faire le procès
« à tous les gouvernements du monde.

—« Elle tendrait, au contraire, général, à prou-
« ver qu'une grande reconnaissance est due à un

« gouvernement nouveau, qui, s'établissant au mi-
« lieu de tous les désordres, dans la confusion de
« tous les principes sociaux, sur les ruines de toutes
« les propriétés, a vu, sous ses auspices, qua-
« drupler de valeur, en peu de mois, cette espèce
« de propriété qui est plus accessible que toute
« autre à l'influence de l'opinion.

— « C'est surtout un gouvernement nouveau qui
« doit chercher à maîtriser les écarts, même pas-
« sagers, de l'opinion... Puisque vous convenez
« qu'il importe à sa considération au dedans et au
« dehors que le cours de sa dette se maintienne en
« état progressif, la conséquence naturelle de votre
« aveu est son droit de police et de surveillance sur
« ceux qui, ne spéculant que sur la variation de ce
« cours, ont souvent intérêt de lui imprimer un
« mouvement rétrograde. Eh ! quels sont mainte-
« nant les arbitres du cours de la dette publique ?
« des hommes sans état, sans capitaux, sans patrie,
« qui vendent et achètent chaque jour dix fois plus
« de rentes en cinq pour cent qu'il ne s'en trouve
« au marché ; ils ne dépendent d'aucuns tribunaux ;
« ils n'offrent au public aucune garantie ; ils ont
« souvent leurs complices parmi ceux qui remplis-
« sent à la Bourse l'office public d'agent de change,
« surtout depuis qu'il suffit de payer une simple
« patente pour exercer cet office. Il semble que le
« négoce des rentes soit, à Paris, l'affaire de tout

« le monde, excepté celle des propriétaires réels ; et,
« comme les soi-disant acheteurs et vendeurs ne
« font en effet que parier les uns sur les autres, que
« tel sera, à telle époque, l'état du cours, chacun
« d'eux, pour gagner son pari, prétend diriger la
« politique de toute l'Europe vers le but qu'il veut
« atteindre ; chacun invente, commente, dénature
« les faits, pénètre dans le conseil, dans les cabi-
« nets des ministres, dans le secret des cours, fait
« parler les ambassadeurs, dispose de la paix et de
« la guerre ; agite et égare l'opinion, toujours telle-
« ment avide de nouveautés et d'erreurs, surtout en
« France, que plus on la trompe, plus on a d'empire
« sur elle : et cette scandaleuse influence n'est pas
« seulement exercée par cette foule d'aventuriers
« qu'on appelle les *agioteurs;* les agents de change
« eux-mêmes, auxquels leur état interdit toute spé-
« culation personnelle, abusent de leur position,
« et font des marchés pour leur propre compte ;
« souvent ils deviennent ainsi les adversaires de
« ceux mêmes qu'ils nomment leurs clients. L'inté-
« rêt seul de la morale publique exige la répres-
« sion de cet abus, et d'autres motifs s'y joignent
« encore. Les droits de la liberté cessent où ses abus
« commencent. Sans doute, tous les agents de
« change ne méritent pas ce reproche ; mais ceux-
« là seuls doivent conserver leurs fonctions qui sont
« fidèles à leurs institutions. La juste mesure de leur

« nombre est dans celle des services qu'ils peuvent
« rendre au public et des opérations régulières qu'ils
« peuvent faire. Il est absurde que le gouvernement
« livre à tout venant, moyennant une taxe modique,
« sous le nom de patente, le privilège d'abuser im-
« punément de la foi publique. Il faut, malgré les
« nouvelles théories contre les corporations, rap-
« peler les agents de change à l'esprit et à la disci-
« pline de corps : ils y étaient soumis avant 1789 ;
« ils subissaient des épreuves; au lieu de payer un
« prix de *location* annuelle pour leur fonction, ils
« commençaient par déposer une finance; c'était un
« premier gage pour l'État et le public, et encore
« ne suffisait-il pas qu'ils pussent remplir cette con-
« dition. Avant que l'admission fût définitive, la
« moralité, la capacité des candidats devaient être
« jugés par une espèce de jury composé des prin-
« cipaux agents de change ; ainsi c'était le corps
« entier qui répondait en quelque sorte de chacun
« de ses membres. Je ne crains pas de chercher des
« exemples et des règles dans les temps passés : en
« conservant tout ce que la révolution a pu pro-
« duire de nouveautés utiles, je ne renonce pas aux
« bonnes institutions qu'elle a eu le tort de détruire.
« Les principes d'un gouvernement révolutionnaire
« ne peuvent pas être ceux d'un gouvernement qui
« doit tendre à la sociabilité par la régularité. Le
« grand ordre qui régit le monde tout entier doit

« gouverner chaque partie du monde ; le gouverne-
« ment est au centre des sociétés comme le soleil :
« les diverses institutions doivent parcourir autour
« de lui leur orbite, sans s'écarter jamais. Il faut
« donc que le gouvernement règle les combinaisons
« de chacune d'elles de manière qu'elles concourent
« toutes au milieu de l'harmonie générale. Dans
« le système du monde, rien n'est abandonné au
« hasard : dans le système des sociétés, rien ne
« doit dépendre des caprices des individus. Je ne
« veux gêner l'industrie de personne ; mais, comme
« chef du gouvernement actuel de la France, je ne
« dois pas tolérer une industrie pour qui rien n'est
« sacré, dont le moyen habituel est la fraude et le
« mensonge, dont le but est un profit plus immoral
« encore que celui qu'on cherche dans les jeux de
« hasard, et qui, pour le plus médiocre profit de
« ce genre, vendrait le secret et l'honneur du gou-
« vernement lui-même, si elle pouvait en disposer.
« J'observe, depuis quinze jours, l'esprit de la
« Bourse de Paris ; rien de pareil à ce qui s'y passe
« ne me paraît avoir lieu à la Bourse d'Amsterdam
« ni à celle de Londres : ce n'est certainement pas
« au hasard que l'Angleterre et la Hollande doivent
« ce meilleur état de choses.

— « La situation de l'Angleterre et de la Hol-
« lande, général, exclut relativement aux affaires de
« bourse toute comparaison entre elles et la France.

« Les Bourses de Londres et d'Amsterdam sont ou-
« vertes à d'immenses opérations commerciales con-
« curremment avec les achats et ventes des fonds
« publics. Elles sont chaque jour le rendez-vous, le
« centre de réunion des plus honorables commer-
« çants, tandis qu'au contraire les banquiers et né-
« gociants français du même ordre ne se montrent
« jamais à la Bourse de Paris ; ceux-ci doivent, en
« effet, éviter le contact des aventuriers et des
« désœuvrés qui y sont conduits par le désir d'une
« fortune meilleure, par le plaisir qu'on trouve à
« deviner l'avenir et à dominer le hasard, par l'at-
« trait des profits prompts et faciles. On y rencontre
« aussi beaucoup d'hommes qu'un intérêt bien dif-
« férent avait amenés à Paris, et qui, après avoir
« perdu leur temps, épuisé leurs faibles ressources
« en demandes de places, en sollicitations, en pour-
« suites de liquidations, de successions, de procès,
« vont chercher à la Bourse des distractions et
« croient y trouver des indemnités ; c'est principa-
« lement à ces deux classes qu'appartiennent ces
« spéculations aléatoires qui jettent une si grande
« défaveur sur les marchés à terme ; mais si ces
« spéculations sont plus nombreuses, elles sont
« aussi les moins considérables. Les plus impor-
« tants marchés sont faits au nom des capitalistes
« qui ne paraissent pas à la Bourse, qui veulent
« s'assurer des moyens de placement ou de rem-

« boursement, ou même d'emprunt plus favorable,
« remboursable à époque fixe, et qui sont ache-
« teurs et vendeurs de rentes réelles : et je dois
« ajouter que ce n'est pas d'après l'exemple des
« Bourses de Londres et d'Amsterdam qu'on pour-
« rait censurer les marchés à terme. Ils y sont bien
« plus multipliés qu'à Paris ; et cette forme de con-
« vention est en effet la seule que puissent admettre
« des transactions de commerce, qui embrassent
« l'approvisionnement de l'Europe, indépendam-
« ment des spéculations dont peut être l'objet la
« dette publique des deux pays, si supérieure en
« volume à celle de la France. Ce qui distingue
« notre dette, c'est que son cours est susceptible de
« plus d'écarts ; souvent les causes les plus légères
« le font varier en un seul jour de deux et trois pour
« cent, tandis qu'une variation d'un quart ou d'un
« demi pour cent dans le cours de la dette anglaise
« ou hollandaise est une sorte de révolution dans
« ces deux pays. Cette mobilité, dans le cours de
« nos fonds publics, est sans doute un puissant
« attrait pour l'essaim de petits spéculateurs, dont
« le savoir-faire se borne à parier sur les *différences;*
« mais c'est d'une plus haute influence que dépen-
« dent les variations dans lesquelles ils trouvent
« des profits ou des pertes. Les gouvernements an-
« térieurs au vôtre, général, n'ont-ils pas révélé la
« cause de ces fluctuations dans les souvenirs et les

« traces que laissent encore leurs expédients en
« finances ? Je ne citerai pas toutes les fautes, je ne
« remonterai pas aux plus anciennes ; chaque faute
« pourrait être le titre d'un grand chapitre ; les
« expropriations, la violation de la foi des contrats,
« le faux-monnayage des assignats étendu à toutes
« les valeurs données en paiement au lieu de la
« monnaie réelle promise, les atermoiements indé-
« finis, des immeubles supérieurs en valeur à toutes
« les dettes de l'État et dont la vente a laissé l'État
« débiteur de sommes encore plus fortes ; la pro-
« priété partout incertaine, soit sur les sacrifices
« qu'exigerait d'elle l'impôt, soit sur la nature et
« l'époque du remboursement de ses avances ; l'in-
« stabilité dans les plans des finances et dans les
« modes de paiements introduisant une instabilité
« semblable dans tous les marchés, dans le prix de
« toutes choses ; c'est, je crois, à ces désordres
« qu'on doit attribuer quelques symptômes d'in-
« quiétude et de défiance qui leur survivent encore,
« et à la manifestation desquels la liberté d'un mar-
« ché public tel que la Bourse est peut-être plus
« favorable. Mais si l'opinion s'y dévoile plus qu'ail-
« leurs, elle y indique peut-être mieux aussi qu'ail-
« leurs les moyens de la satisfaire.

— « Je vois que vous avez longtemps vécu éloi-
« gné des affaires publiques : dans la retraite on se
« crée des systèmes de perfections idéales ; on ne

« calcule aucune des difficultés qui naissent des
« hommes, des lieux et des temps : il n'y a ni es-
« prit national ni ordre public, surtout dans ces
« temps modernes, là où chaque homme croit pou-
« voir ne prendre conseil que de son intérêt propre:
« tout homme, en société, a besoin d'une règle
« pour discerner ce qu'il doit aux autres hommes ;
« ce qu'il peut se permettre, et ce dont il doit s'abs-
« tenir à leur égard ; rien ne s'obtient dans le monde
« sans condition. Il est des professions qu'il ne faut
« pas laisser accessibles à tout caprice ; celle des
« agents de change est de ce genre. Répondez aux
« questions que je vous faisais sur les moyens de
« rappeler à une meilleure discipline les agents de
« change de Paris. A quelle règle cette profession
« est-elle soumise à Amsterdam et à Londres ? Il est
« toujours plus sûr d'imiter que d'inventer. En un
« mot, que reste-t-il à faire pour que les agents de
« change remplissent mieux leur devoir envers le
« gouvernement et le public ?

— « Général, parmi tous les mandataires, il n'en
« est pas dont la fonction soit plus éminemment
« discrétionnaire que celle d'un agent de change ;
« il est une espèce de *notaire oral ;* il lui suffit de
« déclarer qu'il a acheté ou vendu des effets publics
« à tel prix, ou bien qu'il n'a trouvé ni acheteurs
« ni vendeurs au prix qui lui avait été désigné ; sa
« seule déclaration a force de loi, et devient obliga-

« toire pour son commettant ; sans doute, pour
« conserver dans toute sa pureté le caractère d'im-
« partialité et de désintéressement nécessaire à cette
« profession, le premier devoir d'un agent de change
« est de s'abstenir de faire aucun achat, aucune
« vente d'effets publics pour son propre compte,
« concurremment avec les marchés de ce genre
« qu'il contracte pour le compte des autres. Aussi
« n'était-il pas autrefois sans exemple qu'un agent
« de change, qui voulait devenir ou cesser d'être
« propriétaire d'effets publics, et qui avait d'autres
« ordres à exécuter dans la même Bourse, emprun-
« tât le ministère d'un de ses confrères pour son
« affaire personnelle. Je puis ajouter, pour l'hon-
« neur de ceux qui exercent cette profession avec
« la délicatesse qu'elle exige, que, dans le petit
« nombre d'agents de change que j'emploie depuis
« quinze mois, il s'en est trouvé qui ne se char-
« geaient d'aucune opération particulière pour leurs
« autres commettants, lorsque je leur confiais, pour
« le compte du gouvernement, quelque opération
« dont l'influence pouvait changer notablement l'é-
« tat du cours. Je ne garantirais pas cependant qu'ils
« fussent tous également fidèles à cette règle. Je
« crois au surplus qu'il y a plus d'agents de change
« en exercice que les affaires régulières de la Bourse
« n'en peuvent occuper, et que ce nombre peut être
« réduit ; que l'entrée de cette carrière ne doit pas

« être indistinctement ouvert à tous ceux qui se
« présentent avec une quittance de droit de pa-
« tente ; et qu'une fonction de ce genre exige d'au-
« tres conditions et d'autres épreuves. Il me semble
« qu'à Londres et à Amsterdam l'office de courtier,
« qui équivaut à celui d'agent de change, ne s'ac-
« quiert pas à prix d'argent, ainsi que cela avait
« lieu en France avant 1789 ; ils sont sans doute
« assermentés devant les juges de commerce ; mais
« ce qui vaut mieux, à mon avis, que des serments
« et des finances d'offices, c'est qu'il est sans exem-
« ple dans ces places qu'un homme entreprenne
« le métier de courtier, s'il n'est pas déjà en posses-
« sion de la confiance de quelques principales mai-
« sons de commerce : ainsi il est déjà revêtu de la
« fonction avant de prendre le titre. Si ces places
« ne sont pas assujetties à un dépôt d'espèces dans
« la caisse de l'État, l'usage les assujettit à un autre
« gage : il est d'usage que chaque courtier soit per-
« sonnellement intéressé dans les fonds publics et
« conserve cet intérêt tant qu'il est en exercice. En
« France, où l'autorité publique regarde comme
« une de ses prérogatives d'intervenir dans toutes
« les nominations, elle croira vraisemblablement
« devoir se réserver celle des agents de change ;
« mais, en ce moment, il ne peut être question que
« de suppressions, puisque c'est surtout en établis-
« sant un meilleur rapport entre la masse des af-

« faires de Bourse et le nombre des agents de change
« qu'on pourra parvenir à une meilleure discipline.
« Il ne peut pas être question de rétablir ces fonc-
« tions en *charges* comme avant 1789 ; mais au lieu
« d'exiger de ceux qui seront conservés une finance
« au profit de l'État, on peut leur demander un cau-
« tionnement pour la sûreté du public ; si ce cau-
« tionnement est porté, par exemple, à cent mille
« francs, je doute que, parmi les agents de change
« actuels, il s'en trouve plus de soixante qui puis-
« sent l'acquitter, soit par leurs moyens person-
« nels, soit par leur crédit ; et je crois ce nombre
« de soixante suffisant ; il n'y avait que cinquante
« agents de change près la Bourse de Paris, lors-
« que le volume de la dette publique de France était
« des deux tiers plus considérable, lorsque le capi-
« tal de plusieurs grandes entreprises, telles que la
« Compagnie des Indes, les bureaux d'assurances,
« la distribution des eaux dans Paris par l'effet des
« machines à vapeur, consistait en actions négo-
« ciables ; lorsque Paris jouissait, dans toute sa plé-
« nitude, du privilège que lui donnait sa position en
« Europe d'être souvent le centre des principales
« opérations de change entre toutes les places com-
« merçantes du monde. Il vous paraîtra juste sans
« doute, général, en admettant par préférence,
« parmi les soixante nouveaux agents de change,
« ceux des agents actuels qui pourront remplir les

« nouvelles conditions, d'épargner à ceux qui se-
« ront supprimés le désagrément d'être remplacés
« par des hommes encore plus étrangers à la con-
« fiance publique. Pour ne pas laisser ceux-ci dé-
« pourvus de toute indemnité, il conviendrait, et
« par plus d'un motif, que les soixante agents de
« change qui resteraient en activité, eussent la fa-
« culté de s'attacher chacun un *adjoint* ; ils choisi-
« raient vraisemblablement ces adjoints parmi les
« supprimés ; ce serait un adoucissement pour la
« réforme, et une garantie pour les choix ultérieurs ;
« car le gouvernement les dirigerait par préférence
« sur des hommes éprouvés et qui se trouveraient
« déjà en possession de la confiance du commerce ;
« j'ajouterai qu'en demandant aux agents de change
« un cautionnement beaucoup plus considérable
« que celui auquel sont soumis les autres officiers
« civils, comme signe et gage de leur responsabilité
« envers le public, il serait assez juste de les af-
« franchir de la formalité et de l'impôt des patentes,
« comme les notaires, par exemple, dont les fonc-
« tions peuvent exiger plus d'études, mais non pas
« plus de moralité. C'est pour prévenir dans cette
« profession la tentation des profits qu'une austère
« délicatesse réprouve, qu'il me paraît utile de la
« distinguer des professions purement mercantiles,
« que la taxe des patentes a voulu spécialement at-
« teindre. Des hommes qui disposent de la fortune

« et souvent des opinions de beaucoup d'autres,
« qui sont les dépositaires des secrets des familles,
« qui exercent une espèce de magistrature, puisque
« leur conscience est un tribunal sans appel, doi-
« vent être traités avec quelque distinction. J'oserai
« dire que, pour porter les hommes à acquérir toute
« leur valeur, il n'est pas inutile quelquefois de pa-
« raître les estimer plus qu'ils ne valent; il n'est pas
« plus difficile de multiplier les hommes d'honneur
« parmi les gens d'affaires, qu'il ne l'a été pour
« vous, général, de multiplier les braves dans les
« armées françaises. Quant aux marchés à terme,
« qui se font à la Bourse, et auxquels on oppose et
« la législation et la morale, je crois avoir prouvé
« que la morale ne s'y opposait pas, et j'oppose à
« la législation qui la proscrit, et qui se réduit à un
« arrêt de circonstance rendu en 1786, que cet ar-
« rêt n'a jamais été exécuté ni exécutable : pour
« condamner la vente et l'achat des effets publics
« qui s'opèrent sous cette forme, il faut oublier, je
« le redis encore, que les plus importantes, les plus
« nécessaires transactions sociales consistent en pa-
« reils marchés. Si des abus se sont introduits dans
« les transactions de Bourse, qui reposent sur des
« marchés à terme, on doit surtout en accuser la
« jurisprudence qui les place hors du domaine de
« la loi : s'ils violent la foi publique, les tribunaux
« doivent d'autant moins se refuser à en prendre

« connaissance ; leur devoir est de rechercher et de
« punir cette violation. Quand un homme libre a
« pris des engagements téméraires, c'est dans leur
« exécution qu'il doit trouver la peine de son im-
« prudence ou de sa mauvaise foi ; l'efficacité de la
« peine est dans l'exemple qu'elle laisse ; et, certes,
« ce n'était pas un bon exemple donné par la ju-
« risprudence de 1786 que l'annulation du corps
« du délit au profit du plus coupable. Les marchés
« de Bourse ont ce caractère particulier, c'est que
« les deux contractants, qui souvent ne se con-
« naissent pas, s'obligent l'un envers l'autre par la
« médiation d'un agent de change, qui est l'homme
« de la loi ; il est responsable devant la loi de tous
« ses actes ; il n'en est donc aucun qu'elle doive re-
« fuser de juger. L'objection commune contre les
« marchés à terme faits à la Bourse, et qui est fon-
« dée sur ce qu'on ne peut pas vendre ce qu'on ne
« possède pas, et que la loi ne peut pas recon-
« naître un marché qui n'aurait pas dû être fait,
« n'est au fond qu'une pétition de principe ; il me
« semble que la loi ne doit pas défendre ce qu'elle
« ne peut pas punir, et bien moins encore ce
« qu'elle est réduite à tolérer ; elle ne doit pas inter-
« dire à la Bourse de Paris un mode de transaction
« accrédité par un long usage à Londres, à Ams-
« terdam, etc., et qui s'est plus particulièrement
« introduit dans nos habitudes d'après les change-

« ments survenus dans le régime de notre dette pu-
« blique. Cette dernière considération affaiblit en-
« core l'influence que pourrait conserver l'arrêt du
« conseil de 1786 ; et il l'avait lui-même déjà per-
« due avant que ces changements eussent lieu. Je
« ne prétends pas conclure de ce que les marchés
« à terme ne peuvent pas être interdits qu'ils sont
« exempts d'abus ; c'est pour qu'ils soient réprimés
« dans leurs abus que je demande que les contrac-
« tants soient jugés selon la loi commune des con-
« trats ; c'est pour que les abus soient plus rares
« que je ne me permets aucune objection contre le
« projet de circonscrire la compagnie des agents de
« change dans un moindre nombre, de constituer
« leur responsabilité, d'introduire surtout parmi
« eux la discipline de corps, qui prévient plus
« sûrement les fautes que la responsabilité ne les
« répare. »

Un officier de la garde consulaire arrivant de Russie avec des dépêches, que le premier consul saisit avec empressement, interrompit ce long entretien qui, pour son objet, ne méritait assurément pas d'occuper pendant plus de deux heures l'homme du monde qui avait le plus de soucis dans la tête et le moins de temps à perdre. Lorsque je me levai pour sortir du cabinet, il me dit qu'il allait me revoir ; et, retenu par ce nouvel ordre, je me promenai seul, assez mécontent de mes longues explications, mais surtout fort étonné de la patience avec laquelle elles avaient été écoutées par celui qu'on m'avait souvent représenté comme le moins indulgent pour les paroles inutiles. Je repassai dans ma mémoire toutes les circonstances, tous les détails de cette conversation, que je crois avoir retracée avec exactitude. Je me demandais quel genre d'intérêt ils pouvaient offrir à un chef de gouvernement que je ne croyais occupé que de combinaisons militaires, ou de grands résultats politiques. Les questions, les objections qu'il m'avait faites, me faisaient assez connaître que ce n'était pas la première fois que la Bourse de Paris occupait sa pensée, et qu'il était persuadé que l'opinion publique pouvait souvent y prendre des directions contraires à ses vues ; je devinai, sans beaucoup d'efforts, que, parmi les hommes qui l'approchaient, il s'en trouvait qui portaient sur le cours des négociations de la Bourse un autre regard que celui de l'intérêt public, et que, lorsque leurs spéculations n'étaient pas heureuses, il était évident pour eux que la Bourse était en conspiration contre le premier consul. La Bourse étant aussi naturellement le lieu où le jugement du public sur les actes du gouvernement, et particulièrement sur ceux qui pouvaient affecter les propriétés particulières, soit par les taxes, soit par les retards de paiements, se manifestait avec le plus d'indépendance ; où la correspondance du commerce mettait le plus habituellement en circulation les nouvelles extérieures et les commentaires du dehors sur le nouveau pouvoir qui venait de s'établir en France, les bulletins de la police en recueillant, en interprétant sans discernement des bruits et des opinions, qui n'auraient, sans eux, laissé aucune trace, présentaient ce marché public comme un foyer de censure et d'intrigues ; et la défiance, qui est avide de tout ce qui l'irrite, comme l'orgueil est avide de tout ce qui le flatte, cherchait chaque jour, dans ces bulletins, des révélations importantes qu'elle n'y trouvait jamais. Je soupçonnais déjà quelques-unes de ces circonstances avant mon entrevue ; mes soupçons furent confirmés le jour même par la confidence d'un des hommes qui approchaient habituellement le chef du gouvernement ; je ne connaissais cette personne que de nom, elle m'aborda en prononçant le mien, me dit que le premier consul devait m'avoir beaucoup parlé de la Bourse, du mauvais esprit de la plupart de ceux qui la fréquentaient, des obstacles que le gouvernement y trouvait dans ses soins pour le rétablissement du crédit, de la malveillance des joueurs à la baisse ; elle ajouta *que les amis du gouvernement faisaient contre eux des efforts que la caisse d'amortissement devait seconder...*

Ce fut le moment où l'on vint me dire que j'étais appelé pour dîner ; ce dîner était peu nombreux.

Je cherchai d'abord à deviner dans les regards du premier consul l'impression qu'il avait pu prendre de moi ; je vis qu'il les promenait avec une égale indifférence sur tous ceux qui étaient présents ; on était grave, mais sans contrainte ; le silence ne fut interrompu d'abord que par quelques mots sans importance, adressés par le premier consul à la compagne de sa vie, que je voyais pour la première fois : je fus frappé de ce charme de bienveillance qu'elle répandait autour d'elle, charme qui fait pardonner tous les succès, parce qu'il semble, au moins pour un moment, rapprocher toutes les distances : et j'admirais en effet un contraste bien remarquable dans l'alliance qui s'était formée entre le besoin de commander et le besoin de plaire. Vers le milieu du dîner les yeux du premier consul me parurent se fixer sur moi avec plus d'attention, et ce ne fut pas sans surprise que je le vis exposer comme étant adoptées par lui, comme devant être suivies par le gouvernement, quelques-unes de mes idées si incomplètes, dont il avait eu quelques heures auparavant la patience d'écouter le développement ; il *recommanda* aux deux consuls la rédaction d'un projet d'organisation pour la compagnie des agents de change et de règlement pour les marchés de Bourse, assez conforme aux propositions que je lui avais faites ; il dit *qu'il ne fallait pas avoir la prétention de défendre ce qu'on n'avait pas le pouvoir d'empêcher ; que l'autorité publique se compromettait beaucoup moins en réformant une loi vicieuse qu'en tolérant son infraction ; que tout restait encore imparfait dans les institutions relatives au crédit public ; qu'il fallait doter plus richement la caisse d'amortissement, et fortifier son influence.* Je n'eus pas l'air de me reconnaître dans les citations ni de m'approprier ce qu'elles pouvaient avoir d'obligeant pour moi : je n'en restais pas moins persuadé que j'aurais dû employer beaucoup mieux le temps que m'avait sacrifié le chef du gouvernement : toutefois j'étais loin d'être insensible à l'espèce d'approbation qu'il me témoignait ; et je pouvais du moins conclure de la manière indirecte dont il l'exprimait qu'il ne négligeait aucune conquête. Il est probable que la magie attachée au nom de caisse d'amortissement, quoique assurément ce titre ne fût pas bien justifié par la caisse d'amortissement française ; la réputation de bon ordre et de régularité qu'avait acquise cette caisse, malgré la diversité de ses attributions si peu conciliables entre elles ; surtout ma vie retirée, qui ne faisait ombrage à personne, avait fait prononcer mon nom sans censure et sans défaveur ; et si dans l'entrevue dont je viens de rendre compte, l'opinion que le premier consul avait pu concevoir de moi avant de m'avoir vu, ne s'améliora pas, il paraît que du moins elle ne fut pas amoindrie. Les témoins de l'accueil que je venais de recevoir en furent plus persuadés que je ne l'étais moi-même.

L'un des plus éminents en dignité [1] ne négligea pas de me faire observer qu'il était rare que le premier consul donnât des audiences aussi longues que celles dont il m'avait gratifié ; il loua avec exagération ce que j'avais fait pour imprimer un bon mouvement à une administration nouvelle ; mais il ajouta qu'il n'était pas juste que tout le poids du travail retombât sur moi seul ; que, puisque la caisse d'amortissement allait recevoir encore de nouveaux accroissements, le gouvernement devait me donner le secours de nouveaux administrateurs qui en partageraient avec moi la surveillance.

On s'occupa sans délai de la nouvelle organisation que devait recevoir la caisse d'amortissement. Outre la dotation d'un capital de 70 millions sur le prix de vente des domaines nationaux, elle devait : 1° disposer de nouveaux cautionnements que fourniraient les agents de change ; 2° être dépositaire du produit des coupes de bois communaux, ainsi que du montant de la vente des effets militaires et approvisionnements de siège inutiles dans les places fortes ; 3° continuer de tenir les comptes de la nouvelle dette publique qui venait d'être créée par le

---

1. Le second consul, Cambacérès, et le troisième consul, Lebrun, assistaient à cette audience.

gouvernement sous le nom de cautionnements, et de pourvoir, comme elle l'avait fait, au remboursement des obligations des receveurs-généraux, que ces derniers n'acquitteraient pas à leurs échéances. Elle se trouvait ainsi appelée à trois fonctions distinctes : celle de caisse de garantie pour les obligations des receveurs-généraux, celle de caisse de dépôt pour les fonds en litige qu'elle devait mettre en valeur jusqu'au jugement qui mettrait en possession les véritables propriétaires, enfin celle de caisse d'amortissement pour le rachat successif de la dette perpétuelle ; c'était à cette dernière fonction qu'elle devait son titre, et ce n'est pas celle qu'elle pouvait remplir le mieux.

Il paraît que les bases avaient été tracées par le premier consul lui-même, il avait chargé un des deux autres consuls d'en faire l'objet du nouveau règlement et de le faire discuter dans une des séances du conseil d'État ; mais on en avait pris occasion pour proposer l'augmentation du nombre des administrateurs et la distribution du travail entre eux ; ils devaient former une espèce de conseil dont les membres auraient des pouvoirs égaux. Cette seconde partie du plan ne convint pas au premier consul ; il me fit appeler de nouveau ; il me fit lire le projet, me demanda, en présence des rédacteurs, si j'avais été consulté. Je lui dis que je ne connaissais ce plan que par la communication qu'il

venait de m'en faire donner; que je n'avais pas d'objections à faire. « Vous ne demanderiez pas
« mieux que d'en faire, répliqua le premier consul;
« je sais bien que, selon votre système, vous n'ad-
« mettez pas cette diversité d'attributions dans une
« caisse d'amortissement, mais quand chaque bran-
« che n'est pas assez forte, il faut réunir toutes les
« branches pour en faire un faisceau. Nous ne pou-
« vons pas prétendre à improviser une machine
« d'amortissement comme celle d'Angleterre.

« Ce que je désapprouve dans ce plan, c'est le
« partage des fonctions entre les administrateurs
« avec égalité de pouvoir; il faut sortir de cette
« ornière de *républicanisme*; il faut que l'adminis-
« tration agisse au lieu de délibérer. C'est parce
« que la caisse d'amortissement doit avoir des attri-
« butions qui semblent étrangères entre elles, c'est
« parce qu'elle doit remplir des devoirs différents,
« qu'il faut, pour y maintenir l'ensemble, une au-
« torité centrale qui puisse rallier tout, surveiller
« tout, répondre de tout. La caisse d'amortissement
« a besoin d'un chef; c'est une importante fonction
« que sa direction. Ce chef aura près de lui des ad-
« ministrateurs ; quatre, par exemple ; mais c'est
« lui qui doit les diriger; il doit avoir seul le secret
« des opérations, recevoir seul les communications
« du ministre des finances, et les miennes lorsque
« je l'appellerai. Il peut, dans beaucoup de cas,

« faciliter les opérations du trésor, épargner dans
« ce qu'on nomme les négociations du trésor, des
« difficultés et des pertes telles que celles dont j'ai
« déjà eu plusieurs fois à me plaindre, etc. »

Je supprimerai le reste de cette allocution, qui ne fut plus qu'une critique sévère de diverses opérations auxquelles le ministre ne s'était sans doute résigné que parce que la nécessité les avait commandées ; je trouvais que ceux qui étaient l'objet de cette censure (et ils étaient présents) achetaient un peu cher leur participation au pouvoir ; et pendant que je m'en affligeais pour eux, je remarquais que le ministre des finances, aussi calme que si tout fût resté calme autour de lui, s'occupait, avec la sérénité qui ne devait en effet jamais quitter sa conscience, de rédiger, pour la caisse d'amortissement, un nouveau plan d'organisation conforme aux dernières intentions qu'avait manifestées le premier consul. J'admirais cette impassibilité ; et, de tous les bons exemples que pouvait me donner cet estimable ministre, ce n'était pas celui que je me sentais le plus disposé à suivre.

Quoique le premier consul n'eût pas nommé celui à qui il destinait cette place supérieure dont il avait si fort exagéré l'importance et magnifié les attributions, son choix me paraissait assez clairement désigné par ma seule présence à Malmaison ; et la perspective d'un nouveau titre ne me laissait pas sans alarmes, non-seulement parce que je sentais toute la difficulté de donner un mouvement régulier à des rouages si peu faits pour entrer en rapport, mais encore parce que l'épreuve que je venais de faire, quoiqu'elle n'eût rien qui me fût personnel, mêlait bien pour moi un peu d'appréhension à l'honneur d'avoir des relations directes avec le chef du gouvernement. J'ai eu depuis l'occasion de reconnaître que ce que je regardais comme un malheur de caractère ou un abus de position pouvait n'avoir été, même dans cette circonstance, qu'une affaire de calcul. Ce n'était pas, en effet, une chose étrangère aux combinaisons de cet homme extraordinaire que de vouloir, en même temps, flatter la vanité et les espérances d'un homme nouveau pour lui, et lui faire connaître par l'exemple des autres quels droits il se réservait et quel genre de soumission il demandait. Qui peut définir toutes les nuances que l'instinct de la domination emprunte aux autres affections humaines, pour accomplir chacun de ses desseins !...

Mais ce que je remarquai, c'est qu'aussitôt que le premier consul eut épuisé la matière des reproches, cet air de gravité sévère, qui avait altéré ses traits, disparut par une transition dont la rapidité me confondit ; ils reprirent toutes les apparences de la modération et de la sérénité ; il adressa la parole avec bienveillance à ceux mêmes contre lesquels il m'avait paru diriger ses sarcasmes. Je me souvins de cette anecdote du grand Frédéric, qui, ayant appelé près de lui un médecin célèbre qui ne l'avait pas encore approché, et remarquant en lui des symptômes d'émotion et de trouble, parce que le roi venait de se livrer en sa présence à tous les emportements du mécontentement et de la colère contre des officiers de son corps d'artillerie, s'approcha de lui en souriant et en lui présentant son pouls, que le médecin trouva dans l'état le plus calme.

J'étais fort impatient de me retirer ; j'avais besoin d'aller respirer ailleurs que dans le cabinet où se trouvait alors réuni le conseil souverain de la France, composé des trois consuls et des ministres. Ce conseil ressemblait à celui d'un roi ; il était, en effet, tout entier dans un seul homme. Au moment où je vis que le premier consul allait s'occuper d'autres objets que d'affaires de finances, je m'approchai de lui en lui disant que je croyais n'avoir pas d'autres ordres à attendre ; et je disparus aussitôt qu'un simple signe d'approbation fut donné à ma retraite.

En passant en revue toutes les circonstances de la scène dont j'avais été témoin (et dont je crois devoir omettre quelques détails), je reconnaissais bien que, dans cette péroraison si animée, le premier consul, à travers quelques critiques injustes, avait aussi montré une grande sagacité, un talent rare pour deviner, en quelque sorte, les résultats que le commun des hommes ne découvre que par une lente observation ; l'art de prévoir et de détourner les objections ; celui surtout d'élever, dans l'esprit de ses auditeurs, des doutes sur ce qu'ils avaient regardé jusqu'alors comme des résultats incontestables, d'étonner leur imagination, et d'atténuer leur force réelle pour ajouter encore à la sienne. Ses yeux, ses traits, tous ses gestes, la vivacité, la singularité de ses expressions, l'incorrection même de quelques-unes d'elles, le ton absolu de ses décisions, tout en lui semblait dire que, dans de tels moments, ceux qui l'entouraient n'avaient d'autre parti à prendre que celui du silence de la soumission. Ce fut du moins l'impression que je reçus, et d'autant plus vivement que je n'y étais pas préparé. Dans d'autres moments, lorsqu'il laissait dormir en quelque sorte son instinct dominateur, il portait jusqu'à l'excès la patience de tout entendre, et j'en avais fait l'épreuve dans ma première entrevue ; mais, quoique je visse des hommes très estimables s'exposer à cette alternative, j'avoue que je me trouvais un peu moins disposé à en courir la chance, et ce fut ainsi que je m'en expliquai le lendemain avec le ministre des finances. Il se souvenait à peine de l'orage de la veille : — « Ce serait être bien « dupe, me dit-il, que d'attacher à ces saillies plus

« d'importance que celui qui s'y livre : vous vous y
« accoutumerez ; elles ne sont pas rares, mais elles
« ne laissent aucunes traces : le premier consul
« est le premier à s'en accuser ; et il demande sou-
« vent qu'on les oublie, comme lui-même. Je dois,
« au surplus, vous dire qu'il vous a fait chercher
« hier après votre départ, qui a été bien brusque ;
« je n'ai pas besoin de vous annoncer que c'est à
« vous qu'il veut confier l'exécution de ses nou-
« velles vues sur la caisse d'amortissement : elles
« avaient été mal saisies par le conseil d'État, et
« c'est en partie ce qui a excité hier sa mauvaise
« humeur. Je crois avoir mieux entendu ses inten-
« tions, et je lui présenterai sous peu de jours ma
« rédaction avec votre décret de nomination. »

En effet, cette nomination ne se fit pas longtemps attendre, et on eut à peine combiné cette espèce d'alliage qui devait garder le nom de caisse d'amortissement, qu'on s'occupa aussi du règlement de la Bourse et de l'organisation définitive de la compagnie des agents de change.

Cette organisation différa, sous plusieurs rapports, de celle que j'avais proposée. La faveur fit admettre parmi les agents de change plusieurs hommes nouveaux, parce qu'on regardait cette fonction comme un prompt moyen de fortune ; quelques-uns des candidats avaient même l'ingénuité d'avouer qu'ils ne la sollicitaient que pour faire avec plus de profit et de sûreté leurs propres affaires, et s'affranchir des frais de courtage : toutefois les affaires de Bourse prirent, à dater de cette époque, une marche plus régulière ; et une meilleure discipline commença à s'introduire parmi les agents de change. Chacun d'eux devait fournir, en plusieurs termes, un cautionnement de cent mille francs ; plusieurs en anticipèrent le paiement.

Quoiqu'une prestation de ce genre, dont plusieurs causes pouvaient provoquer le remboursement au moins partiel, ne dût pas être considérée comme un fonds d'amortissement, on avait d'abord décidé que je l'emploierais à racheter des cinq pour cent ; cette opération était à peine commencée que je fus prévenu que le trésor public allait faire à la caisse d'amortissement un emprunt forcé de six millions pour des besoins d'une extrême urgence ; on devait, à la vérité, lui donner en échange quinze millions, mais dans une espèce de valeurs que la trésorerie n'avait pas pu négocier à soixante pour cent de perte.

La trésorerie avait pu, sans doute, contribuer elle-même à cette dépréciation, en faisant entrer sans mesure une telle monnaie dans ses paiements ; elle avait encore l'habitude de pareilles pratiques et des sacrifices qui les suivent ; elle n'aurait pas même répugné à regarder comme définitif l'échange qu'elle venait de faire de quinze millions de créances à recouvrer contre un versement immédiat de six millions. Je ne pouvais désirer, pour l'établissement que je dirigeais, des profits de ce genre ; je protestais, au contraire, contre une nouvelle fonction qui semblait l'associer aux fausses manœuvres du trésor public, parce qu'elle pouvait compromettre ses trois autres attributions déjà assez discordantes entre elles. Je dois toutefois avouer que lorsqu'il fut connu que la caisse d'amortissement se chargerait d'une forte portion de ces effets discrédités, dont la trésorerie ne pouvait tirer aucun parti, et qu'il en paraîtrait d'autant moins sur la place, ils reprirent un peu plus de faveur. Personne encore, sans doute, n'osait se flatter du résultat qui fut obtenu ; mais il faut que je fasse connaître la nature des effets en question pour qu'on puisse juger dans toutes leurs conséquences certains expédients de finances.

Dans le dénuement où s'était trouvé le trésor public on avait imaginé de demander à la régie de l'enregistrement et des domaines (la seule qui eût traversé la révolution) un relevé par département des rentes foncières qui appartenaient à l'État sur des milliers de propriétés rurales ; on avait capitalisé ces rentes pour en faire une monnaie ; on avait divisé le capital, par coupures, sous le nom de *rescription en capitaux de rentes ;* et on tâchait de donner ces rescriptions en paiements à des fournisseurs ; c'était déléguer de simples intérêts à des créanciers auxquels on devait un capital en *argent comptant* ; des intérêts à cinq pour cent, lorsque l'intérêt, sur la place de Paris, variait encore de douze à vingt pour cent ; des intérêts divisés en modiques fractions à recouvrer sur des débiteurs inconnus, éloignés et très nombreux. On juge de l'accueil qui avait été fait à ce mode de paiement. Ces rescriptions avaient perdu plus de soixante pour cent, et l'on sait que, lorsqu'une trésorerie paie de cette manière des créanciers-fournisseurs, ce n'est pas sur ceux-ci que la perte retombe. De toutes les négociations que le trésor public avait faites avec une telle valeur, la moins dommageable encore pour lui était celle par le résultat de laquelle il avait reçu comptant de la caisse d'amortissement six millions de monnaie réelle en échange de quinze millions de rescription ; et cette caisse n'aurait-elle même jamais retrouvé ces six millions, si elle avait tenté de négocier à la Bourse de Paris ces valeurs qui représentaient cependant en rentes un capital réel de quinze millions. Mais moins pressée, mieux servie par ses correspondants, assurée du concours des principaux agents de l'enregistrement, qui pouvaient avec honneur montrer du zèle pour elle, elle avait pu entreprendre de se mettre en rapport direct avec cette multitude d'anciens débiteurs de l'État qu'elle ne voulait pas garder longtemps pour les siens. Elle voulait qu'ils rachetassent leur dette ; une administration offrait à cet égard plus de sûretés pour eux qu'un porteur ordinaire qui aurait acheté à vil prix ce droit ; elle pouvait s'en prévaloir pour obtenir une transaction meilleure ; elle avait aussi plus d'autorité pour vaincre les difficultés, combattre les résistances. Avec plus de pouvoir, le trésor public y aurait échoué ; il n'aurait jamais eu le temps et la patience des soins nécessaires pour donner à une pareille monnaie le titre qui lui était propre, et pour aller découvrir ce titre si loin et dans tant de lieux. Mais ce ne fut pas sans étonnement que les deux ministres (le ministre des finances et celui du trésor public), qui partageaient alors entre eux l'administration des finances, apprirent que ces rentes, qu'on n'avait pu vendre à Paris à aucun prix, avaient été toutes rachetées dans les départements au-dessus du taux de quatre vingts pour cent [1]. Il y avait cependant peu de mérite dans ce résultat qui était le produit du calcul

---

1. A ce taux, l'État perdait encore vingt pour cent : et dans ces négociations directes, soit lorsque la trésorerie avait donné ces rescriptions en paiement, soit lorsqu'elle les avait négociées comme créance transmissible, l'État avait perdu jusqu'à soixante pour cent ; on conçoit que de tels expédients de finances pouvaient quelquefois donner un peu d'humeur à un chef de gouvernement.

le plus simple ; il était étranger aux devoirs qui devaient occuper ma petite administration, soit comme caisse d'amortissement, soit comme caisse de dépôt, soit comme caisse de garantie ; et ce n'est pas, je le répète, parce que ces deux dernières attributions se trouvaient déjà peu conciliables avec la première qu'il fallait lui en donner une quatrième encore bien moins assortie, en l'instituant, de plus, bureau d'échange et de conversion de valeurs pour le trésor public. Ainsi, sans regretter sans doute le service qu'elle venait de rendre dans cette circonstance, je ne regrettais pas non plus les objections que j'avais faites, pour que le même service fût rendu par une autre voie ; et je ne prévoyais pas que c'était plus particulièrement par cette dernière fonction que la caisse d'amortissement devait, dans cette période, prendre part à toutes les opérations de finances.

A l'époque où celle-ci se terminait (1802), la France se trouvait dans une position assez nouvelle : elle n'avait plus d'ennemis à combattre au dehors ; l'Angleterre elle-même venait de suspendre ses hostilités par un traité ; et dans cette première ferveur de confiance qu'inspirait une paix qui devait être si peu durable, on disait, comme on l'a répété dans d'autres temps, que la France ne devant jamais être obligée de faire des emprunts, elle n'avait pas besoin de crédit ; la dernière opération de la caisse d'amortissement, sur les rentes foncières, avait fait en sa faveur plus d'effet que je n'aurais voulu ; et le premier consul concluait de cette épreuve qu'il pouvait en tirer d'autres services que ceux qu'il en avait d'abord espérés. Déjà il mettait moins de prix à la dernière organisation qu'il lui avait lui-même donnée; il lui arrivait de dire qu'elle aurait peu de chose à faire pour l'amortissement, parce qu'une dette publique, aussi faible que celle de la France, n'avait pas besoin d'être réduite ; rien comme caisse de garantie pour les obligations des receveurs-généraux, puisqu'elles étaient toutes assez exactement acquittées par eux ; rien comme caisse de dépôts, puisqu'elle avait déjà reçu et employé tout ce qu'elle pouvait recouvrer à ce titre ; mais qu'on pouvait lui ouvrir une autre destinée.

Je ne conciliais pas cette instabilité dans les plans avec cette fermeté dans les résolutions et surtout avec l'opinion qu'il voulait donner de son caractère; je soupçonnais bien qu'il redoutait les entraves d'un système régulier de crédit, en même temps qu'il en désirait les avantages ; je savais que ceux qu'il consultait plus habituellement que moi n'avaient pas, sur le *crédit*, des notions bien exactes; mais je me rappelais que dans ce conseil même (le seul où j'eusse assisté jusqu'alors) où il avait censuré si amèrement quelques opérations de finances, il avait annoncé des intentions, exprimé des opinions qui respiraient l'amour de l'ordre, le désir de l'économie, le respect pour la foi publique. Je me rappelais cette étonnante patience avec laquelle il avait écouté, dans une autre conférence antérieure, des développements assez mal présentés, et qui avaient de plus la défaveur de contrarier quelques-unes de ses idées ; et je me surprenais quelquefois dans la confiance de lui faire adopter des principes puisés dans l'intérêt public et conséquemment dans le sien. Ce fut du moins le sentiment que je portai dans les entretiens particuliers auxquels il voulut m'admettre, et j'y retrouvai souvent cette simplicité, cette patience, qui m'avaient séduit dans ma première entrevue; cette disposition à tout entendre qui encourage l'inférieur à tout dire. Il était cependant impossible que de telles conversations laissassent toujours des traces profondes dans une tête préoccupée de tant de soins divers ; et j'en avais déjà fait l'épreuve par quelques-unes des dispositions que le premier consul avait laissé s'introduire dans l'organisation de la caisse d'amortissement, dans celle des agents de change et dans le règlement de la Bourse.

Dans ses audiences, il m'avait aussi parlé quelquefois de la banque qu'il venait d'établir sous le titre pompeux de *Banque de France*. Assez de voix lui avaient répété que cet établissement était un grand bienfait pour le commerce, un grand moyen de prospérité industrielle, et qu'il serait un puissant auxiliaire pour le gouvernement lui-même : le premier consul avait remarqué ma froideur devant ces éloges ; je me bornais, en effet, à dire que la réalisation de ces hautes promesses dépendrait de plusieurs conditions ; mais quand j'avais essayé d'expliquer mes motifs, j'avais pu voir que mes explications n'étaient pas aussi persuasives que l'avaient été les éloges venant d'ailleurs. Je pris le parti de résumer dans une note tout ce que j'avais pû dire sur les banques, résolu de présenter cette note au premier consul, lorsqu'il m'en donnerait l'occasion ; elle ne se fit pas attendre. Il commença par me demander si je gardais toujours ma rancune contre sa Banque. Je lui présentai ma note ; il m'ordonna de la lire, et voici, en résumé, ce qu'il eut la patience d'entendre ; cette note reproduisait les observations que j'avais faites aux principaux intéressés eux-mêmes, quand ils m'avaient consulté.

« La nouvelle Banque pourra sans doute rendre
« service au commerce ; mais un article de ses sta-
« tuts pourrait faire supposer que la *régence* s'est
« réservé un privilège qui ne serait pas celui des
« profits les plus réguliers. Par le fait de l'escompte,
« le porteur d'une lettre de change obtient l'avance
« du montant de cet engagement que l'escompteur
« ne recouvrera qu'à l'échéance. Le grand service
« que rend une banque, c'est d'escompter à meil-

« leur marché. Mais tout escompte n'est régulier
« que lorsqu'il s'applique à de véritables lettres de
« change, à celles qui sont le règlement, le solde
« d'un marché consommé auquel ont concouru trois
« contractants, et par l'effet duquel l'accepteur est
« nanti d'une valeur réelle, égale au montant de
« la lettre de change, qu'il faut bien distinguer de
« *la traite de circulation*: c'est frauduleusement que
« cette autre espèce d'effet négociable emprunte les
« formes de la lettre de change ; il n'est autre chose
« qu'un atermoiement masqué par des emprunts
« successifs. Une banque qui connaît la gravité de
« ses devoirs doit bien se garder d'admettre à ses
« escomptes de pareils engagements ; et telle peut
« être souvent la nature de ceux qui, n'étant revê-
« tus que de deux signatures, deviennent admis-
« sibles pour la nouvelle Banque par la signature
« d'un de ses régents ; il ne serait peut-être pas
« injuste de supposer que dans ce cas le régent
« s'est fait payer par un des deux signataires un
« escompte plus fort que celui dont il a lui-même
« tenu compte à la banque. Or, un tel acte, qui est
« sans profit pour le commerce régulier, ne serait
« pas sans abus de la part du régent, ni sans dan-
« ger pour la Banque.

« Le privilège d'une banque est de fabriquer
« presque sans frais une monnaie qui circule con-
« curremment avec la monnaie réelle, laquelle ne

« se fabrique pas *sans frais*, puisque, si elle est de
« bon aloi, elle a coûté, en effet, toute la valeur
« qu'elle représente : la première condition de toute
« monnaie est de prendre, dans la nécessité de son
« emploi, la mesure de son émission ; et cette con-
« dition est bien plus impérieusement obligatoire
« pour la monnaie artificielle qu'une banque peut
« émettre, que pour la monnaie réelle.

« Lorsqu'il y a surabondance de monnaie réelle,
« le superflu prend aisément une autre forme : lors-
« qu'il y a surabondance de monnaie artificielle, le
« superflu avilit toute la masse et dégrade son titre.

« Une banque qui n'escompte que des lettres de
« change régulières, et qui, en conservant ces let-
« tres de change pour en recouvrer le montant à
« l'échéance, donne en échange l'équivalent en sa
« monnaie, ne court jamais le risque d'augmenter
« le volume de la monnaie totale au delà de la juste
« proportion ; car, d'un côté, elle a retiré de la cir-
« culation un effet faisant en partie office de mon-
« naie, et de l'autre celui qui doit l'acquitter retient
« lui-même aussi chaque jour et accumule en ré-
« serve la portion de la monnaie réelle qui doit
« solder cette lettre de change. Ainsi, par son es-
« compte, la Banque n'a fait alors que rétablir
« l'équilibre dans la masse du médium de circula-
« tion qu'on appelle monnaie ; mais lorsque ses
« escomptes s'appliquent à des lettres de change

« qui ne sont pas l'accomplissement, le dernier
« acte d'un marché réel et nécessaire, et qui, au
« contraire, doivent être remplacées à leur échéance
« par de nouvelles lettres de change n'ayant encore
« que la même cause, elle accroît alors au delà du
« besoin la masse de la monnaie, et la circulation
« repousse avec discrédit cet excédant vers sa
« source. Or, dans l'état actuel du commerce, lors-
« que tant d'hommes nouveaux dans la banque
« sont si avides de profits et si légers dans leurs
« entreprises et dans leurs engagements, il est bien
« permis de suspecter, dans son origine, toute lettre
« de change non revêtue de trois signatures accré-
« ditées et en faveur de laquelle le porteur qui veut
« la faire escompter réclame auprès de la Banque
« le privilège que les statuts confèrent à la signa-
« ture d'un *régent* [1]. Une banque ne compromet pas
« seulement son crédit et l'intérêt de ses action-
« naires, lorsqu'elle s'écarte des règles austères de
« l'escompte; associée par le gouvernement au plus
« important de ses privilèges, celui d'émettre une
« monnaie en son nom; jouissant même à cet égard
« d'un privilège supérieur à celui du gouverne-

---

1. La signature d'un *régent* comme *endosseur* d'une lettre de change peut sans doute être aussi bonne que toute autre ; mais ce n'est pas à la qualité de régent qu'il importe que la modéraration de l'escompte que procure une banque profite, par préférence, dans l'intérêt de l'industrie.

« ment, par la forme et la nature de la monnaie
« qu'elle crée, elle peut mettre en péril le gouver-
« nement lui-même, compromettre ses paiements,
« la sûreté de tous les engagements publics et pri-
« vés, si l'opinion conçoit quelques sujets d'alar-
« mes sur le gage réel de la monnaie de banque :
« et ce gage est essentiellement dans les lettres de
« change qu'elle a reçues en retour de sa monnaie.
« Elle présente sans doute un autre gage dans le
« capital qu'ont fourni ses actionnaires pour avoir
« droit aux profits de son privilège ; mais ce n'est
« là qu'une garantie subsidiaire qui ne doit jamais
« être entamée ; car le lendemain du jour où ce capi-
« tal serait atténué par quelque recours exercé sur
« lui, la banque déchoirait de la confiance qui fait
« sa force, non-seulement vis-à-vis de ses action-
« naires, mais même vis-à-vis du public qui s'exagé-
« rerait le danger de l'altération d'un de ses gages.

« Le capital dont se compose le fonds social se-
« rait d'ailleurs toujours insuffisant, puisque le
« grand moyen de profit d'une banque consiste à
« maintenir toujours dans la circulation une masse
« de ses billets triple et quadruple du capital
« fourni par ses actionnaires.

« Par une autre clause de ses statuts [1], la Banque
« refuse d'admettre à l'escompte les lettres de change

---

1. Cette disposition a été rectifiée.

« les plus régulières, lorsqu'elles n'ont plus que
« quinze jours d'échéance ; elle ne se charge que
« de leur recouvrement, et elle n'en remet le mon-
« tant qu'après l'avoir reçu du débiteur. Mais, plus
« le terme de l'échéance est prochain, plus une lettre
« de change offre de sûretés ; plus elle doit donc être
« recherchée par la banque. Cette seconde clause
« des statuts est encore en opposition évidente
« avec l'intérêt et le devoir de la Banque.

« On place aussi dans les statuts, au rang des
« prérogatives de la Banque, la faculté de faire le
« commerce d'or et d'argent. Ce n'est pas là un pri-
« vilège pour la Banque ; c'est au contraire pour elle
« une condition onéreuse de son privilège, qui est
« assez lucratif pour comporter quelques charges.
« Ce privilège consiste à émettre de simples billets
« au porteur, qui ont force de monnaie ; avec ces
« seuls billets, la Banque se rend propriétaire des
« meilleures créances du commerce, sur le montant
« desquelles elle retient une prime ; mais elle doit se
« tenir prête à convertir, à toute réquisition, ses
« billets en monnaie réelle. Si elle ne parvient pas à
« appeler sans effort, dans sa caisse, la quantité de
« monnaie réelle qui lui est nécessaire pour remplir
« ce devoir, il faut, à quelque prix que ce soit,
« qu'elle en fasse fabriquer à ses frais, et qu'elle
« achète au dehors des matières d'or et d'argent pour
« cette fabrication. Il y a donc inexactitude dans la

« rédaction qui présente comme une concession du
« gouvernement ce qui est un devoir dont la Banque
« est comptable envers lui.

« Si une banque ne peut pas, sans danger pour
« elle et sans un danger plus grand encore pour
« l'État, secourir le commerce autrement que par
« des escomptes réguliers, et si conséquemment elle
« ne peut mettre ses billets dans la circulation qu'en
« recevant en échange et en retirant de la circula-
« tion une somme égale de lettres de change pro-
« prement dites, à courte échéance, il est évident
« qu'elle ne pourrait pas offrir, à d'autres condi-
« tions, au gouvernement lui-même, le secours de
« sa monnaie ; et comme les gouvernements n'ont
« pas en profusion, dans leurs caisses, des valeurs
« qui aient le caractère et présentent la sûreté des
« bonnes lettres de change, lorsqu'ils instituent une
« banque en pleine connaissance des devoirs qu'elle
« doit remplir, des règles austères qu'elle doit ob-
« server, ce ne peut jamais être avec l'espoir de
« tirer parti, pour les besoins publics, du privilège
« qu'ils lui confèrent de créer et d'émettre une nou-
« velle monnaie ; mais ce privilège est fort lucratif
« pour les entrepreneurs qui l'obtiennent, puisque
« escompter c'est prêter à intérêt, et que les entre-
« preneurs d'une banque reçoivent, pour les prêts
« qu'ils font dans une monnaie qui ne leur coûte
« guère que des signatures, le même intérêt que

« des prêteurs ordinaires reçoivent pour des prêts
« faits en monnaie réelle. Il ne serait donc pas ab-
« surde de soutenir qu'un tel privilège pourrait, sans
« injustice, être vendu ou affermé comme beaucoup
« d'autres. Mais, loin d'avoir imposé à la Banque
« de France, en l'instituant, une telle condition qui
« ne serait pas sans exemple, le gouvernement con-
« sulaire a usé envers elle d'une générosité dont on
« ne trouverait d'*exemple* dans aucun temps et dans
« aucun lieu ; il ne lui a pas demandé d'avances, il
« lui en a fait ; l'association en commandite, qui
« s'était formée sous le nom de *Banque de France*,
« devait déposer un capital divisé alors en trente
« mille actions ; ce capital, pour une banque, était
« moins un moyen d'exploitation (puisque ce n'est
« pas avec son capital, mais avec la monnaie qu'elle
« crée, qu'une banque fait ses opérations) qu'une
« espèce de cautionnement et de garantie qu'elle
« devait en quelque sorte présenter au gouverne-
« ment et au public ; et c'est le gouvernement qui a
« fait les premiers fonds de ce cautionnement, en
« devenant lui-même le premier actionnaire pour
« cinq mille actions. Je me permets de dire ou plutôt
« de répéter ce que j'ai dit dans l'origine : c'est
« que si ce sacrifice avait quelque mérite, c'était
« celui de la singularité : que si des notions exactes
« avaient été plus répandues sur la saine théorie des
« banques, une telle munificence aurait pu devenir

« plus nuisible qu'utile au crédit de la Banque ; car
« on n'aurait jamais espéré que cette intervention
« de la part du gouvernement dût être aussi gra-
« tuite qu'elle l'a été. Je sais qu'il ne faut pas abuser
« des comparaisons ; cependant je crois pouvoir rap-
« peler que, six ans après la révolution qui porta
« sur le trône la dynastie actuellement régnante en
« Angleterre, en 1694, lorsque la banque de Londres
« fut créée, non-seulement personne n'imagina de
« proposer à la couronne d'avancer une partie du
« capital que devaient fournir les actionnaires, mais
« même que personne ne s'étonna de voir plus de la
« moitié de ce capital mis à la disposition de la
« couronne : le premier devoir des actionnaires de
« la banque de Londres, avant d'exploiter le pri-
« vilège lucratif qu'ils obtenaient, était de réaliser
« un capital d'environ deux millions sterling ; leur
« premier acte fut d'en prêter la moitié au nouveau
« souverain. Ils ont souvent fait, depuis, le même
« emploi d'une partie de leurs bénéfices, et l'on sait
« que dernièrement, lorsque leur privilège fut re-
« nouvelé, ils n'hésitèrent pas à accepter la propo-
« sition que leur fit M. Pitt de faire, sans intérêts,
« un nouveau prêt de soixante-douze millions de
« francs, qui ne serait remboursable qu'à l'expi-
« ration de ce privilège.

« La nouvelle Banque établie à Paris ne peut pas
« sans doute prétendre à ressembler à la banque de

« Londres, qui a sur elle l'avantage de plus d'un
« siècle de succès, qui se trouve associée par ses
« escomptes aux bénéfices toujours croissants que
« le monopole du commerce du monde assure à
« l'Angleterre, qui ne peut pas compromettre son
« crédit par les secours qu'elle donne à son gouver-
« nement, car elle ne fait maintenant de telles
« avances que sur la portion de ses profits qu'elle
« peut mettre en réserve sans appauvrir le divi-
« dende de ses actionnaires. Elle évitera surtout
« de lui ressembler par ce triste privilège, dont
« use ce grand établissement [1], de pouvoir être
« momentanément dispensé d'acquitter ses billets
« en monnaie réelle, à la volonté des porteurs. On
« le tenterait vainement en France; et l'Angleterre
« est peut-être le seul pays du monde où les créa-
« tions du crédit puissent se donner un horizon
« tellement étendu, que la monnaie artificielle elle-
« même n'y dégénère pas [2] en *papier-monnaie*; mais
« dans la situation actuelle de la Banque de France,

---

1. Ces explications étaient données en 1802.
2. La garantie de cette masse de monnaie de banque qui circule en Angleterre n'est pas seulement dans les valeurs qui représentent le capital des actionnaires, et dans celles beaucoup supérieures que recèlent les portefeuilles de la banque. Ce qui est la meilleure garantie des unes et des autres, c'est l'immensité des approvisionnements de tout genre, des produits de travail qui remplissent les magasins. Garantie meilleure, pour les unes et pour les autres, que des amas d'or et d'argent.

« lorsque ses actions sont recherchées (elles ga-
« gnent dix pour cent sur leur valeur primitive), je
« crois que si le gouvernement a pu lui rendre dans
« le principe quelque service en faisant les fonds de
« cinq mille actions, il lui rendrait un plus grand
« service encore en l'affranchissant de la tutelle d'un
« pareil actionnaire, qui tôt ou tard pourrait pa-
« raître suspecte ; et que, s'il ne veut pas restituer
« ces fonds à la première destination que la caisse
« d'amortissement pouvait leur donner, il vaudrait
« mieux encore les employer à acquitter les plus
« urgentes des créances exigibles que les laisser
« sous leur forme actuelle, sans utilité pour aucun
« service public. »

Le premier consul avait écouté, en se promenant, ces longues définitions, et presque sans interruption : il garda encore quelques minutes le silence ; puis il me dit : « Pour s'entendre il faudrait d'abord
« être d'accord sur les termes : je n'attache pas le
« même sens que vous à ceux que vous employez ;
« je vois que vous-même vous n'êtes pas d'accord
« sur ces questions avec des hommes qui se recom-
« mandent cependant par leur expérience et par
« leurs lumières ; et c'est la première fois que j'en-
« tends censurer la Banque dans son organisation
« et le gouvernement dans ce qu'il a fait pour elle ;
« mais ce ne sont pas des doutes que je cherche,
« ce sont des résultats ; je cherche le positif du bien

« et non pas l'idéal du mieux ; le monde est bien
« vieux ; il faut profiter de son expérience ; elle
« apprend que les vieilles pratiques valent souvent
« mieux que les nouvelles théories : vous n'avez
« pas seul le secret du métier : revoyez votre note,
« rendez-la plus claire et plus simple, je n'aime pas
« à revenir sur ce que j'ai fait; ce qu'il faut éviter,
« c'est moins encore l'erreur que la contradiction
« avec soi-même ; et c'est surtout par cette seconde
« faute que l'autorité perd sa force. Je jugerai si la
« législation de la Banque peut et doit être amé-
« liorée : par exemple, s'il n'est en effet d'aucune
« utilité pour la Banque que le gouvernement reste
« son actionnaire pour cinq mille actions, cette
« question peut être promptement résolue; car alors
« les régents ne demanderont pas mieux que de
« proposer de nouveaux acheteurs pour les ac-
« tions; je vous autorise à les pressentir à cet égard.

« On m'a remis beaucoup de notes sur les ban-
« ques; je n'ai été content d'aucune, vous les exa-
« minerez et vous m'en rendrez compte[1]. » — J'al-

---

[1]. Il n'y avait pas un seul de ces plans où on ne retrouvât quelqu'un des vices sous lesquels ont succombé tant d'établissements improprement nommés banques d'escompte. Je crus ne pouvoir mieux réfuter de telles propositions que par le simple exposé des conditions élémentaires et des devoirs spéciaux d'une banque d'escompte, bien appropriée à cette destination; ce fut l'objet des deux notes annexées à ce chapitre.

lais me retirer, le premier consul me retint. — « J'ai pris, me dit-il, de nouvelles mesures pour le « service du trésor public : je ne sais si avant la « révolution les prêteurs en titre, qu'on nommait « banquiers de la cour, faisaient aussi bien les « affaires du roi que les leurs propres ; mais je sais « que les nouvelles associations de banquiers, par « le moyen desquelles on a tâché de renouveler ce « mode de service, n'ont pas répondu aux espé-« rances qu'on a voulu me donner ; on m'a fait « directement d'autres propositions ; les receveurs-« généraux, qui sont les hommes par les mains des-« quels passent tous les revenus de la France, ont « demandé à former dans leur sein un comité qui « résiderait à Paris, et qui ferait au trésor, à moin-« dres frais, les avances que l'on trouve si diffici-« lement ailleurs ; j'ai considéré que les receveurs-« généraux étant déjà des hommes à nous, nous « en tirerions meilleur parti. Les ministres fai-« saient des objections, je viens de les mettre « d'accord par un décret ; qu'en pensez-vous ? »

Je répondis que deux des receveurs-généraux m'avaient fait part de leurs propositions ; que je les avais fort encouragés à y donner suite ; que je ne connaissais ni le mécanisme du trésor public, ni les combinaisons de son service, ni la nature de ses besoins ; mais que les receveurs-généraux, qui ont la faculté de recouvrer en douze mois des con-

tributions qu'ils peuvent, d'après leur traité avec le ministère, ne verser qu'en seize, dix-sept ou dix-huit mois, et quelquefois plus, se trouvaient d'autant mieux les auxiliaires naturels du trésor, qu'ils ne lui feraient, en effet, que l'avance de ses propres fonds. « Sans doute, reprit le premier consul ;
« mais pourquoi donc restez-vous si étranger à la
« connaissance des opérations du trésor ? N'est-ce
« pas dans son intérêt que toutes celles de la caisse
« d'amortissement doivent être faites ? Les deux
« ministres des finances ne doivent pas avoir de
« secrets pour le directeur de la caisse d'amortisse-
« ment, ni lui pour eux ; il faut de l'accord dans les
« pensées pour qu'il y ait unité dans l'action. » Ce qui va suivre prouvera qu'en recommandant l'unité dans l'action, le premier consul soignait peu l'union dans les personnes. M. de Marbois, alors ministre du trésor, fut annoncé : « Eh bien ! lui dit le premier
« consul, c'est un peu malgré vous que je viens de
« substituer un comité de receveurs-généraux à un
« comité de banquiers pour le service du trésor ;
« voici encore une voix de plus contre vous, le di-
« recteur de la caisse d'amortissement est de mon
« avis. » — M. de Marbois ne parut point embarrassé de cette brusque déclaration ; il répondit qu'il désirait que l'épreuve qu'il allait faire ne justifiât pas ses craintes, mais que la conduite de quelques receveurs-généraux, contre lesquels il avait été forcé de

provoquer la sévérité du gouvernement, ne rendait que trop légitime sa défiance à leur égard. Il est vrai que la probité de M. de Marbois et la sévérité de ses principes avaient pu trouver alors plus d'un sujet de scandale et plus d'une occasion de censure dans les habitudes qu'avaient encore conservées plusieurs de ces comptables. Il en avait surpris quelques-uns abusant de quelques formules de comptabilité, chose en ce temps très facile, pour faire admettre au pair, dans leurs versements au trésor, des effets publics discrédités, qu'ils avaient achetés à cinquante pour cent, et ,qu'ils prétendaient avoir reçus des contribuables en paiement de leurs propres contributions. Il avait découvert de nombreux et graves déficits dans plusieurs caisses : il savait aussi que plusieurs des receveurs-généraux avaient fait longtemps racheter sur la place de Paris, avant leur échéance, celles de leurs propres obligations que le trésor était obligé alors d'escompter; comme le taux de cet escompte n'était pas aussi modéré qu'il l'aurait désiré dans son zèle pour le bien public, il supposait que les receveurs-généraux pouvaient discréditer eux-mêmes leur engagements pour augmenter le profit du rachat qu'ils faisaient faire ; il ne croyait pas que des hommes qui profitaient du discrédit public, pussent devenir de bonne foi les auxiliaires du trésor. Mais il ne lui était pas venu dans la pensée que, puisque les obligations mises en circulation par le trésor étaient rachetées par les receveurs-généraux, ils étaient déjà par le fait les véritables escompteurs dont se servait le trésor ; que les banquiers qui procuraient cet escompte n'étaient que des intermédiaires entre le trésor et ses propres comptables, et des intermédiaires inutiles, qui n'avançaient au trésor que ses propres fonds, puisque les sommes que les receveurs généraux leur transmettaient pour le rachat des obligations n'étaient que les recouvrements anticipés dont le trésor leur laissait la jouissance ; que le trésor, en traitant directement avec les receveurs-généraux, rentrait dans ses droits sur la totalité de leurs recettes, s'épargnait une double commission, rappelait à leur dépendance naturelle ses propres agents, au lieu de se placer lui-même sous la dépendance d'agents étrangers ; s'assurait les moyens de connaître, de modérer, de légitimer leurs profits et de fortifier en même temps sa surveillance, par la discipline qu'ils devraient exercer les uns sur les autres, lorsque, indépendamment de leurs rapports individuels avec le trésor, ils seraient liés entre eux par un devoir commun ; qu'enfin le trésor, en leur donnant plus de confiance et plus de considération, ajoutait lui-même quelque chose à ses sûretés comme à ses ressources [1].

1. C'était surtout le système des obligations, tel qu'il existait encore alors, que pouvait motiver et justifier (aussi alors) ce syn-

Je n'entrai pas devant le premier consul dans ces développements, sur les motifs de l'approbation que j'avais donnée à la mesure qu'il venait d'adopter ; mais lorsqu'il nous eut congédiés, M. de Marbois et moi, je les exposai à ce ministre avec la franchise que je devais à son caractère et à ses intentions. Il me parut rendre justice aux miennes ; la rigidité de ses idées l'empêchait d'admettre dans le désintéressement les nuances que permet la diversité des fonctions ; il oubliait que l'intérêt public lui-même ne recommande pas aux hommes de finances les mêmes vertus qu'aux administrateurs et aux magistrats : que les premiers font partie de cette masse de la population pour laquelle l'amour des profits n'est pas un vice, pourvu que les profits ne franchissent pas les règles qui les rendent légitimes ; que leur plus grande considération tient à la richesse qu'ils ont régulièrement acquise ; que c'est par leur richesse même qu'ils rendent plus faciles et moins onéreux les expédients auxquels doit avoir recours tout gouvernement qui ne peut pas maintenir chaque jour un parfait équilibre entre ses recettes et ses dépenses. Je crus encore apercevoir un autre motif dans l'invincible prévention que conservait M. de Marbois contre les receveurs-généraux ; et ce n'est

dicat de receveurs-généraux, puisque cette institution rapprochait en effet les obligations de leurs véritables escompteurs, et corrigeait les inconvénients du traité fait avec les receveurs-généraux.

pas pour le censurer que je le révèle : dans cette dernière circonstance (et je l'ignorais), c'était par une autre voie que celle du ministre du trésor que les receveurs-généraux avaient fait présenter au premier consul leurs propositions pour ce nouveau mode de service du trésor ; et M. de Marbois, persuadé qu'on n'est digne d'exercer l'autorité que quand on sait maintenir la subordination, n'était pas d'un caractère à excuser un tel défaut d'égards. Au surplus, sa disposition personnelle n'influa pas sur sa conduite avec les receveurs généraux dans les nouveaux rapports qu'il eut avec eux, mais il ne crut pas devoir leur abandonner exclusivement toutes les opérations dont se composait le service du trésor ; il ne leur confia qu'une partie des escomptes ; il admit d'autres escompteurs en concurrence avec eux, sans doute dans le louable désir d'obtenir, par cette concurrence même, des traités plus avantageux, et ses soins, secondés par la paix et par la rentrée plus facile des contributions, procurèrent, en effet, au trésor public des ressources plus abondantes, du moins dans les premiers mois.

C'était vers la même époque que le trésor avait reçu un secours extraordinaire de cinquante millions pour prix de la cession que le premier consul fit au gouvernement américain de la Louisiane, qui venait d'être cédée par l'Espagne à la France ; mais l'état d'aisance que parurent alors présenter les finances dura moins encore que ne devait durer la paix elle-même. Dans son constant alternat entre la détresse et l'abondance, la trésorerie subissait toutes les conséquences de la première, sans avoir les bénéfices de la seconde ; et c'était là l'effet inévitable d'un système qui condamnait les créanciers de l'arriéré à attendre indéfiniment leurs liquidations ; les ministères à faire des marchés onéreux avec des fournisseurs qui n'offraient pas plus de garantie dans leurs livraisons qu'ils n'en trouvaient eux-mêmes dans les promesses qui leur étaient faites ; et le trésor à être sans cesse accusé d'inexactitude, quoique chaque jour ses paiements excédassent ses ressources naturelles.

On ne peut éviter quelques réflexions pénibles sur la destinée des ministres chargés d'exécuter des plans incomplets et défectueux, et plus particulièrement peut-être sur celle du ministre qui doit pourvoir à tous les paiements, lorsque chaque année lui apporte la menace d'inévitables non-valeurs dans les recettes, et d'excédants non moins inévitables dans les dépenses : or, telle redevint la situation du ministre du trésor lorsque, plus tard, la guerre se ralluma entre la France et l'Angleterre. On aperçoit que, dans ce temps aussi, il suffisait de voir et bien juger de près la situation des ministres pour n'être pas pressé de le devenir.

Lorsque, dans l'exposition de quelques idées que

l'on croit juste, on a été entendu avec patience par un auditeur auquel on ne peut dire que ce qu'il veut bien écouter, on est assez disposé à croire qu'on a jeté du moins dans son esprit quelques germes de conviction ; et j'avoue que je me laissai de nouveau surprendre par ce sentiment de confiance, quand je m'occupai de la rédaction du mémoire que le premier consul m'avait demandé sur les banques ; je crus même n'avoir pas besoin d'y reproduire tous les développements auxquels je m'étais livré dans cette exposition verbale qu'il avait paru écouter sans impatience, malgré sa diffusion. Après avoir reçu ce mémoire, il me demanda des observations sur une foule d'autres projets relatifs aux changes, aux monnaies, aux emprunts, au crédit public, aux impôts. Des écrits sur toutes les matières de gouvernement, de politique, d'administration, lui parvenaient de toutes parts, et ils étaient accueillis, de quelque part qu'ils vinssent : ceux mêmes qui pouvaient se recommander par le nom de leurs auteurs [1] présentaient souvent des faits inexacts, des règles inapplicables, des mesures inconciliables avec les plans adoptés, parce que ces conseillers bénévoles n'avaient pas pu observer d'assez près l'état actuel des finances : il aurait assurément été impossible au premier consul de lire

---

1. M. Necker et M. de Calonne

cette foule d'écrits ; mais il croyait, en les accueillant, encourager des révélations utiles qui ne lui seraient pas parvenues par une autre voie ; il les faisait extraire, et peut-être sans lire davantage les extraits, à moins qu'il n'en résultât quelque motif de plainte contre un ministre, un général ou un préfet.

Lorsqu'il me fit appeler pour lui rendre compte de ces divers plans dont il m'avait confié l'examen :
« Eh bien ! me dit-il, que disent nos censeurs ? Je
« crois bien que les anciens administrateurs ne mé-
« nagent pas les nouveaux. — Il n'y a pas un seul
« de ces écrits, répondis-je, dont l'auteur ne se croie
« un meilleur conseiller que ceux qui vous en-
« tourent ; mais il n'y a pas un seul de ces conseils
« qui puisse être suivi. — Ce n'est pas des conseils
« que j'attends, reprit vivement le premier consul,
« mais des avertissements : et il faut les chercher
« dans toutes les sources. Quand on gouverne avec
« tant d'éléments ennemis de tout gouvernement,
« après tant de désordres, au milieu des dissen-
« timents publics, au milieu des partis qui défi-
« nissent tous, également mal, le pouvoir public,
« et qui ne s'en sont successivement emparés que
« pour le perdre, la défiance devient une vertu,
« parce qu'elle est une nécessité ; j'ai près de moi
« des ministres honnêtes gens ; mais les circons-
« tances demanderaient des hommes aussi extraor-

« dinaires qu'elles. » Puis aussitôt, passant en revue tout le ministère, et se montrant plus avare de louanges que de censures, le premier consul, pendant une demi-heure entière, avec une volubilité et une vivacité d'expression qui n'ont jamais appartenu qu'à lui, fit à sa manière l'énumération des devoirs et des qualités d'un ministre ; à la suite du tableau général, il entreprenait le portrait de chacun de ceux qui remplissaient, auprès de lui, de si pénibles fonctions ; ces portraits, à vrai dire, n'étaient que trop ressemblants ; je les trouvais d'autant plus propres à diminuer l'envie de fournir de nouveaux sujets à un peintre aussi fidèle ; mais en même temps je me sentais sinon convaincu, au moins vaincu, atterré par cette puissance de verve, cette vigueur de jugement, ce sentiment de sa propre infaillibilité, qui ne semblaient laisser au reste des hommes que celui de leur infériorité. « Vous
« voyez, répéta-t-il plusieurs fois, je ne me laisse
« pas imposer par les réputations.... Les anciens
« services, je ne les estime que comme une école
« dans laquelle on doit avoir appris à mieux servir.
« En peu de temps, je suis devenu un vieux admi-
« nistrateur ; l'art le plus difficile n'est pas de choi-
« sir les hommes, mais de donner aux hommes qu'on
« a choisis toute la valeur qu'ils peuvent avoir. »
Le premier consul prononça encore, en se promenant à grands pas, quelques phrases sentencieuses

de ce genre que j'écoutais en silence ; et il ajouta :
« Il me semble que, depuis sa nouvelle organisa-
« tion, la Bourse devient plus sage ; on y fabrique
« moins de fausses nouvelles ; je désire que vous
« m'adressiez chaque jour une note qui m'indique,
« mieux que ne font les bulletins de la police, la
« cause des variations qui surviendront dans le
« cours des effets publics ; j'y attache sans doute
« peu d'importance ; mais il n'y a pas de petits
« symptômes à négliger, quand on veut maintenir
« partout l'ordre.

« J'ai lu votre mémoire sur la Banque, c'est une
« matière délicate ; je vous indiquerai les questions
« que je veux encore éclaircir.

« Vous venez de vous marier[1] ; mais on dit que
« vous n'êtes pas riche. » Et, sans me donner le
temps de lui répondre, le premier consul m'avertit
par un signe de tête qu'il n'avait plus rien à me dire
ni à me demander ; il se retira dans son apparte-
ment intérieur.

Lorsque je sortis de son cabinet, la première personne qui vint à ma rencontre fut un de ses frères[2],

---

1. Je venais d'épouser (au mois d'août 1802) mademoiselle Dutilleul, fille d'un ancien premier commis, qui, malgré la grande différence de nos âges, n'avait pas craint de me confier son bonheur et de se charger du mien.
2. M. Joseph Bonaparte, qui fut depuis roi de Naples et roi d'Espagne.

qui me dit en souriant que le premier consul m'avait gardé bien longtemps, qu'on voyait bien qu'il me traitait comme un homme dont il voulait faire bientôt un ministre. Sans paraître sensible à cet horoscope, je me bornai à exprimer mes regrets d'avoir fait attendre le frère du premier consul, et je sortis bien impatient de me recueillir dans la solitude.

Dans les premiers temps, je ne quittais jamais le premier consul sans être obsédé par une complication d'idées qui se trouvaient jetées à une telle distance les unes des autres, que leur comparaison et leur rapprochement devenaient un travail sérieux pour ma tête ; je n'étais pas, sans doute, le seul alors à qui non-seulement la fortune, mais même toute la personne du premier consul, parût un des grands problèmes que l'histoire des siècles pût présenter. J'apportais un telle attention aux détails de mes entrevues, qu'ils se retraçaient tous fidèlement à ma pensée ; mais plus j'approchais, plus j'observais cet homme étonnant, moins je parvenais à le définir, à le mettre en harmonie avec lui-même, à m'expliquer ce mélange de domination et de simplicité, cette aptitude à inspirer en même temps à ceux qui l'approchaient des sentiments si contraires, en les plaçant sans cesse entre le respect dû à sa position, l'admiration due à la variété de ses talents, et une sorte de crainte inspirée par son pouvoir illimité ; entre les illusions de la vanité et les menaces du mépris et du blâme ; enfin entre cette défiance qui résistait à l'épreuve des plus longs et des meilleurs services, et cette confiance apparente avec laquelle il livrait à un homme aussi nouveau pour lui que je l'étais son opinion sur d'autres hommes qu'il avait appelés à tenir, dans l'État, le premier rang après lui. J'apercevais surtout, dans cette dernière disposition, le désir, le besoin qu'il avait de se présenter comme le seul homme nécessaire ; de s'assurer dans l'opinion publique une supériorité exclusive ; d'abaisser tout ce qui pourrait, autour de lui, prétendre à quelque partage ; et je soupçonne même que, dans cette intention, il y avait de sa part plus d'instinct encore que de calcul. On conçoit quel rang la prédiction dont m'avait salué le frère du premier consul pouvait prendre dans mes pensées ; rien n'était plus loin de moi que le désir de devenir ministre ; et je ne supposais pas d'ailleurs qu'on pût y penser pour moi, quand j'y pensais si peu moi-même. J'ai toujours été plus disposé à chercher l'estime que l'éclat ; je trouvais qu'on vantait déjà trop des services aussi imparfaits que ceux que je pouvais rendre dans le cercle qui m'était tracé ; et ma condition ne m'en aurait paru que meilleure si, avec moins d'évidence personnelle, j'avais pu rendre des services plus réels : qu'on me pardonne ce jugement de moi-même, je crois qu'il n'a été démenti par aucun acte de ma vie [1].

Mais, quoique je parvinsse à me prémunir pour mon propre compte contre les illusions de cette époque, je concevais combien devait être puissante, lorsqu'il voulait l'exercer, la séduction d'un homme qui, s'étant fait lui-même, à trente-deux ans, l'arbitre des destinées de la France, se présentait à toutes les ambitions, à toutes les prétentions, comme l'exemple qui autorisait à tout désirer, et comme le pouvoir qui pouvait tout accorder. C'est ce qui explique ce silence subit des passions, cette réconciliation de toutes les opinions qui avaient divisé la France. Plusieurs tentatives ont été faites contre sa personne, mais on n'a pas vu alors l'apparence d'un seul soulèvement contre son gouvernement.

Comme, le premier consul, dans la dernière entrevue que je venais d'avoir avec lui, m'avait imposé de nouvelles obligations (et c'en était une assez peu commode à remplir que celle d'une correspondance de tous les jours), avant de la commencer je voulais et je devais en prévenir le ministre, qui était et qui aurait dû rester l'intermédiaire constant de toutes mes communications officielles

[1] . . . . . Jure perhorrui
Latè conspicuum tollere cervicem....

avec le premier consul ; mais un conseil des ministres avait eu lieu le jour même où le premier consul m'avait appelé, et je trouvai le ministre des finances instruit de l'ordre qui m'était donné.

Dans le conseil qui venait d'avoir lieu, je ne sais quelle circonstance avait rappelé son attention sur la banque ; le premier consul en avait pris occasion pour dire que je lui avais donné à cet égard des explications nouvelles ; que j'avais sur ces questions des notions plus exactes que celles qui lui avaient été précédemment données. Il avait ensuite ajouté qu'il avait la certitude que je ne cherchais pas à m'enrichir dans une place qu'on lui avait toujours présentée comme devant en peu de temps enrichir ses possesseurs ; que le gouvernement devait d'autant plus s'occuper de ma fortune, que le traitement qui m'avait été attribué était insuffisant ; que ce n'était rien faire de trop pour moi que de me donner la moitié du traitement d'un ministre, etc. Le ministre des finances paraissait au moins aussi enchanté d'avoir une pareille communication à me faire que j'étais étonné de ce qu'il m'apprenait, et touché de son intérêt. J'eus même besoin d'opposer à sa bonne volonté l'exemple des autres directeurs-généraux institués avant moi, pour le déterminer à ne proposer pour moi qu'un traitement égal à celui qui leur était assigné, et conséquemment inférieur de plus de moitié à celui que le premier consul venait de me destiner dans le premier élan de sa munificence. Il ne différa pas d'en faire la proposition, et j'eus encore les honneurs de la modération, en obtenant un traitement supérieur aux prétentions que j'aurais pu avoir.

Je regardais l'espèce de faveur à laquelle je me trouvais appelé comme une bonne fortune, puisque je l'obtenais sans aucun effort : elle me laissait sans scrupule ; mais elle ne tarda pas à faire ombrage. Tous les ministres ne me connaissaient pas, ne me jugeaient pas comme le ministre des finances. J'appris que l'un d'eux, devant lequel le premier consul disait du bien de moi, avait ainsi renchéri sur son éloge : — « Tout Paris, général, lui rend la même « justice que vous ; on dit qu'il est votre *précepteur* « en finances. » Cette réflexion eut tout l'effet que l'auteur s'en était promis ; le premier consul parut m'avoir tout à fait oublié pendant cinq mois : antérieurement, il me faisait appeler près de lui au moins une fois par semaine.

Je publiai, vers cette époque, le compte des opérations de la caisse d'amortissement pendant l'année 1802 (an x) ; il en résultait que cette caisse avait, dans cette période, doublé, par ses nouveaux achats, sa propriété en cinq pour cent ; qu'elle possédait 1,270,000 fr. de rentes ; et que, malgré la modicité de sa dotation, et l'éventualité de ses ressources, elle avait racheté, en moins de trois ans, près du trentième de la dette constituée. La commission du conseil d'État, qui avait examiné ce compte, était présidée par un homme [1] distingué par la grâce de son esprit, la modération de ses principes politiques, et la réputation de ses lumières en finances. Il avait été un des élèves et des coopérateurs de M. Turgot, et; honorablement parvenu à une grande fortune, il était un des exemples de l'espèce d'égalité que, longtemps avant l'abus que la révolution a fait de ce mot, l'instruction et les bonnes manières avaient introduite dans toutes les conditions ; sa maison avait été alors le rendez-vous des hommes qui tenaient le premier rang à la cour et dans les sciences. Il avait échappé aux dangers de la révolution sans s'en être racheté par des sacrifices reprochables ; et à cette dernière époque, sauf quelques pertes dans sa fortune, il se retrouvait au point où elle l'avait pris, également recherché par tout ce qui restait alors de ses anciens amis dans toutes les classes. Je ne l'avais pas revu depuis mon retour à Paris, et depuis que j'avais été, ainsi que lui, rappelé aux affaires ; mais, soit qu'il eût gardé de moi quelques souvenirs, soit que la nature des opérations et le bon ordre des comptes qu'il venait d'examiner l'eussent intéressé par quelques résultats nouveaux, la caisse d'amortissement fut

---

1. M. de Vaines, alors conseiller d'Etat.

de nouveau vantée fort au-delà de ses services et de ses mérites.

Une influence plus efficace que celle qu'avait pu avoir la caisse d'amortissement avait été momentanément due à la paix. Quelques symptômes de confiance publique avaient commencé, pendant cette courte période, à se manifester, ainsi que je l'ai déjà dit, par le cours plus élevé des effets publics, par le taux plus modéré des marchés ministériels, quelquefois aussi par le meilleur choix des hommes qui se présentaient pour l'entreprise des services publics : le sort de la dette arriérée restait encore incertain et soumis aux hasards d'une liquidation très aventureuse ; mais elle ne s'était pas accrue, et c'était depuis dix ans la première fois que les entrepreneurs des divers services ne dénonçaient pas un supplément d'arriéré. Les capitaux particuliers et ces fonds d'épargne que, dans les agitations révolutionnaires, une fâcheuse mais excusable sollicitude enlève à la circulation, étaient venus plus abondamment y reprendre leur place, féconder les terres dont la culture avait été négligée, ranimer les manufactures, seconder les entreprises commerciales, et courir même les chances des entreprises maritimes, après avoir échappé à celles de la révolution. Les transactions, les échanges s'étaient sensiblement accrus entre toutes les classes ; les terres et les maisons avaient presque repris leur ancienne valeur; et quoique le gouvernement antérieur eût fait l'impardonnable faute d'altérer en quelque sorte le titre de la nouvelle monnaie de France, en autorisant l'admission des espèces de cuivre pour un quarantième [1] dans tous les paiements, l'équilibre du change tendait à se rétablir, non seulement entre toutes les places françaises, mais même entre elles et les places étrangères.

Ici se présente naturellement à la pensée un résultat trop peu observé peut-être par ceux qui dissertent sur les divers gouvernements, et qui mettent dans leur préférence pour telle forme ou telle dénomination de pouvoir public l'exclusif de la passion; c'est l'heureux instinct qui avertit une nation entière du besoin qu'elle a d'être gouvernée; c'est la facilité avec laquelle, surtout après de longues agitations, elle transige sur la dénomination et sur la forme, pourvu que le gouvernement qui lui est offert annonce la ferme volonté de la défendre et de se défendre lui-même. Une grande nation préférera toujours, sans doute, le gouvernement qui lui promettra une garantie d'autant plus durable, qu'il sera lui-même exposé à moins de changement; et c'est le privilège des monarchies héréditaires. Mais la comparaison n'avait pu s'établir

---

1. On taillait dans une livre de cuivre une telle quantité de *sols*, que la valeur réelle et intrinsèque d'un sol était de cinquante pour cent inférieure à sa valeur légale, ou monétaire.

pour la grande majorité de la nation qu'entre les gouvernements désorganisateurs qui l'avaient opprimée, et celui qui, après avoir conquis la paix avec gloire, avait en effet rétabli l'ordre et relevé les ruines de la force publique. La Vendée était complètement pacifiée ; les émigrés rentraient en foule, sous la condition de renoncer à toute demande en restitution ; et la plupart n'en obtenaient pas moins toutes les restitutions qui étaient encore possibles. Les confiscations, les réquisitions en nature, avaient ruiné plus de familles encore qui n'avaient pas émigré : ces familles retrouvaient sécurité pour leur industrie ; elles ne demandaient pas d'autre indemnité. Ainsi une sorte d'intérêt commun, qu'on peut appeler *summa ratio* pour les peuples, recommandait sinon l'uniformité, du moins la modération à toutes les opinions.

La réconciliation des partis admettait sans doute encore une infinité de nuances ; mais elles ne se manifestaient que par les saillies auxquelles l'esprit français est toujours plus disposé quand on les lui défend ; espèce de défi que le pouvoir ne soutient jamais plus mal que quand il s'en fâche. Ce qu'on ne devrait jamais oublier, c'est qu'en France la légèreté et même l'irrévérence des expressions n'est pas toujours synonyme du mépris ou de la désobéissance. On obéit, au contraire, quelquefois d'autant mieux qu'on se console par là d'obéir, et qu'on croit avoir pris une sorte de revanche ; précisément comme ceux qui paraissent se passionner en faveur du pouvoir ne sont pas ceux qui l'aiment et le servent le mieux ; les censeurs qui ne se refusent pas les épigrammes ne sont pas les ennemis les plus dangereux : ce qui fait la fortune d'une épigramme, c'est principalement l'émoi qu'elle cause à celui qu'elle attaque ; quand elle est méprisée là, elle est bientôt oubliée ailleurs.

Le premier consul avait le tort de s'y montrer trop sensible, et surtout à celles d'un *certain faubourg*. C'était là que vivaient entre eux les vieux chefs des nobles familles, qui ne pouvaient plus avoir que des souvenirs sans espérances, et c'était un de leurs plus doux passe-temps que de critiquer les imitations que la nouvelle cour consulaire allait chercher jusque dans la cour de Louis XIV ; ils voulaient cependant que leurs enfants s'y montrassent parce qu'ils y entrevoyaient pour eux quelques chances heureuses, et elles se sont, en effet, réalisées pour un grand nombre.

Quoique, dans ces nouveaux cercles, tous les noms fussent confondus, et que les rangs n'y fussent marqués que par les fonctions et les grades, on s'y présentait encore avec une sorte de privilège, quand on joignait à l'héritage d'un nom illustre la tradition de ces manières élégantes, faciles, et en même temps décentes, qui distinguaient autrefois les classes élevées de la société française ; et le premier consul avait un tel sentiment des convenances, quoiqu'il les négligeât quelquefois, et peut-être à dessein, que, dans le mélange souvent assez bizarre au milieu duquel il était placé, les bonnes manières, qui, seules, n'auraient pas suffi, étaient toujours auprès de lui un accessoire recommandable. Au surplus, sous le consulat, il admit peu de réunions nombreuses ; ses audiences publiques étaient graves et courtes ; il laissait pour principales fonctions aux deux consuls qu'il s'était adjoint, et qui étaient capables d'en remplir de plus importantes, le plaisir d'ouvrir deux fois la semaine leurs salons aux fonctionnaires, aux militaires en grade, aux solliciteurs, aux femmes qui y portaient un grand luxe, à tous les nouveaux noms qui se faisaient jour dans la foule et aux anciens qui cherchaient à se rattacher à un gouvernement fort, capable enfin de les protéger. Sans doute il aurait été superflu de chercher dans ces brillantes cohues le charme de l'ancienne société, mais elles auraient pu du moins satisfaire la curiosité d'un spectateur désintéressé ; elles avaient un but plus utile en rapprochant, et non sans quelque avantage pour le gouvernement, des gens qui, tenus à l'écart les uns des autres, se seraient peut-être et longtemps encore considérés comme ennemis.

Je fréquentais bien peu ces cercles ; depuis le

commencement de la révolution, j'avais assez constamment (tant que je l'avais pu) habité la campagne, ou voyagé au dehors ; fort étranger par mes habitudes à ce nouveau genre de vie, je ne retrouvais plus Paris que dans ses édifices ; sa population me paraissait renouvelée, principalement sur le point où les ambitions s'agitaient le plus. Je ne pouvais espérer pour moi plus de sympathie que dans ces familles dont les chefs avaient été moissonnés à mes côtés sous le régime de la terreur. Elles se composaient principalement des débris de l'ancienne finance ; et l'on sait quelle révolution s'était faite depuis le milieu du dix-huitième siècle dans les mœurs des financiers français ; mes anciens sentiments et même mes nouveaux devoirs m'avaient porté naturellement vers ces familles. Leurs enfants avaient aussi leur patrimoine à réclamer, et ce n'était pas leur seule perte. Ils avaient reçu de bons exemples ; tout n'était pas à réformer dans les vieilles traditions ; le mélange des anciens et des nouveaux noms n'avait aucun inconvénient dans les finances. Les passions politiques, qui ne sont jamais que l'exagération de quelques théories, atteignent rarement des fonctions d'une utilité générale qui donnent aux temps paisibles le secours et la garantie du bon ordre, et diminuent ou réparent les désordres dans les temps de trouble.

C'était principalement des rejetons de l'ancienne

finance que j'avais composé l'administration qui m'était confiée ; j'aime à dire que j'ai trouvé en eux d'utiles auxiliaires : tous sont restés dignes de la confiance qu'ils obtinrent alors.

Plusieurs mois, ainsi que je l'ai déjà dit, s'étaient écoulés à cette époque sans que le premier consul m'eût une seule fois appelé près de lui ; il ne me vint pas dans l'esprit de regarder ce changement comme une déchéance de faveur ; je trouvais que mes relations suivaient, au contraire, une marche plus naturelle ; ma fonction ne devait pas, en effet, me donner de rapports directs avec le chef de l'État ; ceux que j'avais avec le ministre des finances étaient aussi agréables que commodes. Quant au ministre du trésor public, M. de Marbois, je trouvais dans ses manières avec moi une habitude de réserve, que je n'expliquais pas alors, et qui, malgré les recommandations du premier consul, rendait nos communications assez rares. Nos deux positions étaient bien différentes. Tous mes devoirs envers le public étaient faciles à remplir, et l'accomplissement des siens ne dépendait pas de la seule habileté du ministre. J'administrais une caisse publique qui jouissait de la faveur de la nouveauté, et qui pouvait sans effort avoir le mérite de l'exactitude. En la chargeant, par exemple, de la comptabilité des nouveaux cautionnements et du paiement des intérêts qui y étaient attachés, on lui avait procuré la bonne fortune d'étonner, à très peu de frais, par sa ponctualité, quelques milliers de créanciers nouveaux qui ne s'attendaient pas à être mieux traités que les anciens ; la plupart s'étaient résignés à subir la condition ordinaire des emprunts forcés, pour la contribution dont on avait fait dépendre la conservation de leur état ; ils s'accommodaient d'autant mieux d'une condition meilleure. La caisse d'amortissement semblait donc s'être placée dans l'heureuse position d'avoir des sûretés pour les moyens dont elle disposait et des garanties pour les engagements qu'elle pouvait prendre.

Le trésor public, au contraire, était dans la situation d'un débiteur, qui ne crée ni ses ressources ni ses dettes ; son chef, tout ministre qu'il était lui-même, dépendait encore alors du ministre des finances pour les revenus qu'il pouvait employer, et des ministres ordonnateurs pour les dépenses auxquelles il devait pourvoir. Il ne pouvait être certain que d'un seul résultat, c'est qu'on lui imposerait toujours plus de paiements à faire qu'il n'aurait pu obtenir de recouvrements. Les ministres disposaient de leurs crédits en adressant au ministre du trésor ces lettres de change ministérielles qu'on nomme *ordonnances* : il fallait bien qu'il les acceptât, et qu'il leur conférât ainsi une apparence d'échéance. Mais il était rare qu'au moment fatal le trésor ne fût pas obligé d'entrer en négociation sur le mode de paiement avec plusieurs porteurs de ces titres ; et il suffisait que quelques ordonnances ne fussent pas payées, dans la forme et dans le délai qui leur étaient propres, pour que le discrédit les atteignît toutes.

J'étonnai beaucoup un jour M. Barbé de Marbois en lui annonçant que des ordonnances qui touchaient à leur terme d'échéance étaient offertes à 1 pour 100 de perte. J'eus besoin, pour l'en convaincre, d'en faire racheter à ce taux pour quelques centaines de mille francs ; une telle opération entrait nécessairement dans l'espèce de services que la caisse d'amortissement pouvait rendre au trésor public ; mais c'était la première fois qu'elle prenait rang dans ses comptes ; Napoléon, qui voulait tout voir, le remarqua, et cette circonstance réveilla son attention sur moi ; il n'était pas moins surpris que son ministre d'un pareil taux d'escompte pour une avance de quelques jours ; il m'écrivit pour me demander des explications. Je vis par cette lettre qu'il était quelquefois disposé à imputer au trésor des torts qui n'étaient pas les siens. Les budgets seuls étaient accusables, et c'était là le texte de ma réponse. Il était notoire que les budgets de 1800, 1801 et 1802 avaient épuisé leurs recouvrements, et qu'ils n'étaient encore ouverts que parce qu'il leur restait à solder des arriérés qui n'avaient plus de gage ; que le budget de 1803, parvenu à son terme, menaçait peut-être les créanciers de l'État du même mécompte; que les crédits ouverts sur le dernier budget continuaient d'aller en avant des recouvrements que le trésor public avait pu faire, puisqu'on voyait encore des porteurs d'ordonnances se défier du mode et de l'époque de leur paiement; que ceux-là s'étaient sûrement rédimés d'avance par les conditions de leurs marchés de la perte d'escompte à laquelle ils se résignaient; mais qu'ils ne faisaient pas seuls ce calcul; que tous les autres créanciers se prémunissaient contre la même chance; qu'en se dispensant de payer régulièrement quelques dettes, le gouvernement se préparait à une perte décuple par l'inévitable renchérissement de tous les marchés. Ma lettre se terminait par cette phrase : « La lutte n'est jamais égale lorsque la ré-« crimination du grand nombre est provoquée con-« tre un seul. Le gouvernement qui paie mal ne « paie pas moins et finit par obtenir moins en « payant plus. » On conçoit bien, sans que je le dise, que ces lieux communs de la doctrine du crédit échouèrent alors contre des habitudes qui n'étaient pas seulement un héritage de la révolution, et qu'il ne suffisait pas de censurer pour les rendre meilleures. Mais ce que je dois ajouter pour ceux qui croient encore que Napoléon ne permettait et ne pardonnait aucune censure, c'est que la mienne ne fut pas mal accueillie; il m'avait interrogé, je ne répondais qu'à lui seul; et personne n'admettait plus de liberté dans les communications directes qu'il avait provoquées, et qui lui étaient faites sans témoins. C'est même, comme on va le voir, de cette circonstance que date la reprise des entretiens auxquels il m'admit. Il est certain qu'il aimait assez à trouver dans les autres du respect pour des principes dont il se réservait de ne pas toujours dépendre pour son propre compte.

J'ai dit que déjà, vers la même époque, j'avais commencé à soupçonner que le premier consul n'avait pas, dans la durée de la paix, autant de confiance qu'il en faisait paraître: il l'avait surtout considérée comme propre à prouver à tous les Français qu'il leur apportait d'autres talents que la science militaire, et à fortifier par l'aveu de toutes les puissances le gouvernement qu'il venait d'établir.

Il avait fort bien accueilli, pendant son séjour à Paris, M. Fox, et il avait employé, avec assez de succès, ses moyens supérieurs de captation auprès de cet étranger célèbre; mais il avait bientôt reconnu que le moment n'était pas venu de l'opposer à M. Pitt, qui, dans sa retraite, conservait encore une grande influence sur le ministère qui avait remplacé le sien.

Sans être séduit par les calculs des anciens propriétaires de Saint-Domingue, qui répétaient avec exagération ce que tant d'écrivains français avaient affirmé sans raison, que la métropole gagnait annuellement quatre-vingts millions dans son commerce avec cette colonie, il avait pensé d'abord que ses efforts, dans les premiers moments d'une paix si courte, pour rentrer en possession de cette importante colonie, ne seraient pas perdus ni pour sa gloire ni pour son crédit; que cette entreprise occuperait une partie de l'armée, consolerait la longue infortune des nombreuses familles de colons réfugiées en France, rendrait aux places maritimes l'activité dont elles étaient privées depuis tant d'années, ranimerait les anciennes manufactures, qu'une sorte d'industrie spéciale avait formées pour l'approvisionnement des colonies, et favoriserait l'écoulement de cette foule d'objets que la délicatesse de notre luxe repousse, et qui font le luxe des pays moins avancés. Aussi le premier consul avait-il donné alors un grand appareil à cette expédition ; mais il n'avait pas vu, sans quelque inquiétude, que les négociants des ports français eussent trop bien répondu à son appel. En effet, des calculs, qui ne parurent pas exagérés, portaient à plusieurs dizaines de millions la valeur des expéditions faites par nos armateurs pour la seule colonie de Saint-Domingue dans l'espace de quelques mois ; et déjà, en 1803, plusieurs exemples avaient averti que nos bâtiments et nos cargaisons pourraient encore cette fois devenir la proie de la marine anglaise, avant même que la guerre fut déclarée.

Parmi les généraux et les hommes admis dans son intérieur, quelques-uns s'étaient fait un mérite auprès de lui du placement de leurs épargnes dans les fonds français ; il les y avait encouragés. D'autres, sans y faire de placements, y cherchaient des profits. Tous comptaient sur la hausse progressive des cours ; ils se croyaient surtout assez bien placés pour être à l'abri de tout mécompte, s'il survenait quelque grand changement.

Cependant aucun d'eux n'en avait soupçonné un très prochain dans nos rapports avec l'Angleterre. Ceux qui voyaient le premier consul de plus près n'avaient pas ses secrets ; et, hors de son palais, ils obtenaient peu de confidences. Mais quelques-unes des principales maisons de Paris étaient mieux instruites. Je l'étais moi-même par elles. Le chef d'une de ces maisons, par exemple, m'avait confié une lettre qu'il recevait de Londres, et qui contenait ce paragraphe: « Malgré le traité d'Amiens, ne comp-
« tez pas sur l'évacuation de Malte ; on y envoie de
« nouvelles troupes, et plusieurs bâtiments char-
« gent, dans notre port, des marchandises à la des-
« tination de cet important entrepôt, que nous gar-
« derons, quoi qu'il puisse arriver. » Le jour même où cette lettre m'avait été communiquée, un ordre du premier consul m'avait appelé auprès de lui ;

c'était la seconde fois depuis cinq mois. Je ne doutai pas que son motif ne fût de pressentir l'effet que produirait sur la Bourse de Paris la rupture avec l'Angleterre.

Il commença à me parler des nouvelles spéculations maritimes auxquelles s'était livré le commerce français : il me demanda si l'on ne pourrait pas insinuer aux armateurs de nos ports de faire assurer leurs cargaisons par les compagnies anglaises. Dominé par ma première pensée, je répondis qu'une telle insinuation, quelque adresse qu'on mît à la faire, répandrait partout la crainte de la reprise des hostilités sur mer. « Et pourquoi, me dit-il, con-
« cluriez-vous de ce que je viens de dire qu'il puisse
« être question de guerre entre l'Angleterre et nous ?
« Le commerce n'a-t-il pas des précautions à pren-
« dre contre les pirates ? Quand je vois une masse
« aussi considérable de capitaux jetés avec tant de
« précipitation dans une colonie, et dont les retours
« peuvent être si longtemps incertains, j'ai lieu de
« m'étonner, sans doute, de ce que les négociants
« français, qui ne prêteraient pas une obole au gou-
« vernement, confient si imprudemment à la mer
« tant de richesses. » Il me fit ensuite plusieurs questions sur les assurances maritimes, et me fit expliquer longuement les combinaisons d'un système par lequel la prudence commerciale est parvenue à s'affranchir des chances du hasard, dans les entre-

prises les plus hasardeuses ; à faire de l'Océan une grande route sur laquelle le danger des tempêtes est moindre que celui des voleurs sur les plus beaux chemins de l'Europe ; à se racheter d'avance des naufrages par l'abandon d'une faible partie de ses bénéfices, etc., etc. ; mais lorsqu'il me faisait parler sur les assurances qui ont le double mérite de prémunir le commerce maritime contre ses pertes les plus désastreuses, et d'enrichir en même temps ceux qui détournent de lui ces pertes, il m'était facile de voir qu'il était préoccupé lui-même par d'autres pensées.

Il me rappela le dernier entretien qu'il avait eu avec moi sur les banques de circulation, et particulièrement sur celle qu'il regardait comme sa création et qu'il avait nommée la Banque de France ; il me demanda si, par ses escomptes, cette Banque n'avait pas fourni une grande partie des fonds des dernières expéditions maritimes ; si les traites qu'elle avait reçues en échange seraient payées dans le cas où tous les vaisseaux expédiés *feraient naufrage*; si leur protêt n'exposerait pas cette Banque à quelques catastrophes ; si d'ailleurs les deux établissements parallèles[1] qui tenaient concurremment

---

1. Il existait encore à Paris, en 1803, indépendamment de la nouvelle Banque, deux espèces d'autres banques : l'une qui, sous le nom de caisse d'escompte de commerce, n'était qu'une association de commerçants qui se prêtaient leurs signatures, l'autre

un bureau d'escompte ouvert à Paris éprouvant une secousse, la Banque de France ne serait pas ébranlée par le contre-coup ; si, selon la saine théorie des banques, cette concurrence de plusieurs ateliers d'escompte dans la même ville ne pouvait pas être dangereuse, et pour chaque banque et pour le gouvernement, même dans les temps les plus calmes. Je ne m'attendais pas à de pareilles questions ; le premier consul me laissa à peine le temps de répondre que, quand on exprimait de pareils doutes, on n'avait déjà plus besoin de personne pour les résoudre ; il me remit, pour la lire tout haut devant lui, la traduction d'un pamphlet anglais, censure très amère des spéculateurs français qui traitaient déjà Saint-Domingue comme une colonie reconquise, et qui avaient épuisé leurs ressources et leur crédit pour jeter beaucoup de millions dans la plus aventureuse des expéditions ; de la plupart des nouveaux banquiers de Paris qui se prêtaient réciproquement leurs signatures ou les vendaient à un pour cent à des aventuriers, et qui n'avaient provoqué l'institution de banques de circulation que pour obtenir, en qualité d'actionnaires, la préférence des escomptes dont ils fabri-

---

qui, sous le nom de comptoir commercial, escomptait les petits effets des détaillants. La première s'était déjà laissé voler par son caissier une partie de son modique capital. La seconde a fini plus mal encore.

quaient collusoirement la matière; enfin du régime vicieux des banques d'escompte de Paris, dont la seule concurrence deviendrait inévitablement une cause de ruine, puisqu'elles ne pourraient pas soutenir la moindre épreuve de l'inquiétude publique, et que le premier éclat des fautes de l'une d'elles, les compromettrait toutes.

Ce pamphlet, écrit avec l'âpreté d'un libelle, avait aussi la prétention d'un manifeste; on lisait dans le paragraphe suivant que le nouveau chef du gouvernement français n'était sûrement pas dupe des calculs populaires sur les profits que la France obtenait autrefois du monopole de son commerce avec Saint-Domingue; que, pour y trouver un bénéfice net de plus de quarante millions par année, il aurait fallu que la France eût fait plus de quatre cents millions d'affaires avec cette seule colonie; qu'en réalité son profit ne représentait pas l'intérêt à deux pour cent des capitaux qu'elle y avait enfouis. Que le premier consul ne prétendait pas non plus sans doute replacer sous la verge de leurs anciens maîtres les nègres révoltés qui restaient encore dans cette colonie au nombre de quatre ou cinq cent mille. La conclusion de l'auteur était que la conquête de Saint-Domingue ne serait que le but apparent d'une expédition conçue par un homme aussi entreprenant; qu'elle recélait sans doute quelque intention hostile contre les colonies anglaises; et cette dernière hypothèse servait de texte à une diatribe sur la morale et la politique du premier consul. Mais je n'en avais guère lu que les premières lignes lorsque le premier consul reprit vivement cet écrit en disant :

« Laissons les injures contre moi ; mais n'y a-t-il
« pas là quelque révélation utile ? J'avoue que je
« me méfie de l'esprit aventurier des commerçants
« actuels ; les bonnes traditions du commerce sont
« perdues, il a aussi abusé de la liberté, il a be-
« soin maintenant que le gouvernement veille sur
« lui et pour lui. Je n'aime pas non plus ce conflit
« de trois banques qui fabriquent concurremment
« une monnaie de papier. Vous m'avez dit quelque
« chose de pareil dans vos notes ; si quelque évé-
« nement politique venait contrarier le commerce
« dans les expéditions qu'il prépare, dans les dé-
« bouchés qu'il espère, dans les recouvrements de
« ses avances, conséquemment dans le paiement des
« emprunts qu'il a faits, soit par lettres de change,
« soit de toute autre manière, les banqueroutes ne
« seraient pas moins nombreuses à Paris qu'elles le
« sont à Londres toutes les fois que quelque nou-
« velle secousse agite l'Europe : et elles pourraient
« y laisser des traces plus funestes. Si, par exemple,
« ces trois banques, dont les billets sont admis chez
« tous les commerçants et même dans les caisses pu-
« bliques, suspendaient leurs paiements, il pourrait

« en résulter un grand embarras dans tous les ser-
« vices, un grand désordre dans l'intérieur, et sur-
« tout un grand scandale au dehors. Ne m'avez-
« vous pas dit que, pour conserver son crédit, il
« fallait en général qu'une monnaie artificielle
« comme celle des banques ne sortît que d'une
« seule fabrique ? J'adopte cette pensée ; une seule
« banque est plus facile à surveiller que plusieurs,
« et pour le gouvernement et pour le public ; quoi
« qu'en puissent dire les économistes, ce n'est pas
« en ce cas que la concurrence peut être utile.
« Occupez-vous dans ce sens d'un nouveau plan
« d'organisation pour la Banque de France, vous
« ne le remettrez qu'à moi seul. »

On conçoit qu'après cette conférence, la première question que Napoléon avait écartée était résolue par moi ; je me demandais quand et comment finirait cette nouvelle guerre avec un ennemi que nous ne pouvions atteindre nulle part. Un tel problème me préoccupait beaucoup plus que le nouveau travail qui m'était demandé : cependant il fallait remplir cette tâche, et j'envoyai au premier consul, avec un assez long commentaire, les divers amendements dont le premier statut qu'il avait donné à la Banque en 1800 me paraissait susceptible.

Le lendemain la régence de la Banque avait déjà reçu l'ordre de délibérer sur ces amendements ; M. Perregaux père, son président, était venu m'apporter la copie que le premier consul lui en avait envoyée. Il me disait que, par sa lettre d'envoi, le premier consul demandait une prompte réponse, ce qui n'était pas sans embarras pour la régence ; qu'elle l'aurait volontiers dispensé des soins qu'il voulait prendre pour l'amélioration de ses statuts ; qu'elle trouvait très convenable qu'on lui donnât le privilége exclusif de l'escompte en billets au porteur faisant office de monnaie ; et conséquemment qu'on supprimât la caisse d'escompte de commerce, et qu'on soumît à sa surveillance le comptoir commercial : mais qu'un des amendements tendait à faire perdre aux actionnaires leur principal droit, puisqu'ils rentreraient dans la condition commune, et qu'ils ne pourraient plus présenter à l'escompte des lettres de change revêtues seulement de deux signatures. Ainsi le plus régulier des banquiers oubliait en ce moment que la condition de la signature des trois contractants intéressés dans l'acte commercial dont la lettre de change exprime le solde[1], entre dans l'essence légale de toute lettre de change proprement dite, et qu'une banque ne peut pas régulièrement en escompter d'autres.

---

1. Les trois signatures requises sont celles du tireur, de l'accepteur, et d'un endosseur au moins. Elles sont plus spécialement exigibles pour toute lettre de change présentée à l'escompte d'une banque.

La signature d'un régent de la Banque, si elle était l'une des

Ce qui étonnait surtout M. Perregaux, c'était que le premier consul, dans de telles circonstances, s'occupât personnellement de pareilles questions : « Qui donc s'avise, me disait-il, de l'embarrasser « de nos affaires ? Aujourd'hui il a bien assez des « siennes ; et cependant, s'il le veut ainsi, il faudra « bien céder. » Pour abréger ce récit déjà trop long, je renvoie à une note le détail des objections et des explications qui occupèrent cette conférence [1].

---

trois, donnerait lieu de croire que cette lettre de change avait déjà été escomptée par lui à un taux plus élevé, et qu'il la présente pour profiter de la différence des deux escomptes.

C'est un soupçon bon à prévenir, pour l'honneur d'une régence de banque.

1. *Objections des régents de la Banque.*

« Pourquoi les principaux actionnaires de la Banque de France « ne jouiraient-ils pas des avantages dont jouissent les action- « naires des deux autres banques ? Ce n'est pas pour faire un « placement de fonds, c'est pour se donner un nouveau moyen de « crédit, pour assurer aux effets souscrits ou endossés par eux « une préférence d'escompte, qu'ils ont bien voulu contribuer au « capital de la Banque de France ; cette clause a été textuelle- « ment exprimée dans le statut d'association qui forme le contrat « de la Banque entre les actionnaires et le public ; et le gouver- « nement n'a pas le droit de modifier cet acte qu'il avait agréé ; « toute intervention du gouvernement dans l'administration de « la Banque peut devenir une cause de discrédit pour elle, par « l'inquiétude qu'elle peut donner au public. »

Réponse.

« Les actionnaires d'une banque ne peuvent pas se comparer

DEUXIÈME PARTIE

Plusieurs jours s'étaient écoulés sans que la régence de la Banque se fût expliquée ; les nouveaux différends qui s'élevaient entre la France et l'Angleterre commençaient à n'être plus un mystère ; la guerre n'était pas déclarée, mais les hostilités étaient déjà commencées de la part de cette dernière puissance ; on savait que des vaisseaux français avaient été enlevés à la vue de nos ports. Il est aisé de concevoir quel nouveau ferment d'agita-

« à une association ordinaire ; ils sont appelés au partage d'une
« des premières prérogatives de tout gouvernement, celle de
« fabriquer une monnaie en leur nom ; ils jouissent même de
« cette prérogative dans une beaucoup plus grande latitude que
« le gouvernement n'en use pour lui. Car, s'il est bien conseillé *,
« la monnaie qu'il fabrique pour le service public lui coûte exac-
« tement le prix pour lequel il la donne ; et une banque reçoit
« de lui le privilège de fabriquer, pour son service propre, une
« monnaie qui ne lui coûte rien. Une banque donne cette mon-
« naie en échange d'effets de commerce à terme, sur lesquels
« elle retient un droit d'escompte ; elle obtient donc presque gra-
« tuitement les bénéfices de l'escompte ; elle gagne des intérêts
« sans donner de capital. Vous savez mieux que moi que, si elle
« observe fidèlement les règles d'escompte qui lui sont parti-
« culières, elle ne peut essuyer aucune perte ; c'est certes un assez

---

* Le gouvernement le mieux conseillé est même celui qui ne fabrique pas de monnaie pour son compte, mais qui ne se charge de convertir en monnaie les métaux précieux destinés à cet emploi par leurs propriétaires, que pour constater par son intervention que le poids et le titre de chaque pièce sont dans un tel rapport avec sa valeur nominale, que celui qui le reçoit en paiements soit assuré d'y retrouver l'équivalent, sans plus ni moins, de la valeur qu'il a livrée, et de la créance qu'il peut exercer. Le gouvernement ne doit chercher aucun profit dans ce qu'il peut, en ce cas, retenir comme droit de fabrication ; mais il lui reste bien des précautions à prendre contre ceux qui concourent à la fabrication, soit comme entrepreneurs, soit comme surveillants, à quelque titre que ce soit.

tion ces événements apportaient à la Bourse de Paris ; le concours des spéculateurs habituels se trouvait subitement accru de ceux qui, n'ayant plus de hasards à courir sur la mer, venaient en chercher dans les fluctuations des effets publics. Les nouveaux spéculateurs, unanimes dans leur opinion pour la baisse, s'en disputaient seulement les

« beau privilège pour des actionnaires que d'être appelés à des
« profits qui ne laissent aucune chance de risques ; vous avez
« justement reproché à la caisse des comptes courants de ne pas
« remplir les conditions d'une banque régulière ; elle ne présente
« en effet qu'une réunion de sociétaires qui se prêtent mutuelle-
« ment leurs signatures. Mais, si la banque que vous administrez
« donne des préférences d'escompte à ses actionnaires ; si elle
« dispense les effets, signés par eux, d'une partie des conditions
« qui constituent toute lettre de change, ne peut-elle pas encou-
« rir une partie des reproches faits à ses rivales ? Pour qu'une
« banque d'escompte agisse avec plénitude de sûreté et de régu-
« larité, avec une complète utilité pour elle et pour le commerce,
« il ne suffit pas qu'elle admette les lettres de change de quel-
« ques maisons de commerce réputées solvables, il faut qu'elle
« choisisse les meilleures lettres de change de tout le commerce
« de la place, il faut que son choix puisse s'étendre sur l'univer-
« salité, pour que sa préférence ne se détermine qu'en faveur de
« la meilleure qualité. Comme ce sont les lettres de change qu'elle
« admet, qui sont le gage et constituent le titre de la monnaie
« qu'elle émet, cette monnaie obtiendra d'autant plus de crédit
« que les lettres de change auront été mieux choisies. Quand la
« monnaie de banque ne paraîtra dans la circulation que pour y
« remplacer des valeurs qui y font déjà l'office de la monnaie
« réelle, elle s'y maintiendra d'autant plus abondante, et la
« banque croîtra à la fois en produits et en crédits ; les articles
« additionnels sur lesquels vous avez à délibérer atteignent mieux

différents degrés ; mais leurs adversaires, qui, dans l'opinion d'une paix plus durable, s'étaient persuadé que la hausse devait être indéfiniment progressive, et qui avaient acheté des cinq pour cent à long terme dans la confiance de pouvoir les vendre à plus haut prix, mesuraient avec effroi la perte dont ils étaient menacés.

« ce but que vos premiers statuts; ils ne doivent pas rencontrer
« d'oppositions dans la régence. Un gouvernement qui rappelle
« à de tels principes une banque qu'il a créée, ne remplit qu'un
« devoir de prévoyance dans l'intérêt de cette banque, dans celui
« du public et dans le sien propre; il ne doit tolérer aucun abus
« dans l'escompte de la banque au profit de quelques commer-
« çants, comme il ne doit jamais abuser de cet escompte pour
« le service public ; il doit prévenir toute irrégularité dans l'émis-
« sion de la monnaie artificielle des banques, presque avec au-
« tant de soin que le faux monnayage lui-même, parce que les
« conséquences en seraient les mêmes pour la sûreté des trans-
« actions. Il est un résultat sur lequel je dois appeler votre atten-
« tion : les trois banques qui sont maintenant en activité dans
« Paris ne parviennent pas ensemble à entretenir dans la circu-
« lation autant de billets au porteur qu'en conservait autrefois
« cette première caisse d'escompte que la révolution a spoliée et
« détruite, et ce n'est cependant pas la matière escomptable qui
« manque ; il y a donc dans ces établissements des vices orga-
« niques qui arrêtent leur développement, et lorsqu'on veut, par
« le même acte, corriger ces imperfections et conférer à la banque
« que vous dirigez l'héritage de ses deux rivales, il me semble
« que l'intervention du gouvernement ne doit pas vous donner
« d'ombrage ; vous n'ignorez pas que, s'il ne consultait que ses
« droits, ses besoins et des exemples que je n'ai pas sans doute
« besoin de rappeler, il pourrait mettre à un haut prix le com-
« plément du privilège qu'il vous donne, etc., etc. »

Si l'on s'en rapportait à ces hommes, c'était uniquement par zèle pour le gouvernement et dans l'intérêt du crédit public qu'ils s'étaient engagés dans ces sortes d'affaires ; ils croyaient que, avec de telles intentions, on ne devait jamais être trompé dans ses calculs ni dans ses espérances de profits. Comme ils approchaient de plus près les degrés du pouvoir, ils se croyaient placés au meilleur poste d'observation, et ils n'étaient presque toujours que les premières dupes des illusions que le pouvoir croit, dans certains cas, devoir répandre autour de lui, ou de celles qu'il se fait aussi quelquefois à lui-même ; mais ils avaient un avantage, celui de se présenter comme les premiers échos de la voix publique, d'étudier le moment de se faire entendre ; et cette prétendue voix publique, dont ils se faisaient les organes, ne manquait jamais de recommander les mesures qu'ils croyaient favorables à leurs spéculations. Je ne sais quelle influence ils cherchaient à exercer dans cette circonstance ; mais au moment où il fut bien évident que le cours des effets publics allait être irrésistiblement rétrograde, le premier consul m'appela de nouveau.

— « Eh bien! me dit-il avec une sorte de gaîté
« qui me parut affectée, que dit-on, que pense-t-on
« à la Bourse ?

— « On pense, général, que les fonds publics
« subiront dans cette circonstance l'inévitable in-

« fluence de toute transition de l'état de paix à
« l'état de guerre ; on voit, dans la guerre, néces-
« sité de nouvelles dépenses, probabilité de retard
« dans les paiements, et d'accroissement dans la
« masse des dettes de l'État ; et, dans ce cas, la
« dette qui se négocie à la Bourse perd accidentel-
« lement de sa valeur, parce qu'elle offre moins de
« sûretés, et qu'elle appelle moins de nouveaux
« acheteurs.

— « Ce que vous dites peut être vrai pour un
« gouvernement qui emprunte ; mais je n'emprun-
« terai pas, je n'augmenterai donc pas la dette pu-
« blique ; ses possesseurs actuels devraient donc se
« regarder comme désintéressés dans la querelle.

— « Général, je me suis déjà permis de vous
« exposer mon opinion sur ces questions. Les em-
« prunts en dette publique inscrite ne sont pas les
« seuls emprunts dont un gouvernement fasse
« usage ; ils sont peut-être les plus réguliers, les
« moins onéreux. Il est vrai que, pour employer avec
« succès cette ressource, il faut que les gouverne-
« ments se soumettent, dans presque tous leurs
« actes, à des règles qu'en général ils redoutent.
« Et c'est sans doute par cette raison que ce mode
« d'emprunt n'est pas toujours préféré ; mais un
« gouvernement fait-il autre chose qu'emprunter,
« quand il est forcé, par l'insuffisance de ses re-
« cettes, de laisser en souffrance les engagements

« qu'il a pris ; et, par exemple, de retarder le paie-
« ment d'une partie des salaires de ses agents, de la
« solde de ses troupes, des sommes promises par
« contrat aux entrepreneurs de ses services ?

— « Vous me répétez ce que disent dans les
« salons quelques idéologues qui n'ont jamais pris
« part aux affaires, qui n'en connaissent pas les
« difficultés, et qui croient avoir gouverné le
« monde quand ils se sont fait écouter par quel-
« ques mécontents dont ils flattent la mauvaise
« humeur. J'ai eu la patience de faire interroger
« et d'entendre moi-même quelques-uns de ces
« hommes à principes absolus ; ils font bon mar-
« ché de ces principes quand on les met à prix ;
« car je les ai trouvés très disposés à me les aban-
« donner pour la moindre faveur que je leur au-
« rais accordée. »

Il me cita le nom d'anciens ministres et d'hommes
moins importants, mais non moins empressés, qui
lui avaient adressé des mémoires.

— « Je suis, continua-t-il, plus vieux adminis-
« trateur qu'eux ; on a fait en peu de temps de
« grands pas dans l'administration ; on en a promp-
« tement appris tous les secrets, quand on a dû
« tirer de sa seule tête les moyens de nourrir, d'en-
« tretenir, de contenir, d'animer du même esprit
« et de la même volonté quelques centaines de mille
« hommes, loin de leur patrie. Ce ne sont pas des

« leçons que je demande. (Puis, s'apercevant que
« cette brusque sortie m'avait causé quelque émo-
« tion.) — Vous ne devez rien voir qui vous soit
« personnel dans ce que je viens de dire ; vous ne
« fréquentez pas les salons, c'est à moi que vous
« exposez vos opinions : on peut tout me dire ; je
« ne blâme que ceux qui passent la moitié de leur
« vie à décrier le gouvernement, et l'autre moitié
« à demander des places. Mais revenons à notre af-
« faire. Lorsque le commerce, livré maintenant aux
« pirates anglais, va perdre la presque totalité de
« ses avances, et, qui pis est, ses espérances, il faut
« au moins lui épargner les autres pertes qu'il pour-
« rait faire par la baisse subite des fonds publics. Il
« ne faut pas que la fortune de tant de Français soit
« compromise par les caprices du cabinet de Lon-
« dres. Je voudrais que la caisse d'amortissement
« agît assez puissamment dans cette circonstance
« pour que le cours du cinq pour cent se soutînt au
« taux actuel, au moins quelques jours.

— « Me permettez-vous, général, de vous repré-
« senter qu'au moins en ce moment fort peu de
« maisons de commerce, surtout de la classe de
« celles qui ont pris part aux expéditions mari-
« times, possèdent des fonds publics ?

— « Si les intéressés dans les cinq pour cent ne
« sont pas des commerçants, ils sont au moins des
« Français, et le gouvernement leur doit secours.

« De quelle somme auriez-vous besoin pour retar-
« der la baisse au moins de huit jours ?

— « J'avoue, général, que je ne suis pas en état
« de répondre avec précision à cette question ; mais
« je prévois que plusieurs dizaines de millions ne
« pourraient pas suffire.

— « Que voulez-vous dire ? N'est-il pas sou-
« vent arrivé qu'avec quelques modiques achats,
« la caisse d'amortissement déterminait la hausse ?

— « Elle n'a pas eu ce mérite, général ; il a pu
« arriver, sans doute, dans des moments paisibles,
« que l'intervention de la caisse d'amortissement à
« la Bourse ait amené à sa suite quelques acheteurs
« de cinq pour cent, qui espéraient peut-être les lui
« revendre à plus haut prix, si elle prolongeait ses
« achats, et un mouvement de hausse a pu être le
« résultat de ce concours, quel qu'ait été le motif
« des spéculations auxiliaires. Mais si cette caisse
« entreprenait aujourd'hui de suspendre la baisse,
« quelle serait sa condition ? d'être seule à acheter
« tout ce que voudraient vendre ceux qui, depuis
« plusieurs mois, ont acheté des cinq pour cent au-
« dessous du cours actuel !... L'état des finances
« permet-il, surtout dans ce moment, de tenir
« en quelque sorte un bureau ouvert pour rem-
« bourser le tiers de la dette publique inscrite ?
« Un tel remboursement pourrait absorber plus de
« 160 millions ; ce serait acheter bien cher l'honneur

« de secourir quelques spéculations hasardées. »

Après un moment de silence, le premier consul me dit : « Ne me faites donc pas descendre à des « intérêts particuliers ; vous devez me supposer des « motifs plus élevés ; revenez ce soir ; je réglerai « définitivement cette affaire de bourse. » Ce jour était un dimanche ; il n'y avait pas eu de bourse ; celle de la veille avait été morne, et les cours de cinq pour cent à peu près stationnaires ; mais, dans la soirée de samedi, l'agitation avait été grande parmi ceux qui s'étaient liés par des achats à terme : les plus prudents, et c'était le petit nombre, avaient transigé avec leurs vendeurs à des conditions assez modérées ; les autres (et la plupart étaient sans ressources et sans crédit) criaient hautement qu'ils étaient victimes de leur confiance dans le gouvernement ; ils l'accusaient de leur ruine : ils l'appelaient en garantie de leur perte. Je soupçonnais bien qu'ils avaient trouvé des protecteurs zélés, même auprès du premier consul, qui, tout inflexible qu'il voulait paraître, s'était cependant laissé fléchir par leur prière, et peut-être étonner par l'aigreur de leurs plaintes. J'en eus la preuve le soir en me rendant auprès de lui ; il me communiqua quatre rapports qui lui avaient été faits dans le jour sur la crise qui se préparait à la Bourse ; deux de ces rapports ne présentaient que des bruits vagues, recueillis avec assez de fidélité dans les lieux pu-

blics ; des faits mals définis peut-être, mais observés avec assez d'impartialité : ces deux rapports venaient de la police et ils n'avaient rien d'alarmant. Les deux autres avaient un caractère bien différent ; ils étaient rédigés avec assez d'art ; ce n'était qu'au nom de l'intérêt public qu'on y demandait ce qu'on voulait obtenir pour des intérêts particuliers ; on y disait que la circonstance actuelle allait faire juger si la caisse d'amortissement de France, appelée pour la première fois à rendre un grand service, remplirait au moins ce devoir. Et, comme si on eût été dans tous les secrets du ministère anglais, on affirmait que la caisse d'amortissement anglaise avait réservé pour ce moment ses ressources et ses efforts ; qu'en maintenant à un cours élevé les effets publics, elle assurait à son gouvernement tous les moyens d'emprunts, tous les secours dont il avait besoin pour pousser la guerre avec vigueur, etc., etc. Le premier consul m'avait fait lire à voix haute ces quatre rapports, et quand la lecture en fut finie : — « Eh bien ! me
« dit-il, vous voyez que tout le monde n'est pas de
« votre avis ; que pensez-vous de ces deux derniers
« écrits ?

— « Je pense que leurs auteurs savent fort bien
« ce qui se passe à la Bourse de Paris, et ce qui
« convient à quelques-uns de ses habitués, et fort
« mal ce qui se fait à la Bourse de Londres.

— « Au surplus, reprit-il vivement, mon parti est
« pris. Employez demain quatre millions pour sou-
« tenir le cours des cinq pour cent, et la même
« somme, s'il le faut, pendant chacun des deux
« jours suivants. Point d'objection. Si ces fonds ne
« sont pas à votre disposition, il faut les trouver.
« J'écris au ministre des finances et au ministre du
« trésor ; voyez-les tous les deux ; vous viendrez
« dans chacun des trois jours me rendre compte de
« vos opérations et de leur effet..... Autre affaire :
« la Banque de France a-t-elle pris son parti sur
« les changements à faire dans son organisation ?
« Je ne veux pas de trois banques en concurrence ;
« ces machines sont toujours inquiétantes. Je con-
« voquerai demain soir un conseil d'administration
« de finances dans lequel j'entendrai les régents ;
« je vous y ferai appeler. Après-demain je ferai par-
« ler le conseil d'État sur le projet et je signerai le
« décret le même jour, pour que ce soit chose
« finie. » Je voulus hasarder une courte réflexion
sur cette précipitation, je fus congédié avant même
qu'elle pût être entendue ; mais j'avais bien d'autres
soucis que ceux que pouvait me donner l'affaire des
banques. J'étais chargé d'une opération que je dés-
approuvais, et je manquais de tous les moyens
d'exécution ; tout ce que possédait la caisse d'amortissement en fonds disponibles ne pouvait pas fournir le quart des douze millions que la caisse d'amor-

tissement devait dépenser en trois jours. Il était rare à cette époque que le trésor public eût quelques millions ; aussi M. de Marbois, malgré la lettre qu'il avait reçue du premier consul, me refusa-t-il obstinément tout secours ; le trésor ne se défendait déjà que trop bien lui-même par son impuissance. Il devait cependant à la caisse d'amortissement plusieurs millions ; mais il ne pouvait pas la traiter mieux que ses autres créanciers.

Je trouvai le ministre des finances plus compatissant à mes embarras. On se rappelle que, par suite de la division des finances en deux ministères, les régies qui recouvraient les revenus publics étaient nominalement sous sa dépendance ; elles avaient la faculté de prélever, sur leurs versements au trésor public, les sommes nécessaires à leurs dépenses, et aussi la prudence de retenir plus que moins ; ces réserves furent mises à ma disposition.

Une autre caisse, celle des invalides de la marine, accumulait aussi, depuis quatre ans, de fortes économies. Elle était successivement parvenue à étendre sur la presque totalité des dépenses de ce département la retenue qui lui avait été assignée, dans le principe, sur les seuls appointements et salaires des marins, pour former à leur profit un fonds de pensions de retraite. Une telle retenue excédait beaucoup les besoins du service des pensions, depuis surtout que les dépenses de la marine étaient quelquefois quadruplées. Déjà, avant cette époque, la caisse des invalides avait employé ses fonds libres en achats de rentes en cinq pour cent. Le ministre de la marine me proposa de donner le même emploi aux nouveaux fonds qu'elle gardait encore stagnants.

Enfin, le premier consul avait aussi dans sa cassette particulière quelques réserves ; il me fit remettre en deux fois un million : ces diverses ressources, et quelques prêts particuliers qui me furent offerts, joints aux 3,500,000 francs dont la caisse d'amortissement pouvait disposer sur ses propres fonds, composèrent les douze millions que je devais employer en trois jours à la Bourse, à raison du tiers pour chaque jour.

Je cite la circonstance qui, en peu d'heures, mit ainsi plus de huit millions à ma disposition, pour réduire à sa juste valeur ce qu'on disait alors de la pénurie du trésor, et pour montrer une de ses causes dans le vice du système. Il en est bien souvent de la détresse d'une trésorerie comme de la rareté des grains ; le blé n'est jamais plus abondant dans les approvisionnements particuliers que quand on a proclamé la disette sur le marché public : et on ne parlait alors dans tous les ministères que de la détresse du trésor.

Quant à l'opération de la Bourse, elle ne pouvait avoir que le résultat qui avait été prévu et annoncé

dans chacun des trois jours on offrit à l'agent de change de la caisse d'amortissement beaucoup plus de rentes que pouvaient en absorber quatre millions ; la baisse ne fut arrêtée que comme le serait un torrent contenu par une digue trop faible, que ses eaux surmonteraient et briseraient bientôt, pour s'échapper avec plus de violence. Après trois jours de lutte inégale et les douze millions étant épuisés, la baisse fut de plus de dix pour cent ; il est douteux que la baisse eût été plus forte si le gouvernement se fût dispensé d'intervenir. Le troisième jour, je rendis compte au premier consul de la dernière tentative ; je le trouvai aussi calme que les deux jours précédents. — « Eh bien, me dit-il, vous avez
« été battu. C'est là un faible mécompte. J'ai du
« moins atténué le mécompte plus grave qui me-
« naçait la place de Paris. J'ai peut-être aussi prouvé
« à l'Angleterre qu'à la veille d'une nouvelle guerre
« nous pouvions encore pourvoir à d'autres besoins
« qu'à ceux de la guerre elle-même. Le ministre des
« finances vous a fait des avances ; un décret les
« régularisera par imputation sur les sommes
« que le trésor public doit à votre caisse ; elle se
« libérera envers la caisse des invalides en lui cé-
« dant des rentes pour la valeur de ses fonds. Vous
« rembourserez plus tard, et quand vous le pour-
« rez, ce que vous a fourni ma caisse person-
« nelle.

« Je ferai discuter encore ce soir le nouveau sta-
« tut de la Banque. Revenez à dix heures. »

Je trouvai à ce conseil les deux autres consuls, trois ministres, parmi lesquels était M. de Talleyrand, deux ou trois conseillers d'État et deux régents de la Banque. Dans les diverses opinions je remarquai celle de M. de Talleyrand ; il avait observé l'Angleterre, et de plus près encore les États-Unis, sous le ministère d'Hamilton. Il vota pour l'unité d'une Banque d'escompte à Paris, et contre le privilège d'escompte que les premiers statuts conféraient aux actionnaires. Je me rappelle entre autre cette phrase qui frappa le premier consul :
« Le gouvernement doit donner avant tout des ga-
« ranties aux porteurs de billets, c'est-à-dire au
« public ; il affaiblirait ces garanties s'il dispensait
« les actionnaires des conditions rigoureuses de
« l'escompte. »

Deux additions furent faites aux premiers statuts de la Banque. Le capital des actionnaires fut porté de trente millions à quarante-cinq millions, par la création de quinze mille nouvelles actions mises à la disposition des intéressés à l'autre banque qui était supprimée.

Un autre article fixait l'intérêt du capital des actionnaires à six pour cent, et ordonnait sur les bénéfices excédants un prélèvement destiné à former un fonds de réserve.

Le lendemain ce nouveau statut fut notifié à la Banque, approuvé par le premier consul.

Le soir du même jour, appelé de nouveau par lui, je le trouvai lisant un bulletin de la police, auquel était jointe la copie d'une lettre qu'un banquier de Paris écrivait à un de ses correspondants à Londres ; le premier consul souriait en lisant cette lettre par laquelle le banquier proposait à ses amis d'Angleterre de souscrire pour quelques-unes des nouvelles actions de la Banque.

« Voilà bien, me dit-il, les commerçants ; les dis-
« cordes qui s'élèvent entre leurs gouvernements
« ne rompent pas leur alliance. » Il ajouta ensuite :
« J'ai fourni, je l'espère, une ample matière aux
« entretiens des politiques de Paris ; ils ont main-
« tenant assez à parler, et sur la Bourse, et sur la
« Banque. »

Lorsque j'extrais de tels détails des notes que je recueillais alors presque chaque jour, je ne me défends peut-être pas assez contre cette espèce d'intérêt que les plus simples rapports avec un homme si extraordinaire laissent à ceux qui l'ont approché. Il n'y a rien d'historique dans cette foule de faits minutieux que je rappelle, et ce sera sans doute par des résultats plus imposants que des écrivains dignes de cette époque feront connaître cette multiplicité, cette immensité de facultés que l'amour de la domination développait dans un seul homme. Mais je n'écris pas l'histoire ; je ne suis pas fait pour elle ; je ne fais pas même la chronique du temps ; j'examine ma vie, ou plutôt j'instruis mon procès pour ceux de mes contemporains qui croiraient avoir à me demander compte de quelques-uns de mes actes.

Si les mots d'*impôt*, de *monnaie*, de *banque*, de *crédit*, de *commerce*, de *propriété* viennent souvent se placer sous ma plume, je n'ai assurément pas la prétention de résoudre les questions dont ils peuvent fournir le sujet ; je me permettrais tout au plus de regretter qu'ils aient été si rarement l'objet des premières études de ceux qui ont pris part aux affaires publiques. Cette disposition des administrateurs français à préférer, pour la solution des questions de cet ordre, des théories vagues à l'étude sérieuse des faits, date de loin, et ses conséquences ont été graves. C'est peut-être, ainsi qu'il est arrivé lorsque la révolution a éclaté, que personne ne s'est trouvé prêt, ni parmi ceux qui la craignaient, pour la prévenir, ni parmi ceux qui l'appelaient, pour la diriger. Je l'ai déjà dit ailleurs, et on ne peut trop le redire.

Le premier consul avait bien aperçu que les gouvernements éphémères auxquels le sien succédait, avaient principalement succombé sous les désordres des finances. L'instinct, qui dirige invisiblement chaque homme vers le but qu'il se propose d'atteindre, l'avait averti de ne pas laisser ébranler par quelque catastrophe semblable le pouvoir qu'il venait de saisir, et la prévoyance, qui pouvait l'en garantir, n'était pas étrangère à ses habitudes. Il avait acquis la patience des détails, parce que, dans ses campagnes, il ne s'était reposé que sur lui seul du soin d'assurer la subsistance, le vêtement, la solde de ses armées. Mais d'un côté il avait connu de près les dilapidations de quelques agents français chargés, en Italie, de la levée des contributions, et les profits désordonnés de la plupart des fournisseurs ; de l'autre il n'oubliait pas que, lorsque sa caisse militaire avait manqué de fonds, il avait su accoutumer ses soldats à supporter un arriéré de solde ; et il en résultait qu'il conservait des préjugés souvent injustes contre les manutentionnaires de deniers publics, contre les entrepreneurs des services, et en même temps quelque goût pour les expédients qui retardent les paiements. Cette tendance à généraliser les premiers jugements est assez commune, même chez les hommes qui n'ont pas été, comme Napoléon, forcés par leur position de juger presque toujours vite ; et c'est une manière d'expliquer comment l'extrême sagacité, l'aptitude rare qu'il apportait dans l'administration publique, admettaient le mélange de quelques discordances assez graves. On eût dit qu'il portait jusqu'à l'affectation la défiance envers les autres pour les rendre plus circonspects, et la confiance en lui-même pour rendre ses commandements plus efficaces.

Il faut encore prendre en considération le premier emploi, les premières impressions d'une vie passée dans les camps ; et c'était à un âge où on est à peine formé pour l'obéissance qu'il était parvenu au pouvoir, dans un état de choses qui est l'exception de l'ordre civil. Il n'avait pas pu traverser, si jeune et si rapidement, tous les rangs sans subir l'empreinte de ces préjugés, qui se placent à la surface, sous la couleur de l'opinion commune. Or, à la suite de tant de clameurs contre l'inégalité des rangs et des fortunes, c'était encore, à cette époque, un préjugé assez populaire que la haine contre les hommes de finances, contre les agents de l'impôt, et il avait assez souvent dû entendre dire que le meilleur économe des deniers de l'État était celui qui les disputait le plus longtemps à tous les réclamants, quels que fussent leurs titres. C'était même ce que croyaient et tout ce que savaient quelques administrateurs qui s'étaient fait nommer *intègres* et *sévères*.

A peine revêtu d'une magistrature nouvelle pour la France et pour lui, Napoléon s'était bien imposé la tâche de connaître tous les revenus et toutes les dépenses de l'État. Il en étudiait les moindres détails : il voulait que les comptes qui en établissaient la situation se renouvelassent pour lui à des époques très rapprochées. Aucune partie de ces comptes n'échappait à son examen. Mais comme les revenus publics n'égalaient pas les dépenses nécessaires, les atermoiements par lesquels la trésorerie était accoutumée à suppléer à l'insuffisance des ressources, lui laissaient d'autant moins de scrupule qu'il n'avait pas, à cet égard, la défaveur de l'innovation, et qu'en se réservant de régler la distribution des paiements, il espérait avoir le mérite des préférences, et tenir tous les créanciers sous sa dépendance. Il se flattait d'ailleurs de pouvoir, par sa surveillance universelle, apaiser à propos les plaintes s'il en survenait. Nul doute aussi que, par quelques retards de paiements, il ne crût souvent prendre une revanche très licite à l'égard des créanciers qui faisaient acheter trop cher leurs services. Il se trompait ; la lutte n'était pas égale, je le répète ; mais ce n'était pas au sein de la guerre, au milieu des conquêtes si rapides, qu'il avait pu se former des idées exactes sur les transactions civiles, sur les rapports sociaux, sur la réciprocité des devoirs entre les gouvernements et les gouvernés, sur les divers éléments dont la propriété se compose, sur les égards qu'il faut avoir pour elle quand on veut en obtenir plus d'efforts, sur cette multitude d'inévitables infidélités qu'un gouvernement provoque contre lui-même, quand il en commet une seule. Il faut avoir longtemps observé le mécanisme des sociétés pour savoir qu'au-delà du prélèvement légal qu'elle supporte par l'impôt, la propriété a besoin de croire qu'elle peut disposer librement d'elle-même, et qu'un gouvernement éclairé recueille les premiers profits de cette indépendance, dont elle n'use jamais que pour l'entourer lui-même de plus abondantes ressources ; qu'en ce cas, ce qu'elle donne librement peut être centuple de ce qu'on lui arrache par d'autres mesures.

Il est certain que l'accès du pouvoir n'avait été si facile pour Napoléon que parce que, dans cette foule de nouveaux propriétaires nés du sein de la révolution, l'esprit de conservation et d'ordre avait déjà remplacé l'esprit d'insurrection et de turbulence, qui avait précédé et suivi l'époque de 1789.

En effet, en 1800, ce que désirait la France, c'était d'être réconciliée avec le reste de l'Europe ; c'était surtout d'échapper au gouvernement inepte et dévastateur, qui avait mis le comble à ses infidélités et conséquemment à ses fautes, par une banqueroute de deux milliards, au préjudice des anciens prêteurs de l'État.

Mais les exemples que Napoléon avait cherchés dans l'histoire ancienne étaient plus particulièrement ceux des peuples belliqueux et des princes conquérants.

Dans l'histoire moderne, quelques faits bien observés lui auraient révélé les besoins et les mœurs des deux derniers siècles, et l'action des influences nouvelles sur lesquelles aujourd'hui le pouvoir se fonde ou sous lesquelles il succombe.

C'est là qu'il aurait appris :

Que si quinze ans auparavant une grande monarchie, incertaine sans doute dans ses principes, mais du moins modérée dans ses commandements, avait péri, ce n'était pas par ce qu'elle avait été attaquée par des métaphysiciens politiques et des pamphlétaires : que c'était surtout parce qu'au moment de cette attaque, la propriété presque tout entière s'était désintéressée de sa cause, fatiguée depuis un siècle de ce que le trésor public demandait toujours plus, et restituait toujours moins [1] ;

Qu'une des combinaisons habiles de Guillaume III lorsqu'il parvint en 1688 au trône d'Angleterre, avait été de révoquer l'acte par lequel, seize ans auparavant, Charles II avait suspendu ses remboursements dûs aux prêteurs de l'échiquier, et que ce prince obtint d'eux, bientôt après, des secours supérieurs aux restitutions qu'il leur avait faites ;

Que Washington, aidé des lumières du ministre

---

[1]. Dans tout pays, comme l'ont dit plusieurs publicistes, ce n'est jamais que la minorité de la population qui se laisse emporter d'abord par les passions sous lesquelles les gouvernements succombent ; mais il suffit que le pouvoir public ait aliéné de lui la majorité, pour que le mécontentement, même inerte, devienne pour les séditieux un auxiliaire, et pour qu'il ne reste plus au pouvoir aucun appui.

Hamilton, avait, surtout, marqué sa place parmi les hommes dignes de gouverner, lorsqu'il avait déclaré, en commençant la guerre, que le paiement des dettes des États-Unis serait le premier devoir de la paix ; et telle est en effet la puissance que donne la seule volonté d'être juste, qu'à l'époque où ce gouvernement fut fondé, Washington parut pouvoir remplir sa promesse ; quoique alors la dette fût décuple du revenu annuel dont il pouvait disposer.

Mais Guillaume III, chef d'une république économe, avant de devenir roi d'un peuple libre, avait senti le besoin de proclamer son respect pour la foi des contrats devant une nation qui aspirait à la suprématie du commerce ; Washington, citoyen d'une colonie anglaise, qu'il avait aidée à se rendre indépendante, savait que la bonne foi publique ferait au nouveau gouvernement qu'il établissait plus d'amis à moins de frais, et serait un rempart plus sûr que des armées.

Tous deux avaient puisé leurs principes dans une autre école que Napoléon, qui, pour vaincre dans les combats, pour dominer dans les traités, pour renverser ses rivaux en pouvoir, n'avait connu que la puissance des armes, et à qui la victoire avait livré cette puissance toute faite.

Cependant les chiffres du trésor public, qu'il voulait avoir toujours sous les yeux, pouvaient lui présenter déjà une comparaison assez triste entre une année qui avait à peine joui du bienfait de la paix et une année qui allait renouveler la guerre.

En 1802 (an x) un revenu de cinq cents millions, s'il s'était réalisé complètement et en temps utile, aurait pu suffire au paiement de toutes les dépenses publiques.

En 1803 (an xi), l'évaluation des dépenses indispensables avait été portée à 624,500. 000 fr. ; elles devaient même excéder cette fixation, et, pour élever la probabilité des revenus à la même proportion, il avait fallu faire entrer dans les recouvrements plus de quarante millions de ressources fort éventuelles.

Dans la première période, les dépenses de la guerre et de la marine n'avaient exigé que trois cent quinze millions.

Ces deux ministères devaient absorber dans la seconde quatre cents millions : tel était pour les finances françaises le premier résultat de la rupture entre la France et la Grande-Bretagne.

Quelque lentes que fussent les liquidations au profit des anciens créanciers, qu'on ne payait qu'en inscriptions de rentes à cinq et même à trois pour cent, la dette constituée tendait chaque jour à s'accroître ; et l'accroissement même de son volume devait diminuer la chance des probabilités pour l'exactitude de son paiement à une époque surtout où, dans le partage de recettes insuffisantes pour toutes les dépenses, les rentiers ne pouvaient pas espérer de préférences sur les soldats et sur les matelots. Cependant ces causes de discrédit influèrent moins sur le cours des cinq pour cent que sur les conditions des marchés faits par les ministères de la guerre et de la marine. Il arriva même qu'après avoir été quelques mois stationnaire, le cours de la dette inscrite redevenait déjà progressif, lorsqu'au commencement de l'an XII (1804), la publication des comptes de la caisse d'amortissement, pour l'an XI (1803), fit connaître que, dans cette seule année, elle avait racheté deux fois plus de rentes en cinq pour cent que dans les trois années antérieures ; en effet, à la fin de l'an XI, plus de trois millions six cent mille francs de rentes étaient inscrites sous son nom sur le grand-livre de la dette constituée ; elle était parvenue à réaliser quelques créances désespérées dont le trésor public n'avait pu faire aucun emploi, et elle avait remboursé les divers emprunts dont elle s'était aidée pour solder les achats de cinq pour cent qu'elle avait faits au moment de la déclaration de guerre.

Quoique le gouvernement n'eût laissé à sa disposition que la moindre partie de cet emprunt forcé qu'on exploitait depuis trois ans sous le nom de cautionnement, elle était chargée d'avancer les intérêts dûs à ces nouveaux prêteurs, et à l'ouverture de 1804 (an XII), ces intérêts avaient été payés, presque à domicile, à toutes les *parties prenantes*, disséminées au nombre de trente-trois mille sur les divers points de la France. Ces faits étaient constatés par des comptes d'un examen facile et qui portaient avec eux, par leur forme même, la preuve de leur exactitude. Comme tous les comptes étaient constamment à jour, il n'était pas difficile d'en publier les résultats à l'expiration même de l'année à laquelle ils appartenaient, et c'était la quatrième fois que ces comptes paraissaient avec la même ponctualité ; ils joignaient ainsi au mérite de l'innovation dans leur forme et dans la date récente des faits, celui de la persévérance dans un système avoué par l'opinion publique ; et, quoiqu'ils ne fussent encore qu'un appendice hétérogène dans le tableau général des finances, comme ils fixaient plus particulièrement l'attention d'une classe d'hommes assez nombreuse et surtout assez active (les spéculateurs de la Bourse), comme c'est le propre de l'imagination française d'accueillir avec transport tout ce qui lui paraît être le symptôme d'un meilleur avenir, un des résultats qui frappèrent le plus les esprits dans le compte général des finances fut celui-ci : que la caisse d'amortissement s'était déjà approprié par ses rachats le quatorzième de la dette constituée; on oublia les autres dettes que le gouvernement lui-même semblait oublier quelquefois, comme celles qu'il allait encore contracter en commençant une nouvelle guerre, et on vit bientôt les cinq pour cent se relever spontanément jusqu'au taux où ils étaient avant qu'elle fût déclarée. Les pertes du commerce, la désolation et l'inaction des places maritimes, l'appauvrissement qu'en éprouvait la matière imposable, n'entraient pas dans les calculs des politiques de la capitale. L'idée d'une descente en Angleterre avait enflammé toutes les têtes ; des camps nombreux se formaient sur toutes les côtes, et, sous l'influence d'un homme dont la destinée était de renouveler pour ce siècle le spectacle des expéditions fabuleuses, on mettait à peine en question si l'invasion de l'Angleterre par les armées françaises offrirait plus de difficultés dans le dix-neuvième siècle qu'elle n'en avait présenté dans le onzième au premier des Guillaume à la tête de ses bandes normandes.

Sans doute, quand on analysait les détails d'exécution, quand on considérait que la marine la plus puissante et la plus habile qui fût jamais, devait être attaquée avec des moyens pris dans l'enfance de l'art, que des barques fragiles allaient disputer l'Océan à ces citadelles flottantes, qui n'avaient besoin que de quelques manœuvres pour les écraser et les engloutir dans les sillons qu'elles traceraient au milieu d'elles, le prestige s'affaiblissait, et il se trouvait encore quelques bons esprits qui résistaient à l'illusion commune. Mais, en fait de prodiges, quand la crédulité s'est une fois laissé surprendre, la foi marche en raison inverse de la vraisemblance, elle fuit la lumière. On eût vainement cherché à éclairer l'opinion, et il eût été plus inutile encore de hasarder des objections contre ceux qui faisaient métier de tout louer. Les rivages de chaque fleuve de la France étaient devenus des chantiers pour la construction des bateaux plats, qui devaient transporter l'élite de l'armée en Angleterre ; toutes les côtes de la Manche étaient garnies de soldats exercés chaque jour à des évolutions nouvelles pour eux, celles de l'embarquement et du débarquement. Les barques étaient devenues leurs casernes et leurs places d'armes; des divisions de ces barques manœuvraient dans les rades, commandées par les meilleurs officiers de la marine française, souvent sous le feu des bâtiments anglais, auxquels elles cherchaient à répondre. Ceux qui n'avaient que des notions superficielles sur la constitution d'une marine militaire (et c'était la grande majorité de la nation) étaient excusables de ne pas croire que des préparatifs aussi vastes, aussi dispendieux, pourraient ne produire que la plus aventureuse des entreprises ou rester le plus vain des simulacres. Il est même certain qu'en Angleterre cette menace d'invasion avait répandu quelque alarme dans beaucoup de classes ; que le gouvernement anglais ne mettait pas exclusivement sa confiance dans ses flottes ; qu'il avait fortifié, armé, hérissé d'artillerie toutes ses côtes ; et qu'il employait, pour ses moyens de défense, le double et le triple peut-être, des sommes que le gouvernement français jetait dans ses moyens d'attaque ; aussi ceux même qui ne regardaient pas le succès de la descente comme infaillible étaient-ils assez généralement disposés à penser que le premier consul atteindrait du moins le véritable but de toute guerre de ce temps, celui de faire à l'Angleterre une *plaie d'argent* plus profonde que celle que recevait la France. Ce raisonnement n'était pas tout à fait juste ; car, pour résoudre une telle question par les seuls chiffres, il aurait fallu employer d'autres éléments que la simple comparaison de la dépense des préparatifs faits dans l'un et l'autre pays.

Comme jusqu'alors les guerres entreprises par le premier consul avaient eu un caractère national, et que, dans cette circonstance, la violation du traité ne pouvait pas lui être imputée, l'opinion publique secondait assez cet appareil de vengeance auquel concouraient tous les points navigables de la France. Bientôt elle eut encore d'autres genres d'émotion ; il n'était pas douteux que l'Angleterre, fort intéressée à multiplier ses moyens d'observation sur nos côtes et dans l'intérieur, n'y envoyât souvent des émissaires. On avait remarqué que de légères embarcations déposaient ces émissaires, pendant la nuit, dans quelques-unes des petites anses que fréquentent les contrebandiers de l'un et l'autre pays ; plusieurs d'entre eux s'étaient dirigés vers Paris ; ils avaient un itinéraire réglé, des correspondants indiqués, des logements assignés. On en avait arrêté quelques-uns, et bientôt il ne fut plus question dans toutes les conversations que des *assassins soudoyés* par l'Angleterre pour attenter à la vie du premier consul. Ceux qui répandaient ces bruits n'étendaient pas plus loin les conjectures; elles suffisaient pour éveiller la sollicitude d'une nation que la perte d'un seul homme pouvait précipiter dans de nouvelles incertitudes, et qui le sentait.

Ces complots n'étaient pas judiciairement prouvés ; mais en pareille matière l'imagination n'attend pas les preuves, et d'ailleurs ce n'était peut-être pas calomnier la politique de l'Angleterre que de supposer qu'elle se croyait tout permis contre le plus dangereux ennemi qu'elle eût encore rencontré, un conquérant aussi audacieux qu'habile, qui ralliait autour de lui toute la puissance de la France, et avait rendu à la nation désabusée une vigueur monarchique, plus redoutable pour ses voisins que n'avait pu l'être ce fantôme de république dont elle avait pendant quelque temps effrayé le monde. L'étonnante promptitude avec laquelle tous les pouvoirs étaient venus se concentrer dans sa seule main faisait assez connaître la préférence du peuple français pour cette forme de gouvernement, et sa confiance, alors sans bornes, dans la force de son chef.

En 1802, les princes de la famille royale étaient éloignés de la France; et quoiqu'on puisse croire qu'ils y avaient conservé de nombreux amis, puisqu'ils les ont retrouvés après la victoire, sans doute ces derniers craignaient de commettre à de nouveaux hasards et leur personne et la cause à laquelle ils restaient attachés. Ils ne pouvaient pas en effet compter sur l'appui des puissances étrangères en faveur de cette cause. Le gouvernement consulaire était en paix avec le reste de l'Europe; en alliance avec plusieurs princes qui lui payaient des tributs et personne ne supposait que, dans ses nouveaux démêlés avec la France, l'Angleterre méditât, en faveur des princes français, la représaille de l'invasion qu'elle semblait redouter pour elle-même.

Lorsque nouvellement le premier consul, qui da'bord n'avait dû conserver que dix ans la souveraine magistrature, venait de mettre cette magistrature, *en viager*, sur sa tête, les Français en général (sans compter ces prétendus organes de l'enthousiasme public vendus d'avance, en tout temps, à tous les événements) avaient vu, dans la prolongation de ce nouveau pouvoir, une prolongation du calme intérieur et de la sécurité dont ils commençaient à jouir. Les correspondances particulières, les confidences que j'avais recueillies de diverses parties de la France, témoignaient toutes de ce sentiment, et quelques-uns des premiers banquiers de Paris m'avaient communiqué des lettres de leurs correspondants à Pétersbourg, à Vienne, à Berlin, à Madrid, à Lisbonne, qui annonçaient que cette mesure avait été regardée par leurs cours comme une garantie de plus en faveur de la bonne intelligence qu'elles désiraient conserver avec la France. Je cite avec confiance la correspondance du commerce comme un assez bon indicateur, parce que j'y ai souvent trouvé des jugements sains, des révélations exactes, et presque toujours des opinions impartiales. Dans une telle disposition des esprits au dedans et au dehors, il n'était pas difficile d'intéresser vivement à la conservation du chef de l'Etat ceux même des Français qui n'étaient pas liés à son gouvernement par des intérêts nouveaux, et de nationaliser, en quelque sorte, les dangers qui pouvaient menacer sa personne.

Ce que j'ai dit plus haut prouve que la question de la monarchie, à la fin de 1803, était déjà réduite à la différence du droit au fait; et le choix du monarque n'en était pas une, puisque le pouvoir se trouvait tout entier dans la main vigoureuse qui l'avait saisi. Ceux qui échappaient à l'enthousiasme général, et qui raisonnaient froidement, sur le maintien des droits conquis par la révolution, pensaient qu'avec un prince sorti, par sa seule puissance, de la ligne commune des citoyens et des rangs de l'armée, il y aurait pour la nation plus de chances d'accord entre des institutions libres et un gouvernement assez fort pour protéger les intérêts des gouvernés. On ne se demandait pas si la monarchie serait élective ; on voulait avec la monarchie toutes les garanties d'avenir qu'elle pouvait donner ; on la voulait conséquemment héréditaire.

Le gouvernement consulaire avait débuté par l'improvisation d'une constitution qui monarchisait déjà le pouvoir exécutif dans les mains du premier consul ; il n'y avait donc que quelques légers amendements à introduire dans ce premier acte ; et que de biens à la fois devaient en naître !

Que de sûretés pour la France et pour le monde entier !

Plus de révolutions à craindre dans aucune partie de l'Europe, puisque la France, qu'on regardait au dehors comme plus redoutable encore par ses principes que par ses armées, donnait elle-même l'exemple de mettre un terme à sa révolution, et un terme rétrograde : ce dénouement du terrible drame qui se jouait depuis quatorze ans devait donner aussi de meilleures garanties pour la durée de la paix. Le nouveau monarque français parvenu à l'apogée de toute ambition humaine ne devait plus rechercher les hasards de la guerre qui remettent toujours tout en question, et aucune puissance voisine, excepté l'Angleterre, ne serait en mesure d'attaquer, seule, la France: on n'omettait pas de dire qu'au moment où elle aurait revêtu son nouveau chef de tous les attributs de la souveraineté, ce caractère sacré rendrait sa personne plus inviolable; que la gravité seule de l'attentat écarterait les assassins; que ce siècle n'était plus celui où on pouvait mettre à prix une tête couronnée, et la vanité française enfin s'accommodait mieux de donner au pouvoir absolu qui la gouvernait le titre d'empereur que celui de premier consul. Ces idées fermentaient dans tous les esprits, circulaient dans toutes les classes, et elles ne trouvaient pas même de contradicteurs dans la dernière, qui alors n'était pas moins désabusée que les autres des rêveries du républicanisme et de la théorie de l'égalité.

Déjà, deux ans auparavant, cette dernière classe, si considérable par son nombre, et qui n'est en effet que celle *des aspirants au droit de cité*, avait vu, sans murmure, le gouvernement essayer d'instituer, sous le nom de notables, une sorte de noblesse viagère qui devait composer les colléges électoraux. Mais la nomination de ces notables, faite dans le désordre des assemblées populaires, n'avait pas rempli les vues du gouvernement; on y voyait, en effet, des noms qui n'étaient pas faits pour se trouver sur la même liste; et, à une institution qui n'avait satisfait personne en 1801, le premier consul voulait, en 1803, en substituer une autre qui promît à toutes les ambitions, à tous les genres de mérite ou de service, une distinction nouvelle qu'on n'obtiendrait que de lui seul; il créa la Légion-d'Honneur. Ce fut une de ces grandes et fécondes pensées qui en un instant sont comprises par les peuples. Toute la France s'y associa, toute l'Europe l'accepta, et l'on jugea dès lors que ce monument élevé par Napoléon aux gloires contemporaines ne serait pas la moindre des siennes. La croix de la Légion-d'Honneur devint le but de tous les efforts, la récompense la plus désirée de tous les dévouements et de tous les services, le dédommagement de tous les sacrifices, sans en excepter aucun. Tous les pouvoirs qui ont succédé à celui de son fondateur se sont emparés de cette portion de son héritage, dont rien ne fut dédaigné, comme de l'un des moyens les plus puissants d'aider leurs gouvernements. Paisiblement soumise en 1814 à tout ce qu'on exigea d'elle, la France n'aurait pas supporté qu'on lui enlevât la Légion-d'Honneur. Ce mot se rattache aux beaux jours de sa gloire. Il atteste une grandeur dont elle aime à se souvenir.

Pendant que toutes les imaginations, toutes les prétentions étaient ainsi en effervescence, tous les esprits occupés des préparatifs d'une nouvelle guerre, des complots formés au dehors contre la vie du chef de l'État, et de la pensée que la perte d'un seul homme pouvait amener une révolution nouvelle ; que le sénat, le tribunat, le corps législatif, ces débris de la république, délibéraient sur les moyens d'effacer ses dernières traces, et que chaque Français examinait, dans son intérêt privé, quel parti il pourrait tirer pour lui-même du nouvel ordre qui se préparait, le premier consul, qui dirigeait tous ces mouvements sans paraître y prendre part, employait dix ou douze heures de chaque journée, soit dans des conseils d'administration, soit au conseil d'État où il faisait discuter sous ses yeux les nouveaux règlements qui devaient compléter la législation si longtemps imparfaite. Déjà le Code des lois civiles était terminé ; il avait ordonné la révision du Code pénal, du Code rural, des lois organiques des tribunaux et de la forme de procéder. Il laissait les journaux publier en style homérique le dénombrement de cette multitude de petits vaisseaux, presque renouvelés des Grecs, qui, de l'embouchure de chaque fleuve, devaient se réunir dans chaque rade ; mais il renforçait l'armée par de nombreuses recrues ; il inspectait et faisait manœuvrer devant lui chaque division ; il augmentait son artillerie, arme qui a toujours conservé sa préférence ; il examinait les plans des places fortes, ordonnait les travaux qui devaient les compléter ;

réglait lui-même les marchés pour la fabrication des armes, l'habillement des troupes, l'approvisionnement des magasins militaires, les achats de chevaux ; il demandait compte à chaque ministre des moindres détails ; il s'adressait même aux premiers commis lorsque les ministres n'éclaircissaient pas tous ses doutes, souvent dans la double intention de leur inspirer le sentiment de sa supériorité, et d'attacher plus directement à sa personne les espérances de leurs coopérateurs. Il n'était pas rare de voir les ministres sortir de ces conseils accablés de la fatigue des longs interrogatoires qu'ils avaient subis, et le premier consul, qui dédaignait de s'en apercevoir, ne parlant de l'emploi de sa journée que comme d'un délassement qui avait à peine exercé son esprit ; et, je le répète, il arrivait souvent aux mêmes ministres de trouver encore en rentrant chez eux dix lettres du premier consul, demandant d'immédiates réponses, auxquelles tout l'emploi de la nuit pouvait à peine suffire : mais, suivant l'usage, on ne plaignait guère les ministres; et le premier consul faisait dire de lui, permettait qu'on lui dit à lui-même, qu'il était le seul homme qu'aucun travail ne fatiguait et qui ne fût étranger à aucun travail, ce qui était vrai. Il donnait surtout alors de fréquentes audiences au corps diplomatique ; les deux autres consuls y assistaient, mais confondus dans la foule : ils n'étaient là comme partout que les premiers sujets de leur collègue ; et le contraste de leur maintien et de leur titre disait assez aux représentants de tous les souverains du monde que Napoléon était, dès ce temps, le véritable souverain de la France.

Le premier consul parlait seul aux ministres étrangers, quelquefois avec grâce, toujours avec une gravité polie, et mêlant souvent, avec assez d'art, aux lieux communs des audiences publiques, des témoignages d'égards et de déférence dont il suppposait qu'ils seraient les échos auprès de leurs maitres.

L'hiver de 1804 commençait ; on sait quels sont, dans les mœurs de la France, particulièrement dans celle de la capitale, les divertissements de cette saison ; les bals, les fêtes, les cercles brillants ne furent jamais plus multipliés que dans cette année, à la veille d'une nouvelle guerre dont les préparatifs épuisaient les finances, et lorsqu'on répétait chaque jour que la vie du chef de l'État était menacée par des assassins étrangers : mais le premier consul voulait paraître au-dessus de toute crainte sur des dangers personnels et sur l'issue de la nouvelle lutte à laquelle l'appellait l'Angleterre : il n'avait pas besoin de se rendre populaire dans les *faubourgs ;* il voulait le devenir dans les salons ; il avait une grande confiance dans son influence directe sur les hommes ; il voulait en étendre le cercle, et il s'était proposé de paraître dans les réunions, de parcourir ainsi la société dans tous les rangs, avec l'espérance de disposer des imaginations françaises au gré des émotions dont il voulait les frapper, de laisser partout des impressions favorables à l'opinion qu'il voulait donner de son irrésistible prédominance. Avec un caractère sérieux, une tête inquiète et méditative, il ne pouvait pas aimer les assemblées nombreuses, les fêtes bruyantes, ni ces jeux d'esprit, ces conversations badines, ces échanges de plaisanteries fines, de frivolités gracieuses qu'on regardait autrefois en France comme le charme de la société, et dont on cherchait à reproduire la tradition dans quelques cercles. Mais il était toujours prêt à sacrifier ses simples goûts à un intérêt plus grand ; il voulait s'attacher par un lien de plus la génération nouvelle en paraissant prendre part aux divertissements de son âge ; réconcilier toutes les opinions en rapprochant, au nom du plaisir, toutes les conditions ; animer les jeunes combattants, qui devaient le suivre par l'espérance de s'allier un jour, quand ils auraient acquis quelque gloire, à ces héritières des familles riches ou anciennement illustres qu'ils rencontraient dans les fêtes : aussi ses premiers généraux, ses ministres, ses frères, ses sœurs, tous ceux dont il avait agrandi l'existence, avaient-ils reçu de lui l'ordre d'ouvrir leurs maisons aux personnes que leurs talents, leur fortune, leur ancien nom, leurs nouveaux services distinguaient dans la capitale, aux ambassadeurs, aux étrangers accrédités. Un grand bal était l'occasion ordinaire de ces réunions toujours très nombreuses ; et c'était sans doute un spectacle curieux que celui de tous les rangs, de tous les états confondus dans la même foule, et du contraste que présentaient l'affectation de la magnificence dans les uns, et celle de la simplicité dans les autres : mais les anciens souvenirs et les prétentions nouvelles se bornaient à ce seul débat d'orgueil.

C'était un autre contraste que celui des mœurs personnelles du premier consul, de sa vie frugale et solitaire, et de son extérieur austère, avec le luxe de sa suite ; le faste dans ses subordonnés flattait ses illusions orientales ; il avait entendu vanter l'éclat de l'ancienne cour de France : on eût dit qu'il croyait cet éclat synonyme de grandeur et d'opulence. Ceux qui bornent leur étude à chercher, dans l'exemple des temps passés, des leçons pour le présent, ne manquaient pas, en parlant devant lui des beaux jours du siècle de Louis XIV, de dire que la pompe des fêtes avait beaucoup ajouté à l'éclat de ce règne ; que c'était par elle que les manufactures avaient prospéré, et que l'Europe était devenue tributaire des arts de France ; que Colbert faisait entrer, parmi ses expédients de finances, les grands spectacles de la cour auxquels accouraient de toutes parts d'opulents étrangers, qui laissaient en France une partie de leurs richesses. C'est ainsi que Napoléon, indépendamment de ses autres motifs, se trouvait lui-même conduit à croire que le luxe des fêtes pouvait devenir aussi un moyen d'indemnité pour le commerce, et d'encouragement pour l'industrie.

Quoique la présence du premier consul fût promise à la plupart de ces fêtes données, de par lui et pour lui, il ne paraissait qu'à quelques-unes. Il jugea bientôt qu'elles ne pourraient pas répondre à toutes les vues qu'il avait sur elles ; il leur préféra des réunions moins tulmultueuses qui avaient lieu une ou deux fois par semaine dans le palais qu'il habitait. On y voyait rarement plus de quarante ou cinquante personnes ; il y régnait une grande décence : les femmes y apportaient moins de luxe que d'élégance ; et celles qui auraient eu besoin d'un modèle n'auraient pas pu en trouver un meilleur pour la grâce et l'urbanité que la compagne même du premier consul. Tandis qu'une danse peu bruyante occupait les dames pendant quelques heures, le premier consul entretenait les hommes qu'il avait fait inviter ; car il réglait lui-même la composition de ses soirées ; il passait ainsi sucessivement en revue ceux dont il voulait étudier les opinions ou les sentiments, parmi les savants, les hommes de lettres, etc., etc. ; il y observait le maintien des femmes dont on lui avait vanté l'éducation, la réserve et les bonnes manières, et il mettait quelque intérêt dans ce dernier examen, parce qu'il voulait donner à sa famille un entourage qui pût échapper aux attaques du ridicule. Dans l'espace immense qui séparait son point de départ de celui auquel il allait parvenir, espace qu'il parcourait si rapidement, l'écueil du ridicule était surtout celui qu'il voulait éviter aux yeux des autres cours et à ceux de la nation française, dont il appréciait le tact. Il craignait plus les sarcasmes que les injures. Son instinct semblait lui avoir révélé le secret de toutes les bienséances, quoiqu'il n'eût vécu qu'au milieu des camps ; et, en se réservant le droit de s'affranchir souvent de leurs règles dans ses actes personnels, il exigeait qu'au moins en sa présence elles fussent observées par tous ceux qui l'approchaient. Il mettait au rang des bienséances le respect dû au chef de l'État. Les généraux, dont plusieurs avaient été ses chefs, en donnaient le premier exemple. Déjà il ne restait plus entre eux et lui aucune trace de la familiarité que conservent les compagnons d'armes; ils ne l'abordaient qu'avec l'extérieur du respect; tout était auprès de lui en état de soumission : j'en excepterai toutefois sa famille ; ses frères, très disposés à profiter de sa domination, ne voulaient point prendre part à l'obéissance commune; mais ses démêlés avec eux n'étaient pas connus; et d'ailleurs leur exemple ne pouvait pas être contagieux.

Ces diverses nuances étaient déjà très prononcées avant l'hiver de 1803 à 1804. Mais ce ne fut guère qu'alors que je pus les remarquer. J'avais jusque-là vécu éloigné du monde, occupé de mes devoirs, et trouvant dans l'intérieur de ma nouvelle famille d'assez douces distractions pour ne pas être tenté d'en chercher ailleurs. Mes rapports assez fréquents avec le premier consul s'étaient bornés en général à des entretiens particuliers; mais, dans cet hiver, ma jeune épouse et moi nous fûmes invités à toutes les soirées des Tuileries. Je n'y pouvais remplir que le rôle d'observateur et ce fut là surtout que je recueillis les remarques que j'ai consignées ci-dessus.

La dernière de ces réunions eut lieu à la Malmaison, le 26 février 1804. Je trouvai que le premier consul était plus sombre que de coutume.

Le lendemain, le général Moreau fut impliqué dans un complot contre sa vie. Peu de jours après, la nouvelle se répandit qu'une grande victime venait d'être frappée ; qu'un prince de la maison royale, violemment enlevé sur la terre étrangère, avait été traduit devant une commission militaire, et condamné par elle. Le fait seul était connu ; les motifs et les circonstances restaient cachés, et l'impression fut telle, que les hommes qui se connaissaient le mieux n'osaient s'interroger sur un coup d'État qui pouvait émouvoir toute l'Europe ; mais l'Europe se taisait, les cabinets étrangers conservaient avec celui de la France la même intelligence. Leurs ministres paraissaient de même aux audiences du premier consul. En même temps, on instruisait avec éclat, devant le tribunal criminel de Paris, le procès des autres personnes placées sous plus d'un rapport à de grandes distances les unes des autres, accusées ensemble de conspiration contre le chef du gouvernement français, et au nombre desquelles se trouvait Moreau. Un autre général, qui avait commencé sa gloire sous la république, et qui n'avait pas cru pouvoir la conserver avec elle, avait aussi été compris parmi eux : mais, peu de jours après avoir été arrêté, il avait été trouvé mort dans sa prison [1]. On distinguait dans les rangs des accusés des noms anciennement illustres. Ce qui devint bientôt évident, ce fut que ceux même d'entre eux qui ne portaient qu'un nom obscur n'étaient pas des sicaires à gages.

Au mois d'avril, la saison, et plus encore un sentiment vague d'inquiétude qui s'était communiqué à toutes les classes, avait suspendu les fêtes. Le premier consul se montrait moins ; des conseils peu nombreux, et dont on ne pénétrait pas le mystère, occupaient toutes ses journées. On répandait

1. Tout indiquait dans cette mort un suicide.

plus hautement que les puissances étrangères désiraient des changements dans la constitution de la France, encore trop républicaine, et qui se trouvait d'ailleurs en viager sur la tête d'un seul homme. Deux mois s'étaient passés dans cette anxiété, lorsqu'une publication solennelle apprit à toute la France que le premier consul venait d'être proclamé empereur sous le nom de Napoléon 1er par le sénat, le corps-législatif et le tribunat; que le pouvoir monarchique devait être héréditaire dans sa famille : et le trône à peine élevé répandit son éclat et ses faveurs sur ceux qui les premiers s'étaient déclarés sujets du nouveau monarque. Six grands dignitaires étaient créés avec le titre de prince. Après les grands dignitaires, six grands officiers de la couronne, vingt-quatre grands officiers de l'empire, parmi lesquels prenaient rang les plus anciens généraux avec le grade de maréchal. Et de grands revenus étaient attachés à chacune de ces places ; car celui qui venait de faire une si belle part à son ambition connaissait trop bien le secret de cette passion, pour ne pas exercer sur les ambitions secondaires tous les genres de séduction auxquels elles sont accessibles. Différentes grâces avaient aussi été accordées aux membres du sénat, du corps-législatif et du tribunat. Tous ceux qui obtenaient des faveurs, et ce nombre était grand, trouvaient que rien n'était plus nécessaire que ce que

Napoléon venait de faire pour lui, en même temps que rien n'était plus juste que ce qu'il venait de faire pour eux : ils formaient dans l'État une espèce de parti, approuvant tout avec éclat, tandis qu'un autre parti, mécontent et jaloux, dénigrait tout dans l'ombre : le premier trouvait tout sublime, le second tout ridicule; et sans se laisser influencer ni par l'un ni par l'autre, la nation proprement dite, qui réduisait l'un et l'autre parti à la valeur qu'ont les exceptions et les infiniment petits à côté du TOUT, assistait au nouveau spectacle que donnait son gouvernement comme au premier acte d'un drame dont le dénouement était encore caché dans le temps. Elle ne voulait qu'être gouvernée, non pas selon les pratiques de la révolution, mais selon les nouveaux intérêts que la révolution avait créés pour chaque famille, et plaçait toutes ses espérances dans un gouvernement plus régulier, qui par cela même promettait d'être plus stable. Ce que savait surtout cette classe nombreuse, c'est que dans ce siècle il ne peut y avoir sûreté que pour le gouvernement qui donne lui-même sûreté à la nation. Elle s'occupait à peine des deux partis qui s'agitaient, chacun à ses extrémités, sur deux points opposés ; elle avait vu tous les partis se détruire successivement par leurs propres passions ; mais elle ne pouvait pas croire que l'expérience qu'elle avait acquise fût perdue pour son nouveau chef, et c'était là le principal fondement de sa confiance en lui.

Dans les diverses promotions qui avaient suivi l'avènement de Napoléon à l'empire, cinq nouveaux conseillers d'État avaient été nommés, je fus l'un des cinq ; je n'avais pas approché Napoléon depuis quelques jours, et je lui fus présenté dans ma nouvelle qualité à l'époque même où le procès dont j'ai parlé plus haut venait d'être jugé. Je le revis entouré de tout l'éclat de sa nouvelle cour ; et un si grand changement venait de s'opérer dans sa destinée, que, sans me rendre compte de mes motifs, je l'observais avec autant de curiosité que si je l'eusse vu pour la première fois. On a souvent parlé des soucis du trône : ce jour-là je crus les voir tous empreints sur son front ; il venait cependant, dans la nuit qui précédait cette audience publique, d'adoucir le jugement de plusieurs des condamnés. Mais je trouvais que ses traits n'exprimaient pas le sentiment qui doit suivre un acte de clémence. Cet acte, il est vrai, avait subi quelques douloureuses restrictions, et la profonde sagacité de Napoléon pouvait bien l'avertir qu'en général les peuples font presque toujours cause commune avec les victimes.

Des adresses de félicitations, d'adhésion, de dévouement, lui parvenaient cependant de toutes parts. Il lui était permis de croire alors qu'elles

étaient sincères, l'éclat et la gloire sauront toujours exciter en France un réel enthousiasme ; mais s'il savait jouir de celui dont il était l'objet, il se montrait peut-être d'autant plus sensible aux censures et aux épigrammes qui toujours aussi prennent de préférence pour point de mire ce qu'il y a de plus élevé. J'ai retenu la réponse qu'il fit un jour à un de ses ministres qui lui demandait quelque indulgence pour ces saillies de l'esprit français qui ne ménagent aucun pouvoir, et semblent consoler l'obéissance. « Suis-je donc condamné à un sacrifice
« constant de moi-même devant toutes les insultes
« et tous les dangers ? S'imagine-t-on que je sois
« d'une autre nature que les autres hommes, et
« qu'au lieu de sang je n'ai que de l'eau dans mes
« veines ? »

Les entretiens auxquels Napoléon m'avait appelé sous son consulat avaient été remarqués, et l'on était disposé à croire que le nouveau titre qu'il venait de m'accorder les rendrait encore plus fréquents. Je le crus moi-même, et le contraire arriva. Je le vis plus souvent sans doute dans le conseil d'État, qu'il présidait quelquefois, mais je le trouvai plus réservé envers moi. Il continua de me faire, et seulement par écrit, quelques communications ; j'y répondis, dans la même forme, sans demander d'audience particulière. Je profitai seulement de mon admission au conseil d'État pour proposer deux lois que j'avais sollicitées depuis longtemps pour l'administration dont je conservais la direction : l'une était relative aux droits du prêteur qui fait à un tiers l'avance de tout ou partie de son cautionnement; l'autre avait pour objet de confier plus explicitement à la caisse d'amortissement le dépôt général des consignations judiciaires. Toutes deux avaient au moins le mérite de se rattacher aux principes généraux de la propriété.

La première déclarait que tout cautionnement étant la garantie spéciale des actes d'un agent public dans l'exercice de sa fonction, le prêteur des fonds d'un cautionnement n'engageait sa propriété que pour ces seuls cas, et qu'il conservait sur les fonds qu'il avait prêtés son privilège de propriétaire primitif, et toute préférence sur tout autre créancier de son emprunteur.

La seconde assurait aux propriétaires définitifs des fonds litigieux et consignés à ce titre, un remboursement plus prompt et plus sûr, et un intérêt compensatif de la privation de leur jouissance. Elle complétait l'ancienne législation, et remédiait aux vices de la nouvelle sur les consignations, mot qui rappelle de la part des anciens dépositaires tant d'abus contre la propriété.

Il ne pouvait y avoir qu'une opinion sur ces deux propositions ; je n'avais pas d'objections à craindre de la part du conseil d'État : mais soit que l'empereur, qui ne dédaignait aucun genre de supériorité, se plût à donner à un conseiller d'État, encore novice, une leçon de polémique; soit qu'il voulût m'avertir que je ne devais pas abuser du crédit que mes précédents rapports avaient paru me donner auprès de lui, il engagea, sur la rédaction que je présentais, une longue controverse dans laquelle chaque expression de mes deux projets de loi fut censurée, avant d'être amendée. Et je n'ai pas besoin d'ajouter que, dans ce grand atelier de lois, il ne manqua pas d'auxiliaires disposés à donner de nouvelles armes au fort contre le faible: j'avouerai que plusieurs de ces amendements étaient judicieux et plus conformes à la bonne facture des lois; mais l'impropriété de ma rédaction était mon moindre tort, le plus grave était d'avoir fait précéder par quelques phrases (sans doute un peu trop dogmatiques), sur les droits de la propriété, la lecture de deux projets de lois qui ne pouvaient pas avoir assez d'influence sur son intérêt général pour justifier un tel préambule. J'avais souvent dit des choses à peu près semblables au chef du gouvernement, et il avait eu la patience de m'écouter, parce qu'il était seul; mais vouloir donner des *conseils* dans le *conseil* d'État où j'étais à peine admis, c'était mal choisir le temps et le lieu; et je fus encore trop heureux d'en être quitte pour des amendements qui laissaient à mes propositions ce qu'elles pouvaient avoir d'utile. Cette épreuve produisit sur moi deux effets : j'avais déjà peu de goût et sans doute peu d'aptitude pour parler en public ; je devins circonspect jusqu'à la timidité, et personne n'y a perdu.

Je jugeai qu'en supposant que je pusse dans certains cas révéler quelques vérités, présenter quelques mesures utiles, je devais éviter d'en faire publiquement la proposition, et surtout devant ceux qui pourraient y voir la censure de leurs opinions ou de leurs actes ; et que celui qui s'était approprié le droit exclusif de toute prévoyance et de tout commandement, comprenait dans son privilège le mérite de l'initiative sur toute amélioration, et voulait rester seul juge de l'à-propos.

En considérant les nuances diverses et souvent disparates du caractère de Napoléon, la rapidité avec laquelle elles se succédaient, la flexibilité de toutes autres devant celle qu'il voulait faire momentanément prédominer, l'empire qu'il conservait sur lui-même, lors même qu'il paraissait céder à tous les caprices d'une imagination bouillante, je me confirmai dans l'idée qu'il y avait en effet dans cet homme extraordinaire, comme deux natures ; que son organisation particulière admettait un assemblage de facultés qui ne se rencontrent chez les autres hommes, ni en même nombre, ni en même intensité. Il me présentait l'idée d'un grand fleuve qui parcourt avec calme certain espace, mais qui, partout où la liberté de sa marche est contrariée, réunit toute la force de ses eaux contre le moindre obstacle, redevient ensuite paisible jusqu'à ce qu'il trouve de nouvelles digues à renverser, et présente ainsi partout dans son cours le spectacle alternatif du calme et de la tempête.

J'ai dit qu'une institution très monarchique, la Légion-d'Honneur, avait précédé de quelques mois la nouvelle monarchie qui s'établissait en France ; le monarque fut à peine proclamé qu'il s'empressa de régler les signes extérieurs de cette décoration ; et la distribution qu'il voulut lui-même en faire dans l'ordre civil et à l'armée fut une cérémonie pompeuse. Il avait eu l'habileté, dans cette institution, d'associer en faveur des élus le profit à l'honneur, de faire la part de la vanité et celle de l'intérêt ; une partie des biens nationaux qui restaient à vendre avait été affectée à la dotation de la Légion-d'Honneur, leur produit devait être distribué en pensions, dont la quotité dépendait du grade : celle du grand-officier était de 5,000 francs, celle du simple légionnaire de 240 francs ; mais d'un côté le fondateur de l'ordre fut bientôt entraîné, moins peut-être par la multitude des services à récompenser que par celle des recommandations et des prétentions à satisfaire, au-delà des limites qu'il avait fixées lui-même au nombre des légionnaires, et d'un autre côté il ne tarda pas à reconnaître qu'un revenu en fermages, fondé sur des biens qui n'avaient si longtemps échappé à l'aliénation que parce que le recouvrement était hasardeux et incertain, n'était pas un bon gage pour des pensions payables à époques fixes. On chercha d'abord à réduire la dépense en ajournant indéfiniment le paiement d'une partie des pensions, cet expédient ne suffisait pas pour rétablir l'équilibre; et Napoléon employa un autre moyen. Il lui vint dans la pensée de faire acheter, par la Légion-d'Honneur, une partie des rentes en cinq pour cent que possédait la caisse d'amortissement, moyennant la cession que la Légion-d'Honneur ferait à cette caisse de la plupart des domaines nationaux dont il avait composé sa dotation; c'était achever de détruire le prestige qui couvrait aux yeux du public l'incomplément du système d'amortissement introduit en France depuis plus de quatre ans; c'était déroger à l'espèce de contrat qui déclarait incessibles les rentes rachetées par la caisse d'amortissement.

Le sénat avait déjà sanctionné bien d'autres dérogations; et il suffisait que ce corps fût lui-même intéressé à l'adoption d'une mesure semblable pour qu'il fût facile de lui donner, auprès de ses membres, la couleur de l'intérêt public; or, le sénat possédait aussi, à titre de dotation, [1] des domaines

---

1. Cette dotation formait un fonds commun sur lequel était assis le traitement de chaque sénateur.

nationaux d'une administration contentieuse, et dont la chancellerie recouvrait difficilement les revenus ; il trouva tellement légitime l'échange au profit de la Légion-d'Honneur, qu'il demanda simultanément un semblable échange pour lui-même ; et il fut résolu, dans un conseil privé, qu'en même temps que la caisse d'amortissement transférerait environ 1,500,000 francs de rentes à la Légion-d'Honneur en échange de domaines nationaux estimés en capital à environ 30 millions, elle céderait aussi près de 1,700,000 francs de rentes au sénat [1], qui lui abandonnerait environ 40 millions de pareils domaines.

Cette détermination me fut notifiée, d'abord comme un simple projet, par une lettre de Napoléon qui m'autorisait à présenter mes observations sur les calculs qui lui servaient de base ; j'ignorais que la double opération était déjà, comme on disait alors, arrêtée en principe ; et j'usai sans ménagement de la permission qui m'était donnée pour relever toutes les inconvenances d'une telle combinaison. Je représentai qu'elle violait la foi publique dans les engagements pris non seulement avec la caisse d'amortissement, mais même avec le sénat et

---

1. M. de Laplace était chancelier du sénat, M. Chaptal en était le trésorier. Les simples sénateurs devaient avoir au moins 24,000 francs de traitement.

la Légion-d'Honneur ; que cet échange était une espèce d'acte léonin dans lequel chaque contractant était à la fois dupe et complice ; que la caisse d'amortissement était lésée par le sénat et par la Légion-d'Honneur lorsqu'elle recevait d'eux, en échange d'un revenu assuré, un revenu moindre et incertain ; qu'elle lésait à son tour les autres lorsqu'elle leur transférait des rentes qui ne faisaient plus partie de la dette publique négociable, et qui se trouvaient éteintes pour tout autre propriétaire que la caisse d'amortissement, par le fait même du rachat qui les avait mises à sa disposition. Je ne sais si mes objections étaient aussi bonnes que mes remontrances étaient fermes ; mais il est certain que, sans paraître s'offenser des unes, Napoléon ne dédaigna pas de répondre aux autres par une note très longue dans laquelle, sans me dissimuler que je ne l'avais pas persuadé, il employait, pour me persuader moi-même, tout ce que la subtilité peut imaginer d'arguments spécieux. J'ai eu la maladresse de laisser cette note, vraiment curieuse, parmi les papiers qui ne sont plus à ma disposition, et je le regrette beaucoup ; j'en avais donné communication dans le temps à deux personnes, M. Louis et M. Berenger, dont les opinions, sur plusieurs questions d'économie politique, semblaient s'accorder avec les miennes. Ils montraient l'un et l'autre beaucoup de zèle pour les principes qui nous étaient communs ; et je cherchais à fortifier ma résistance par leurs conseils : ce qu'ils me conseillèrent tous deux, ce fut de ne pas prolonger une lutte inutile. Je la renouvelai cependant encore, malgré ma répugnance pour les discussions publiques, lorsque les décrets, qui devaient dépouiller définitivement la caisse d'amortissement d'une partie de ses rentes au profit du sénat et de la Légion-d'Honneur, furent présentés au conseil d'État. Napoléon s'empara de la discussion pour exposer les motifs de la mesure; je parlai contre elle et je fus le seul opposant. Cette fois, Napoléon ne prit pas cette opposition en mauvaise part : en sortant du conseil, il s'arrêta devant moi pour me dire qu'il me croyait enfin converti ; j'eus la bonne foi de répondre qu'on ne convertissait pas tous ceux qu'on faisait taire ; et le rire bruyant qui suivit ma boutade me prouva qu'elle n'avait pas déplu.

Je n'étais pas placé pour prendre une grande part aux délibérations du conseil d'État qui avaient occupé une partie de ses séances en 1804; elles eurent pour objet le nouveau cérémonial qui devait s'établir en France, les préparatifs du couronnement, le costume des assistants, les honneurs que se partageraient les étages inférieurs de la pyramide dont Napoléon occupait le sommet.

De tous les spectacles que présentait cette époque, le plus étonnant sans doute était la présence à Paris du Souverain Pontife, qui venait, au nom de Dieu et aux yeux de l'Europe, placer la couronne des fils aînés de l'Église sur la tête d'un de leurs sujets. Mais *le sujet* avait trouvé désert, depuis dix ans, le trône qui avait entraîné dans sa chute le vertueux Louis XVI ; il avait relevé ce trône, et avec lui les autels ; et dans cette grande circonstance, le pape et l'empereur ne se prêtaient-ils pas un mutuel appui ? Si le sceau de la religion, imposé par les mains de son chef suprême sur la puissance impériale lui imprimait un caractère qui la séparait d'autant plus des pouvoirs déréglés auxquels elle avait succédé, cette même puissance si fortement établie recherchant, pour se fortifier encore, la consécration de la religion dans ses pompes les plus majestueuses, secondait puissamment le retour des esprits vers elle et leur donnait un nouvel élan : tous deux, sans doute, l'avaient compris. L'accueil fait au pape sur toute sa route, et surtout à Paris, fut digne de lui ; il s'y montra d'autant plus sensible que le souvenir si récent encore des saturnales révolutionnaires avait pu lui laisser quelques appréhensions. Quel contraste, en effet, quel profond changement dans tous les sentiments, dans toutes les opinions d'un grand peuple ! et c'était l'œuvre d'un seul homme !

La fin de 1804 et le commencement de 1805 furent une longue suite de fêtes. On eût dit que Napoléon voulait effacer toutes les cours par l'éclat de la sienne. Il conservait personnellement le même extérieur de simplicité ; car ce n'était pas pour lui qu'il aimait le faste, mais il le regardait comme une brillante auréole. Il croyait aussi, je le répète, mettre sur ceux qui l'approchaient un impôt au profit de l'industrie de la capitale, par la magnificence dont il leur faisait un devoir, et appeler ainsi les arts au partage des bienfaits dont il avait gratifié quelques familles. Il oubliait que les fantaisies de luxe n'occupent que la dernière et la moindre place dans l'industrie utile ; et il faut en remercier la sagesse des nations.

Il venait de rétablir le calendrier Grégorien, et, en cela, il avait mieux répondu au vœu et au besoin de tous les Français, qui depuis les nouvelles formules introduites dans la mesure du temps, s'entendaient mal entre eux, et avec les autres peuples, pour les dates et pour les époques. Mais comme, en généralisant les réformes, il ne pouvait pas toujours parvenir à remplacer les innovations qu'il réprouvait par des créations plus heureuses, il était souvent réduit à rappeler des usages dont la tradition ne se retrouvait que dans l'ancien cérémonial des cours, et dont la pratique était aussi étrangère à ses nouveaux courtisans qu'à lui-même. On voyait bien reparaître à la sienne, avec les anciens noms, la prétention plus encore que l'élégance des anciennes manières : et Napoléon désirait ardemment rassembler autour de lui les débris des nobles familles, quoiqu'il ne pût, là comme ailleurs, que leur rendre une partie de ce qu'elles avaient perdu ; mais il entrait dans sa politique de rattacher aux mêmes espérances, d'associer au même avenir, les illustrations anciennes et les nouvelles, et les noms les plus anciens figurèrent en effet dans l'almanach impérial à côté des plus nouveaux. Celle qui au titre de son épouse venait d'ajouter celui d'impératrice, semblait lui avoir été donnée par le ciel pour être, sous ce rapport, la médiatrice de l'alliance entre le siècle passé et le siècle présent ; sa douceur, son affabilité, qui n'excluait pas la dignité ; la flexibilité de sa grâce, qui rapprochait toutes les distances, mettait en accord toutes les nuances et se prêtait à tous les tons, la plaçaient au milieu des prétentions diverses, comme une espèce de refuge commun à toutes. Elles y puisaient leurs espérances et y déposaient leurs rivalités : on voyait les opinions et les sentiments qui se seraient heurtés avec le plus de violence s'adoucir et se taire du moins devant elle.

On ne peut disconvenir que parmi les compagnons d'armes de Napoléon, presque tous si brillants sur un champ de bataille, plusieurs étaient peu exercés dans cette recherche de politesse et d'égards qui distinguait autrefois l'ancienne cour de France. Ils se pliaient avec quelque contrainte aux assujettissements de la nouvelle étiquette, mais le sentiment de leur force et de leur valeur personnelle leur donnait une sorte de dignité sérieuse et fière, qui écartait d'eux le ridicule. On sentait que ce n'était pas là des hommes qu'on pût traiter légèrement, et toute intention de raillerie eût été promptement déconcertée par leur présence. Quand l'impératrice parcourait des cercles nombreux, dans lesquels la diversité des habitudes et des manières se déguisait mal sous l'uniformité de la magnificence, elle semblait rendre commun pour tous le sentiment de bienveillance qu'elle exprimait à chacun, étendre l'influence de sa douce urbanité sur chacun de ceux dont elle fixait les regards ; elle avait le même ton pour tous ; tous cherchaient à prendre le sien, et elle parvenait ainsi à établir une sorte d'harmonie entre des éléments si disparates. Ce mérite n'échappait pas à Napoléon : quoiqu'il aimât mieux dominer les esprits que gagner les cœurs, il trouvait bon qu'on les gagnât pour lui ; et le sien n'était pas insensible au charme de cette douceur qui, dans sa compagne, avait même quelquefois une teinte de mollesse. Il disait souvent que les femmes auraient trop de pouvoir en France, si elles avaient toutes la douceur de *Joséphine*. Ce n'est pas la vertu dominante des conquérants ; mais le monde moral est plein de sympathies qui ne naissent que de l'opposition des caractères, et je n'ai pas cité comme une singularité l'attrait que trouvait Napoléon dans une qualité un peu opposée aux siennes.

En ne laissant aux femmes que le droit de plaire, à commencer par celle qui tenait le premier rang, il était bien parvenu à détruire les prétentions d'influence, les protections subalternes, et les intrigues des petites ambitions ; cependant les offices de sa nouvelle Cour furent recherchés dès les premiers moments. Quoique sans apparence de crédit, ni d'influence, ils donnaient des honneurs et des distinctions, et cette monnaie, en France, ne perdra jamais de son titre. Ils avaient encore un autre avantage : l'occasion, en s'approchant du chef de l'État, de s'en faire remarquer, pouvait faire obtenir quelques faveurs importantes d'un pouvoir qui n'était gêné par aucune entrave. L'empereur aimait à entretenir les esprits dans cet état continuel d'espérance, et il donnait toujours à ses grâces le mérite de l'*inattendu*. Dans tous ses moyens d'action sur les hommes, celui-là tenait aussi sa place.

J'ai dit avec vérité que la cour de Napoléon avait eu, dans les premiers moments, une physionomie particulière. Je dois ajouter que, parmi ceux qui avaient vécu dans une tout autre atmosphère, surtout parmi les militaires, on put assez promptement remarquer un mélange d'aisance et de réserve, de franchise et de gravité, qui mit bientôt leur maintien au-dessus de la censure. Après un assez court noviciat, la plupart ne se trouvèrent pas trop étrangers à cette nouvelle position ; beaucoup d'entre eux avaient trouvé du loisir dans les camps pour la culture de leur esprit ; ils étaient l'élite d'une armée de Français, et ils ne tardèrent pas à justifier ce titre même ailleurs qu'à l'armée.

Pendant que de toutes parts la foule se précipitait vers le nouveau centre des grâces, au milieu de toutes les fêtes et de toutes les scènes de représentation, qui enlevaient aux principaux fonctionnaires une partie de leur temps, Napoléon seul ne perdait pas le sien ; il avait fortifié son simulacre d'armement nautique contre l'Angleterre, par la formation de plusieurs camps sur les côtes de Picardie et par la présence d'une armée plus redoutable que sa flottille. Je doute qu'avec son incontestable sagacité il eût une grande confiance dans le succès de cette expédition, et même qu'il voulût sérieusement la conduire à son terme : car, s'il était fécond en illusions, c'était surtout pour en repaître la multitude. Il savait que ses menaces de descente ne produisaient pas, sur l'esprit du peuple, moins d'effet en Angleterre qu'en France, quoique dans un sens bien différent. Après avoir reçu sur son trône le serment de tous les corps militaires, représentés par une députation assez nombreuse pour former seule un corps d'armée, il s'était rendu à son armée des côtes, qui l'avait salué de son nouveau titre, au bruit des

canonnades qui s'engageaient chaque jour à la vue
des forts entre les croiseurs anglais et les chaloupes
de Boulogne : l'opinion de toute l'armée était qu'au
premier matin elle prendrait possession des rivages
d'Angleterre ; mais déjà Napoléon préparait un autre
spectacle. L'Italie avait été le premier théâtre de sa
gloire militaire ; il avait commencé le cours de ses
conquêtes par ces belles provinces, qu'il avait enlevées à l'Autriche six ans auparavant. Il savait
que l'Autriche y conservait des partisans ; que, maîtresse de ces contrées, elle pouvait l'être du Piémont, devenu province française, et menacer le
midi de la France : sous l'influence de Napoléon,
l'Italie avait adopté une sorte de gouvernement
républicain pendant que la France était elle-même
une sorte de république ; sa situation devait changer
avec celle de la France ; et l'Italie, rendue à la monarchie comme la France, promettait à l'empereur
des Français une nouvelle couronne qui semblait le
rendre encore plus digne de la première : Napoléon
vole de son camp de Boulogne à Milan, et y fonde
un nouveau royaume ; il organise un ministère et
une armée, met les places en état de défense, revient
à Paris roi d'Italie, n'entretient ses ministres et sa
cour que d'une seule pensée, l'invasion de l'Angleterre, dispose tout pour l'embarquement de son
armée, reparaît bientôt au milieu d'elle, anime son
ardeur en décorant solennellement les plus distin-

gués d'entre les braves, de son nouvel Ordre, que
déjà plusieurs souverains ne dédaignaient pas de
porter ; et tandis que Paris et les familles de ces
cent mille braves attendaient un bulletin daté de
l'autre côté du détroit, Napoléon revient dans sa
capitale, et y apporte la nouvelle qu'une autre
guerre allait commencer ; que l'Autriche la préparait sans la déclarer, qu'elle était secondée par la
Russie. Il annonce déjà avec confiance qu'il a
pourvu à la défense et à la vengeance de la France.
Il connaissait tout le plan de l'Autriche[1] ; elle se
proposait de reprendre toutes les positions d'où elle
avait été repoussée, soit par le général Moreau en
1799 et en 1800, soit par Napoléon lui-même dans
ses différentes campagnes. Les corps autrichiens
étaient en pleine marche, les uns pour se porter en
Italie, les autres pour occuper la Bavière, alliée de
la France. L'Autriche était persuadée que, du moins
cette fois, elle avait pris Napoléon au dépourvu.
Ses émissaires, qui ne la trompaient pas, lui pei-
gnaient l'élite de l'armée française paisiblement
campée sur les côtes de Picardie, en face de l'Angleterre ;..... mais lorsque ces rapports arrivaient à
Vienne, déjà notre armée, transportée en poste,
avait passé le Rhin, et paraissait sous les remparts

---

(1) M. de Champagny, depuis duc de Cadore, était alors ambassadeur de France à Vienne.

de la ville d'Ulm envahie par les premiers corps autrichiens.

Il est hors de mon sujet de rappeler comment, cinq jours après avoir quitté la capitale, Napoléon avait repris Ulm sur les Autrichiens, et fait prisonnière la première armée qu'il avait rencontrée ; comment en trente jours, après diverses autres batailles, dont le fruit fut la prise de Vienne (11 décembre 1805) et dont la victoire d'Austerlitz fut le couronnement, cette merveilleuse campagne avait été terminée par la paix de Presbourg que l'Autriche n'achetait pas trop cher par une contribution de 60 millions. Le simple énoncé de pareils faits en dit plus pour la gloire de Napoléon que ne le ferait le plus pompeux panégyrique. L'empire n'avait encore qu'une année d'existence ; cet immense succès, aussi rapide que décisif, en consacrait l'avènement ; il le fondait sur une base puissante, et il avait d'autant plus d'à-propos qu'un danger soudain surgissait en France par le fâcheux état des finances.

Depuis 1803, époque de la rupture avec l'Angleterre, la progression des dépenses était loin d'être balancée par celle des revenus ; je n'en citerai qu'une preuve. La dépense de la marine, à raison de 70 millions pour le service ordinaire, aurait dû être de 210 millions pour les trois années ; elle avait excédé dans cette période 440 millions ; dans les mêmes trois années l'administration de la guerre qui, proportionnellement aux fonds qui pouvaient lui être accordés, aurait dû borner ses dépenses à 630 millions, avait dépensé 809 millions, et elle n'avait pas soldé toutes ses dettes : les accroissements des ressources ne s'étaient composés que de quelques suppléments de cautionnements ; du prix de la cession de la Louisiane aux États d'Amérique, du subside par lequel l'Italie payait l'alliance de la France, et de quelques impôts renouvelés de l'ancien temps, mais dont le rétablissement était trop récent pour balancer plus de 400 millions d'accroissement dans la dépense de deux seuls ministères pendant trente-six mois. Le trésor était donc dans un véritable état d'épuisement, lorsqu'à la suite de deux années de préparatifs ruineux pendant lesquelles le véritable champ de bataille était resté vacant entre la France et sa rivale insulaire, deux puissances continentales du premier ordre marchaient contre la France et menaçaient la partie la plus accessible de ses frontières. Cet épuisement était tel que Napoléon n'avait pu composer ce qu'il appelait le trésor de sa grande armée que de quelques millions provenant pour la plus forte partie de son épargne personnelle. Les entrepreneurs des services ministériels, qui se prétendaient tous en avance, et devenaient plus exigeants parce qu'ils étaient plus nécessaires, avaient menacé de suspendre leurs livraisons. Pour que les vivres, les équipages, l'artillerie nécessaires à une armée de cent mille hommes, pussent la suivre dans son élan, des côtes de la Picardie au cœur de la Bavière, il avait fallu venir au secours des principaux fournisseurs, et à défaut d'autres moyens, on avait été réduit à leur donner en paiement 10 millions de domaines nationaux. Le trésor public avait déjà engagé (et je dirai bientôt comment) une partie des revenus de 1806 en négociant les obligations souscrites par les receveurs-généraux sur les recouvrements de cette année ; la Banque était assaillie de demandes pour le remboursement de ses billets, parce qu'elle avait été trop libérale d'escomptes, tant en faveur des hommes qui, sous le titre de faiseurs de service, vendaient au trésor l'illusion de leur crédit, qu'à l'égard de maisons nouvelles qui se prêtaient leurs signatures, et inondaient la place de leurs traites collusoires. Ainsi les embarras s'étendaient de la fortune publique aux affaires privées, et tous les symptômes d'une crise grave et prochaine se manifestaient déjà avant le départ de Napoléon pour l'Allemagne.

M. de Marbois, alors ministre du trésor, avait, sans doute, entrevu le mal ; Napoléon se le dissimulait encore moins, il ne voyait et ne cherchait de remède que dans la victoire. Je me rappelle que, peu de moments avant son départ, m'étant trouvé sur son passage à Saint-Cloud, lorsqu'il se rendait au spectacle, il s'était avancé vers moi en se bornant à me dire : « Les finances sont mal, la Banque éprouve des embarras ; ce n'est pas ici que je puis y mettre ordre. » Et il était parti dans la même nuit pour rejoindre son armée. Je n'avais que trop bien compris le sens de ses dernières paroles ; je voyais que sa destinée et celle de la France allaient dépendre encore du sort des armes, et je me demandais avec appréhension jusqu'où pourraient aller les conséquences d'un échec ou même de l'hésitation dans la victoire. Sans doute elle était nécessaire cette victoire, il la fallait ; mais elle dépassa toute espérance.

Napoléon avait laissé à l'aîné de ses frères, non pas la régence de l'État, mais la présidence des conseils ministériels pendant son absence ; ces conseils ne furent guère occupés que d'une seule affaire du rassemblement permanent de plusieurs milliers de porteurs de billets de banque qui demandaient leur remboursement. La Banque ne pouvait en satisfaire chaque jour qu'une faible partie ; et, comme par le seul fait du retard dans le remboursement, les billets de banque ne pouvaient plus être assimilés à la *monnaie réelle*, ils perdaient le caractère de *monnaie autorisée* ; et les particuliers refusaient de les recevoir en paiement. La plupart des commerçants se trouvaient ainsi en faillite. Les ouvriers pouvaient se trouver sans salaire. Les billets de banque devenaient des effets à terme, et les plus défavorables de ces effets, puisqu'ils n'avaient pas d'échéance fixe et précise ; ils n'étaient plus un moyen de libération, puisqu'ils n'étaient plus conversibles à volonté en espèces. Dans cet état ils ne pouvaient devenir qu'un effet négociable à perte ; et ils parcoururent ainsi différents degrés de l'échelle du discrédit jusqu'à 10 pour cent de perte.

J'avais été appelé aux premiers conseils dans lesquels on avait cherché des remèdes aux embarras de la Banque. J'avais dit qu'il ne pouvait y avoir qu'une opinion sur la cause de ces embarras ; qu'elle n'était autre que la trop grande latitude que la Banque avait donnée à ses escomptes : qu'en surchargeant ses portefeuilles de lettres de change qui étaient elles-mêmes une superfétation dans les valeurs du commerce, elle avait surchargé la circulation d'une égale *superfétation* de ses billets ; et que, comme elle n'avait pas en même temps appelé dans ses caisses une quotité correspondante de monnaie réelle, il avait bien fallu que la portion de ses billets qui formait un trop plein dans le canal des échanges retournât à sa source ; que, quelle que fût au surplus la cause du discrédit de ses billets, les porteurs (c'est-à-dire le public) ne devaient pas en être victimes, car le privilège de la Banque n'allait pas jusqu'à faire de la *fausse monnaie* ; que s'ils éprouvaient le moindre préjudice, ils avaient droit à une indemnité, et que cette indemnité devait être supportée par les actionnaires, et prélevée sur leurs profits ou même sur leur capital, puisque les actionnaires ne pouvaient pas regarder comme profits légitimes les produits de certains escomptes qui n'auraient pas dû être admis ; que si la Banque avait été jetée hors des règles par une force majeure, telle que l'impérieuse exigence du gouvernement, elle pourrait ultérieurement faire valoir son recours contre lui ; mais que les devoirs du gouvernement envers elle étaient étrangers à ses devoirs propres envers ses premiers créanciers, qui avaient reçu ses billets au titre de la monnaie réelle, et ne devaient pas être moins prémunis contre toute perte sur ses billets, que contre toute altération dans les espèces d'or et d'argent.

Dirai-je que je fus écouté comme un homme qui parlait une langue étrangère, et qu'un des membres me dit que nous avions à résoudre une autre question ; que ce n'était pas en la compliquant qu'on pouvait l'éclaircir ; qu'il n'importait pas de savoir si la Banque avait bien ou mal fait ; s'il y avait quelque distinction à faire entre les actionnaires et les porteurs de billets ; que le conseil n'avait à délibérer que sur les moyens de faire cesser les *attroupements* qui assiégeaient la Banque et qui pouvaient devenir séditieux ; qu'à son avis, ce qu'il y avait de mieux à faire, c'était d'ordonner à la Banque de fermer son bureau de remboursement ; de confier aux douze municipalités de Paris la distribution de la somme que la Banque pourrait employer chaque jour à retirer ses billets ; d'autoriser le ministre de la police à dissiper, *par la force armée*, les rassemblements qui se formaient autour de la Banque, et le tribunal de commerce *à ne pas statuer* sur les contestations qui pourraient naître de l'offre ou du refus des billets de banque dans les paiements? Dirai-je que cette opinion fut adoptée? Dirai-je plus? que la régence de la Banque, instruite de ma proposition, ne la jugea pas plus favorablement que le conseil à qui je l'avais faite, et trouva l'avis qui avait prévalu beaucoup plus conforme à sa doctrine? Elle ne s'occupa pas de faire acheter au dehors des matières d'or et d'argent, quoique ce fût là une des conditions, une des charges de son privilège (à la vérité mal exprimée dans ses statuts) ; mais elle demanda aux banquiers des départements de lui envoyer des espèces, en échange de la remise qu'elle leur faisait d'effets recouvrables sur leurs places. Il en résulta seulement que toutes les messageries de France retournaient chargées de sommes égales, que les départements redemandaient à Paris en remplacement de leurs envois. Et, pendant tout le temps que ce système de circulation fut suivi, l'argent pouvait manquer souvent partout, excepté sur les grandes routes.

L'administration que je dirigeais et qui semblait

n'avoir sauvé que son nom des diverses atteintes portées à sa destination et à ses ressources, n'avait pas été mise de nouveau à contribution à l'ouverture de la campagne; on ne lui avait retiré que quelques millions dont elle n'était que dépositaire et qui provenaient d'une vente d'effets militaires hors de service faite en 1802. Or, vers la fin de 1805, elle avait déjà trouvé des acheteurs pour quelques-uns des domaines nationaux qui lui avaient été cédés en échange de ses rentes en cinq pour cent; le produit de ses ventes et quelques autres recouvrements composaient une douzaine de millions en valeurs disponibles; et avec ces moyens il ne lui était pas difficile d'écarter, au moins de son propre service, l'apparence même des embarras auxquels la situation de la Banque exposait toutes les autres caisses, tant publiques que particulières. La caisse d'amortissement avait à pourvoir à d'assez nombreux paiements, entre autres à celui des intérêts des cautionnements, nouvelle dette publique qui croissait d'année en année; et ne refusant jamais, de ses débiteurs, les billets de banque lorsqu'ils étaient en perte, elle avait pu, pendant la crise, offrir constamment à ceux de ses créanciers qui repoussaient ces billets des paiements en monnaie réelle; c'est aussi en monnaie réelle qu'elle avait remboursé les obligations que plusieurs receveurs-généraux laissèrent protester à cette époque, sous prétexte qu'ils s'étaient mis en avance avec le trésor public par les envois anticipés de fonds qu'ils avaient faits aux nouveaux faiseurs de service [1]. Elle avait eu peu d'efforts à faire pour se procurer avec abondance des espèces d'argent et d'or, quoiqu'elles parussent manquer partout. Elle n'avait pas cherché à surprendre quelques fractions de monnaie réelle sur les places, d'où elles ne pouvaient être détournées momentanément que pour y être rappelées presque aussitôt par le besoin de la circulation locale. Mais dans les départements qui entourent Paris, et dont les habitants viennent chaque jour échanger leurs denrées contre des espèces, où aussi les salaires plus élevés favorisent plus les épargnes, il se trouve plus fréquemment des masses d'espèces que la circulation laisse oisives ; et celles dont l'impôt s'empare dans ces lieux peuvent avec d'autant moins d'inconvénient refluer vers la capitale, puisqu'elles n'y arrivent qu'à titre de restitution. Dans la foule d'effets à terme que les faiseurs de service négociaient pour le compte du trésor public, la caisse d'amortissement, naturellement placée au rang des escompteurs pour l'emploi de ses fonds libres, avait recherché par préférence les obligations des receveurs-généraux résidant à Ver-

---

[1]. L'entreprise de ce service avait été retirée aux receveurs-généraux au commencement de 1805; on verra à quelles mains elle était confiée.

sailles, Melun, Beauvais, etc., et le recouvrement du montant de ces obligations avait promptement mis à sa disposition la monnaie réelle dont se composaient les recettes des comptables. Ce fut là l'expédient; et il avait réussi parce qu'il se trouvait dans la nature des choses.

D'ailleurs, la crise qu'éprouvait la Banque devait se modérer quand la cause s'en atténuerait; et un raisonnement aussi simple que le calcul dont je viens de rendre compte aurait dû, au moment où elle se manifesta, mettre toutes les opinions d'accord sur sa durée. On a dit depuis longtemps qu'en matière de subsistance et de monnaie, les *erreurs* et les *terreurs* populaires étaient synonymes; ce qui signifie, en d'autres termes, que les unes et les autres ont habituellement pour cause l'ignorance des faits. Or, l'examen de l'état progressif des opérations de la Banque aurait appris ce qui suit:

Depuis sa création jusqu'en 1803, elle n'était, à la vérité, parvenue à faire entrer dans la circulation qu'environ trente millions de ses billets; mais, affranchie à cette dernière époque de la concurrence d'une autre machine d'escompte, elle avait successivement élevé et elle avait habituellement maintenu ses émissions à cinquante et soixante millions; et elle n'avait évidemment pu porter ce volume de monnaie nouvelle dans le canal de la circulation locale de Paris sans qu'une somme à peu près égale de monnaie réelle en eût été écartée, eût déserté ses fonctions, se fût dirigée vers d'autres lieux, ou eût cherché à Paris même un autre emploi. Ces fractions, retranchées de la masse, ne devaient plus y reparaître. Or, il était notoire que, dans cette période, de plus fortes sommes d'argent monnayé avaient été exportées hors de France, ou avaient fait office de lingots dans le creuset des orfèvres. Dans l'espace de 1803 à 1805, le mouvement des échanges réels avait pris plus d'activité dans la capitale, et c'est ce mouvement qui avait favorisé la progression des émissions de la Banque. Dans les neuf premiers mois de 1805, la Banque était devenue moins sévère et moins réservée dans ses escomptes, et elle avait accru ses émissions d'environ trente ou quarante millions, en admettant (outre les lettres de change régulières qui avaient pour cause des échanges réels, et pour garantie des marchandises appelées par le besoin de la consommation) cette autre espèce d'engagement qui emprunte frauduleusement la même forme et que fabriquaient les faiseurs de service du trésor, ainsi que plusieurs maisons de commerce engagées dans des spéculations hasardeuses. Elle se trouvait, par exemple, créancière de plusieurs millions de pareilles traites sur une seule de ces maisons. Mais comme le terme de deux mois pouvait suffire pour que ces traites collusoires parvenant successivement à leur échéance, leur acquittement fît rentrer à la Banque, soit la surabondance des billets qu'elle avait émis par ses escomptes, soit une quantité de monnaie réelle suffisante pour le remboursement de cette portion de ses billets que la circulation repoussait à titre d'excédant, il était évident que les demandes de remboursement cesseraient pour la Banque lorsqu'il n'y aurait plus dans la circulation de Paris qu'environ cinquante millions de ses billets, c'est-à-dire une quantité égale à celle que la circulation admettait et conservait au commencement de 1805, et qui remplissait le vide qui s'était naturellement opéré dans la monnaie réelle depuis que la Banque était en possession de fabriquer sa monnaie propre. En effet, après cette crise de deux mois, pendant laquelle personne ne voulait conserver de billets de banque, et lorsque leur masse eut été réduite d'environ trente millions, ces billets furent aussi recherchés qu'ils avaient été décriés. Avant et pendant ces deux mois, la Banque ne recevait guère à Paris, en paiement des lettres de change qui sortaient de son portefeuille, que ses propres billets : à leur expiration, la Banque reçut dans ses recouvrements une quantité successivement moindre de ses billets, et une quantité plus considérable de monnaie réelle.

Lorsque après avoir inconsidérément augmenté la masse de ses billets en circulation dans la capitale par la libéralité de ses escomptes, elle avait cru prévenir tout embarras en cherchant à augmenter sa réserve d'espèces par des emprunts d'écus surpris aux départements, le vice de cette combinaison lui avait été révélé; car elle avait vu cette réserve [1]

---

[1]. Ce qui, dans l'opinion et pour les usages communs, confère à la monnaie d'une banque de circulation, c'est-à-dire aux billets au porteur, signés par ses régents ou leurs commis, la valeur et le titre des espèces d'or et d'argent, c'est la certitude de leur conversion immédiate en cette monnaie réelle à la volonté de chaque porteur : pour remplir cette condition, une banque ne peut pas borner la garantie qu'elle doit au porteur de ses billets, à la valeur des effets de commerce en échange desquels elle a donné ces mêmes billets, quoique ceux-là représentent déjà une somme supérieure par l'addition du profit d'escompte qu'a retenu la banque : il faut qu'elle conserve en outre une masse d'espèces, constamment disponibles pour échanger ses billets, lorsque cet échange est réclamé par des convenances particulières; et une telle réserve cause déjà dans la circulation un premier vide qui légitime d'autant la présence des billets de banque: car le meilleur titre de toute monnaie est d'être nécessaire ; mais ce serait évidemment exagérer la précaution jusqu'à l'absurde, que prétendre que cette réserve d'espèces doit être égale au montant des billets qu'une banque met en circulation, si, outre le gage spécial que présente, pour les billets d'une banque, la présence dans ses portefeuilles des lettres de change qu'elle a escomptées, elle devait encore conserver dans ses caisses une somme d'écus égale au montant des mêmes billets, son existence serait à la fois impossible et inutile, car elle ne pourrait former cette réserve qu'en conservant dans sa caisse, en état de stagnation, au moins le capital de ses actionnaires. Alors le produit de ses escomptes, prélèvement fait de ses frais d'administration, ne laisserait pas aux intéressés de dividende. Elle ne trouverait donc pas d'actionnaires. D'un autre côté, un des services que rend une banque, étant de remplacer avec

décroître successivement dans les neuf premiers
mois de 1805, s'épuiser complétement dans les deux
derniers par l'effet de l'inévitable réaction qui restituait à chaque lieu momentanément privé de sa monnaie le médium proportionnel de ses échanges nécessaires; et à peine cet équilibre avait-il été rétabli,
que la Banque avait vu ses seuls recouvrements à
Paris lui produire beaucoup plus de monnaie réelle
que n'en demandait le remboursement de ses billets,

économie les métaux précieux dans l'office de monnaie, l'économie serait nulle, si, après l'émission des billets de banque,
la masse des métaux précieux, configurés en monnaie, restait
la même. La réserve d'écus, que garde une banque, doit donc
se mesurer sur le nombre et la nature des causes qui peuvent
rendre les remboursements plus fréquents. Lorsque la marche
d'une banque est régulière et les affaires publiques dans un
état calme, cette banque n'a recours à sa réserve d'écus que
pour satisfaire chaque jour à un petit nombre de demandes
de remboursement, et le même jour fait souvent entrer dans
sa caisse une même somme d'écus par une autre voie. Lorsqu'il
y a quelque crise politique, les faux calculs, qui naissent d'un
premier mouvement d'émoi, peuvent momentanément accroître
la masse de ces demandes, surtout si la crise est de nature à
opérer un ralentissement dans diverses opérations du commerce, et à resserrer le canal de la circulation. Comme aucune
de ces deux causes ne peut cependant avoir la puissance de forcer une banque, qui n'a fait que des escomptes réguliers, à retirer subitement de la circulation une forte quantité de ses billets,
on était convenu, depuis longtemps, de fixer au quart des billets
émis la réserve en écus que devait conserver une banque à titre
de garantie additionnelle pour les porteurs de billets. Mais cette
règle, comme toutes celles que le raisonnement réduit en for-

qui se ralentissait chaque jour. Cet heureux changement n'était en quelque sorte qu'un effet mécanique ; la prévoyance n'y avait rien fait ; mais les choses étaient rentrées dans leur ordre naturel. La monnaie, l'un des rouages les plus délicats de la machine sociale, et à qui d'imprudents essais avaient donné localement une fausse proportion, se trouvait rétablie dans ses justes rapports avec les autres rouages. La Banque avait repris sa place dans le sys-

mules pour les livrer à la routine, n'est plus applicable à la situation d'une banque qui, ayant étendu des escomptes au-delà des nécessités réelles du commerce, a introduit dans la circulation (ce que la circulation ne supporte jamais) la superfluité ; lorsqu'une telle faute a été commise, il ne suffit pas qu'une banque élève et maintienne sa réserve au quart des billets émis ; il faut qu'elle s'attende à rembourser immédiatement le *superflu* de billets que l'excès de ses escomptes jette chaque jour dans la circulation, et qu'elle augmente conséquemment sa réserve d'une masse d'espèces égale au montant des lettres de change qu'elle n'aurait pas dû escompter. Ainsi l'irrégularité de l'escompte porte sa peine avec elle ; elle fait déchoir, en quelque sorte, une banque de son privilège ; cette banque est obligée de rembourser si promptement les billets qu'elle émet pour un tel escompte, qu'il équivaut presque pour elle à un escompte fait avec des espèces réelles ; ou si elle se soustrait à cette condition, elle fait ce que fit la Banque de Paris en 1805, elle se déclare en état d'*atermoiement*, expédient qui ne fait ni profit ni honneur. L'exemple de la Banque d'Angleterre* ne peut être invoqué par aucun autre ; et quoique l'Angleterre n'ait pas succombé au danger, il n'en fut pas moins grave pour elle.

---

* Le cours forcé des billets de banque (1797).

tème général des échanges ; et elle y retrouva son crédit aussitôt qu'elle put n'y porter qu'une activité utile, qu'elle n'y intervint que comme un instrument nécessaire. Ce qui était seulement remarquable et fut à peine remarqué, c'est qu'un accroissement d'un soixantième au plus dans la masse totale de la monnaie [1] de France avait suffi pour causer momentanément un grand désordre ; pour détruire l'équilibre du change entre Paris et toutes les autres places ; pour causer une hausse subite dans le prix des denrées et des marchandises, et pour mettre ainsi en état d'anxiété un grand nombre de fortunes particulières, l'approvisionnement de la capitale, le gouvernement lui-même.

Ce qui est plus remarquable encore, c'est qu'aussitôt que la Banque eut repris le paiement de ses billets à bureau ouvert, personne ne parut conserver le souvenir d'une crise qui avait compromis tant d'intérêts. La victoire d'Austerlitz venait, il est vrai, de couronner les rapides succès de la campagne contre l'Autriche ; mais, à la même époque, la journée de Trafalgar avait été fatale à notre marine. Si la France avait planté ses drapeaux sur les murs de Vienne, elle était en quelque sorte assiégée dans tous ses ports ; et ses onze cents lieues de côtes

1. Tout ce qui, dans chaque pays, fait office de monnaie, est partie intégrante de la monnaie du pays.

sur les deux mers présentaient d'autant plus de points vulnérables à son plus dangereux ennemi. Si le traité de Presbourg semblait avoir rendu le souverain de la France arbitre de la paix et de la guerre sur le continent, les armées françaises avaient laissé derrière elles peut-être autant de ressentiment qu'elles rapportaient de gloire. Dans les pays qu'elles avaient étonnés par leurs victoires, elles avaient été réduites à la nécessité de renouveler les exactions inévitables dans ces invasions rapides où le vainqueur ne peut continuer sa marche qu'en dévorant chaque jour sa conquête. Depuis la fin du dix-septième siècle la civilisation, en établissant de nouveaux rapports entre les peuples, avait en quelque sorte introduit un nouveau droit des gens entre les vainqueurs et les vaincus; mais, tout en s'appropriant les combinaisons modernes aussi bien que les combinaisons anciennes de l'art militaire, c'était surtout les idées des anciens que Napoléon attachait au droit de conquête.

Il avait vu la révolution déclarant la guerre à toutes les propriétés dans l'intérieur de la France, au dehors à tous les gouvernements; et, placé si jeune à la tête des armées révolutionnaires, qu'il avait conduites partout à la victoire, Napoléon n'avait pu prendre à cette école ce sentiment de respect commandé peut-être par le temps actuel à tout chef militaire envers les souverains qu'il combat et les peuples qu'il soumet. Les souvenirs qu'il avait puisés dans l'histoire trompaient ses calculs; il croyait que Paris pouvait être enrichi comme l'avait été Rome par les dépouilles et les tributs de tous les autres peuples; il se flattait surtout d'affaiblir et la puissance et l'influence des souverains auxquels il faisait acheter sa réconciliation ou son alliance. C'était ainsi qu'il avait levé des tributs sur l'Espagne, sur le Portugal et sur les provinces d'Italie, avant la nouvelle guerre qu'il venait de soutenir contre l'Autriche. Mais plus de dix-huit siècles s'étaient écoulés, et la face du monde avait bien changé depuis que les Romains l'avaient subjugué par cette politique qui rendait leur inimitié redoutable et leur alliance onéreuse à tous les peuples. Ces trésors, que les généraux romains traînaient à leur suite dans leurs triomphes, formaient la principale puissance des rois barbares qu'ils avaient vaincus; ils avaient été le fruit de leurs longues et difficiles épargnes. Ces rois n'avaient pas de revenus réguliers. La perte de leurs trésors entraînait celle de l'armée et celle de leur territoire, qui n'était le plus souvent qu'un vaste camp. Ils n'avaient à défendre que leurs rapines, à protéger que celles de leurs soldats. Quant aux autres habitants, jetés sans avenir sur un territoire sans culture, ou dans des bourgades sans industrie, ils n'avaient de choix à faire qu'entre les divers genres de privations, et il leur était bien indifférent d'être vexés au nom du sénat romain ou au nom de Persée ou de Mithridate. Telle n'est heureusement pas, et surtout depuis le dix-neuvième siècle, la situation de la partie du monde dans laquelle se sont le mieux développés tous les arts qui conservent et consolent l'espèce humaine.

La majorité de cent quatre-vingts millions d'hommes qui peuplent l'Europe, et qui, par l'influence du climat, se trouvent divisés en corps de nations, s'est ralliée, malgré la diversité de leurs usages et de leurs langages, autour d'une loi commune. Deux seuls mots, *la conservation* et *l'accroissement*, semblent résumer toute la morale des peuples civilisés. Si, sous l'empire de cette morale, les individus ont perdu l'énergie des passions primitives qui divisent les hommes, les nations ont acquis celle qui naît de l'accord sympathique des intérêts. A l'habitude de vivre mal aux dépens d'autrui, a succédé le désir de vivre mieux avec les autres par un échange de services réciproques. La violence, qui confond tous les moments dans un seul, a été remplacée par la prévoyance qui fixe les divers points du temps, mesure et garantit l'espace devant elle : cette vertu (car les vertus commencent où les passions finissent) avait agrandi et ennobli dans l'espèce humaine le sentiment qui la porte à se perpétuer, par l'espoir de frayer aux générations futures des routes sûres dans l'avenir. A la suite de ces représailles, qui avaient successivement armé tous les peuples les uns contre les autres, les tributaires de l'ancienne Rome contre les débris de sa puissance, les chrétiens contre les musulmans, et si cruellement les chrétiens contre eux-mêmes pendant près de quatorze siècles, l'humanité avait enfin appris qu'il lui était réservé de faire, par les arts, des conquêtes plus utiles et plus durables que par les armes. Dans le dix-huitième siècle, l'art de la guerre lui-même se réduisait à n'être qu'un moyen de sûreté pour les autres arts : les souverains ne cherchaient plus en général à étendre les limites de leur domination ; les peuples n'agrandissaient leur territoire qu'en le fécondant ; le travail multipliait les formes de la propriété, qui multipliait à son tour les travailleurs ; et dans ce siècle, ce fut en quelque sorte un événement hors du pacte commun que le démembrement d'une seule province de l'Autriche au profit de la Prusse, et le partage des plaines de la Pologne entre trois souverains. Un sentiment universel réprouvait les usurpations, et semblait avertir les chefs des nations que leur puissance réelle n'était plus dans les armées. En effet, plus le cercle de la vie humaine s'agrandit par l'industrie, moins le pays peut entretenir de soldats : la progression de tous les salaires nécessite l'augmentation de la solde et les dépenses d'entretien militaire ; et quoique la solde reste encore le moindre des salaires, il est le plus onéreux pour la société, parce qu'il ne laisse pas d'*équivalent* après lui.

Un grand exemple venait d'être donné par l'Amérique septentrionale, puissance nouvelle dont les premiers pas avaient été dirigés alors par un ministre habile [1], et qui, pour se dispenser d'entretenir, dans ses anciennes limites, un corps permanent de troupes, avait acheté soixante millions une nouvelle frontière qui, par sa seule position, se trouvait à l'abri des attaques.

Cet exemple avait à peine été remarqué, sans doute, par ceux des anciens cabinets qui s'obstinaient à entretenir des armées trop nombreuses. Mais la situation de leurs finances, la condition à laquelle ils étaient réduits d'aller chercher au dehors, dans des emprunts onéreux, des secours qu'ils ne pouvaient pas obtenir de leur territoire, prouvaient assez qu'ils n'obéissaient pas aux mœurs du temps, qui sont la première loi des princes.

Lorsque, dans le juste effroi que causaient à toute l'Europe les principes de la révolution française, l'Autriche et la Prusse avaient entrepris, avec leurs seuls moyens, la conquête de la France, elles n'avaient été secondées ni par le vœu de leurs peuples, ni par le zèle de leurs soldats. La France, qui n'avait

1. Hamilton.

plus de troupes régulières, avait pu, en moins d'un mois, leur opposer un million d'hommes, dont la plupart n'étaient assurément pas les défenseurs de la révolution ; alors la France n'avait pas soutenu la guerre pour étendre son territoire, mais pour le défendre ; et les peuples même, dont elle avait vaincu les armées, avaient trouvé ses succès justes.

Lorsqu'en 1805, l'Autriche, qui rompait encore une fois la paix de 1800, avait été battue devant Ulm, la savante manœuvre qui mit subitement en présence de son armée cent mille hommes qu'elle croyait retenus à deux cents lieues de ses frontières, fut sans doute un des grands miracles de l'art militaire ; mais il fallait aussi qu'alors l'armée autrichienne prît assez faiblement part à la haine du cabinet de Vienne contre la France, pour que trente mille hommes de ses soldats missent bas les armes au premier choc.

Je rappellerai ici le vœu que formaient à cette époque quelques-uns de ces hommes sages, qui font de la paix des peuples le premier des bienfaits des souverains : ils croyaient que si, après cette mémorable victoire d'Ulm, Napoléon avait, à la face de l'Europe, offert la paix à l'Autriche, sous la condition qu'elle licencierait les deux tiers de ses troupes, il aurait été impossible au cabinet de Vienne de refuser cette paix, et plus encore de la violer. Et cependant Napoléon n'aurait-il pas pu craindre que cet acte de modération, interprété peut-être comme un symptôme de faiblesse, n'encourageât le mauvais vouloir, déjà si manifeste, de deux autres grandes puissances ? Il fallait les diviser, les contenir par la terreur des armées françaises apparaissant pour la première fois dans ces parties reculées de l'Allemagne ; la bataille d'Austerlitz frappa plusieurs coups à la fois. Cette opinion peut être également soutenue, qu'une domination nouvelle a besoin, pour s'établir et même pour se maintenir, d'agir autrement que celles qui sont consacrées par le temps, et Napoléon, ne résistant pas au désir d'aller occuper le palais d'un souverain dont il s'était ouvert la capitale, obéissait probablement à d'autres calculs qu'à ceux d'une vanité de conquérant. Sa pensée, qui suffisait à tout, se préoccupait d'ailleurs alors, et non sans motifs, de bien d'autres intérêts encore que ceux qui l'avaient appelé en Autriche. Il avait appris le nouveau désastre de notre marine à Trafalgar, et l'état de crise où s'était trouvée la Banque de Paris. Il savait dans quelle situation il avait laissé les finances, rendue plus fâcheuse encore par les embarras où s'était jeté le trésor public, et sa gêne toujours croissante ; il voulut relever à son profit l'opinion de la France, et rehausser l'éclat de sa victoire par des résultats nouveaux ; faire camper son armée dans Vienne, dater de la capitale d'un empire ennemi les ordres qu'il donnait au sien ; assigner les récompenses de son armée sur les contributions des vaincus ; faire rechercher l'alliance de sa famille par d'anciennes familles souveraines ; ériger en royauté la souveraineté d'une de ces familles; changer, par ce seul acte, la constitution fédérative de l'Allemagne ; placer un de ses frères sur un autre trône que les armes françaises avaient renversé : toutes ces mesures furent exécutées en moins de temps qu'il n'en aurait fallu peut-être à tout autre pour en projeter une seule! Mais pour juger sainement les circonstances qui, par leur éclat, frappent le plus vivement l'imagination des hommes, et peuvent produire le plus d'admiration, il faut peut-être les considérer sous toutes leurs faces et dans toutes leurs conséquences. Au milieu de l'enthousiasme qu'inspiraient les grands événements dont Napoléon faisait jouir l'orgueil français, ces mêmes esprits sérieux, qui s'appliquent à rechercher les biens réels que peuvent procurer les succès et la gloire, se disaient que, dans ce siècle, ce n'était pas impunément qu'on froissait des nations tout entières dans leurs propriétés et leur honneur ; que s'emparer d'une capitale étrangère c'était punir beaucoup moins le souverain dont on avait à se plaindre, que toute la population qui restait sans défense, et qu'il était dangereux de nationaliser le ressentiment que laisse toujours après elle la victoire. Napoléon érigeait des royaumes, il rétablissait des rois vaincus qui gardaient ainsi l'empreinte de sa puissance, il en créait de nouveaux. En voyant poindre dès lors le premier germe de ce plan gigantesque, qui ne tendait à rien moins qu'à donner à l'empire français et à son monarque le droit d'ancienneté parmi les vieilles puissances de l'Europe, il était permis de s'inquiéter d'un système dont l'audace et la grandeur ne dissimulaient pas le danger. L'homme étonnant qui s'était en si peu de temps élevé à un si haut degré de pouvoir, n'avait-il donc mis un terme à la révolution française que pour porter sur tous les trônes le trouble et l'instabilité ?... Et pourtant les hommes qui se livraient à ces réflexions chagrines, et dont les regards plus perçants entrevoyaient peut-être les nuages de l'avenir ; ces hommes, dis-je, désiraient vivement le maintien du nouveau gouvernement de la France. C'était dans l'intérêt même de son salut qu'ils s'inquiétaient de tout ce qui pouvait plus tard ébranler un pouvoir qui s'élevait si haut.

J'avais reçu, le 25 janvier 1806, une lettre par laquelle l'empereur Napoléon m'annonçait qu'il faisait envoyer à la caisse d'amortissement 6 millions de lettres de change, formant le premier à-compte de la contribution imposée à l'Autriche, et qui ne devait pas se confondre avec les recettes ordinaires du trésor public, parce qu'il devait l'employer à récompenser l'armée, dont elle était la conquête.

Le 26, j'appris au milieu de la nuit l'arrivée de l'empereur Napoléon à Paris, par une lettre de convocation qui m'appelait à un conseil de finances assigné à huit heures du matin ; ce conseil était composé de deux ministres, MM. Gaudin et Barbé-Marbois ; de deux conseillers d'État, MM. de Fermon et Crétet, et de moi. L'empereur permit à peine qu'on lui adressât quelques mots sur une campagne si promptement et si glorieusement terminée : « Nous avons, dit-il, à traiter des ques-
« tions plus sérieuses ; il paraît que les plus grands
« dangers de l'État n'étaient pas en Autriche ; écou-
« tons le rapport du ministre du trésor. »

M. Barbé-Marbois commença ce rapport avec le calme d'une conscience qui ne se reprochait rien. Il présenta, sans les exagérer, toutes les difficultés qu'avaient dû faire éprouver au service du trésor public, dans tout le cours de son ministère, des recettes inférieures aux dépenses ; et il prouva assez bien que le partage des soins et des efforts n'était peut-être pas égal entre le ministre qui, au commencement de chaque année, établissait spéculativement la balance générale des recettes et des dépenses, et celui qui, chaque jour, avait à pourvoir à des dépenses toujours progressives, avec des recettes trop faibles et trop tardives ; qu'en supposant (ce qui n'était pas encore arrivé) que les recettes d'un budget pussent définitivement être égales aux dépenses du même budget, la condition imposée au trésor d'acquitter la plus forte partie des dépenses en douze mois, lorsque les recettes, d'après le mode et les époques du recouvrement, ne pouvaient se réaliser qu'en plus de dix-huit mois, forçait le trésor public de déléguer à des prêteurs ce tiers des produits du budget composé de recettes tardives, pour parvenir à élever les paiements au niveau des exigences : il exposait ensuite que, dans l'intervalle de 1803 à 1804, on avait cherché ces prêteurs parmi les receveurs-généraux des départements; qu'on avait bientôt reconnu qu'il n'y avait profit, ni pour l'autorité, ni pour le bon ordre, à solliciter, sous cette forme, ces emprunts auprès des comptables ; qu'après avoir fait et regretté cet essai, il avait accepté les propositions d'une compagnie nouvellement enrichie et déjà chargée de l'entreprise des principales fournitures des armées de terre et de mer; que par son traité avec cette compagnie, le trésor public avait obtenu une réduction de trois pour cent [1] sur l'escompte qu'il supportait auparavant, mais que les besoins du trésor s'étant accrus avec la guerre, et la seule place de Paris n'offrant pas de ressources suffisantes à la compagnie, elle avait conçu l'idée de traiter avec la

---

1. C'est-à-dire une réduction de douze pour cent à neuf pour cent dans l'intérêt des avances.

cour d'Espagne *de toutes les matières d'or et d'argent* que la guerre retenait captives au Mexique, que cette cour lui avait fait remettre pour plus de 100 millions de traites payables dans ses comptoirs américains ; quelle lui avait en outre abandonné le monopole du commerce dans ses colonies ; que pour se créer de telles ressources, la compagnie avait eu besoin de faire quelques avances à la cour d'Espagne ; qu'elle avait aussi continué d'escompter, en faveur du trésor de France, les valeurs à terme dont il était obligé d'anticiper le produit ; qu'il était vrai qu'en échange des versements qu'elle avait faits au trésor, elle en avait reçu des délégations sur les receveurs-généraux pour une somme beaucoup plus forte, mais qu'elle avait remplacé ces valeurs par des gages supérieurs composés de lettres de change payables à Paris, et *de traites de la trésorerie d'Espagne, sur la Havane, la Vera-Cruz*, etc. ; que les avances faites par le trésor ne le laissaient exposé à aucuns risques ; que, s'il les eût refusées, le crédit de la compagnie eût été compromis ; et que si, au milieu de ses vastes entreprises, elle eût été obligée de suspendre ses paiements, ses engagements, qui circulaient sur la place de Paris pour plusieurs dizaines de millions, auraient été frappés de protêt : que cette faillite aurait encore aggravé la crise de la Banque, qui avait admis un de ses membres parmi ses régents et plu-

sieurs de ses effets dans ses portefeuilles ; que le trésor était son seul créancier... A cette déclaration, l'empereur Napoléon, qui jusque-là avait écouté avec calme le rapport de son ministre, ne modéra plus son impatience : « Ils vous ont trompé,
« s'écria-t-il, ils ont abusé de votre droiture à la-
« quelle je rends justice ; ces hommes qui vous
« ont promis les trésors du Mexique seront-ils plus
« puissants et plus habiles que le ministère espa-
« gnol pour leur faire traverser les mers dont
« les Anglais sont les maîtres ! S'ils ont gagné la
« confiance de l'Espagne, c'est en lui livrant les
« fonds qu'ils ont puisés au trésor public de France.
« C'est nous qui avons payé un subside à l'Es-
« pagne, au lieu d'en tirer celui qu'elle nous de-
« vait ; maintenant toute la trame m'est dévoilée ;
« je veux interroger en personne ceux qui l'ont
« ourdie. »

L'ordre fut donné de faire venir deux des faiseurs de service, et le premier commis du trésor spécialement chargé du détail des négociations[1] ; ils comparurent, et quoique la scène dont je fus alors témoin ne soit que trop présente à mon esprit, je n'entreprendrai pas de la décrire ; s'il m'est permis d'employer une figure pour en peindre les effets,

---

1. Ce premier commis avait reçu, des faiseurs de service, un million de gratification, qu'il a restitué plus tard à valoir sur leur débet.

je dirai qu'ils faisaient sur moi ceux de la foudre tombant du plus haut du ciel pendant une heure entière sur trois individus sans abri. L'un [1] fondait en larmes ; l'autre [2] balbutiait quelques excuses ; le troisième [3], immobile comme un roc, ne proférait pas une parole ; mais tout son air semblait dire que comme rien n'est plus passager qu'une tempête, il ne faut que savoir en attendre la fin. Je doute que tous trois l'attendissent avec plus d'impatience que moi...

Lorsqu'un signe, qui exprimait encore la menace les eut avertis qu'ils devaient se retirer, l'empereur Napoléon, sans permettre à M. Barbé-Marbois de continuer son rapport, dit qu'il en savait assez sur cette déplorable affaire ; il congédia le conseil, qui avait duré neuf heures ; il était alors cinq heures du soir ; M. Barbé-Marbois sortit le premier ; je me mis en devoir de le suivre, mais à quelque distance, parce que je devais présumer que tout entretien lui serait importun ; j'allais quitter les Tuileries, lorsque l'empereur Napoléon me fit rappeler, et au moment où je rentrai dans son cabinet où il était seul, il me dit : « Vous êtes ministre du trésor ; « vous prêterez votre serment ce soir ; il faut, dès

---

1. M. Després, ancien agent de change, qui s'était fait banquier.
2. M. Roger, premier commis du ministère du trésor, au bureau particulier du ministre.
3. M. Ouvrard.

« ce soir même, prendre possession du ministère :
« M. de Champagny préviendra M. de Marbois. Je
« ne veux pas en charger le ministre des finances,
« parce qu'ils sont mal ensemble. » Et comme mon
extérieur n'exprimait ni empressement, ni reconnaissance, il ajouta avec vivacité : « Vous ne me
« persuaderez pas que vous ne voulez pas être ministre ; on ne refuse pas un ministère. — Ce que
« j'ai appris aujourd'hui, repris-je aussitôt, m'autorise à redouter le ministère que vous me destinez ; et je dois m'y croire moins propre qu'un
« autre, car non seulement je ne connais pas l'organisation du trésor public, mais je ne conçois
« pas la division des finances en deux ministères.
« — Vous n'êtes pas appelé à juger cette question :
« la France actuelle est trop grande pour qu'un ministre des finances suffise à tout ; j'ai d'ailleurs
« besoin d'une garantie dans l'administration des
« finances ; je ne la trouverais pas dans un seul ministère ; les comptes qu'il me présenterait seraient
« sans contrôle ; et, quand même j'y croirais, le
« public n'y croirait pas. Je sais bien que, dans
« l'état où est le trésor, vous aurez des difficultés à
« vaincre ; mais je vous montre d'autant plus de
« confiance ; je vous aiderai. Je n'ai pas eu besoin
« d'entendre le rapport entier de M. de Marbois,
« pour deviner que les faiseurs de service avaient
« détourné peut-être plus de soixante millions ; il

« faut les retrouver. ¹ » Je n'étais ni persuadé, ni satisfait ; je renouvelai mes objections ; sans les écouter, il continua ainsi : « Il faut vous donner « un successeur à la caisse d'amortissement : je « vais augmenter ses attributions : cette caisse sera « le dépôt des fonds étrangers que je destine aux « récompenses de l'armée. »

Le nom de M. Bérenger vint le premier à ma pensée d'après l'opinion que j'avais de son talent et de sa probité. « Fort bien, me dit l'empereur ; » puis il me laissa seul, fort mécontent de mon nouveau sort, plus mécontent encore de moi, car je n'avais eu le courage ni d'accepter, ni de refuser, et il n'en avait pas moins disposé de ma personne. Je me trouvais chargé de devoirs qui avaient été l'écueil d'un homme très distingué par ses anciens services, son caractère et même sa réputation de capacité ; ces devoirs s'aggravaient encore par le nouveau genre de déficit que j'allais trouver au trésor. Je savais que cette administration était un mélange d'anciennes routines et de théories nouvelles ; que chaque administrateur y avait laissé, depuis dix-sept ans, l'empreinte de la crise politique dont il avait été lui-même le produit : je ne connaissais pas une seule des formules qu'on y em-

---

1. M. de Marbois n'avait, par son rapport, évalué qu'à 70 millions le débet des faiseurs de service. Il y avait, dans cette évaluation erreur de plus de moitié en moins.

ployait; j'avais à peine parcouru les comptes que
le ministre du trésor faisait imprimer tous les ans.
lorsque le ministre des finances publiait les siens ;
et ce n'est pas là que j'aurais pu deviner de quels
éléments ces résultats étaient formés. Quoique je
fusse resté étranger à tout ce qui sortait du cercle
de mes fonctions, je n'ignorais pas la mésintelligence qui avait régné entre les deux ministres qui
partageaient l'administration des finances : elle me
paraissait la conséquence même de ce partage ; je
ne voulais pas assurément en continuer le scandale;
et cependant lorsque *deux pivots* se trouvaient placés sous un des principaux rouages de la machine
ministérielle, il fallait bien que l'un des deux s'em-
parât du *centre* de la rotation pour que la machine
pût avoir quelque régularité dans son mouvement.
Mais la condition du ministre du trésor devait être
d'avoir l'action sans la prévoyance, en laissant au
ministère des finances la prévoyance sans l'action :
il n'y avait alors de ministère proprement dit ni
pour l'un ni pour l'autre. Ces réflexions m'avaient
si désagréablement occupé dans le trajet des Tuileries chez moi, qu'excepté ma femme à qui je ne
puis et ne dois jamais rien taire, je ne fus tenté
d'annoncer ma nomination ni à ma famille, ni à
ceux de mes amis qu'avait conduits dans ma maison le désir de connaître quelques circonstances
des premiers moments de l'arrivée de l'Empereur

Napoléon ; ils l'apprirent à la fin de la soirée, lorsque je fus rappelé aux Tuileries pour la prestation de mon serment.

Qu'ai-je pu promettre par ce serment d'après la nature même des fonctions auxquelles je me trouvais destiné ? De servir dans Napoléon la France. On jugera, d'après les détails suivants, si j'y ai été fidèle.

NOTE.

Napoléon, dans la carrière si vaste qu'il s'était ouverte, avait senti le besoin et s'était donné la faculté, pour chacune de ses entreprises, de suivre et d'observer les moyens d'exécution, jusque dans leurs moindres détails. Partout où se portait son action, soit en institutions civiles, soit en combinaisons militaires, il voulait toujours avoir tout prévu, tout ordonné ; et il y parvenait. Cette complication de soins entrait en effet dans les nécessités de la position qu'il s'était faite.

Déjà lorsque, dans ce gouvernement transitoire qu'il avait fait adopter, il n'était encore qu'un des trois consuls : il était le seul maître, le seul chef réel ; et, sauf le nom, monarque par le fait.

Avant lui plusieurs souverains avaient cherché, dans quelques correspondances familières, des distractions, du délassement, l'oubli de soins plus graves et plus importants ; le grand Frédéric s'y permettait même quelquefois des licences philosophiques qu'il n'aurait laissé prendre à aucun écrivain dans ses États. Napoléon s'était fait aussi une correspondance extra-officielle ; mais il y portait une intention différente ; il espérait trouver, dans les réponses qui lui seraient faites, la révélation, ou du moins quelques symptômes des jugements de l'opinion publique sur son gouvernement et sur les divers actes qui émanaient des ministres.

J'avais déjà pu pressentir en lui cette disposition par la nature même des questions qu'il m'avait faites sur la Bourse de Paris, sur l'espèce de collision qui s'y établissait dans sa pensée entre l'intérêt public et les intérêts privés ; sur la direction qu'il prétendait que notre caisse d'amortissement pouvait donner aux marchés de bourse ; enfin sur la nouvelle Banque de France qui était aussi son œuvre. Il m'avait prescrit de répondre à ses questions par des observations écrites ; bientôt il me recommanda de ne pas attendre ses demandes pour lui faire connaître, à peu près chaque jour, tout ce qui pouvait survenir de nouveau dans l'horizon qu'il m'avait assigné.

Je n'ai pas besoin de faire remarquer que, dans cette mission, mes observations ne s'appliquaient qu'à des actes, à des faits, et qu'elles n'atteignirent jamais les personnes ; ce qui m'imposait une réserve, qui n'était pas toujours du goût de celui à qui elles étaient adressées, ainsi qu'on le verra par l'une de ses lettres. Dans le cours des années 1803, 1804 et 1805, Napoléon trouva le temps de m'adresser de nombreuses questions qui se réduisaient, la plupart, au simple énoncé d'un fait sur lequel il me demandait des explications : je me borne à produire trois de ses lettres de ce temps ; elles prouveront jusqu'à quels détails descendaient ses recherches.

Entre la première et les deux autres lettres se trouve le passage du consulat à l'empire, conséquemment changement de protocole.

DEUXIÈME PARTIE

Paris, le 25 ventôse, an xi de la république française.

« Au citoyen Mollien.

« Vous trouverez ci-joint, citoyen, l'état des sommes
« existantes dans la caisse des invalides de la marine. Je
« donne ordre au ministre de la marine de vous les verser
« dans le jour à la caisse d'amortissement. Vous pouvez
« acheter encore aujourd'hui des rentes jusqu'à la somme
« de deux millions, s'il est nécessaire. Vous recevrez,
« savoir : 1,476,813 francs sur la caisse des invalides de
« la marine, et 500.000 francs que je vous ferai verser,
« dans la journée de demain, pour un compte particulier.
« Vous pouvez vous rendre, dans le jour, chez le trésorier,
« de la caisse des invalides de la marine, qui vous fera
« verser ces fonds [1].

« Je vous salue,

« Signé Bonaparte. »

MARINE.

SITUATION DE LA CAISSE DU TRÉSORIER-GÉNÉRAL

JUSQUE ET Y COMPRIS LE 16 VENTOSE AN XI.

(Extrait du compte rendu, le 24 ventôse an xi, par la commission nommée
pour la vérification de la caisse).

EXISTANT EN CAISSE

En or, argent, en billets de la Banque de France, de la caisse
du commerce et de celle de tabac, enfermés sous le scellé dans

---

[1]. A une certaine époque de 1803 (an xi), la caisse d'amortissement
avait besoin de 2 millions au delà de ses moyens propres pour produire
sur le cours des cinq pour cent l'effet que Napoléon voulait momenta-

la caisse générale, et dont l'énumération est détaillée dans les procès-verbaux de la commission............... 1,099,963 fr. 05 c.

En billets provenant de ses recouvrements, depuis les opérations de la commission.......

Savoir :

En ceux de la Banque de France et autres caisses ci-dessus indiquées.. 267,400 fr.
Factorerie................... 10,950 fr.
Espèces.................... 25,000 fr.
Traites territoriales........ 75,500 fr.
} 376,850 00

Total des valeurs représentées........ 1,476,813 fr. 05 c.

Signé : Ed. Burgues Missiessy,
Deshayes, Vernier.

Le ministre de la marine et des colonies,
Signé : Decrès.

« Monsieur Mollien, conseiller en mon conseil d'État,
« je lis dans votre bulletin du 16 que quelques emprun-
« teurs continuaient à offrir des obligations de l'an XIV
« pour gages de prêts qu'ils sollicitent. Cette phrase a
« excité toute ma sollicitude. Ces obligations n'existent
« point ; et, quand elles existeront, elles seront renfer-

nément obtenir. Dans le compte que lui avait rendu le ministre de la marine de la situation de la caisse des invalides de la marine, qui s'alimentait par un prélèvement de trois pour cent sur le montant des ordonnances applicables aux divers services de ce département, il avait remarqué une somme de 1,476,813 fr. qu'il jugea moins bien placée qu'elle ne l'eût été en cinq pour cent ; il voulut qu'elle fût versée à la caisse d'amortissement pour être convertie en cinq pour cent, inscrits au nom de la caisse des invalides de la marine ; il joignit, sur ses propres fonds, 500,000 francs. Son intention était de les distribuer, en récompense, sous la forme de rentes.

« mées dans le grand portefeuille d'où elles ne sortiront
« que par mon ordre. Je suis donc porté à penser que
« c'est une erreur, et que vous avez voulu dire l'an XIII.
« Comme il y a des obligations de l'an XII échéant en
« l'an XIII, cela serait tout simple. Je vous demande des
« éclaircissements détaillés sur cet objet. Votre plume a
« l'air d'être enchaînée par je ne sais quelle crainte. Vous
« devez me dire tout et dans le plus grand détail. Ces bulle-
« tins ne sont lus que par moi, et restent constam-
« ment pour moi. Je désire donc qu'ils soient écrits avec
« plus d'étendue et d'un style plus clair. Sur ce, je prie
« Dieu qu'il vous ait en sa sainte garde. A Calais, le
« 18 thermidor an XII [1].

« Signé : NAPOLÉON. »

« Monsieur Mollien, directeur-général de la caisse
« d'amortissement, je désire savoir pourquoi un million a
« été distrait des effets militaires pour les droits réunis. Il
« ne doit exister aucune autorisation pour cela ; ces deux

---

1. Il n'était que trop vrai, comme je l'annonçais, que sur les obligations que les receveurs-généraux devaient souscrire sur les contributions directes à la fin de 1804 (an XIII) pour le budget de 1805, quelques-
unes qui ne devaient échoir qu'au commencement de 1806 (qui aurait
été l'an XIV) avaient été proposées d'avance pour gage d'emprunt :
cette proposition était faite à la Bourse par un agent qu'on supposait
employé par les banquiers du trésor Ouvrard, Vanlerberghe et Déprés.
Le grand portefeuille qui devait renfermer ces obligations, montant à trois
ou quatre cents millions, n'était que trop ouvert pour ces hommes,
comme ne l'a que trop prouvé leur débet de 141,800,000 fr., qui éclata à
la fin de 1805.

« services n'ont rien de commun. Sur ce, je prie Dieu
« qu'il vous ait en sa sainte garde. A Paris, ce 4 frimaire
« an XIII[1].

« Signé : NAPOLÉON. »

---

[1]. La vente des effets militaires sans emploi fournissait une réserve sur laquelle des prélèvements pouvaient avoir lieu pour des fournitures faites aux soldats en dehors du budget de la guerre ; c'est à ce titre que l'administration des droits réunis avait eu une créance à exercer sur ce fonds de réserve. Napoléon avait perdu de vue que c'était sur son ordre que cette disposition avait eu lieu.

PREMIÈRE NOTE
SUR LES BANQUES.

REMISE AU PREMIER CONSUL SUR SA DEMANDE
EN 1802

§ 1.

On peut réduire toutes les banques, malgré la variété de leurs combinaisons, à deux espèces : les banques de *dépôt* et les banques de *circulation*.

Il ne peut être question d'établir en France des banques de dépôt ; c'est précisément parce qu'un pareil système de banque convient au commerce spécial, aux rapports, aux moyens acquis, peut-être même à la situation topographique de la Hollande, qu'il est entièrement inconvenable pour la France.

Les seules banques qui puissent convenir à la France sont les banques de circulation. Smith les compare à un chemin aérien qui épargne la dépense des chemins ordinaires.

La hardiesse et l'apparente subtilité de cette métaphore n'en affaiblit pas la justesse ; l'invention des banques a peut-être fait faire plus de progrès à l'industrie et à la civilisation [1] que l'invention des monnaies réelles : les banques sont le perfectionnement du système des échanges, et l'invention des monnaies réelles n'avait fait qu'en favoriser les premiers développements.

Dans la combinaison des échanges faits à l'aide des monnaies réelles, les métaux qui composent ces monnaies n'ont pu devenir disponibles pour le pays qui ne les produit pas que par le sacrifice qu'il a fait d'une quotité proportionnelle de denrées ou de marchandises qu'il avait antérieurement produites.

Les métaux monétaires, employés comme simple médiateur d'échanges dans un pays qui ne les produit pas, ont donc commencé par être eux-mêmes l'objet matériel d'un échange primitif ; ils ont nécessité, de la part du pays qui les a acquis, l'aliénation d'un capital plus utile que l'or et l'argent au pays qui produit les métaux.

Un pays ne s'enrichit donc pas en raison de ce qu'il acquiert plus de métaux qu'il convertit en écus.

Le droit de se servir de l'instrument commode qu'on appelle monnaie réelle ne s'achète que par le sacrifice d'une valeur ou moins égale ; et cet instrument se dégrade par le temps ; il ne se répare que par des sacrifices nouveaux. Or, si l'instrument créé par les banques rend identiquement les mêmes services, s'il n'exige pas les mêmes avances, s'il ne subit pas les mêmes dégradations, s'il ne demande pas des réparations aussi coûteuses, les pays qui se sont mis en possession de ce second instrument, en concurrence avec le premier, se sont donc assuré un grand avantage sur ceux qui sont restés réduits au seul usage du

---

[1]. Ce mot, qui n'est pas pris ici dans un sens abstrait, exprime l'art de pourvoir abondamment à tous les besoins des hommes en société.

premier ; car l'*épargne*, dans l'emploi des moyens, est une véritable création de ressources.

Mais ici la création n'est-elle pas un artifice, une sorte de fiction ? n'a-t-elle pas le danger des fictions ? L'examen de cette question prouvera que la saine théorie des banques n'admet ni *fiction*, ni *prestige*, ni *hasard* ; et qu'enfin le billet d'une banque bien organisée, en faisant le service de *monnaie réelle*, offre la même sûreté que la monnaie réelle fabriquée au meilleur titre.

Quelle est la véritable destination d'une banque ? d'escompter les *valeurs* à terme, c'est-à-dire de faire, moyennant une légère indemnité, qu'une valeur qui n'est que future devienne présente pour son propriétaire.

Une banque, en donnant ses billets, ne fait à la vérité qu'échanger une promesse de paiement contre une autre promesse ; mais la promesse qu'elle donne est réalisable en monnaie réelle à volonté ; celle qu'elle reçoit n'est réalisable qu'à terme. C'est ainsi que la promesse qu'elle donne, c'est-à-dire son billet, équivaut à une valeur présente [1]. C'est sous ce caractère qu'elle est reçue, qu'elle circule, qu'elle fait office de monnaie.

De ce qu'un billet de banque fait office de monnaie, parce qu'il est conversible en monnaie à la volonté du porteur, doit-on conclure que c'est la monnaie réelle, mise en fonds de réserve par la banque, qui sert de gage aux billets de banque ? Non sans doute. Le mérite des banques étant de substituer à l'instrument nommé monnaie réelle un instrument plus économique, il en résulte que tous les billets de banque, quoique également conversibles

[1]. Les métaux qui composent la monnaie réelle ne sont eux-mêmes valeur, sous cette forme, que parce qu'ils mettent à la disposition du propriétaire de la monnaie les valeurs usuelles que cette monnaie représente, et dont elle est la mesure.

en monnaie réelle, ne peuvent pas, ne doivent pas être représentés par une quantité numériquement égale de monnaie réelle : car alors quel service rendrait la banque ? Il doit donc exister pour les billets de banque une autre garantie que les écus ; et il existe en effet pour eux une garantie supérieure à celle des écus. Voici quelle est cette garantie.

La banque n'a donné ses billets qu'en échange d'une valeur à terme ; si cette valeur a deux mois de terme, la banque, en échange d'un billet de 1,000 fr. qu'elle a donné, a reçu une valeur égale de 1,000 fr. ; elle a de plus reçu pour l'escompte de deux mois (que j'évalue à un demi pour cent par mois) 10 fr.[1] ; elle dispose donc d'une valeur de 1,010 fr. pour payer à présentation le billet de 1,000 fr. qu'elle a émis.

Si la conversion de ce billet de banque en écus n'est pas réclamée dans les *deux mois*, les 1,010 fr. croîtront encore, par de nouveaux escomptes, en intensité de valeur, et il y aura chaque jour accroissement dans le gage.

Ce gage disparaîtrait sans doute si la promesse de paiement que la banque a admise à l'escompte n'était pas acquittée à son profit lors de l'échéance ; mais une banque est de tous les escompteurs celui qui peut le mieux se prémunir contre cet inconvénient : 1° en exigeant, pour la garantie des valeurs qu'elle admet à l'escompte, la solidarité de plusieurs signataires connus ; 2° en préférant, dans ses escomptes, les valeurs de la plus courte échéance ; 3° en préférant surtout les véritables lettres de change, et même en n'en admettant pas d'autres[2].

1. En 1802, le taux de l'escompte excédait six pour cent pour l'année.

2. Aucune faillite ne peut atteindre une banque d'escompte, quand ce devoir est fidèlement rempli.

Les bornes de cette note ne permettent pas d'expliquer comment une véritable lettre de change a presque invariablement derrière elle un gage supérieur au montant de la somme exprimée dans son texte ; comment une banque, qui n'admet à l'escompte que de véritables lettres de change, trouve dans ses escomptes mêmes un régulateur assuré pour l'émission de ses billets ; comment alors elle ne dépasse jamais, dans cette émission, le besoin de la circulation ; et comment aussi, en ce cas, elle échappe sans danger à la condition onéreuse d'avoir en réserve, pour gage supplétif de ses billets, une forte somme d'écus. La preuve de ces assertions exigerait de longs développements, et les détails dans lesquels je viens d'entrer sont déjà trop minutieux pour le premier consul ; mais ils étaient nécessaires pour prouver, par le mécanisme même de l'escompte, que c'est sans le secours d'aucune fiction que le billet de banque, mis en circulation par l'escompte, fait l'office de monnaie réelle, puisqu'il donne à son porteur les mêmes sûretés, qu'il met à sa disposition les mêmes jouissances ; et il a réellement sur la monnaie réelle l'avantage de n'avoir pas nécessité, comme elle, l'extradition d'un capital primitif, que l'on ne recouvrerait pas complétement par l'extradition de la monnaie réelle elle-même.

Mais lorsque l'imagination s'empare de ces éléments simples, lorsqu'elle en force la mesure, lorsqu'elle en exagère les effets, elle convertit bientôt le remède en poison.

L'erreur de ceux qui répètent encore aujourd'hui qu'un subit accroissement de *numéraire* suffit pour enrichir un pays est précisément celle que [1] Law a systématisée pen-

1. Si l'on jugeait la doctrine de Law par ses actes ministériels, on serait fondé à en conclure qu'il pensait qu'un négociant devant par son crédit décupler son capital réel, un gouvernement pouvait en faire

dant les quatre années de son ministère, d'effrayante mémoire. La première proposition qu'il fit pour approprier à la France le secours utile des banques pouvait appartenir à une théorie plus saine ; il avait étudié avec quelque soin ces institutions ; mais il eut le malheur de croire que quelques perfections manquaient encore à la banque de Londres, qui dès lors avait déjà vingt-quatre années de succès, et il ne chercha ces perfections que dans son imagination. En nous apportant le projet d'un établissement auquel il donnait le même nom, il crut faire *mieux*, parce qu'il essaya de faire *plus* ; son système n'a démontré que l'abus possible des banques et les dangers de cet abus.

La même erreur se trouve encore reproduite aujourd'hui

autant ; que, pour créer un capital au gouvernement français, il suffirait d'attirer dans ses coffres la totalité de la monnaie réelle ; qu'alors, en émettant sur ce dépôt dix fois plus de billets, on créerait en effet un capital décuple ; que l'État ferait par l'emploi de ce capital tous les profits de l'escompte, tous les profits du commerce en gros, tous les profits de l'exploitation des revenus publics, etc., etc.

Or, quel fut l'effet de cette prétendue création de richesse par l'augmentation du numéraire ? de faire rétrograder encore la France dans l'abîme de la misère. Ce terrible exemple, et quatre-vingt-sept ans qui se sont écoulés depuis, n'ont cependant pas encore éclairé *tous* les yeux sur le danger de confondre le capital avec le numéraire ; l'erreur est, à la vérité, si spécieuse qu'elle semble avoir surpris Montesquieu lui-même dans quelques-unes de ses réflexions sur la monnaie, et voici ce qui fait illusion ; on se dit : avec du numéraire on salarie du travail ; avec du travail on obtient ce qui constitue la richesse ; avec plus de numéraire on aura plus de travail, donc plus de richesse.

Or, il est faux de dire que l'on salarie le travail avec du numéraire ; on ne fait avec du *numéraire* que mettre à la disposition du travailleur qu'on paie, des aliments, des vêtements, c'est-à-dire une partie du capital déjà acquis par la société ; ce capital préexistait donc au numéraire ; il existe indépendamment du *numéraire*, il n'est donc pas produit par lui ; tout ce que fait le numéraire, c'est de rendre la transmission de ce capital préexistant plus facile, plus prompte, plus économique.

dans un petit ouvrage sur le crédit commercial. On y suppose que la multiplication du *numéraire* par les banques est un moyen d'accroître la richesse publique ; on y propose l'établissement, en France, d'une grande banque, d'une banque générale, ayant son fonds capital en fonds publics, et qui serait chargée de tous les paiements et de tous les recouvrements ; on y prétend que le crédit des particuliers doit précéder, préparer le crédit du gouvernement, comme si la première condition du crédit des particuliers n'était pas identiquement et simultanément celle qui assure le crédit des gouvernements (et cette condition est la sûreté de la propriété dans toutes ses parties, le *suum cuique* [1]) ; comme si enfin, dans *l'état actuel de l'Europe*, il pouvait y avoir crédit pour les gouvernés sous un régime destructif du crédit de leur gouvernement.

§ 2.

C'est parce que le gouvernement anglais remplit lui-même avec scrupule toutes les conditions auxquelles les particuliers sont soumis pour le maintien de leur crédit, qu'il peut, sans danger pour la banque de Londres, trouver des ressources dans cette banque. Elle fait, pour le gouvernement anglais, des paiements, des escomptes, comme pour les diverses maisons de commerce qui ont ouvert un compte courant avec elle. La banque de Londres recouvre aussi quelques parties des deniers publics, et spécialement ceux qui sont affectés au paiement des intérêts de la dette publique ; mais c'est plutôt encore *comme*

---

1. La propriété définie par ces deux mots, *suum cuique*, ne se borne plus à la terre, comme le prétendaient quelques économistes ; la propriété, dans ce sens, embrasse toute la richesse sociale, c'est-à-dire tout ce dont chacun peut disposer, tout ce qui est produit, recueilli, conservé dans l'état social, pour le *présent* et pour l'avenir.

grand syndic des créanciers de l'État que comme *agent du gouvernement* qu'elle fait ses recouvrements. La disponibilité de ces revenus publics n'appartient plus à l'État, puisqu'ils sont aliénés aux créanciers ; et c'est pour signaler avec plus d'évidence l'exclusive spécialité de cette affectation, que le soin d'extraire directement des caisses publiques les valeurs qui les composent est délégué à la banque ; c'est aussi elle qui est chargée de l'inscription individuelle des créanciers de la dette constituée sur le *grand-livre*, du détail des *transmissions* ou *transferts*. Le gouvernement anglais ne connaît pas les individus crédités sur lui, il ne connaît que la masse de la créance exigible en intérêts à chaque semestre ; il a pourvu au paiement de cette créance par l'appropriation des revenus équivalents que recouvre la banque. A l'ouverture de chaque semestre, l'État est libéré envers tous les créanciers des intérêts de tout le semestre ; s'il survenait quelques retards dans le paiement distributif (ce qui ne peut pas arriver), le reproche en retomberait sur la banque et non sur le gouvernement. Il y a là réunion de toutes les idées d'*ordre*, de *justice*, de *crédit* ; car il faut que ces trois mots soient inséparables partout où l'on veut que le crédit soit. Mais il y a loin sans doute de cette combinaison par l'effet de laquelle l'État n'est jamais ni au-delà ni en-deçà de son devoir, au projet de charger une banque de l'universalité des paiements et de l'universalité des recouvrements publics indistinctement ; et c'est encore en ce cas que le *plus* n'est pas le *mieux*, et que la prétention du perfectionnement fait rétrograder la perfection.

§ 3.

La banque de Londres n'est pas une banque *générale*,

c'est une banque *locale* ; elle est la banque de Londres, et non pas la Banque d'*Angleterre* : c'est à Londres qu'elle fait tous ses paiements à tous les créanciers publics, quel que soit leur domicile, quelle que soit leur patrie : ce n'est qu'à Londres que ses billets sont (dans un temps ordinaire) convertibles en monnaie réelle. Une idée bien différente a souvent percé en France, et dans les anciens et dans les nouveaux projets ; on voudrait qu'une banque générale, dont Paris serait le chef-lieu, eût des bureaux de paiements établis dans toutes les autres villes ; que les billets émis par la banque générale fussent payables à présentation dans ses divers bureaux. Ici encore la prétention de perfectionnement deviendrait destructive de l'institution elle-même. Le principal mérite des banques est d'économiser la monnaie réelle, de diminuer le besoin et l'emploi des métaux précieux, et la dépense que coûtent leur achat, leur fabrication, leur frai, etc., outre les intérêts.

Si la totalité des billets d'une banque n'est convertible en écus que dans un seul lieu, les chances de leur conversion en écus seront évidemment moins multipliées : alors le fonds de réserve en écus (lequel, je le répète, n'est pas le gage spécial des billets de banque) pourra n'égaler (pour employer une proportion quelconque) que le quart ou le cinquième, par exemple, des billets ; et la banque atteindra alors son but, qui est l'économie de la monnaie réelle. Si, au contraire, les billets d'une espèce de banque universelle pouvaient être à la fois convertibles en écus dans toutes les villes avec lesquelles cette banque serait en rapport, un seul billet de 1,000 fr. pourrait exiger simultanément la présence réelle de 1,000 fr. en écus dans plusieurs lieux ; cette banque aurait donc besoin, en certains cas, de tenir plus d'écus en réserve qu'elle n'aurait de billets en émission [1]. C'est cependant ce résultat absurde que l'on a sérieusement proposé plus d'une fois, depuis deux ans, comme moyen d'amélioration.

§ 4.

Le fonds capital d'une banque se compose d'une prime donnée par chaque actionnaire pour être admis au partage des profits d'escompte ou de commission faits par la banque. Ce fonds capital n'est pas le véritable gage des billets émis par la banque ; leur gage spécial, ainsi qu'il a été dit ci-dessus, réside surtout dans les effets de commerce que la banque a escomptés, et dont elle a ainsi acquis la propriété ; le fonds capital présente seulement aux yeux un gage supplémentaire : c'est ce qui explique pourquoi le fonds capital d'une banque (c'est-à-dire la mise de fonds des actionnaires) peut sans inconvénient rester fort inférieur aux billets émis par elle, et ce n'est habituellement encore qu'une partie de ce fonds capital qui forme la réserve d'écus et de monnaie réelle qui doit être toujours prête et toujours libre pour l'échange des billets.

N'est-il pas en effet de toute évidence que lorsqu'une banque a accompli exactement la condition de ne livrer ses billets faisant office de monnaie qu'en échange d'une valeur égale de véritables effets de commerce à court terme, elle peut rembourser à leur échéance successive, racheter la totalité de ses billets avec le produit des seules valeurs de son portefeuille d'escompte, sans rien prendre sur le

---

[1]. Une pareille combinaison produirait encore l'effet de rendre les *véritables* lettres de change moins nécessaires, et d'ôter conséquemment aux banques leur matière première, qui est l'escompte de ces valeurs.

capital, sur la mise de fonds de ses actionnaires. Il suffit donc qu'elle en conserve une faible partie en espèces, pour que ses moyens de remboursement et de liquidation complète se maintiennent toujours au-dessus de toute exigibilité possible ; et, pour cela, il suffit qu'elle soit fidèle au plus indispensable de ses devoirs, qui est en même temps le plus facile à remplir.

§ 5.

On ne peut trop redire que, dans les escomptes que fait une banque, une préférence exclusive est due aux véritables lettres de change du commerce, parce que seules elles représentent les *produits du travail* que les besoins des consommateurs appellent, et que leurs revenus peuvent solder. Le canal de la circulation est toujours ouvert à cette espèce de valeurs ; celles d'un autre genre forcent quelquefois l'entrée de ce canal ; mais il les repousse bientôt, et elles en sortent amoindries. Or, si des valeurs de cette dernière espèce ont été escomptées par une banque, ses billets donnés en échange subissent irrésistiblement la même dépréciation, puisqu'ils sont, comme elles, un hors-d'œuvre dans la circulation. Ils sont alors renvoyés vers leur source pour s'y convertir en écus, et c'est à cette condition que se condamnent, en attendant pis, les banques qui escomptent les *traites collusoires*, si improprement nommées *papier de circulation*, et qui ne sont que le poison de la circulation.

§ 6.

Les quatre ou cinq banques qui se sont mises à Paris en rivalité d'escompte (dans cette année 1802) ont toutes annoncé dans leurs programmes qu'elles s'imposaient l'honorable tâche de réduire successivement le taux de l'intérêt ; et effectivement elles ont escompté à un demi pour cent par mois, lors même que le taux commun de l'intérêt quadruplait cette proportion. Mais cette modération n'a eu aucune influence sur le taux réel de l'intérêt. Quelques actionnaires ont exclusivement profité du privilège de cet escompte modéré, au grand préjudice des banques elles-mêmes. Et certes, encore dans ce cas, on eût fait beaucoup *mieux* en voulant faire moins *bien*, en introduisant, par exemple, dans l'escompte des banques un taux inférieur au taux commun, mais assez rapproché de lui pour que quelques hommes n'eussent pas usurpé les profits que présentait la différence des deux termes d'escompte ; alors le taux d'escompte, successivement dégradatif, adopté par les banques, aurait fait en quelque sorte graviter sans cesse vers lui le taux commun de l'intérêt ; mais cette combinaison supposerait quelque accord de principes, quelque unité d'intérêts entre les quatre comptoirs d'escompte qui s'intitulent banques ; et cette supposition serait évidemment hasardée.

La nouvelle banque, qui s'appelle Banque de *France*, n'admet à ses escomptes qu'une faible partie des valeurs qui constituent l'utile escompte des banques ; elle n'escompte que fort peu de ces véritables lettres de change, garanties par *des valeurs en magasin* que la consommation appelle, que le revenu des consommateurs doit solder, et d'après la nature même des valeurs qui composent son portefeuille. S'il survenait quelque crise dans les finances, une pareille banque en aggraverait le danger, au lieu d'y apporter quelque remède.

La caisse du commerce, qui tient le second rang parmi les banques de Paris, n'est pas une banque ; c'est une association particulière, dans laquelle les intéressés se font un prêt mutuel de leur crédit. L'escompte ouvert à cette caisse n'est pas tout à fait exempt des inconvénients attachés aux escomptes de la Banque de France ; mais cette entreprise porte avec elle un puissant antidote : elle n'escompte que les effets de ses intéressés. La quotité des escomptes qu'obtient chaque intéressé se mesure sur la proportion de ses actions ; ainsi l'émission des billets de cette caisse a une limite nécessaire, et si elle n'est pas utile comme banque, elle n'est pas du moins très dangereuse comme association émettant des billets au porteur, puisqu'elle ne peut pas même abuser de la faveur de son crédit pour forcer la mesure de ses émissions.

La banque territoriale (coupable d'une grande imprévoyance lorsqu'elle a annoncé que ses billets admettraient des coupures de 50 francs) est heureusement condamnée à l'impuissance de nuire par celle d'obtenir du crédit et de trouver des emprunteurs ; elle a, comme autrefois les banques d'Écosse, la prétention d'escompter la valeur des récoltes et le loyer des maisons à bâtir.

Quant au comptoir commercial, son service d'escompte ne dément pas la modestie de son titre ; le mouvement de ses billets reste borné aux petits marchands. Ce comptoir n'est encore qu'un rouage inaperçu dans la machine de la circulation ; mais l'espèce d'escompte vers lequel il se dirige pourrait trouver sa place dans les combinaisons d'une véritable banque, si elle existait à Paris.

Une véritable banque peut-elle exister à Paris ?

Le souvenir de ce qu'était Londres en 1694 suffit pour résoudre cette question, et l'exemple de ce qu'a fait la banque de Londres pour la consolidation du gouvernement nouveau qui s'établissait alors, et pour le développement rapide de toutes les ressources industrielles du pays, prouve, par cent huit années de succès, tout ce qu'on doit attendre d'une banque à Londres et dans les autres villes d'Angleterre, que Paris et toutes les villes de France ne puissent s'approprier successivement avec plus de succès encore ; rien en ce genre n'est à créer, rien même n'est à perfectionner.

La banque de Londres est une machine éprouvée, comme les moulins à filer de Manchester ; il n'est question que de l'*imiter* comme on a imité ces moulins [1], en étudiant avec le même soin son mécanisme, un peu plus compliqué sans doute.

Pour établir un bon système de banque, il faut aussi un bon système de *monnaie*, et nous n'en avons pas encore en France (1802) [2] ; il faut, en un mot, un système complet de finances ; car il faut qu'aucune dette légitime sur l'État ne soit contestée, qu'aucune dette exigible ne soit arriérée. Mais, dans les combinaisons publiques de cet ordre, quand on sait pourquoi tout ce qui est juste est nécessaire, il est facile de reconnaître que rien de ce qui est *nécessaire* n'est *impossible*.

Paris, 1802.

---

[1]. L'imitation de ces machines à filer ne sera complète que lorsqu'en France on les fabriquera aussi bien, au même prix. La différence du prix des machines, entre les deux pays, est et sera longtemps encore de plus de cent pour cent.

[2]. L'alliage légal n'est que d'un dixième sur l'or et l'argent. Neuf dixièmes d'or et d'argent fin supportent l'alliage d'un dixième de cuivre, mais en outre, et par un reste de faux-monnayage révolutionnaire, tout débiteur peut encore maintenant (1802) comprendre dans chaque paiement au-dessus de 100 francs la monnaie de cuivre, proprement dite, pour un autre dixième ; c'est, à proprement parler, doubler l'alliage et produire, dans la valeur réelle du paiement et sur le change avec l'étranger, le même effet que, sur chaque pièce d'or et d'argent, l'alliage de deux dixièmes au lieu d'un seul.

SECONDE NOTE

SUR LES BANQUES COMMERCIALES

REMISE AU PREMIER CONSUL SUR SA DEMANDE
EN 1802.

Le premier consul, en s'occupant de la question des banques, a évidemment reconnu que cette question n'est pas du domaine de la théorie; en effet, elle n'admet dans ses éléments que des faits positifs, des résultats constants et éprouvés.

Entre la théorie spéculative qui franchit inconsidérément tous les obstacles, et la routine qui travestit en obstacles tout ce qui dépasse ses timides aperçus, l'analyse exacte, en matière de banque, trace une ligne ferme, en-deçà et au-delà de laquelle il y a insuffisance ou exagération de moyens.

Elle parvient à mettre les effets en rapport immédiat avec leurs *causes*; or, il n'y a pas, en cette matière, d'effets qui ne puissent être à l'avance calculés et prévus, comme il n'y a pas de causes dont l'influence ne soit mathématiquement appréciable.

Le système des échanges, celui des monnaies, celui des lettres de change et celui des banques, sont étroitement liés entre eux; ils consacrent quatre grandes époques dans le développement progressif des sociétés, et le système des banques est peut-être le complément des trois autres.

L'objet des banques est de créer une monnaie artificielle qui atténue considérablement la dépense que coûte la monnaie réelle ; cette monnaie artificielle, en même temps qu'elle coûte moins cher, peut, sous une direction sage, avoir plus d'influence que la monnaie réelle elle-même sur l'accélération de la reproduction et sur la multiplication des échanges.

Mais, pour placer la question dans ses véritables éléments, il ne faut pas perdre de vue que la monnaie artificielle des banques ne peut être introduite dans les transactions comme moyen de paiement que par l'escompte, *et seulement par l'escompte.*

L'escompte est le régulateur nécessaire des émissions de cette monnaie, car c'est lui qui en assure le titre, puisque c'est lui seul qui en fournit le gage ; les valeurs escomptables sont la matière première des banques de circulation ; sans elle, aucune banque de circulation n'est possible ; c'est donc seulement d'après les demandes et les besoins de l'escompte qu'il est possible de résoudre les questions suivantes :

« La monnaie artificielle des banques sera-t-elle généra-
« lement ou ne sera-t-elle que localement nécessaire ? »

« Comment cet emploi sera-t-il assuré ? »

« Quelle sera la mesure des émissions dans chaque
« lieu ? »

L'escompte, en donnant sur chacune de ces questions une solution précise, détruit tout le prestige de ces théories brillantes qui, fondées sur des notions populaires qu'elles vicient encore, promettent imprudemment d'improviser la prospérité de tout un empire par un débordement subit de billets de banque.

L'escompte est l'échange d'une valeur *future* contre une valeur *présente*. La seule valeur future qu'une banque puisse admettre à son escompte est une lettre de change, c'est-à-dire la promesse de payer, à terme fixe, en monnaie réelle, une somme déterminée.

Ainsi, par l'escompte, une banque échange sa monnaie artificielle contre la promesse d'un paiement en monnaie réelle, la monnaie artificielle de cette banque acquiert donc plus immédiatement le crédit et en quelque sorte le titre de la monnaie réelle, en raison de ce que le paiement de la lettre de change en monnaie réelle est plus assuré ; et ce paiement (indépendamment des autres symptômes qui peuvent éclairer l'escompte), ce paiement, dis-je, est plus assuré, en raison de ce que l'échéance de la lettre de change est plus prochaine.

La lettre de change n'a dû être livrée à celui qui la présente à l'escompte qu'en échange de marchandises ou denrées que les besoins des consommateurs appellent et que leurs revenus doivent acquitter.

La promesse de paiement en monnaie réelle faite par le souscripteur primitif de la lettre de change est donc garantie par le contingent en monnaie réelle que chaque consommateur doit immédiatement ou médiatement lui fournir ; et si, à l'avantage d'une courte échéance, une pareille lettre de change joint celui d'être signée par plusieurs souscripteurs (ou endosseurs), la garantie de la banque qui l'a admise à l'escompte croît encore par cette circonstance ; or, plus cette garantie acquiert d'intensité, plus la monnaie artificielle que la banque a émise par l'escompte, s'identifie en valeur avec la monnaie réelle.

Et une banque n'a atteint complètement son but que lorsque sa monnaie artificielle a une identité parfaite de valeur avec la monnaie réelle.

Je supplie le premier consul de me pardonner ces minutieux développements du mécanisme de l'escompte. L'escompte est le seul pivot des banques ; et le papier de banque est comme ces substances qui sont un remède réparateur ou un poison mortel suivant la dose ; l'escompte règle seul la dose des émissions d'un papier de banque.

C'est ici le lieu de tracer la forte ligne de démarcation qui sépare l'intérêt des *actionnaires* ou entrepreneurs d'une banque, de celui des *porteurs* ou *consommateurs* des *billets de banque* ; ces derniers forment la masse des citoyens, et l'intérêt du gouvernement est bien plus lié à celui des porteurs de billets qu'à celui des actionnaires.

Les actionnaires d'une banque achètent, par une mise de fonds quelconque, le privilège d'échanger la monnaie artificielle qu'ils fabriquent contre des promesses de paiement en monnaie réelle ; ils retiennent en outre un profit d'escompte ; ils peuvent ne pas conserver leur capital en nature, pour gage du papier de banque qu'ils émettent. La banque de Londres a résolu ce problème en dénaturant, en prêtant (et longtemps sans inconvénient pour son crédit) au gouvernement anglais le capital de ses actionnaires.

Malgré l'obligation que les actionnaires contractent de rembourser à présentation leurs billets en monnaie réelle, ils ne peuvent pas avoir besoin de garder en réserve une quotité de monnaie réelle égale à celle de leurs billets circulants ; car alors leur banque serait sans profits et sans objet.

Mais des actionnaires peuvent oublier (et plusieurs exemples le prouvent) qu'ils manquent à leur traité, à leurs devoirs envers les porteurs de billets, quand ils admettent à l'escompte certaines lettres de change qui ne sont rien moins que la promesse certaine d'un paiement en monnaie réelle, telle que les traites collusoires qu'on nomme papier de circulation.

Or, l'inobservation de cette condition essentielle (quoique tacite) du traité doit inspirer une juste défiance aux consommateurs des billets émis, car elle compromet leur sûreté ; alors elle écarte de l'escompte les véritables lettres de change, alors au milieu des offres d'escompte que font les banques, au milieu des besoins d'escompte que manifestent partout les manufactures, les banques et les manufactures languissent, et c'est un instinct assez remarquable que celui qui paralyse ainsi, par une silencieuse réprobation, les banques mal dirigées.

L'instinct des porteurs de billets de banque est rarement trompé ; ils pénètrent invisiblement le secret des opérations des actionnaires ; ils ne s'y confient qu'avec réserve : ils regardent la banque qu'ils ont adoptée comme une fabrique de *monnaie* qu'ils ont appropriée à leur usage ; mais ils ne se l'approprient que lorsqu'ils ont pu en vérifier en quelque sorte le TITRE. Si cette monnaie, qui prend sa valeur et son titre dans son gage, s'en écarte un peu, ils la rejettent ; ils aiment à tenir dans la dépendance de leur inspection immédiate les entrepreneurs de la monnaie artificielle dont ils se servent. Cet instinct, plus exercé dans les pays où les banques ont été plus multipliées, semble aussi avoir multiplié, dans ces pays, ces moyens de garantie. On y trouve des exemples de plusieurs banques concurremment établies dans la même ville ; mais on ne trouve nulle part celui d'une banque qui fait circuler sa monnaie artificielle dans différentes villes.

Tel est, relativement aux banques, l'état de l'Amérique[1] septentrionale, dans laquelle les banques sont un des

---

[1]. Le régime particulier de la *banque spéciale* qui fait pour le

instruments les plus actifs des développements de ce pays, si rapides, et peut-être un peu trop !

Tel est même l'état de l'Angleterre, car la prédominance de la banque de Londres ne va pas au point d'étendre forcément la circulation de ses billets comme faisant office de monnaie au-delà des limites de cette grande ville. Il existe une ou plusieurs banques dans chacune des autres villes de l'Angleterre ; ces banques sont indépendantes de la banque de Londres ; dans chaque ville, ce sont les billets de la banque locale qui circulent seuls comme monnaie ; un crédit réciproque lie chacune de ces petites banques à la grande banque de Londres ; aussi admettent-elles dans *leur portefeuille* ses billets, mais elles ne les admettent en faveur des porteurs de billets que pour leur remettre en échange la monnaie de banque locale qu'elles fabriquent pour leur territoire. Lorsqu'ils quittent ce territoire, un contre-échange les remet en possession d'une portion de billets de la banque de Londres correspondante aux billets de la banque locale, qui leur restait, et ils vont recommencer l'opération dans une autre ville, auprès d'une autre banque.

En 1774, une véritable banque fut pour la première fois instituée en France sous le nom de caisse d'escompte, ses premiers règlements furent un modèle de prévoyance ; une des clauses portait, par exemple, qu'elle n'admettrait pas à l'escompte de lettres de change ayant plus d'un mois de terme (clause qui succomba bientôt sous l'intérêt privé des administrateurs ou syndics des actionnaires). Ces actionnaires présentaient la réunion des premiers banquiers, des plus riches capitalistes de la France ; et les banquiers de Paris occupaient alors une grande place dans les affaires

compte du gouvernement américain le service de tous les paiements et de tous les recouvrements publiés ne contredit pas cette assertion.

commerciales. Paris profitait surtout dans ce temps de sa position topographique qui le rend le point de croisière de tous les marchés du monde ; tous les comptes en banque se soldaient sur ce point, circonstance que n'appréciait pas, que n'apercevait même pas le gouvernement d'alors. Eh bien ! la caisse d'escompte de France n'avait jamais pu parvenir à accréditer la circulation de ses billets au-delà du territoire de Paris. Si par hasard quelques-uns se hasardaient à paraître dans les autres villes de la France, ils étaient incessamment repoussés vers leur source.

Je ne cite pas ces faits comme des preuves ; les leçons du passé ne conviennent pas toujours à l'avenir ; des exemples locaux ne sont pas toujours des règles ; mais, dans cette question, je n'emprunte le secours des comparaisons que pour rattacher plus sûrement les effets à leurs causes immédiates ; et cette recherche ne doit pas être négligée lorsqu'on veut sérieusement s'expliquer à soi-même pourquoi et comment, et à quelles conditions, la monnaie de banque peut obtenir et surtout conserver le miraculeux honneur de la concurrence avec la monnaie réelle. On découvre, par cette recherche, que tout ce qu'une banque obtient de pouvoir, ce n'est pas à ses actionnaires qu'elle le doit, mais à ceux qui consentent à admettre ses billets, à s'en rendre habituellement porteurs ; que cette classe, si imprudemment négligée (comme étant purement passive) par les faiseurs de projets de banque, règle en souverain les destinées des banques, que ce n'est ni par la quotité du capital fourni par les actionnaires, ni par la quotité des écus en réserve, que cette classe arbitre la proportion admissible des émissions ; qu'elle n'est émue ni par de brillants prospectus, ni par l'attrait d'un riche dividende ; qu'un instinct supérieur règle ses jugements ; qu'elle ne donne en crédit à une banque que l'équivalent de ce qu'elle reçoit de cette banque en sûreté réelle ; qu'elle tient seule en sa main la balance invisible dans laquelle ce crédit se dose avec la précision qui le rend utile comme remède, et l'empêche d'être funeste comme *poison*.

Or, ce tribunal inséductible et incorruptible n'abandonne rien au hasard ; il est composé d'hommes qui tendent sans cesse à conserver et à accroître, parce qu'ils tendent sans cesse à produire ; qui, dans leurs rapports avec une banque, sans prétendre aux profits de son entreprise, veulent du moins avoir l'assurance de retrouver sans cesse dans ses billets une valeur égale à celle qu'ils lui ont livrée en échange de ces billets.

Certes, ces hommes (qui sont la cité tout entière, moins les entrepreneurs de banques) n'admettront pas largement les billets d'une banque qui admettrait elle-même concurremment à ses escomptes, à côté de véritables effets de commerce réalisables à époque prochaine et fixe, en monnaie réelle, *ces effets dits de circulation*, qui, se renouvelant sans cesse, ne se reproduisent que par la détérioration graduelle du capital, souvent imaginaire, sur lequel ils reposent ; car il est évident que la même détérioration affectera irrésistiblement les bons effets de commerce confondus avec ces derniers dans le portefeuille de la banque.

Il serait donc également possible qu'ils n'admissent que difficilement dans une ville des billets émis par la banque d'une autre ville ; parce qu'ils n'auraient pas pu surveiller immédiatement la mesure et la condition des émissions, et qu'ils redoutassent les spéculations hasardeuses faites par une banque associée, hors du territoire qu'ils peuvent surveiller [1].

---

1. Il est de l'essence des billets de banque de graviter, dans un cercle déterminé, autour du point de centre que forme pour eux la banque qui les a produits, par la raison que toute leur valeur est dans

Que comme ils s'exagèrent les besoins publics, ils s'exagérassent aussi les abus du pouvoir public sur les banques si chaque banque ne conservait pas dans son territoire une indépendance absolue.

Qu'ils craignissent même la possibilité d'une manœuvre étrangère par l'effet de laquelle une forte quantité de billets de banque étant inopinément réunie dans une seule main, et subitement présentée dans une seule ville pour y être convertie en monnaie réelle, tous les autres paiements se trouveraient paralysés dans cette ville ; or, le commerce proprement dit éprouve partout le besoin de revenir à ces mœurs antiques, qui n'admettaient aucun prétexte, aucune excuse pour un atermoiement de paiement ; et il est en effet bien important que la religion du paiement à époque fixe soit au moins rendue au commerce [1] !

En soumettant dans ma conscience ces observations au premier consul, je suis loin de conclure que les banques ne puissent pas être *dès à présent* employées comme une ressource féconde. Mais il me semble que des essais, des tâtonnements, ne conviennent pas à la dignité du gouvernement du premier consul ; tous les calculs individuels dont se compose en pareilles matières l'opinion publique (et que j'ai tenté d'analyser) doivent être saisis à l'avance par la prévoyance du chef de l'État ; ils appartiennent donc à la prévoyance supérieure du premier consul.

En établissant en principes que les valeurs escomptables sont la seule matière première des banques ; que c'est la nature de ces valeurs qui règle le prix et en quelque sorte

le portefeuille de la banque ; séparés de ce portefeuille, ils ne sont plus qu'une monnaie équivoque, et dont le titre ne peut être vérifié à toute minute par le porteur, et il faut qu'il puisse l'être à toute minute.

1. Sans le dogme rigoureusement observé des paiements à époque fixe, il est bien évident qu'il ne peut plus y avoir de lettres de change, et sans lettres de change il ne peut y avoir ni commerce ni banques.

le titre de la monnaie de banque ; que la destinée d'une
banque dépend du régime de ses escomptes ; que c'est à
ceux qui se constituent, par l'escompte, porteurs et consommateurs des billets d'une banque, qu'appartient essentiellement la police des banques ; que cette police qu'ils
n'exercent qu'invisiblement ne peut être suppléée par
aucune autre autorité ; que le gouvernement ne peut être
trop sobre de règlements sur des institutions que l'instinct
public règle nécessairement lui-même pour le plus grand
bien du gouvernement, en adaptant à chaque circonstance
nouvelle la modification qui lui est propre, ce que ne peut
jamais faire la loi écrite ; je pense que la législation organique des banques pourrait se réduire aux dispositions
suivantes divisées en deux règlements, l'un public, l'autre
intérieur.

PROJET DE LOI COMMUN A TOUTES LES BANQUES

Article 1er.

Dans six mois, à compter de la publication de la présente loi, l'association formée à Paris sous le nom de
Banque de France, jouira seule, sous le nom de Banque
de Paris, du droit d'émettre des billets au porteur payables
à vue [1].

[1]. La transfusion de plusieurs banques dans une seule est une chose
essentiellement nécessaire, mais elle n'en sera pas moins une véritable
crise ; or, cette crise est tempérée : 1° par le meilleur régime d'escompte
que s'appropriera, même avant la jouissance de son privilège, la banque
préférée ; 2° par la raisonnable latitude du délai accordé aux autres
pour leur liquidation. Ce n'est pas sans motif que je propose de fixer ce
délai à six mois ; mon motif se puise dans la nature même des valeurs
qui composent le portefeuille des banques actuelles. On ne sait que trop

Article 2.

Les autres associations qui ont émis concurremment des billets au porteur dans la même ville seront tenues de les retirer successivement et de se liquider dans le même délai.

Article 3.

Pour prix du privilège conféré à la Banque de Paris, le dixième du dividende qui, d'après le compte publié de chaque semestre, sera attribué aux actionnaires, appartiendra au trésor public[1].

Article 4.

Le capital que les actionnaires de la Banque de Paris seront tenus de fournir et d'entretenir ne pourra être moindre de trente millions[2].

bien que les lettres de change qui y dominent sont les traites de circulation à deux mois de terme, qui se reproduisent par elles-mêmes et que leurs signataires n'acquittent que par l'escompte de nouvelles traites. Il me paraît nécessaire de laisser au moins deux fois aux signataires la ressource d'un misérable renouvellement, pour qu'ils puissent se procurer les moyens du paiement définitif si longtemps éludé par eux ; la banque privilégiée s'établirait sous de bien sinistres auspices, si son institution devenait l'époque d'une foule de banqueroutes.

1. La banque de Londres a payé 72 millions le dernier renouvellement de son privilège. Les motifs du mode différent qui est proposé par cet article n'ont pas besoin de commentaire.

2. La législation peut sans inconvénient fixer le minimum du capital que des entrepreneurs de banque doivent fournir ; mais comme l'accroissement du capital d'une banque ne garantit ni l'accroissement de son crédit, ni celui de ses moyens d'utilité, le gouvernement peut s'en rapporter à l'instinct libre des actionnaires et des porteurs de billets, sur la plus forte mise de fonds à laquelle certaines circonstances peuvent provoquer les premiers, pour satisfaire à la convenance des seconds.

Article 5.

Une seule association pourra dans chaque ville de la France émettre des billets au porteur à l'instar de la Banque de Paris.

Article 6.

Chacune de ces banques n'obtiendra son privilège que lorsque ses actionnaires auront réalisé le capital fixé par les consuls, et à la charge en outre de tenir compte au trésor public, pour prix du privilège, du dixième des sommes qui seront attribuées aux actionnaires à titre de dividende.

Article 7.

Les dispositions de l'art. 2 auront leur effet à l'égard de toutes les associations qui, dans les villes de départements, font l'office de banque et émettent des billets au porteur.

Article 8.

La Banque de Paris pourra ouvrir des crédits aux banques privilégiées des autres villes et entretenir avec elles les rapports qui conviendront à l'intérêt de leur service réciproque.

Article 9.

Les billets émis par la Banque de Paris seront admis dans toutes les caisses publiques, tant à Paris que dans les départements.

1. Le but de cette disposition est de conférer à la Banque de Paris tous les avantages d'une banque générale sans l'exposer à aucun des inconvénients qu'une banque générale en titre peut souffrir ou produire.

DEUXIÈME PARTIE

La moindre coupure des billets de la Banque de Paris sera de 500 francs. Les autres banques pourront émettre des billets de 250 francs [1].

Article 10.

L'administration de l'enregistrement et des domaines sera autorisée à faire un abonnement annuel avec les banques privilégiées pour le timbre de leurs billets.

PROJET DE RÈGLEMENT INTÉRIEUR COMMUN A TOUTES LES BANQUES

La qualité d'actionnaire ne donnera aucun droit particulier pour être admis aux escomptes d'une banque.

Parmi les effets de commerce revêtus de trois signatures accréditées et présentables seulement dans cet état à l'escompte d'une banque, ceux dont l'échéance sera la plus courte seront constamment préférés.

Le prix d'escompte sera perçu en raison du nombre exact des jours courants jusqu'à l'échéance [2].

---

[1]. Il serait peut-être préférable de ne pas insérer cet article dans la loi, comme une concession constitutive, mais d'en faire l'objet d'une concession libre et conséquemment révocable ; une simple lettre ministérielle remplirait le même objet.

Le but de cet article ainsi que des précédents est, au surplus, de soustraire le trésor public à la ruineuse et presque humiliante condition de faire effectuer des transports d'espèces du centre à la circonférence, et de la circonférence au centre.

[2]. Cette disposition a pour objet de réformer une des erreurs de la Banque de Paris qui, quelque prochaine que soit l'échéance de l'effet qu'elle escompte, exige toujours un escompte de quinze jours, et croit trouver là quelque profit !

Le comité d'escompte de chaque banque, composé des régents choisis par les actionnaires, fera annoter sur un registre la nature et l'échéance des valeurs présentées par chacun de ceux qui réclameront l'escompte, et la désignation aussi par nature et par échéance de celles qui auront été admises à l'escompte sur la même présentation; il formera un état général divisé par classes des maisons de commerce établies dans la même ville, qu'il jugera pouvoir être admises à l'escompte. Il déterminera discrétionnellement le crédit d'escompte qui pourra être ouvert à chaque classe: il pourra chaque mois transporter d'une classe dans une autre les maisons de commerce qu'il en jugera susceptibles.

Les opérations discrétionnelles du comité d'escompte de chaque banque seront soumises chaque mois à la vérification de deux censeurs choisis par le tribunal de commerce, dans le ressort duquel se trouvera la banque, parmi les commerçants non actionnaires de la banque. Ces censeurs dresseront un procès-verbal de chacune des vérifications qu'ils auront faites, et ils seront admis chaque année à l'assemblée générale des actionnaires pour y déclarer publiquement si les règles établies ci-dessus pour l'escompte ont été fidèlement observées [1].

Chaque banque pourvoira par un règlement particulier, sous le nom de statuts, aux autres détails de son organisation; les actionnaires en feront présenter le projet aux consuls en demandant l'obtention du privilège; ce règle-

---

[1]. S'il est reconnu que les consommateurs des billets de banque sont les véritables arbitres de la destinée des banques, ce n'est peut-être pas une innovation déplacée que de les faire intervenir par une espèce de syndicat, comme surveillants des opérations des actionnaires sur le fait des escomptes; il peut en résulter un surcroît de sécurité pour eux, et conséquemment un moyen de succès de plus pour les banques.

ment sera homologué au tribunal de commerce, après avoir été revêtu de l'approbation des consuls.

Ce sont les premières pensées que le premier consul m'a confiées sur les banques, qui m'ont dirigé dans la rédaction de cette note. J'ai cherché surtout dans quelle combinaison une banque pourrait, en conservant son indépendance caractéristique, devenir un grand instrument de service public, un instrument puissant et docile, digne en un mot du gouvernement du premier consul ; je me borne à indiquer les redressements qui me paraissent les plus urgents : d'autres et meilleurs moyens de perfectionnement pourront successivement se découvrir ; ils ne peuvent être que le fruit de l'expérience et l'œuvre du temps. Éviter les fautes est déjà une grande perfection pour une banque, et je répète que toute banque qui peut ne pas faiblir dans ses escomptes est prémunie contre le plus dangereux de ses écueils.

Le directeur de la caisse d'amortissement,

Signé MOLLIEN.

Paris, le 10 novembre 1803.

TROISIÈME PARTIE

MÉMOIRES.

TROISIÈME PARTIE

ANNÉE 1806.

Dans l'état où se trouvaient les finances au moment de ma nomination [1] au ministère du trésor public, il était assez remarquable que le ministère des finances parût regarder les conséquences de la crise comme lui étant tout à fait étrangères, parce qu'il avait été lui-même étranger à ses causes. Il n'avait pas à craindre que je cherchasse à abuser de ce désintéressement [2]. J'étais bien plus disposé à lui rendre une partie des attributions qu'il avait abandonnées qu'à provoquer de nouveaux démem-

---

1. 27 janvier 1806.
2. Je fais ici la censure du système et non celle d'un collègue (M. le duc de Gaëte) dont j'ai constamment honoré les lumières.
Il était en effet très vrai que le ministre des finances n'avait

brements à ses dépens ; j'aurais bien plutôt voulu rapprocher ces deux moitiés de ministère, relever les ruines au lieu de les étendre, j'espérais du moins diminuer l'inconvénient de la division et du partage par l'union des deux ministres : j'avais assez de difficultés à vaincre dans les choses sans en faire naître entre les personnes.

Le service du trésor se trouvait suspendu partout: la plupart des caisses des départements étaient en avance avec les soi-disant banquiers-entrepre-

---

aucun moyen d'intervenir dans une crise aussi grave pour les finances, puisque toutes les opérations du trésor public lui étaient étrangères.

D'après le système établi, il devait surveiller l'impôt sans pouvoir le diriger vers son but dans son application aux dépenses ; comme de son côté le ministre du trésor, responsable des paiements, ne pouvait exercer aucune action sur la matière des paiements, jusqu'à ce qu'elle lui fût livrée. On avait ainsi divisé des attributions indivisibles ; et il en était résulté que jusqu'alors les deux ministres n'avaient pas su s'entendre, chacun d'eux s'étant renfermé dans son cercle vicieux.

Or, il aurait fallu : Ou que le ministre des finances connût exactement les dépenses pour faire verser au trésor des recouvrements égaux ; et dans ce cas pourquoi un ministre du trésor ?

Ou que le ministre du trésor surveillât directement les recettes pour s'assurer des ressources suffisantes ; mais dans ce cas, pourquoi un ministre des finances ?

Le ministre des finances me connaissait assez pour savoir que je n'abuserais pas de ses concessions. Il consentit pour le bien du service à m'admettre au partage de la surveillance des recettes, et c'est ainsi que pendant près de neuf ans le meilleur accord a régné entre nous deux.

neurs de ce service ; elles y avaient été autorisées, et il ne restait, dans le portefeuille du trésor, que des valeurs à échéances éloignées, telles que la faible portion d'obligations des receveurs-généraux, dont ces entrepreneurs n'avaient pas disposé.

A travers tous les nuages que présentait la complication des comptes du trésor, j'apercevais que près de 30 millions d'ordonnances ministérielles, applicables au service courant, étaient en retard de paiement ; que la solde seule des troupes restées en France était arriérée d'environ 15 millions ; et qu'indépendamment des sommes réclamées sur les gouvernements antérieurs, les recettes des cinq dernières années étaient restées de près de 100 millions au-dessous des dépenses réglées par les budgets.

Le rapport de M. de Barbé-Marbois portait à 73 millions le déficit nouveau résultant du débet et de la faillite des faiseurs de service ; mais il ne comprenait, dans leur débet, ni vingt millions de lettres de change collusoires qu'ils avaient donnés en paiement, et dont les signataires étaient en faillite comme eux, ni les avances que les receveurs-généraux leur avaient faites d'après les ordres du ministre, et que le trésor ne pouvait pas laisser à la charge de ces comptables, ni le solde de leur gestion antérieure à 1805, et sur laquelle ils restaient encore reliquataires de plus de 12 millions.

Il aurait donc fallu trouver plus de 200 millions

pour mettre le service du trésor public au courant.

J'avais eu la précaution de demander le jour même de la prestation de mon serment que des commissaires fussent nommés pour vérifier la situation du trésor. Deux conseillers d'État, MM. Fermon et Crétet, avaient été chargés de constater le montant des valeurs provenant des impôts qui se trouvaient soustraites à la disponibilité du trésor par le fait des banquiers du trésor. Leur évaluation qu'ils déclarèrent eux-mêmes n'être que *provisoire*, excédait de 11 millions [1] celle qui avait été fournie à M. de Marbois par ses bureaux, et elle était encore loin du résultat réel du débet.

Cette dernière partie du déficit général était celle qu'il m'importait le plus de faire constater : les autres n'étaient pas contestables. Et avant de former un plan pour le service des onze derniers mois de 1806, j'avais besoin de connaître la proportion exacte d'un débet sans exemple, et des moyens de recours qui pouvaient rester au trésor.

Un fait aussi étonnant peut-être que le débet lui-même, c'est que le caissier-général du trésor, qui avait été l'instrument nécessaire de cette multitude d'échanges, par le résultat desquels les faiseurs de service avaient substitué des valeurs nulles [2] aux

1. M. de Marbois avait dit 73 millions, les deux conseillers d'État dirent 84 millions, et ils ne disaient pas tout.
2. Des traites tirées sur le Mexique, par le directeur d'un

valeurs réelles du trésor, ne soupçonnait pas l'existence du débet ; ses écritures ne constataient aucun déficit, ses recettes se balançaient avec ses dépenses ; la même masse *numérique* se trouvait dans ses écritures et dans les portefeuilles dont il était gardien, avant le débet comme après sa consommation ; c'était l'effet inévitable d'une comptabilité qui se bornait encore alors à classer chronologiquement et sans analyse tous les faits dans deux colonnes parallèles sous le nom de recettes et de dépenses ; les caissiers du trésor faisaient promiscuement dépense de la totalité des espèces et valeurs qu'ils livraient ; ils faisaient promiscuement recette de la totalité des espèces et valeurs, quelles qu'elles fussent, qui leur étaient remises ; et comme, les faiseurs de service, en s'emparant des engagements souscrits par ceux qui devaient recouvrer l'impôt, et dont l'impôt, réglé par les rôles, était le gage, y substituaient, en quantité égale, des engagements qui n'avaient que leurs signatures pour garantie ou des assignations aussi vagues que ces traites espagnoles sur l'Amérique, les caissiers recevaient ainsi nominalement autant d'*effets* qu'ils en donnaient, et, en conservant cet équilibre no-

bureau de finances espagnol nommé la *Consolidation*, lesquelles traites s'élevaient à une somme dix fois supérieure à la valeur des piastres présentes dans les comptoirs sur lesquels elles étaient tirées !

minal entre leurs recettes et leurs dépenses, ils croyaient n'avoir fait qu'un échange de titres égaux en valeur, parce que ces titres étaient égaux en chiffres.

Le mécanisme intérieur du trésor était surveillé par trois administrateurs qui avaient survécu au comité de trésorerie créé dans la révolution ; mais leur inspection se bornait à l'exécution matérielle des ordres du ministre, conséquemment à la revue du seul jeu des chiffres : ils n'étaient chargés que de veiller à ce que les opérations prescrites par le ministre fussent traduites du langage commun dans l'idiome spécial et technique de la trésorerie ; c'est dans toute la force du mot qu'ils n'étaient administrateurs *que pour la forme* ; et, dans la part que je les avais appelés à prendre à la vérification que venaient de faire les commissaires du conseil d'État, j'avais vu qu'il n'avaient que des notions très incomplètes sur cet enchaînement de transactions par le résultat desquelles le trésor avait aliéné une partie des revenus publics recouvrables en France, en échange de piastres recouvrables au Mexique, à travers les escadres anglaises.

Je ne pouvais pas prendre plus de confiance dans les déclarations du premier commis[1], auquel mon

---

1. Ce premier commis avait reçu de M. Ouvrard, pour prix de ses complaisances, un million qu'il a restitué. Ce million faisait partie de ce fameux compte de frais de négociation et courtage

prédécesseur avait confié la suite de ses négociations ; c'était lui qui avait préparé les calculs du premier rapport, d'après lequel le débet des faiseurs de service n'était évalué qu'à 73 millions ; mais M. de Barbé-Marbois avait eu la sagesse d'instituer près de sa personne un bureau central, dans lequel les diverses opérations du trésor, au lieu d'être toutes, quelle qu'en fût l'origine, agglomérées et confondues dans le compte collectif et indéfini qu'on tenait aux caisses, étaient analysées et classées dans un ordre qui permettait d'examiner, abstractivement, chacune d'elles dans sa nature, et toutes dans leur ensemble et dans leurs détails ; la série des diverses dispositions qui avaient eu lieu à l'égard des faiseurs de service y avait été conservée dans un bon ordre ; je pouvais donc y puiser les éléments de l'appréciation exacte du débet. Pour les rassembler je n'avais plus besoin que d'un homme initié aux secrets du trésor, sans craindre la lumière sur ceux de cette triste époque, qui fût en volonté comme en mesure de suivre et de saisir la trace de la vérité dans ce labyrinthe de transactions compliquées, et capable de ne la sacrifier ni à des préventions anciennes, ni à des prétentions nouvelles ;

qui s'élevait à plusieurs millions, et que M. Ouvrard a cité comme une des preuves de l'étendue de ses entreprises. C'est lui-même qui a confessé la *coulpe* qui était commune entre lui et le premier commis en question.

on me parla d'un employé (M. Bricogne) caché dans les rangs, quoiqu'il se fût déjà fait remarquer par son aptitude. Je trouvai en effet, dans cet employé qui avait pu observer tous les actes du bureau central placé près le ministre, l'intelligence spéciale qui pouvait en révéler le mieux les motifs : il devait être naturellement impartial, puisque, par sa position passive, il se trouvait désintéressé dans les fautes, et il n'était pas sans intérêt pour lui que son nouveau ministre pût ne lui devoir que des révélations exactes. Je le chargeai des principales recherches relatives au débet des faiseurs de service, et leur résultat ne confirma que trop mes premiers aperçus. Il fut constaté que ces faiseurs de service étaient redevables envers le trésor public, non pas de 73 millions, suivant le premier rapport ministériel du 26 janvier 1806, qui admettait, en déduction, des valeurs inadmissibles ; ni de 84 millions, suivant le rapport fait peu de jours après par les commissaires du conseil d'État ; mais de la somme énorme de 141,800,000 fr., et ce résultat ne souffrit aucune atténuation, même après que, sur ma demande, les faiseurs de service eurent été admis à discuter et à contredire par eux, par leurs agents, par leurs avocats, chacun des articles de leur compte devant le tribunal alors compétent pour ces sortes d'affaires, le conseil d'Etat. Assurément, aucune chronique financière ne présente l'exemple d'un fait aussi extraordinaire ; et ce qui l'est peut-être plus encore, c'est que la presque totalité de cette créance a été recouvrée, sinon aussi promptement que la situation des finances l'aurait exigé, du moins plus tôt et mieux que je ne l'espérais moi-même.

Lorsque ce débet eut été scruté dans chacune de ses causes, et démontré par tous les genres de preuves que j'avais su puiser au trésor public, ce qui m'importait pour le complément de ces preuves, c'était que le débet fût avoué par ses débiteurs dans sa plénitude ; et il fut en effet reconnu, confessé par eux, dans ses causes, dans ses résultats, dans tous ses détails.

J'en fis résumer toutes les circonstances et tous les calculs dans un rapport général ; et ce travail n'eut pas seulement le mérite d'un procès-verbal exact qui rendait compte de toutes les combinaisons sous lesquelles le trésor avait succombé et de toutes celles qu'il fallait employer pour réparer ses pertes; c'est surtout comme un modèle d'analyse que j'en cite le résultat, et à ce titre il est digne d'être remarqué, parce qu'il consacre des faits qui doivent offrir un utile exemple, encore bien qu'il ne puisse jamais sans doute se reproduire sous la même forme. Je n'ai pas voulu faire imprimer ce rapport dans le temps, et je suis dispensé d'expliquer mes motifs. Toutes les pièces justificatives ont été recueillies et sont conservées dans les bureaux du contentieux du trésor [1].

S'il avait été difficile de constater la quotité exacte des fonds que les faiseurs de service avaient détournés, il le fut encore plus de connaître l'emploi qu'ils en avaient pu faire, et de trouver dans leur comptabilité particulière des indications sur les moyens de recours que le trésor public pouvait employer. Cette comptabilité était un mystère impénétrable; parmi ces comptes celui de *profits et pertes* seul présentait parallèlement au *doit* et *avoir* (à la vérité pour une période de plusieurs années) plusieurs dizaines de millions, en intérêts réciproques, frais d'escompte, de commission, de courtage! Tant tout était démesuré, désordonné dans les pratiques de ces hommes!

D'après leur traité ils devaient aider de leur crédit la trésorerie française, lui faire des avances; ils étaient au contraire ses débiteurs, et on a vu de quelle somme! mais en même temps ils avaient fait un autre traité avec la cour d'Espagne, par le résultat duquel ils s'étaient chargés de secourir les finances du pays. L'Espagne était soumise alors à payer à la France un subside qu'elle ne parvenait pas à acquitter; ils lui avaient offert des avances en

---

1. M. Delaire, l'honorable directeur de ce bureau, a pris soin de les réunir et d'en former un dossier qui est certainement une des curiosités de nos archives de finances.

fournitures et en argent, et ils avaient puisé ces avances dans le trésor public de France. L'Espagne avait expliqué sa détresse par l'impossibilité où elle était de disposer du produit de ses mines d'Amérique ; ils avaient promis à cette puissance de faire le recouvrement de toutes les piastres fabriquées dans ses comptoirs au Mexique, et l'Espagne n'avait pas hésité à leur livrer, en lettres de change payables en piastres à Mexico, etc., des sommes très supérieures aux secours qu'ils lui avaient procurés, et surtout aux piastres réellement fabriquées dans ses comptoirs. Munis de ces traites, ils avaient d'abord tenté de les négocier en Hollande, et comme sur ces entrefaites des soupçons s'étaient élevés sur l'emploi fait par eux des valeurs dont le trésor public leur avait confié la négociation, ils avaient versé ces traites au trésor comme étant un gage et un équivalent suffisants.

Il est vrai que, tandis qu'ils se prétendaient créanciers de plus de 60 millions sur l'Espagne [1], elle prétendait de son côté n'avoir reçu d'eux qu'un secours réel de 36 millions : et au premier avis de leur infidélité envers le trésor de France, l'Espagne avait fait donner au Mexique l'ordre dè ne pas ac-

---

1. C'est à la suite de ses avances faites à l'Espagne avec les fonds de la trésorerie française, que M. Ouvrard fit avec l'Espagnol M. Espinosa la convention qu'il a depuis appelée son traité avec Charles IV; jamais marché ne fit plus de dupes.

quitter les traites que feraient présenter ces banquiers français.

C'était donc une situation bien étrange que celle dans laquelle se trouvaient deux grandes puissances, dont l'une, embarrassée dans ses finances, parce qu'elle ne savait pas user de ses propres ressources, avait choisi pour ses prêteurs des hommes qui ne voulaient, ne pouvaient rien prêter et avaient au contraire fini par lui emprunter près de 142 millions, et dont l'autre, comptable d'un tribut envers la première, avait trouvé le moyen de lui emprunter à peu près le montant de ce même tribut par l'intermédiaire des mêmes hommes.

La cour d'Espagne avait à Paris un ministre accrédité. Je fus chargé d'entrer en négociation avec lui ; j'obtins, par un traité revêtu de la ratification du roi Charles IV, que l'Espagne paierait 60 millions sur le débet des faiseurs de service. Pour assurer un premier paiement sur cette somme, elle commença par transférer au trésor public la propriété de la portion réalisable des traites qu'elle leur avait déjà si imprudemment livrées ; et elle leva l'ordre de suspension dont elle les avait frappées.

Il restait à trouver d'autres sûretés pour 82 millions et même pour la portion de 60 millions qui pourrait n'être pas recouvrée sur l'Espagne, malgré ses promesses. Les faiseurs de service possédaient beaucoup d'immeubles, dont une partie était encore sous leur nom. La saisie de ces immeubles produisit près de 14 millions.

Des procès s'étaient élevés entre eux et leurs associés secrets sur le partage des dépouilles du trésor. Ces procès offrirent des moyens de revendication dont les tribunaux consacrèrent la légitimité, et plusieurs millions rentrèrent au trésor par cette voie.

Comme ils alliaient des fonctions assez disparates, celle de banquiers du trésor et celle d'entrepreneurs des différentes fournitures de la guerre et de la marine, encore bien que, par l'effet des préférences qu'ils avaient obtenues dans les bureaux (et on a vu comment), ils ne fussent en cette qualité créanciers des ministres que pour le service d'un ou deux mois, la liquidation de ce qui leur était dû par la guerre et par la marine s'élevait à d'assez fortes sommes, et cette comparaison atténua d'autant leur débet.

Mais une reprise plus importante pour le trésor se trouvait dans leurs propres magasins, qui, sur tous les points de la France, contenaient de grands approvisionnements. On arrêta que toutes les subsistances nécessaires à la guerre et à la marine seraient prélevées sur ces magasins, qu'ils continueraient d'approvisionner et d'entretenir, en ne recevant, chaque mois, que le tiers ou la moitié du prix de leurs fournitures. Et cet autre mode de reprise qui se prolongea dans le cours de 1806 et 1807 devait compenser en partie la portion de ce débet qui n'avait plus de garantie que dans leurs moyens propres.

Le recouvrement des 60 millions que l'Espagne s'était chargée de payer présentait plus de difficultés; un cinquième de cette somme fut acquitté en France à l'aide d'un emprunt que l'Espagne fit en Hollande; j'obtins le concours de deux notables maisons d'Amsterdam et de Londres pour le recouvrement, au Mexique, des trois autres cinquièmes, et au sein de la guerre à laquelle l'Espagne prenait part contre l'Angleterre comme alliée de la France, on vit (ce qu'on n'avait jamais vu en pleine paix) une frégate anglaise mouiller dans la rade espagnole de la Vera-Cruz, et y recevoir une cargaison de piastres pour le compte de la trésorerie française.

Quant au solde de 12 millions, que l'Espagne ne paya pas, les faiseurs de service en devinrent responsables.

Je ne garantirai pas que ce qu'on appelle, en France, le numéraire se soit accru par les recouvrements faits en piastres au Mexique pour le compte de la France; mais la trésorerie française en reçut bien exactement la valeur; et comme malgré l'opinion commune ce n'était pas la rareté du *numéraire* qui causait en France la pénurie du trésor, je ne mettais aucun prix à voir nos journaux vanter l'arrivée de quelques lingots d'argent dans nos ports, mais j'en mis un peu plus à terminer ainsi, presque sans dommage et sans scandale, la plus dommageable et la plus scandaleuse des aventures dans lesquelles les finances d'un grand État aient pu jamais se trouver engagées, et dont je ne fais qu'esquisser ici les principales circonstances.

En employant les mots de *dommage* et de *scandale*, je proteste d'avance contre toute intention de censure qui pourrait m'être attribuée à l'égard du ministre qui s'était laissé surprendre par le projet de faire arriver en France les *piastres neuves* qu'on disait être accumulées au Mexique. Ce n'était pas seulement l'opinion de quelques hommes, c'était encore alors un article de foi parmi la plupart des hommes de finances, des banquiers et des commerçants, que tous les embarras, dans les affaires publiques et particulières, ne provenaient que de l'absence des matières d'or et d'argent, que la guerre retenait captives dans les comptoirs espagnols d'Amérique. Dans les cabinets des souverains, comme dans les comptoirs, on justifiait tout par cette locution commune : *l'argent manque, l'argent est rare*. Et parmi ceux qui virent arriver de Madrid un des faiseurs de service du trésor de France, avec cent, peut-être cent cinquante millions de traites soi-disant payables en piastres à Mexico, Caracas, la Vera-Cruz, Buenos-Ayres, la Havane, je doute qu'il en fût un seul qui ne partageât le désir de voir réaliser ce secours au profit du continent, en commençant par la France.

Quant au principal auteur du projet, homme fécond en plans gigantesques, et toujours prêt à exposer à tous les hasards son nom, mais jamais sa fortune, il n'est pas impossible que, trompé par l'étonnante facilité de ses premiers succès dans la révolution, et ne connaissant rien de trop vaste pour lui, ni en entreprises, ni en profits, il n'ait pris pour une conception de génie l'aventureux projet d'exploiter à la fois les finances d'Espagne et de France, avec le monopole du commerce du Mexique; et qu'il se soit cru appelé à la gloire de rouvrir pour l'Europe les sources de tous les trésors d'Amérique.

Après les fortes avances qu'Ouvrard et ses associés avaient faites à l'Espagne, aux dépens du trésor public de France, il était assez simple qu'ils eussent obtenu de la trésorerie espagnole un crédit conditionnel, triple et quadruple, éventuellement réalisable en piastres, dont elle ne pouvait, depuis lontemps, tirer aucun parti par ses moyens propres. Comme ce crédit était représenté par des lettres de change qu'on pouvait supposer tirées sur des piastres sans restriction à l'ordre des associés du sieur Ouvrard, on explique encore comment, au milieu des plaintes populaires sur la *rareté de l'argent*, un ministre, qui souvent pour des paiements urgents ne pouvait disposer que de valeurs à long terme sur les impôts, avait cru ne pas compromettre les intérêts du trésor en échangeant des valeurs de cette nature contre des monceaux d'argent, qu'on lui affirmait être disponibles dans les dépôts américains. Ce qui aurait dû seulement éveiller plus de soupçons, et ce qui prouve que le savoir-faire de cette compagnie était bien jugé par les meilleurs arbitres du crédit privé, c'est que, lorsqu'elle disposait encore des finances de deux grandes puissances, et qu'elle offrait pour gage à ses prêteurs les métaux précieux du Mexique par centaines de millions, ses propres lettres de change trouvaient difficilement des escompteurs à Paris à douze et dix-huit pour cent par an [1]; et à la même époque, les signatures des maisons Perregaux père, Delessert, etc., etc., étaient recherchées à l'escompte de quatre ou cinq pour cent.

Ce fut un acte de modération que de ne pas renouveler, envers cette compagnie, les mesures de rigueur par lesquelles le gouvernement français avait, dans plusieurs autres cas, puni les *traitants* quelquefois même de sa propre imprévoyance! La diffamation de ceux-ci aurait encore augmenté le discrédit des finances. Et ce fut un acte de prudence et de raison, que de leur continuer, pour quelques mois, l'entreprise des fournitures de la guerre et de la marine, à laquelle (du moins dans la personne de l'un

---

[1]. De tels escomptes expliquent l'énormité des frais de courtage et de négociation que supportaient les sieurs Ouvrard et compagnie, et ils prouvent plus de grandeur encore dans leur discrédit que dans leurs entreprises.

d'eux) elle était beaucoup plus propre qu'au service de banquiers du trésor public. Sans cette seconde disposition, le tiers au moins du débet serait devenu irrécouvrable ; mais ce ne fut pas sans effort que l'empereur parvint à comprimer son ressentiment. Cette affaire mettait de telles entraves à toutes les autres, et laissait de telles traces, que l'occasion de s'en occuper se renouvelait pour lui à chaque conseil ; et on peut juger de l'impression qu'elle lui laissait encore au mois de mai 1807[1] par le texte de la lettre qu'il m'écrivit, sous cette date, de son camp à Osterode ; il n'avait été recouvré alors que près de 58 millions.

Obligé de donner place dans ces Mémoires à une circonstance si extraordinaire dans son genre, j'ai cru devoir la retracer *ad un tratto* pour n'en plus reparler.

---

[1]. « J'ai lu avec attention votre rapport du 15 mars sur le « débet des anciens banquiers du trésor, et l'état de situation « qui y était joint. En m'occupant de nouveau de cette affaire, « j'ai senti renaître toutes les peines qu'elle m'a causées. Ces « misérables nous ont soustrait 142 millions qu'ils ont employés « en partie à des spéculations aventurières : le contre-coup « s'en fera longtemps ressentir en France. Je vois qu'il nous « est encore dû en réalité 85 millions, puisque l'Espagne n'a « pas tenu tous ses engagements... Il est nécessaire que vous « écriviez à M. de Beauharnais *, etc., etc.

« *Osterode, le* 28 *mars* 1807.

« *Signé* NAPOLÉON. »

* Alors ambassadeur en Espagne.

Je reviens aux premiers moments de mon ministère.

Aux soins que j'avais dû prendre pour constater régulièrement le débet dont je viens de parler si longuement, et pour assurer les moyens de recours du trésor, se joignaient d'autres soins encore plus pressants peut-être ; le cours des cinq pour cent se maintenait difficilement à 60 fr.[1] ; les valeurs à terme, qui restaient au trésor, n'avaient plus d'escompteurs directs, puisqu'il n'y avait plus de faiseurs de service en titre. Je voyais que, dans sa correspondance, le ministère du trésor n'avait parlé que de son dénuement aux ministres, pour obtenir des délais, et aux comptables, pour accélérer leurs versements. Il n'en résultait pas que les créanciers fussent moins exigeants, que les versements des comptables fussent plus rapides ; mais seulement que toute assistance étrangère devenait à la fois plus rare et plus onéreuse. Or, il ne suffisait pas de réformer ce style, ni même de trouver quelques ressources nouvelles pour le service courant. Avec un prince du caractère de Napoléon, qui n'aliénait et ne dédaignait aucun détail du pouvoir public, un ministre ne pouvait faire aucun changement que le prince n'eût approuvé, prendre aucune mesure qui ne lui eût été soumise.

---

1. Au mois de mars 1806, le cours des cinq pour cent était à 56 francs.

J'avais donc à lutter, dans mes nouvelles fonctions, contre les difficultés du fond et de la forme, et cependant des changements importants étaient nécessaires et urgents.

Toutes les traces des désordres révolutionnaires et de tant de fausses mesures, de déceptions, d'expédients ruineux, s'étaient imprimées dans la comptabilité de la trésorerie, qui avait été obligée de créer, pour chacune des combinaisons extraordinaires auxquelles ses comptables avaient concouru, des formules non moins extraordinaires. Les livres des caissiers présentaient des milliards, en valeur de *régularisation*, valeurs de *compensation*, valeurs *d'ordre*, valeurs *inactives*, valeurs *mortes*, valeurs *en suspens*, tandis que les seules valeurs qui pussent s'appliquer à des paiements réels manquaient. Ces comptes accessoires offraient en masse une apparence de régularité ; ils avaient même matériellement une sorte d'exactitude arithmétique : mais comme ils étaient indéfiniment ouverts, sans se solder jamais, et que, dans les états généraux de situation, ils s'alignaient confusément avec les résultats des recettes et des dépenses réelles, ils enveloppaient ceux-ci de nuages ; tels que ceux, par exemple, qui couvrirent si longtemps le débet des faiseurs de service.

Lorsque M. Dufresne, ce coopérateur dont M. Necker avait justement vanté l'expérience en comptabilité, avait repris, à la fin du dernier siècle, la direction du trésor, qu'il avait quittée depuis neuf ans, tout fut nouveau, tout devint obscur pour lui, dans cette même administration, dont il avait posé les premières bases : il eut recours à une nouvelle organisation : mais il ne pouvait la former que sous le régime d'une loi, encore en vigueur, qui, dans la vue de centraliser la comptabilité, avait rendu le caissier-général du trésor, comptable, à Paris, de toutes les recettes et de toutes les dépenses faites dans les provinces, conséquemment de sommes qu'il n'avait directement ni payées ni reçues ; et de tous les virements que devaient subir les valeurs à terme qui changeaient vingt fois de nom et de forme avant d'entrer dans un paiement définitif, et qui quelquefois même n'étaient pas un moyen de paiement. Dans de telles écritures les sommes totales admettaient une foule de doubles emplois ; et leur extrait brut n'aurait pu offrir que des résultats erronés sur les ressources disponibles du trésor public : aussi, pour satisfaire, sous ce rapport, la curiosité du chef de l'État, M. Dufresne avait-il été souvent obligé d'arbitrer, par son habitude d'analyse, les réalités qu'il ne pouvait dégager qu'approximativement de tant de fictions, et il parvenait difficilement à rendre ses résultats complètement d'accord, pour les dépenses, avec les comptes des ministres ordonnateurs, et pour les recettes, avec les versements annoncés par les administrations chargées des recouvrements. Quelque simplifiés que fussent d'ailleurs ces extraits, ils offraient encore une assez grande complication : à côté des produits réels de l'impôt et des véritables moyens de paiement, figuraient, et pour plusieurs centaines de millions, de prétendues valeurs qui ne pouvaient avoir d'autre effet que de grossir les comptes publics, honteux reliquats de toutes les fraudes de la trésorerie révolutionnaire. Il arrivait en outre, que les recouvrements ou les paiements se trouvaient répartis, par origine de recette ou par nature de dépense, entre quatre ou cinq budgets : il fallait étudier, comparer vingt états surchargés de chiffres pour se rendre compte d'une situation qui était déjà loin du présent ; et les ressources modiques que cette situation indiquait n'existaient plus au trésor au moment de l'examen.

Lorsque le premier consul avait érigé la direction générale du trésor en ministère, en faveur de M. de Barbé Marbois, il avait pris soin, dans son inquiète activité, de régler lui-même la forme des comptes que devait lui rendre son ministre du trésor. Il avait voulu que ces comptes fussent mis sous ses yeux tous les mois, et que, le 15 de chaque mois, le tableau des recettes et des dépenses faites dans le mois précédent lui fût présenté. C'était sur ces résultats qu'il réglait, en conseil de finances, les sommes dont les divers services ministériels disposeraient dans le mois suivant. C'était le ministre du trésor public qui devait proposer cette distribution, d'après la situation de chaque budget ministériel, d'après les moyens actuels du trésor, et d'après l'évaluation des recouvrements que le mois suivant permettait d'espérer. Ainsi le projet de distribution présenté par le ministre du trésor était accompagné d'états qui comparaient en détail : 1° les recettes promises à chaque budget, les recettes réalisées et le restant à recouvrer ; 2° les sommes affectées aux divers services de chaque ministère, les dépenses ordonnancées, les dépenses payées, et ce qui restait à ordonnancer par chaque ministre et à payer par le trésor sur les ordonnances ; 3° un aperçu des ressources du trésor pour les mois suivants et des paiements auxquels il devait pourvoir.

On peut s'étonner que le ministre titulaire des finances eût renoncé au soin de préparer de telles combinaisons, de prévoir et de discuter chaque mois les besoins de chaque ministre. Sous l'empereur Napoléon, les attributions n'étaient pas toujours en parfait rapport avec les titres ; et, sans s'arrêter à une pareille question, on ne peut refuser de reconnaître qu'il y avait dans de tels résumés, quel qu'en fût le rédacteur, de premiers éléments d'ordre qui, en agissant d'abord sur les opérations du trésor, devaient se communiquer par lui à tous les autres ministères, avec lesquels il était constamment en rapport. Mais le perfectionnement n'aurait pas dû s'arrêter au simple cadre. Il semblait que Napoléon, en se saisissant des finances, comme d'un instrument de pouvoir, avait moins cherché à le rendre meilleur qu'à le rendre plus maniable pour lui. Son premier regard sur la trésorerie la lui avait présentée comme un édifice monstrueux, dont il ne parviendrait jamais à connaître ni à pénétrer les détours. Quand il avait voulu lui donner un ordre plus régulier, il n'en avait changé la façade que pour son propre usage : et lorsque je me trouvai placé au centre de l'édifice, là où le contraste était plus sensible avec la nouvelle ordonnance extérieure, ce ne fut pas sans beaucoup de peine que je parvins à me faire un point d'optique qui fût commun entre l'empereur et moi. Il n'y avait pas de jours que je n'eusse à répondre à diverses questions de sa part, souvent inintelligibles pour ceux mêmes qui devaient m'aider à les résoudre. Les anciens agents défendaient leur routine, quoique aucun d'eux ne cherchât à abuser de son obscurité. Napoléon défendait la méthode par laquelle il en avait éclairci pour lui quelques résultats : pour mettre l'une et l'autre d'accord, il y avait de grands changements à faire, et plus d'obstacles encore à vaincre dans les personnes que dans les choses.

Mon prédécesseur avait préparé et m'avait remis,

le jour même de sa retraite, et en état d'être publiés, les comptes de son administration pendant l'année qui venait d'expirer; ils se composaient, suivant l'usage, de plus de quarante tableaux de chiffres ; ils présentaient l'ensemble et le détail des recettes, et des dépenses faites en 1805, sur chacun des six derniers budgets ou *exercices* ; car depuis l'an VIII (1800), aucun budget n'avait encore été complètement soldé ; et je m'étais empressé de mettre sous les yeux de Napoléon cette dernière preuve de la ponctualité chronique de M. de Marbois. Je devais respecter dans la combinaison de ces comptes l'œuvre du dernier ministre et celle de l'empereur lui-même, puisque ces comptes étaient dans la forme prescrite pour ceux de l'année précédente. Napoléon me parut les parcourir avec un peu de méfiance ; il désira que j'y fisse plusieurs changements, et que j'y joignisse de nouveaux développements. Il voulut surtout que je les fisse précéder de quelques explications sur le débet des faiseurs de service, et sur la crise qu'avait éprouvée la Banque pendant la campagne d'Allemagne.

Indépendamment des difficultés propres au service de 1806, et dont j'ai indiqué ci-dessus l'origine, cette année laissait à résoudre, comme celles qui l'avaient précédée, le problème d'un budget, dont les recettes, en supposant qu'elles n'offrissent pas de non-valeurs, ne pouvaient, suivant l'usage, se réaliser qu'en dix-huit mois, et dont les dépenses, au moins dans leur pluralité, devaient se solder en douze mois. J'étais loin de penser que la Banque dût aider ce service par des préférences d'escompte, et surtout d'escomptes irréguliers ; mais je savais que, dans l'espoir d'accroître le dividende des actionnaires, plusieurs régents désiraient pour la Banque une part dans l'héritage des faiseurs de service. Le seul moyen, qui me parut dans les règles et dans les convenances de la Banque, était que, sur le gage et le dépôt des valeurs à long terme du trésor, la Banque lui fît temporairement le prêt de la portion du capital de ses actionnaires, dont elle ne pouvait faire d'autre emploi que de le placer à intérêt ; et c'est dans ce sens que l'espèce de préface que j'avais ajoutée au compte imprimé pour l'année 1805, annonçait que la Banque pourrait être appelée à concourir aux opérations du trésor avec réciprocité d'avantages pour tous deux. A la suite de la déplorable crise qu'elle venait d'éprouver, il me paraissait désirable de mettre enfin d'accord ceux qui prétendaient que la Banque, établie à Paris, pouvait, à l'exemple de celle d'Angleterre, faire en même temps une partie des affaires du gouvernement comme toutes celles du commerce, et ceux qui affirmaient que cette Banque ne pouvait rendre aucun service aux finances sans compromettre son crédit. C'était surtout par l'autorité des faits que je désirais que la question fût résolue : ce n'était qu'ainsi que les notions inexactes et incomplètes pouvaient se rectifier, et qu'une théorie plus saine pouvait s'établir dans le gouvernement et dans le commerce lui-même.

Pour affranchir tous les rapports que je pourrais avoir avec la Banque de l'influence du pouvoir que j'exerçais, je commençai par demander que la surveillance de cet établissement, qui, jusqu'alors, avait fait partie des attributions du ministre du trésor, en fût distraite ; je déclarais ainsi que, sous le rapport des règles de l'escompte, je renonçais à toute exception en faveur du trésor.

Je n'admettais aucune assimilation possible entre l'établissement privilégié qui, sous le nom de Banque de France, ne se recommandait que par un commencement de service en faveur du commerce de la capitale, et cette banque de Londres qui, après avoir étendu ses racines pendant plus d'un siècle, avait pu devenir, sans danger pour l'Angleterre, son principal hôtel de monnaie. La première ne me paraissait pas faite pour soutenir l'épreuve des mêmes entreprises ; le système des finances, la nature du commerce, le volume et la direction des capitaux, les mœurs locales, la législation, les institutions publiques, les habitudes privées, mettaient (et mettront longtemps) entre les deux pays des différences trop fortes. On peut chercher, en Angleterre, des leçons et non pas des exemples pour la France ; ces monarchies, constitutionnelles toutes deux, n'ont cependant pas encore entre elles assez d'éléments homogènes pour que l'une puisse servir de modèle à l'autre.

Une des singularités des budgets de France était, ainsi que je l'ai dit, d'imposer au trésor la condition de payer, en douze mois, plusieurs dizaines de millions au-delà de ce qu'il pouvait recouvrer dans cette période, d'après les termes réglés avec les grands percepteurs de l'impôt pour leurs versements : ainsi en même temps que chaque préface du budget [1] félicitait la France de la condition d'être affranchie du système onéreux des emprunts publics, il fallait que le trésor soutînt une espèce d'emprunt occulte et permanent d'environ 120 millions. C'était pour alimenter cet emprunt qu'il avait eu recours à des faiseurs de service et l'on a vu comment ils y parvenaient. Ces faiseurs de service cherchaient, parmi les capitalistes de Paris, ceux que l'attrait d'un intérêt d'un et quelquefois de deux pour cent par mois pouvait déterminer à échanger leurs fonds libres contre des obligations de receveurs-généraux payables quelquefois à plus

---

1. La rédaction du budget annuel était le grand œuvre du ministère des finances.

d'un an de terme, dans les chefs-lieux de départements. De telles valeurs ne pouvaient pas entrer dans les escomptes réguliers de la Banque à cause de leur échéance, du lieu de leur recouvrement, et de la qualité des souscripteurs qui les plaçait hors la loi du commerce. La prétention d'avoir des recettes à faire, et des correspondances à entretenir dans les départements ne pouvait apporter à la Banque que des frais et des risques de plus ; c'était épaissir les nuages, là où la clarté ne pouvait jamais être trop grande. La Banque n'était déjà que trop portée vers ce genre d'extension par ceux de ces régents qui croyaient pouvoir la diriger comme une maison de banque particulière ; mais ce n'était pas au gouvernement à encourager une telle tendance. Il lui convenait surtout, encore moins qu'à la Banque elle-même, que ses propres comptables devinssent *comptables* envers cet établissement. Comment d'ailleurs la banque de Paris, qui par le résultat de ses escomptes réguliers, ne pouvait pas alors émettre et entretenir, dans la circulation, plus de 50 millions de ses billets, aurait-elle pu escompter en faveur du trésor plus de 100 millions de valeurs nouvelles ? Pour servir le trésor, aurait-elle restreint les secours que le commerce trouvait dans ces escomptes ? Pour escompter les effets du trésor à longs termes payables dans les départements aurait-elle repoussé les bonnes lettres de change payables à Paris? Elle aurait alors vu se réduire au-dessous de 50 millions la masse des billets de banque qui se seraient maintenus dans la circulation; car, lorsqu'elle avait admis, en 1805, ces traites collusoires qui, du moins par leur échéance et le lieu de leur paiement, empruntaient la forme des effets réguliers du commerce, elle avait éprouvé que tous les billets de banque, qu'elle avait donnés en échange de ces traites, refluaient vers ses caisses, immédiatement après qu'ils avaient été émis; et que, définitivement, elle n'avait pu conserver, en émission, que la quantité de ses billets exactement correspondante à celle des véritables et légales lettres de change, qui se trouvaient dans ses portefeuilles.

Si la compagnie qui, sous le nom de Banque de France, avait l'utile privilège d'émettre des billets au porteur en concurrence avec la monnaie réelle, pouvait être appelée à intervenir dans le service du trésor, ce devait donc être dans une autre combinaison que celle selon laquelle elle exerçait ce privilège. C'était hors des procédés et des règles austères de l'escompte, hors du sentier étroit de cette opération délicate, qu'elle pouvait donner assistance au trésor; c'était une nouvelle fonction, étrangère à la première, et qu'elle ne pouvait remplir ni avec les mêmes fonds ni dans les mêmes formes.

Pendant que je cherchais à faire valoir ces raisonnements auprès de l'empereur, on lui proposait, d'autre part, pour la Banque un projet de statuts additionnels, dont le résultat devait être : 1° un nouvel appel de fonds aux actionnaires pour doubler leur capital, et porter les actions de quarante-cinq millions à quatre-vingt-dix mille ; 2° l'établissement d'espèces de *succursales* de la Banque, qu'elle ferait régir dans les principales villes de commerce sous le nom de *comptoirs d'escompte* ; 3° la création d'un gouverneur et de deux sous-gouverneurs qui seraient nommés par l'empereur.

Dans ce système, on offrait, au nom de la Banque, de faire au trésor des avances pour suppléer au retard d'une partie des recouvrements affectés aux budgets; elle devait aussi être chargée des paiements de la dette publique, et ce singulier projet était adopté presque sans discussion, et sans aucune résistance par la régence de la Banque ! Il arriva même qu'au lieu de choisir, pour gouverneur, un ancien banquier revêtu de la confiance du commerce, et qui pût porter, dans la délicate distribution des escomptes, une juste appréciation de la valeur de chaque signature commerciale, cette place fut donnée au conseiller d'État [1] qui avait pris la principale part à la rédaction du nouveau statut. Mais lorsqu'il fut question de mettre la Banque en œuvre

---

1. M. Cretet.

pour le double service qu'elle devait rendre au trésor, on fut tout étonné de ne rencontrer que des obstacles là où on cherchait de nouvelles facilités.

On discuta d'abord, mais seulement en petit comité et sans solennité, la forme et les effets du nouveau mode de paiement que subirait la dette publique; on n'en parlait que comme d'un simple *changement de domicile*. Déjà, en 1802, on avait fait l'essai du concours de la Banque pour le paiement distributif des intérêts de la dette publique. Il en était résulté un médiocre profit pour elle, et aucun pour le trésor et les rentiers. Le délai, pour le paiement, n'avait pas été abrégé; le trésor avait continué de prendre un terme de trois mois [1] pour payer chaque semestre échu; les bureaux du trésor avaient conservé la rédaction des volumineux états nominatifs de paiement, extraits des comptes mêmes du grand-livre. Ces états ne pouvaient pas être formés ailleurs ni autrement. D'après l'ordre de la comptabilité et la responsabilité du payeur-général envers des juges définitifs, ce comptable avait continué de recevoir les quittances des parties pre-

---

1. On fait mieux aujourd'hui en acquittant en vingt jours une somme triple pour chaque semestre; mais alors ce délai de trois mois était une facilité pour le trésor public sans être un préjudice pour le rentier que l'ordre du numéro appelait chaque année à la même époque pour recevoir son intérêt échu.

nantes, et de juger de leur validité ; seulement il délivrait à chaque rentier un mandat sur la caisse de la Banque au lieu d'un mandat sur une des caisses du trésor. La Banque acquittait ces mandats dans la proportion exacte des sommes que le trésor avait mises à sa disposition ; et ce mode, qui ne satisfaisait personne, pas même la Banque, malgré le droit de commission dont elle profitait, avait été bientôt abandonné.

Mais, en 1806, on avait eu, sur la dette publique, des plans plus vastes. Dans un Mémoire dont l'auteur m'est resté inconnu quoiqu'il s'appuyât de mon suffrage [1], et qui avait fait quelque impression sur Napoléon, on proposait de charger la Banque

---

1. Je crois devoir rendre compte de la circonstance dont on abusait pour annoncer que j'avais approuvé le projet tel qu'il était alors présenté. J'ai dit qu'en 1800, revenant à Paris après huit ans d'absence, j'avais laissé paraître un petit écrit qui présentait une espèce de parallèle entre le système anglais et le système français en finances. On avait fait quelque attention à ce pamphlet au moment où les retards de paiement du trésor affectaient encore toutes les classes de la société. Chacun s'occupait des finances publiques comme dans son affaire personnelle. Un homme d'esprit qui avait rapporté d'Angleterre quelques maximes de crédit public, et qui désirait surtout se mettre en crédit lui-même, avait affirmé dans une maison où de pareilles questions s'agitaient, que chaque dividende de l'énorme dette d'Angleterre était payé en *un seul jour* à tous les *créanciers à bureau ouvert* ; il s'était retiré laissant dans l'étonnement de ce phénomène la plupart de ses auditeurs, et c'était là l'effet qu'il avait voulu produire : quand on vint ensuite aux explications, comme assistant, sans être aussi affirmatif, sur le fait, j'en avais expliqué la possi-

de la tenue du grand-livre de la dette publique de lui assurer, sur les revenus de l'État, un prélèvement égal au montant de cette dette que l'on composait des cinq pour cent consolidés, de la dette viagère et des pensions ; prélèvement qu'elle devait opérer par sa correspondance directe avec les comptables du trésor. On ne manquait pas de citer l'exemple de l'Angleterre. Parmi les objections, celles qui n'étaient fondées que sur les changements à faire subitement dans une législation qui avait

bilité, en exposant qu'en Angleterre trente ou quarante hommes d'affaires représentaient la presque totalité des propriétaires de fonds publics : que ces hommes d'affaires avaient individuellement un compte ouvert avec la banque, qui est chargée d'acquitter tous les intérêts de la dette publique, et de recouvrer les revenus qui y sont affectés ; que, quelques jours avant l'ouverture du paiement, les droits des commettants de chacun d'eux étaient vérifiés sur une liste qu'ils remettaient à la banque ; que lorsque le paiement était ouvert il s'effectuait pour tous les propriétaires de fonds publics par un seul virement dans le compte de ceux qui les représentaient, que ce virement opérait en même temps la décharge de la banque, relativement à la trésorerie ; qu'il n'en résultait cependant pas qu'elle soldât en effet le même jour, par un paiement effectif, le compte de chacun des trente ou quarante fondés de pouvoirs ; qu'il en résultait seulement que la somme qu'ils avaient à recouvrer était portée au crédit de leur compte, comme eux-mêmes, dans leurs écritures particulières, ils créditaient les comptes qu'ils tenaient pour leurs divers commettants de la part qui revenait à chacun de ces derniers.

Or cette masse de dividendes (qui n'a pas proportionnellement autant de co-partageants qu'en France, où, par exemple en 1806, la quotité moyenne de chaque rente en cinq pour cent n'excédait créé des habitudes dans toutes les classes de l'État, et engageait la responsabilité d'un grand nombre de comptables, quoiqu'elles fussent de quelque poids, n'étaient cependant pas les plus embarrassantes ; celles qui suivent parurent plus sérieuses.

Par quels moyens la Banque recevrait-elle, sur tous les points de la France, la portion des impôts qui serait mise à sa disposition pour le paiement de la dette publique ?

Par quels agents distribuerait-elle, deux fois par

---

pas 450 fr.) n'est absorbée que dans un espace de plusieurs mois par l'emploi qu'en font les propriétaires, soit à leurs besoins, soit à d'autres spéculations ; et il arrive, ou que la plupart des fonds restent sur les registres de la banque au crédit des fondés de pouvoirs, ou bien, ce qui est plus ordinaire, que ceux-ci en font la matière de placements temporaires pour leur propre compte et à leurs risques, en effets publics. On conçoit comment, par une telle méthode, deux ou trois cents millions d'intérêt pourraient en un seul jour être distribués à tous les créanciers de la dette anglaise ; on conçoit aussi comment ces prête-noms, qui se nomment *bankers* et qui sont en même temps receveurs et caissiers des propriétaires, n'exigent aucune rétribution pour ce double service, tandis qu'à Paris il n'est pas sans exemple que ceux qui exercent des fonctions pareilles aient exigé des commissions de deux, trois et quelquefois cinq pour cent. Assurément je ne me défends pas d'avoir désiré qu'une pareille combinaison vînt au secours des rentiers français. Mais on voit de combien d'éléments elle se compose, et n'en mettre qu'un seul en œuvre ce serait n'avoir que les inconvénients des deux manières. C'était là le vice du projet présenté en 1806, ce qui précède indique que son auteur avait fait trop d'omissions pour que je pusse me reconnaître comme son complice.

an, près de cent millions entre trois cent mille parties prenantes ?

Emploierait-elle, et pour ses recouvrements et pour ses paiements, les comptables du trésor ? On sait depuis longtemps que la responsabilité cesse lorsqu'elle est partagée, et que cette maxime s'applique surtout à la comptabilité, qui est indivisible dans ses rapports, puisque son exactitude ne peut se prouver que par son ensemble.

La Banque aurait-elle des agents spéciaux à ses gages ? la dépense serait triple.

Les rentiers seraient-ils payés plus tôt ? Non, sans doute, puisque la Banque ne pourrait, comme le trésor, recouvrer que successivement, dans l'espace de trois mois, les revenus applicables aux divers paiements de la dette ; et encore aurait-elle moins de facilité que le trésor pour l'accélération des virements d'un lieu à l'autre.

En cas de retard de paiement, les rentiers ne pourraient pas exercer leur recours contre la Banque sans compromettre son crédit ; ils le compromettraient encore en n'exerçant pas ce recours.

Les payeurs du trésor sont responsables sur leurs cautionnements de leurs paiements irréguliers. La Banque serait-elle soumise à cette responsabilité ? et devant quelle autorité ?

A qui et dans quel délai rendrait-elle compte des deniers publics qui lui auraient été versés, et présenterait-elle les six cent mille quittances qu'elle devrait produire chaque année pour prouver la régularité de leur emploi ?

Sur plus de cent millions de dette publique que les états de paiements déclaraient exigibles chaque année [1], il arrivait que la négligence des rentiers laissait habituellement en retard une somme de cinq à six millions, qui n'était que successivement réclamée, et souvent après plusieurs années de délai ; le trésor, qui n'a jamais rien à perdre, devait-il perdre la jouissance de cette somme au préjudice de tant d'autres créanciers auxquels elle n'appartenait pas moins qu'aux rentiers ? Ces derniers avaient-ils un droit d'une autre nature que tous ceux qui avaient engagé leur fortune dans les services publics ? et lorsque l'État se constituait envers ceux-ci dans une espèce de faillite permanente, pouvait-il se flatter de relever son crédit en adoptant, en faveur des seuls rentiers, un système de garantie spéciale, réprouvé par la législation commune, qui n'admet aucune préférence entre les créanciers du même débiteur.

Comme personne n'essayait même de résoudre ces difficultés, il ne fut plus question du projet hors du comité où il avait été discuté, et ses plus zélés partisans n'en parlèrent que pour se disculper

---

1. Y compris la dette viagère et les pensions (en 1806).

d'avoir été séduits par une telle idée. Mais le nouveau gouverneur de la Banque, qui avait eu la prudence de ne pas montrer trop d'empressement pour ce projet, poursuivit avec plus d'ardeur et de confiance l'adoption de celui qui devait donner à la Banque l'héritage des faiseurs de service. Il fondait cette confiance sur l'état où se trouvait le trésor au commencement de 1806, et il avait pu apprécier alors l'urgence et l'étendue de ses besoins, puisqu'il avait été l'un des commissaires chargés peu de temps auparavant d'en constater la situation. C'était pour parvenir à ce but ; et si je puis, sans l'accuser, répéter ses propres expressions, *pour que la Banque pût donner plus de latitude à ses escomptes*, qu'il avait provoqué le doublement de ses actions. Il avait en perspective, pour la Banque, un bénéfice annuel de huit ou dix millions au moins, car jusqu'alors le trésor avait abandonné une somme beaucoup plus forte à ses faiseurs de service, en commissions, intérêts, etc. ; le gouverneur comptait pour lui-même sur une grande participation à l'administration publique, sous le titre commode d'auxiliaire dans les moments de détresse. Il était déjà un des membres influents du conseil d'État ; il se flattait de voir sous sa direction la Banque croître en considération et en crédit par ses rapports plus immédiats avec le trésor, sans rien perdre de son indépendance. Ainsi se projetait un troisième démembrement de l'administration des finances, si fort affaiblie par sa division en deux ministères, et qui, même avant cette division, était déjà si différente de ce qu'elle avait été en 1789 [1], lorsqu'elle réunissait au soin d'élever les ressources au niveau des besoins et de contrôler toutes les dépenses, la haute surveillance des intérêts du commerce des subsistances, des revenus des communes, de l'entretien des grandes routes, des ports et des canaux, etc., etc.

Mais à l'époque où cette seconde proposition allait se discuter, le trésor public commençait à se présenter sous un aspect moins sinistre. Sa correspondance avait pu prendre un autre caractère ; ce n'était plus au nom de sa détresse, c'était au nom de leurs propres devoirs envers lui, qu'il recommandait à ses comptables l'exactitude de leurs versements.

Les payeurs n'avaient plus de prétexte d'atermoiement, car il ne leur ordonnait aucun paiement sans leur en fournir les moyens.

1. Cet ancien ministère des finances avait été constitué pour une monarchie, il avait été ébranlé et démembré avec elle en 1791. Lorsqu'en 1800 la France se relevait de ses ruines, son gouvernement, en s'éloignant de la démocratie, ne fit que traverser la monarchie pour aller au delà. Et tout pouvoir plus que monarchique tend, par sa nature, à affaiblir les pouvoirs secondaires, et conséquemment à les diviser en les multipliant.

Quelques recouvrements, faibles à la vérité, commençaient à s'opérer sur le débet de 141,800,000 fr. des anciens faiseurs de service ; et des probabilités étaient acquises pour son entier paiement.

La solde avait été mise partout au courant.

Les ordonnances que les ministres délivraient à dix jours de vue pour Paris, à trente et quarante jours de vue pour les départements, étaient acceptées et acquittées à leur échéance fixe.

La plupart des receveurs-généraux s'empressaient de faire des versements anticipés.

Quoique le trésor n'eût pas profité du produit des contributions étrangères destinées dès lors à fonder ce qu'on a nommé, depuis, le *domaine extraordinaire*, quelques millions lui avaient été avancés sur ce fonds, à la charge d'en payer l'intérêt.

De plus, une somme de 60 millions[1] en annuités à cinq pour cent, et payables en six ans, venait d'être affectée à l'arriéré des services ministériels des années de 1801 à 1805.

Le cours des cinq pour cent qui, au mois de mars, était à 56, s'était relevé, trois mois après, à 64.

---

1. Ces annuités, dont le remboursement successif devait être fait à chacune de leurs échéances par la caisse d'amortissement, avaient pour gage : 1° une rente de 3 millions en cinq pour cent, créée au profit de cette caisse ; 2° un capital de 60 millions en domaines nationaux, transférés à la même caisse qui devait les

L'escompte du petit nombre des obligations des receveurs-généraux, qui circulaient encore sur la place de Paris, n'était plus qu'à six et sept pour cent, au lieu de douze pour cent.

Enfin, après avoir employé environ deux mois à me rendre compte des ressources qui restaient au trésor, pour le service des neuf derniers mois de 1806, j'avais aperçu la possibilité de réaliser, dans cet espace de temps, près de 440 millions sur les revenus propres au budget de 1806 et à ceux des années antérieures ; et j'avais pu prendre pour le trésor l'engagement de mettre régulièrement par mois plus de 45 millions à la disposition des différents services publics sans avoir recours aux emprunts hasardeux, aux négociations ruineuses, aux anticipations, aux mesures forcées par lesquelles le trésor avait si longtemps proclamé son dénuement en portant le trouble au milieu des transactions particulières par la concurrence et le scandale des siennes.

Je puis citer ces résultats sans qu'on suppose que je veuille m'en donner tout le mérite : il eût été assez difficile aux ministres de Napoléon de ne pas

---

mettre immédiatement en vente : ainsi elles avaient en quelque sorte un double gage. Le cours de ces annuités fut bientôt au pair sur la place ; elles ont toutes été acquittées sans aucun retard à leur échéance : ce mode de paiement, appliqué à des dettes depuis longtemps exigibles, n'était pas sans doute le meilleur.

lui communiquer leurs plans qui, avant de recevoir sa sanction définitive, étaient toujours discutés, et même assez minutieusement, car tout en leur abandonnant le choix des moyens d'exécution, il aimait encore que toute amélioration parût être son œuvre propre ; et l'on conçoit en effet que son élévation subite devait lui conseiller, dans l'intérêt même du pouvoir public qu'il avait rétabli en lui, de n'en déléguer que la plus petite partie possible, afin de rester toujours et partout l'homme nécessaire. La latitude qu'il me laissa pour tous les changements que j'avais à opérer au trésor public fut-elle un effet de confiance particulière, je n'en sais rien, mais j'en profitai, et avec reconnaissance.

Napoléon a entretenu de longues et diverses correspondances ; si elles étaient toutes réunies, on ne concevrait pas comment l'activité d'un seul homme a pu y suffire, et il n'en est aucune qui ne prouvât comment il savait s'emparer de chaque circonstance et de chaque matière, traiter chaque objet comme s'il n'eût été occupé que de lui seul ; accommoder les règles et les principes à son intérêt dominant, et forcer les éléments les plus opposés d'entrer dans son système. Mais, dans ces correspondances, il n'en est pas qui prouve mieux à quel degré il poussait la patience des détails les plus arides que celle dont je suis encore dépositaire ; elle est peut-être la plus singulière polémique de chiffres qui ait jamais existé. Je recevais souvent, dans les premiers moments de mon ministère, des lettres de plusieurs pages, dont l'unique objet était d'analyser de longs calculs, de décomposer des états, d'en diviser les colonnes, de présenter les mêmes résultats sous une autre forme ; le principal but des discussions qu'il établissait ainsi avec chaque chef d'administration était de les tenir tous dans une continuelle défiance d'eux-mêmes et de tous leurs subalternes ; il n'avait plus à disputer la supériorité du pouvoir : il disputait à tous la supériorité du savoir. Mais, dans la situation où se trouvaient les finances en 1806, l'effet de ce système d'inquisition fut du moins de rendre les ministres ordonnateurs plus économes dans les dépenses, et les administrateurs des recettes plus actifs dans les recouvrements.

Quoique sans doute Napoléon ne me ménageât pas plus qu'un autre dans ses controverses, il voyait cependant avec plaisir que, dans le cinquième mois de 1806, la trésorerie commençait à acquérir, pour le service du reste de cette année, une espèce d'indépendance assez nouvelle. Déjà, en effet, elle n'était plus réduite à mendier des secours et à recevoir la loi de ses prêteurs, elle commençait à la donner : elle n'avait même plus besoin d'auxiliaires pour l'année courante, et elle pouvait d'autant mieux prendre ses avantages avec ceux qu'elle choisirait pour l'année 1807.

Dans cette nouvelle période de 1807, la condition du trésor devait être, comme dans les précédentes, de payer, dans les douze mois, environ 120 millions au-delà de ce qu'il pouvait recouvrer ; il fallait trouver l'avance de cette somme dans les emprunts, et en donnant aux prêteurs pour gage une somme égale des revenus de 1807, qui ne seraient recouvrés qu'en 1808 ; sans croire que la Banque pût improviser cette avance par l'émission plus abondante de l'espèce de monnaie qu'elle pouvait créer pour ses escomptes réguliers, j'étais loin de chercher à l'exclure de la part qu'elle pouvait prendre au service du trésor ; j'avais au contraire constamment exprimé la préférence que j'étais disposé à lui donner sur tout autre prêteur ; mais dans cette circonstance comme dans beaucoup d'autres, je n'étais pas d'accord sur le choix des moyens avec le nouveau gouverneur qui se trouvait chargé de stipuler ses intérêts. Napoléon voulut que les propositions de la Banque, relativement au service du trésor pour 1807, fussent discutées en sa présence, dans les conseils de finances qu'il tenait alors deux fois la semaine ; j'avais demandé que quelques membres de la régence fussent appelés ; le gouverneur s'y opposa.

La première question fut celle-ci : la Banque se

charge-t-elle de procurer au trésor, par ses moyens propres, dans le cours de 1807, la totalité des ressources supplémentaires qu'il aura besoin d'ajouter à ses recouvrements de chaque mois ? Je vis avec étonnement que le nouveau gouverneur n'hésitait pas à le promettre. Il réclamait, à la vérité, pour la Banque, les conditions du traité pour 1804 et 1805 avec les précédents faiseurs de service ; et ce traité leur assurait un intérêt de plus de neuf pour cent sur le montant de leurs avances. Mais, en 1804 et en 1805, les effets à terme que le trésor faisait négocier, avaient supporté sur la place de Paris un intérêt de plus de douze pour cent ; et en 1806, à l'époque où ces conseils avaient lieu, les mêmes effets étaient recherchés à un intérêt moitié moindre.

Cette objection ne fut pas négligée par Napoléon ; elle ne s'appliquait qu'à une des conditions du traité qui n'était encore qu'un projet ; la discussion s'engagea bientôt sur le fond du traité lui-même. Ce fut là le cas de rappeler que la Banque ne maintenait dans la circulation de la capitale que cinquante ou soixante millions de ses billets, et la question du secours qu'elle pouvait offrir au trésor n'en devenait que plus problématique ; la Banque n'avait en effet que deux moyens de prêter : une création de nouveaux billets, ou un prélèvement sur son capital. Elle avait assez péniblement appris qu'elle ne pouvait donner ses billets qu'en échange d'effets à très court terme ; et les escomptes réguliers du commerce ne demandaient pas encore une plus large émission. Ainsi elle ne pouvait, sans danger pour elle et pour l'État lui-même, augmenter la masse de ses billets. Ce n'était donc, je le répète, que sur le capital de ses actionnaires qu'elle pouvait faire un prêt durable ; mais en supposant qu'elle parvînt à doubler ce capital, comme elle y était autorisée, et à le porter de 45 millions à 90 millions, elle devait prélever sur ces fonds : 1° le fonds de réserve en espèces qu'elle évaluait au tiers de ses billets émis et des dépôts faits dans sa caisse, conséquemment au moins à 35 millions ; 2° le capital nécessaire pour la dotation de deux comptoirs qu'elle allait établir à Rouen et à Lyon (environ 6 millions) ; 3° la valeur de ses immeubles et ustensiles (2 millions). Ainsi, en supposant qu'elle eût consenti à aliéner au trésor la totalité de son capital disponible, elle n'aurait pu fournir qu'environ 50 millions pour un service qui demandait en effet 120 millions. Il n'y avait rien à répondre à ce calcul.

Et cependant il ne resta pas sans réponse. Cette réponse fut que la Banque ne voulait engager aucune partie de son capital ; que c'était sur le secours des receveurs-généraux qu'elle comptait pour secourir elle-même le trésor ; que c'était par cette raison qu'elle venait d'en admettre trois parmi ses régents ; mais la question, réduite à ce terme, en faisait naturellement naître une nouvelle : le trésor avait-il besoin d'intermédiaires pour obtenir de ses comptables directs toutes les avances qu'ils pouvaient lui faire ?

Quoiqu'une discussion de cette nature eût pu être épuisée dans un seul conseil, ce ne fut qu'après huit ou dix séances que les idées commencèrent à s'éclaircir, tant étaient inexactes et incomplètes celles qu'on attachait à ces mots : *escomptes de la Banque, billets de Banque.* Napoléon aurait voulu sans doute ne rien trouver d'énigmatique pour lui dans le système de la Banque ; mais il éprouvait, sur cette matière, ce qui arrive sur toute théorie qu'on étudie isolément des faits. Les conséquences justes et les conséquences fausses se heurtaient dans sa pensée, suivant l'interlocuteur qu'il venait d'entendre, et il ne lui restait conséquemment que des doutes qui fatiguaient son esprit. Ce qu'il cherchait à découvrir dans l'analyse de la Banque, c'était le mal ou le bien qu'elle pouvait faire à son gouvernement. Ce qu'il avait recueilli dans cette dernière controverse, c'est que la Banque de Paris ne pouvait pas aider le trésor en mettant sa fabrique de billets à sa disposition, et qu'elle répugnait en même temps à prêter, franchement et pour un long terme, au trésor, la portion de son capital qui était superflue pour elle. Ce secours même aurait été insuffisant; mais j'avouerai que, du moins sur le second article, je m'attendais à un autre résultat ; je ne faisais aucun doute que, lorsque les actionnaires de la Banque avaient consenti au doublement de leur capital, déjà plus que suffisant pour son propre service, leur intention n'eût été d'offrir au trésor, pour prix de leur privilège, le prêt à intérêts de ce nouveau fonds. Ils n'auraient pas dû hésiter à le faire, n'eussent-ils voulu que se rédimer par là de la nécessité de renouveler peut-être encore, dans quelque moment de crise, des escomptes irréguliers que la Banque n'avait pas pu refuser au trésor en 1805, et dont on a vu les effets. La Banque de Paris n'aurait fait qu'imiter la Banque d'Angleterre dans ceux de ses actes dont l'imitation était du moins à sa portée, ainsi que l'ancienne caisse d'escompte de Paris, qui, avant la révolution, sur un capital de 100 millions, avait prêté 70 millions au trésor royal.

J'avais attaché une autre espérance au résultat de ces conseils auxquels assistait le ministre des finances. Plus initié depuis quelques mois à la combinaison des budgets, je voyais qu'ils paraissaient établir des recettes égales aux dépenses, et qu'il n'y avait inégalité qu'en ce que les recettes réalisables dans l'année ne s'élevaient pas au niveau des dépenses payables dans la même année, et aussi que les dépenses finissaient souvent par excéder leur première évaluation. Cependant les recettes se composaient principalement des contributions directes que les receveurs-généraux avaient le pouvoir et le devoir de recouvrer presque en totalité dans le cours des douze mois ; ils avaient, je le répète, la faculté de ne verser au trésor qu'en 15, 16, 17 et 18 mois, et même au delà, les impôts qu'ils avaient perçus dans un délai beaucoup moindre. Ainsi, c'était pour remplacer des fonds qui déjà se trouvaient en grande partie dans les caisses de ses comptables que le trésor était obligé de faire des emprunts. Il y avait évidemment quelque chose à rectifier dans ce système, copie trop fidèle de ce qu'on faisait avant 1789. En effet, lorsque les places de finances étaient regardées comme n'étant pas les moindres grâces de la cour, on avait imaginé de laisser les deniers publics à la disposition des comptables, comme un privilège qui ne *coûtait rien à l'État*, et de leur faire trouver un supplément de profits dans l'intérêt qu'ils pouvaient tirer, pour leur propre compte, du placement de ces fonds. Ainsi, d'un côté, l'administration se donnait l'apparence de l'économie, puisque les frais officiels et tarifés des recouvrements étaient presque nuls ; et cependant les comptables étaient bien traités, et toujours mieux en raison de ce qu'ils forçaient les contribuables à payer plus tôt ce qu'eux-mêmes ils payaient plus tard. Or, en 1806, le moment me paraissait arrivé pour mon collègue le ministre des finances de perfectionner ce qu'il avait imité ; il fallait sans doute laisser aux comptables des rétributions suffisantes pour compenser les charges, la responsabilité, les tentations attachées à leurs fonctions ; mais lorsqu'il avaient recouvré *plus tôt* ce qu'ils devaient verser *plus tard* au trésor, autant valait-il faire profiter le trésor de cet excédant, même à titre de *prêt*, que de le condamner à chercher d'autres prêteurs. Pour que les comptables n'y perdissent pas, il suffisait que le trésor leur payât l'intérêt des versements qu'ils auraient faits avant les termes réglés avec eux ; et le trésor devait y gagner beaucoup. Ce n'était même que dans une combinaison à peu près semblable que ce système avait été pratiqué dans des temps antérieurs, qui n'étaient cependant pas ceux des meilleurs calculs en finances ; et cette imitation, mieux comprise, devait seule procurer au trésor public une anticipation de jouissance de trente ou quarante millions ; c'était du moins un à-compte sur l'avance dont le trésor avait besoin avec un budget dont les recettes, dans leur rapport avec les dépenses, étaient toujours en retard d'environ 120 millions.

J'ai dit plus haut qu'il aurait également suffi que la Banque de Paris, sans même chercher d'exemple ailleurs, eût seulement imité l'ancienne caisse d'escompte, dont M. Turgot avait favorisé l'établissement en 1775, pour qu'un autre secours permanent de près de 60 millions eût été assuré au trésor. Et si l'on avait trouvé dans ces deux sources les cinq sixièmes de cet emprunt annuel, dont le renouvellement était la condition implicite de chaque budget, la manœuvre des finances devenait alors si simple et si facile, qu'on aurait eu d'autant moins besoin, pour le plus indivisible des ministères, de deux chefs dont l'un croyait se réserver la *pensée*, tandis que l'autre avait tous les embarras de l'action. La question de ce partage avait déjà été jugée autrefois entre M. Necker et M. Taboureau. Elle venait encore de l'être plus capitalement entre le ministère des finances et celui du trésor, par la découverte de ce débet de 141,800,000 fr. qui, jusqu'au moment de son explosion, avait échappé à la pensée du ministre des finances. Je n'ambitionnais pas l'héritage du ministre des finances, et je me trouvais une ambition beaucoup plus raisonnable en désirant qu'il rentrât dans tout le sien. Mais l'accomplissement de ce vœu dépendait de plusieurs volontés ; le ministre des finances ne regrettait aucune des concessions qu'il avait faites, et ne désirait aucune des restitutions que je voulais lui faire. Le gouverneur de la Banque voulait très sérieusement que la Banque prît une grande part au service du trésor; mais il n'admettait pas que

cette coopération dût se réduire au simple prêt d'une portion de son capital. De son côté, Napoléon disait que son système ministériel était un instrument propre à sa main, et qu'il ne voulait pas en changer la forme : et je remarquais en même temps que contre son habitude de courir dans chaque affaire au résultat, il laissait s'écouler et se perdre en divagations sans terme et sans objet des conseils de finance dans lesquels il était question du nouveau contrat à faire avec la Banque. Enfin, à la suite de la dixième ou onzième séance, qui fut la dernière, m'ayant retenu dans son cabinet, il me déclara que, dans toutes les discussions qui avaient eu lieu, une seule chose lui paraissait claire, « c'est
« qu'il ne devait pas y avoir d'alliance entre les
« affaires du trésor et celles de la Banque ; que,
« parmi beaucoup de bons motifs, il s'arrêtait à
« celui-ci : que souvent un simple mouvement de
« deniers publics portait avec lui le secret de l'État ;
« et qu'en pareille matière il ne devait pas aug-
« menter le nombre de ses confidents ; que, depuis
« six mois, le service du trésor se faisait sans se-
« cours étrangers ; qu'ainsi les premiers obstacles
« étaient levés ; que rien ne pouvait faire présager
« la prochaine rupture de la paix continentale, et
« que le service de 1807 serait conséquemment
« plus facile encore que celui de 1806. » Il ne me permit pas même de développer quelques observa-

tions que je tentai de reproduire sur la plus grande facilité qu'obtiendrait le service du trésor, si l'appropriation des recettes aux dépenses était confiée au même ministre ; mais lorsque je représentai que, pour prendre sur moi toute la responsabilité de ce service, j'avais besoin d'établir en quelque sorte un nouveau trésor public à côté de l'ancien, de modifier toute l'ancienne combinaison des recettes, etc., etc., la réponse fut : *Faites le décret, je le signe.* Je demandai trois jours ; je n'obtins que vingt-quatre heures.

Déjà alors les moyens d'exécution n'exigeaient plus de longues recherches ; ils naissaient de la nature des choses mieux observées ; et si j'avais différé d'en proposer l'emploi, c'était parce qu'il m'aurait paru juste et convenable de laisser le mérite des améliorations au ministre qui avait eu celui de dégager, cinq ans auparavant, de ses ruines un ancien système de finances, lequel n'avait plus besoin que d'être mieux approprié au temps. J'avais même eu la bonne foi de lui communiquer mon plan pour qu'il pût en faire le complément du sien ; mais, à l'exemple de Napoléon, il s'était accoutumé à regarder la trésorerie comme étrangère aux finances, et, par suite de cette division, il fallait qu'à son tour le trésor considérât comme à peu près nulles toutes les conventions réglées entre le ministre des finances et les receveurs-généraux ;

car le trésor avait besoin, dans le nouveau système qui allait s'introduire, de rentrer dans le premier de ses droits, celui de disposer de tous les revenus publics, non pas d'après l'échéance des engagements souscrits par les comptables, mais d'après leurs recouvrements effectifs. Et, ce qui peut mériter d'être remarqué, ce n'était pas de la part des receveurs-généraux que j'avais de grandes oppositions à craindre ; c'était de la part des bureaux du ministère des finances, qui professaient sérieusement cette singulière doctrine, que les revenus publics étaient *affermés* aux receveurs-généraux, et qu'ils n'en étaient comptables qu'aux termes de leurs engagements.

D'autres difficultés moins apparentes, mais plus graves peut-être, naissaient de l'organisation même de la trésorerie ; par telle manière d'en changer la routine, ou d'en modifier seulement quelques formules, on pouvait s'exposer au danger d'arrêter tous les mouvements du service public.

De quelque lieu que provinssent les revenus, de quelque nature qu'ils fussent, sous quelque forme que s'opérassent les versements, en quelque endroit et en quelque valeur que se fissent les dépenses, c'était (je le répète) le caissier-général du trésor qui était censé tout recevoir et tout payer. Il était réputé présent en tout lieu, pour l'une et l'autre fonction. On avait appelé cela *centraliser* la comptabilité ; c'était sur une telle fiction que reposaient la loi organique de la trésorerie et la législation qui réglait les rapports de tous les receveurs et de tous les payeurs envers la caisse générale du trésor, et ceux de tous les comptables envers le tribunal suprême qui devait juger leur compte. Quand le budget promettait au trésor 700 millions de recettes, il le chargeait en même temps de 700 millions de dépenses ; mais dans telle province le trésor avait beaucoup plus à payer qu'à recevoir ; dans telle autre il avait beaucoup plus à recevoir qu'à payer : le soin d'établir l'équilibre local entre les moyens et les besoins, soin qui aurait dû être la grande affaire du ministère des finances, ne regardait que le ministre du trésor ; toutefois, il fallait, pour obéir aux formes, qu'il fît concourir la caisse centrale du trésor à une recette et à un paiement qui s'effectuaient quelquefois à deux cents lieues d'elle, comme si elle avait été le véritable agent de l'une et de l'autre opération. La loi commandait sans doute une chose absurde, aussi s'établissait-il une transaction entre la législation et la force des choses. La caisse centrale du trésor faisait *recette* sur les certificats d'un comptable ; *dépense* sur les déclarations d'un autre comptable ; elle multipliait les recettes du même produit autant de fois qu'il lui était présenté sous une forme nouvelle, comme cela arrivait chaque jour par les simples *virements* qui n'opéraient qu'un déplacement de fonds et un simple échange d'effets : elle inscrivait, pour leur prix nominal, ces valeurs de toutes formes créées dans les moments désespérés, perdant souvent plus de quatre-vingts pour cent, et qui se réfugiaient d'autant plus abondamment dans les caisses publiques, qu'elles étaient le rebut de toutes les autres : enfin la loi avait voulu que le livre du caissier devînt, en quelque sorte, le procès-verbal arithmétique, tant des actes personnels du caissier-général que de ceux de tous les autres comptables du trésor. Un système de contrôle était sans doute nécessaire, mais il ne pouvait pas être plus mal placé.

Quelque probe que fût ce caissier, quelque habileté qu'il pût mettre, ainsi que ses coopérateurs, dans la manœuvre des formules qu'ils devaient employer, il était impossible qu'une méthode qui ne reposait que sur des fictions, ne laissât pas son empreinte sur tous ses résultats : eh ! faut-il que je rappelle la preuve qu'en a donnée le déficit de 141,800,000 fr. constaté dans les caisses du trésor et dans ses moyens réels de paiements, sans que le caissier-général en eût le premier soupçon.

Il était surtout impossible que le trésor connût avec exactitude ses ressources locales et qu'il en disposât avec une judicieuse économie.

Pour faire apprécier ce qu'un tel mode de comptabilité apportait de difficultés au trésor, je vais exposer une de ses combinaisons les plus simples.

Je suppose qu'un seul département produisît annuellement en impôts 2,400,000 fr., et dût employer en dépenses publiques une somme égale, il semblerait au premier coup d'œil que rien n'était plus naturel que de laisser l'équation s'accomplir d'elle-même, et que le trésor n'avait à intervenir que pour la régularisation des recettes et des dépenses qui devaient se balancer localement dans l'année. Mais les recettes se composaient, par exemple, de 1,800,000 fr. en contributions directes, de 600,000 fr. en droits d'enregistrement et taxes indirectes ; dans cet état, quoique le receveur-général eût pu recouvrer, par douzième, et conséquemment dans l'année, le montant de la contribution directe, il était possible qu'il ne fût obligé d'en tenir compte au trésor que par dix-huitième, et conséquemment en dix-huit mois, et le trésor ne devait alors disposer de ses propres fonds que dans cette proportion. A l'égard des 600,000 fr. provenant d'autres taxes, le receveur-général devait envoyer tous les dix jours, aux caisses du trésor à Paris, la déclaration de ce qu'il avait reçu, garder les fonds jusqu'à ce qu'il en fût disposé ; et les formalités qu'il fallait remplir à la caisse centrale de Paris pouvaient entraîner un délai de soixante jours ; ainsi, quoique les taxes locales eussent pu produire dans l'année 2,400,000 fr., somme égale aux dépenses que devait acquitter le trésor dans le même lieu, pendant cette période, le trésor à la fin du douzième mois, n'avait pu disposer que de 1,700,000 fr. sur les impôts recouvrés ; et les fonds nécessaires à tous les paiements étaient dans la main du principal comptable sans être à la disposition du trésor, qui se trouvait dans l'alternative de laisser ses créanciers en souffrance, ou d'envoyer des fonds extraordinaires là où les fonds ordinaires étaient déjà suffisants [1]. L'on peut juger

---

[1]. Voici comment, dans la même hypothèse, opérait la caisse centrale du trésor. Le receveur-général des Pyrénées-Orientales, quel'on prend pour exemple, après avoir pris envers le ministre des finances l'engagement de verser en dix-huit mois l'impôt que la loi déclarait payable en douze mois, par les contribuables, adressait à Paris à une caisse succursale de la caisse centrale du trésor, des obligations fractionnaires de la même somme aux mêmes échéances, et passées à l'ordre du caissier-général. Ce dernier, après diverses formalités, faisait *recette*, et se constituait comptable de cette portion d'impôt, quoiqu'elle ne dût devenir la propriété du trésor que successivement dans un espace de dix-huit mois. Lorsque l'échéance de chaque coupure arrivait, un décret en autorisait l'application au service : alors le caissier-général faisait dépense de cette partie d'obligations comme il en avait fait recette ; l'envoi en était fait, par un autre caissier auxiliaire, au payeur de Perpignan, pour en faire le recouvrement et réaliser la dépense que la comptabilité du caissier-général déclarait déjà faite.

Quel que fût le montant des recouvrements faits par le receveur-général sur l'impôt direct, le payeur ne pouvait réclamer auprès de lui que les obligations échues dont il était porteur.

Quant aux produits des taxes indirectes, le receveur-général,

par cet exemple des difficultés que devait éprouver le service du trésor dans les départements (et c'était le plus grand nombre) où, relativement aux dépenses, les recettes disponibles présentaient de grands déficits qu'il fallait combler, ou de grands excédants qu'il fallait diriger ailleurs. Des transports continuels d'espèces monétaires étaient l'expédient le plus habituellement employé. Ainsi, pour établir un moment l'équilibre dans les différentes parties du service du trésor, on détruisait partout celui de la matière imposable. L'argent, cet instru-

qui ne les encaissait que lorsqu'elles étaient librement versées par des agents d'administrations indépendantes du trésor, devait envoyer tous les dix jours à la caisse centrale la déclaration de ce qu'il avait reçu. Cette déclaration s'appelait *bon à vue* : dans la pratique ce n'était, surtout alors, que vers la fin de chaque mois que les déclarations étaient expédiées. Le terme moyen du retard, seulement à compter du versement chez le receveur-général, était, en conséquence, de vingt jours; il fallait ensuite dix jours pour le trajet ; un délai à peu près pareil pour les vérifications et annotations qui précédaient l'acte par lequel le caissier central faisait recette de ces certificats ; encore un délai semblable pour que le ministre pût les comprendre dans les moyens de paiement, et définitivement, dix jours de plus pour que les bons à vue pussent être renvoyés sur les lieux au payeur local qui devait les échanger contre les fonds dont ils attestaient la présence depuis près de deux mois.

Ainsi, quoiqu'il fût très-possible, dans le cas cité comme exemple, que les 200,000 francs que le trésor devait dépenser par mois se réalisassent en temps utile dans les caisses publiques, par le seul produit de l'impôt, il était impossible au trésor d'employer la totalité des recettes faites aux dépenses exigibles, sans s'écarter de ses propres conventions et des traités faits par le ministre ment commun de toutes les transactions qui, par une sorte de spontanéité, dont je n'entreprendrai pas ici d'analyser la cause, étend ou réduit lui-même son volume dans chaque lieu selon sa sphère d'activité, ne prêtait son service à l'impôt, sur certains points, que pour perdre toutes ses autres fonctions. Il était versé en masse d'une caisse publique dans une autre, souvent à de grandes distances. Quelques entreprises particulières profitaient sans doute du singulier droit attribué aux comptables de placer à intérêt, pour leur propre compte, une partie de leurs recouvrements ; mais comme ils

des finances : aussi arrivait-il qu'il y avait très-souvent, dans le même lieu, insuffisance dans les moyens de paiement, à côté d'excédants dans les recouvrements : et c'était en toute règle que les comptables des recettes disposaient de ces excédants pour leur propre compte, tandis que les créanciers de l'État éprouvaient des retards, ou bien que le trésor ne pouvait les satisfaire que par des emprunts qui le discréditaient.

Les vices d'un tel système provenaient de son origine ; elle remontait au temps où les affaires de l'État n'étaient pas la principale affaire des hommes d'État, où, par exemple, le gouvernement, pour s'affranchir des détails et des hasards des divers recouvrements, et s'assurer des rentrées périodiques de fonds, avait pris le parti coûteux, mais commode, d'affermer sous différentes formes tous les impôts.

En 1800, pour retrouver de bons comptables, on crut prudent de rendre aux receveurs-généraux des finances quelques-unes des facilités dont jouissaient les anciens financiers ; celle dont ils s'accommodaient le mieux était d'avoir, pour les versements qu'ils devaient faire au trésor public, un délai plus long que celui que la loi donnait aux contribuables pour le paiement des taxes :

ne devaient faire ainsi que des placements à court terme, et que plusieurs résistaient difficilement à l'attrait d'un gros intérêt, il arrivait trop souvent que ces fonds se trouvaient engagés dans des spéculations aventureuses. C'était la principale cause des débets qui se découvraient chaque année ; et ils avaient été très nombreux, malgré la vigilante sévérité de mon prédécesseur.

Cet état de choses n'était cependant que le résultat de la constitution même du trésor ; et tant d'intérêts publics et particuliers auraient pu se trouver compromis par des changements trop brusques

et ils obtinrent (sauf quelques différences locales) de ne remettre au trésor public qu'en dix-huit mois, par fractions égales, ce qu'ils avaient recouvré par fractions inégales, en douze ou treize mois. Un tel usufruit de deniers publics, déjà si peu justifiable sous l'ancien régime, devait bientôt provoquer contre lui plus d'objections encore sous le nouveau : il ne pouvait se légitimer que sous la condition que les fonds, qui se trouveraient ainsi momentanément disponibles au profit des receveurs-généraux, ne pourraient être placés par eux qu'au trésor public, qui leur attribuerait sur cette espèce d'avance une bonification de prompt paiement ; dans cet état, du moins, les deniers publics pouvaient rester fidèles à la destination exclusive de tout impôt. Mais une autre condition préalable devait être que, de son point de centre, le trésor public pût, dans chaque recette générale, surveiller la quotité et la date des recouvrements, aussi exactement que le comptable lui-même. Or, pour y parvenir, il fallait bien qu'intervînt entre le trésor public et ses comptables une autre comptabilité que celle qui, sans le savoir, avait pu receler pendant plusieurs mois un déficit de plus de 140 millions.

dans ses divers rapports, que, s'il était nécessaire de lui donner un meilleur mouvement, il ne l'était pas moins dans les premiers moments de maintenir en contact tous les rouages de l'ancienne machine ; il lui fallait seulement un moteur de plus qui fût indépendant des autres et leur redonnât la puissance qui leur manquait. Voici comment il y fut pourvu : Une caisse nouvelle fut établie au trésor sous le nom de *caisse de service.*

Pour faire subitement du trésor une *machine nouvelle*, il ne fallait que le mettre en pleine et active possession de ses propres ressources, et l'effet de cette institution fut l'accomplissement uniforme partout du premier des devoirs d'une trésorerie, c'est-à-dire l'application immédiate dans chaque lieu du produit des impôts aux dépenses publiques régulièrement exigibles dans le même lieu. Aussi, au moment même de sa création, les comptables des recettes durent-ils livrer à cette caisse la totalité des fonds dont ils ne devaient compte au trésor que dans des délais plus ou moins longs, et ils s'empressèrent de se mettre en rapport avec elle. Bientôt même des prêts lui furent offerts à un intérêt modéré, et d'assez fortes sommes vinrent acheter au pair ses mandats sur quelques places de la France ; elle put ainsi rendre immédiatement disponibles pour le trésor public les fonds dont il avait besoin, en quelque lieu que ce fût : elle fournit, là où les ordonnateurs provoquaient des paiements, de l'argent ou des effets payables à vue à la place des anciennes obligations des receveurs-généraux, des certificats nommés *bons à vue*, et des divers effets à long terme, avec lesquels il était auparavant si injuste au trésor de faire des paiements, et si difficile d'obtenir des prêts. Un tel changement ne fut cependant que le résultat de l'emploi mieux défini, et peut-être mieux dirigé, des ressources virtuelles de la trésorerie. Les sommes recouvrées par les receveurs-généraux excédaient, comme on l'a dit et redit, de plusieurs douzaines de millions celles dont le versement successif était obligatoire pour eux, dans l'année, d'après leur traité avec le ministre des finances. Ce fut déjà un secours important que la jouissance de cette somme.

Les mandats que la nouvelle caisse fut bientôt en mesure de délivrer, et pour quelque somme que ce fût, sur toutes les caisses publiques de la France de ce temps, furent un autre moyen d'obtenir, plus tôt et sans frais, la présence et la disponibilité, à Paris, d'une autre partie des recouvrements, et ces mandats furent recherchés par une foule de personnes qui en déposaient le montant, et qui, avec une telle valeur, faisaient à moindres frais des paiements à de grandes distances ; les banquiers eux-mêmes ne dédaignèrent pas, pour de pareilles transmissions, la médiation de la même caisse; car. avec cette aide, ils pouvaient faire des remises sur des places où ils n'avaient pas de correspondants.

Le but et l'intention de ce nouveau rouage du trésor public furent si bien appréciés à Paris, que bientôt plusieurs millions en placement à long terme lui furent offerts à cinq pour cent.

Le service du trésor devint facile partout, se trouva assuré sur tous les lieux, dans toutes ses parties, et par l'effet d'une combinaison assurément bien simple : elle se bornait principalement à faire que l'intérêt des comptables qui avaient le dépôt de toutes les ressources publiques, fût d'accord avec celui du service public, au lieu d'être en opposition avec lui ; qu'ils eussent autant de motifs pour livrer promptement au trésor tous leurs recouvrements, qu'ils en avaient, dans leur condition précédente, pour les dissimuler et les retenir; et qu'ils n'eussent plus de meilleur emploi du crédit personnel et de la confiance locale qu'ils pourraient obtenir, que d'en faire profiter, sous la direction du ministère, le service public dont ils étaient les agents.

Le premier acte de la caisse qui remplaçait les faiseurs de service, et qui prit de là son nom, fut d'annoncer à tous les comptables qu'elle ouvrirait à chacun d'eux un compte d'intérêts réciproques ; qu'ils profiteraient de cet intérêt sur toutes les sommes provenant de leurs recouvrements qui seraient mises à la disposition du trésor avant le délai fixé par leur traités, et que cet intérêt serait à leur charge sur tout produit d'impôt qui, après ce délai, n'aurait pas été employé au service public, que ce compte d'intérêt serait réglé contradictoirement et soldé tous les trois mois. Les receveurs-généraux conservaient ainsi leurs émoluments dont la proportion pouvait n'être pas exagérée, mais qui, sous la forme adoptée jusqu'alors, avaient beaucoup plus coûté au trésor qu'ils ne leur produisaient; et les contribuables qui avaient payé les impôts, les créanciers de l'État, à qui leur produit appartenait, n'étaient plus exposés au scandale de voir une partie notable de l'impôt détournée pendant plusieurs mois de sa destination pour procurer aux agents du fisc une jouissance de profits sur un capital soustrait à ses véritables propriétaires, les créanciers de l'État.

Comme les dispositions que le trésor devait faire sur les receveurs-généraux pour les dépenses payables dans les départements variaient peu chaque mois, et qu'elles étaient loin d'absorber, dans la plupart des départements, la totalité des recouvrements, ces comptables furent autorisés à transmettre à la caisse de service tous les fonds présumablement disponibles en lettres de change du commerce, soit sur Paris, soit sur quelques autres places où les dépenses publiques devaient excéder les recettes. L'objet de cette mesure était de ne laisser des fonds oisifs dans aucune caisse, d'empêcher tout déplacement d'espèces monétaires, d'approprier aux affaires publiques ce système de compensation par lequel le commerce régularise ses transactions aux plus grandes distances; de solder même une partie des comptes du commerce de Paris avec les départements qui l'approvisionnent, au plus grand avantage des créanciers et des débiteurs respectifs; enfin, de restituer immédiatement l'impôt à la matière imposable, etc., etc.

Mais plus je me promettais d'avantages de l'adoption de ces mesures, plus j'avais été circonspect et réservé dans leur exposition; je n'en avais même indiqué (et sommairement) que quelques-unes à l'empereur, en lui proposant le décret qui instituait la caisse de service. Je me rappelle que, contre sa coutume, il voulut signer ce décret sans le lire, et que, lorsque j'insistais pour qu'il fût lu, il avait dit : *Je ne puis pas signer trop vite l'émancipation du trésor.*

Je ne prétendais pas avoir formé une doctrine nouvelle en ramenant les choses à leur ordre naturel, je ne devais donc pas être considéré comme un *novateur*; c'était cependant un peu ce qu'on disait alors de moi. Au surplus, si la combinaison nouvelle, sur laquelle reposait le service du trésor, eût été fausse, on aurait eu tort de me chercher des complices dans les bureaux du trésor ; il n'y avait là personne qui crût à son succès, à l'exception de deux ou trois chefs [1] ; les autres étaient persuadés qu'il n'y avait rien à changer à leur méthode. Je ne rencontrai toutefois de leur part aucune résistance. Comme tous les autres rouages par lesquels ils se laissaient conduire conservaient leurs anciens rapports, ils s'aperçurent à peine que le nouveau évitait des frottements pénibles, et rendait le mouvement plus facile et plus accéléré.

Mais ce que j'aime à dire, à l'honneur des receveurs-généraux qui auraient pu se croire plus attaqués dans leurs prérogatives, c'est que la majorité d'entre eux appréciait et secondait cette mesure comme elle devait l'être.

Montesquieu fait un mérite aux lois françaises d'avoir *stipulé* avec les gens du fisc comme avec des ennemis ; je n'eus pas à stipuler avec des *ennemis* dans cette circonstance.

Dans les débris des bureaux qu'un comité de receveurs-généraux avait formés en 1803, lorsqu'ils avaient momentanément remplacé les faiseurs de service, je trouvai plusieurs sujets plus initiés que

---

[1]. Je cite, avant tout autre, l'honorable M. Rielle, qui conserve si utilement pour le service la direction du mouvement des fonds au ministère des finances.

ceux du trésor aux opérations que devait suivre la nouvelle caisse de service, ainsi qu'à la comptabilité très-différente[1] de celle du trésor, qui devait en constater les résultats ; et je confiai au chef de ces bureaux[2] la correspondance de la caisse de service avec tous les comptables des départements. Mais cette machine, qui devait mettre en mouvement sur tous les points de la France d'alors sept ou huit cents millions de recettes, et pourvoir à une somme de dépenses souvent plus fortes que les recettes, ne pouvait pas, pour la sûreté même de son premier agent, n'avoir qu'un seul garant de tous ses résultats. Je ne pouvais moi-même les observer que dans leur ensemble, et je voulais avoir une pleine sécurité sur les détails. J'arrêtai donc que tous les jours les actes de la caisse de service seraient mis sous mes yeux avec le triple contrôle du caissier, du chef de la comptabilité et du chef de la correspondance. Une comptabilité dans laquelle la sucession des faits était si rapide, dans laquelle chaque fait demandait une mention expresse, ne pouvait pas s'arrêter un moment. Un seul jour de retard aurait rendu tout incertain ; il n'y avait qu'un pas de l'ordre à la confusion, et la confusion ne pouvait

1. On a deviné que cette comptabilité différente fut la comptabilité *en partie double*, qui entra *par cette porte* dans toute l'administration française : je l'avais déjà introduite à la caisse d'amortissement.
2. M. Jourdan.

pas produire une seule erreur qui ne fût grave ; tous les matins le teneur de livres me présentait la situation à jour de chaque comptable envers la caisse de service et les divers dépôts des ressources de cette caisse. L'examen de cette espèce de bilan était le premier acte de ma journée. Je faisais cet examen avec le teneur de livres qui, sous le nom de directeur des comptes, prenait part au mouvement de la machine plutôt comme témoin que comme agent ; sa mission était de décrire tout chaque jour, sans rien omettre ; il observait, recueillait tous les faits nouveaux, et classait chacun d'eux dans le compte qui lui était propre. Je connaissais par lui les changements que chaque jour opérait dans chacune des situations que j'avais besoin de comparer pour connaître l'ensemble des moyens. Lorsque ensuite le chef de bureau qui, par la correspondance des comptables, devait me faire connaître l'origine des fonds, me présentait les mêmes résultats sous une autre forme, je me trouvais en mesure non-seulement de résoudre toutes les questions relatives au service du jour, mais même si je remarquais quelques différences, de les relever assez tôt pour qu'elles fussent immédiatement redressées et rectifiées. Enfin, le caissier [1] de la caisse de service me remettait à son tour l'état du maté-

---

1. M. Petit de Bantel.

riel de sa caisse ; ainsi j'obtenais sur le principal résultat de tous les comptes, c'est-à-dire sur les ressources disponibles du trésor, un double et triple contrôle. Tout cela était fait chaque jour avant l'ouverture des autres bureaux ; et cette espèce d'initiation aux autres travaux de ma journée était elle-même à peine un travail.

Quelles que fussent les autres questions qui pouvaient se présenter dans les autres divisions du trésor, les solutions se trouvaient préparées d'avance, et je n'avais plus que des applications à faire. Enfin je me trouvai si bien de cette méthode que, pendant près de neuf ans, il ne m'est pas arrivé un seul jour de m'en écarter. C'est principalement à elle que je devais l'avantage de pouvoir prendre des déterminations promptes sur tous les cas urgents, sur les besoins imprévus, de répondre ordinairement le jour même aux demandes des différents ministères et aux différentes explications qu'exigeait de moi le chef du gouvernement, soit verbalement, soit par écrit ; et ce nouveau rouage, en accomplissant son office, se mit, dès le principe, si bien en rapport avec tous les autres rouages de la trésorerie, que ce fut sans commotion, sans effort, qu'il éclaira, facilita leurs mouvements et les rendit plus réguliers, quoiqu'il ne changeât rien à leur ancien engrenage.

La caisse de service était à peine en activité,

lorsque les finances eurent à soutenir une épreuve semblable à celle qui leur avait porté une si rude atteinte en 1805. Malgré la confiance de Napoléon dans le maintien de la paix continentale, la Prusse qui, dix mois auparavant, était restée spectatrice des démêlés de l'Autriche avec la France, venait à son tour de nous déclarer la guerre, et la Russie joignait encore ses armées aux siennes contre nous.

On ne doit assurément pas dire de cette guerre qu'elle eût été provoquée par Napoléon : ce que je sais, c'est que, lorsque la rupture éclata, il en parut aussi surpris que contrarié. Une partie de son armée se trouvait encore sur la rive droite du Rhin ; mais les corps étaient loin d'être complets ; tout le matériel avait besoin d'être rétabli ou du moins réparé. Il fallut pourvoir, en moins d'un mois, à toutes les dépenses que demandaient l'artillerie, les remontes, les équipages militaires, les recrues, les transports en poste d'une partie de cette garde qui, seule, formait un corps d'armée. Mais Napoléon, qui connaissait l'état des finances, borna lui-même les préparatifs à ceux qui étaient nécessaires pour la première bataille; ainsi il n'avait encore, cette fois, rien préparé que pour la victoire et la grande journée de Iéna justifia ses calculs. De son côté, la cour de Prusse n'avait rien préparé pour la défaite, et la monarchie prussienne sembla tomber avec son armée. Les Français n'eurent qu'une seule barrière à renverser pour se rendre maîtres de toute la Prusse.

Alors, indépendamment des ressources que Napoléon tira des pays vaincus, pour la subsistance et les approvisionnements de l'armée française, de nouveaux corps furent promptement levés et équipés dans l'intérieur. Il est toujours facile de recruter une armée victorieuse, et il le devint d'autant plus à cette époque que les cent cinquante mille soldats français qui, dans l'espace du mois de novembre, s'étaient établis au dehors, ne coûtaient plus rien à la France, et laissaient, dans le budget particulier de la guerre, un disponible de 7,500,000 fr. par mois [1] pour l'armement et l'équipement des nouvelles levées qui devaient les joindre : Napoléon pressait ce recrutement : mais, malgré toute l'activité de ceux qui devaient y concourir, on ne pouvait pas lever subitement autant de soldats que cet excédant momentané des ressources,

---

1. D'après les calculs établis avec soin au ministère du trésor, et qui avaient pour base les traitements et les distributions réglés par les ordonnances militaires, calculs avoués par le ministère de la guerre, on évaluait à 600 francs la somme que devait coûter pour terme moyen chaque homme de guerre, depuis le maréchal de France jusqu'au tambour ; cette dépense pouvait s'accroître en temps de guerre par les traitements extraordinaires, mais ils étaient rarement à la charge de la France. Cette somme de 600 fr. comprenait la solde et l'entretien de toute nature. Les

dans le budget de la guerre, aurait pu en payer, et, d'ailleurs, les recrues ne restaient pas longtemps sur le sol français ; les nouveaux soldats ne se réunissaient guère au dépôt que pour y être incorporés : on formait, du produit de plusieurs dépôts, des bataillons de marche qui s'instruisaient aux évolutions dans la route, et arrivaient, en toute hâte, sur le territoire ennemi. Ce qui était remarquable, c'est que Napoléon qui, pour soutenir cette guerre, avait été d'abord si économe de préparatifs, et qui n'aurait pas permis qu'on mît alors la victoire en doute, sembla, après la bataille d'Iéna, ne pouvoir assez accroître ses forces, ni trop multiplier les précautions contre les hasards d'une défaite ; il était devenu aussi prévoyant pour les revers qu'il était confiant la veille dans les succès. Il semblait vouloir s'entourer en Prusse de toutes les forces de la France : il voulait, il est vrai, contenir l'Autriche, qui pouvait menacer ses flancs, repousser les Russes au delà des limites de la Pologne, détacher la Saxe de la nouvelle coalition qu'il combat-

dépenses de la fabrication des armes du génie et des remontes des équipages militaires étaient en dehors ; en les répartissant additionnellement sur chaque homme, on trouvait que la moyenne n'excédait pas 700 francs. Le trésor payait la solde et les traitements accessoires par avance, sans ordonnances ; aussi avait-il besoin d'étudier et de connaitre l'état des troupes, la force des corps, leurs mouvements, aussi exactement que le ministère même de la guerre.

tait ; faire avec cette puissance une alliance honorable et sûre ; agrandir son territoire ; placer enfin la maison de Saxe, comme un poste avancé, devant les trois grandes puissances, dont il pouvait redouter les entreprises, et comme le dernier anneau du nouveau lien fédératif qu'il espérait former entre la France et le reste de l'Allemagne. Pour accomplir de si vastes desseins, outre les tributs qu'il tirait du pays vaincu, outre ceux qu'il exigeait des pays alliés, dont il aurait mieux fait peut-être de ne pas affaiblir les ressources, il pressait les envois d'hommes, de chevaux, d'artillerie, d'équipages, qu'il demandait à la France ; il faisait établir, dans toutes les places du Rhin, des approvisionnements de toute espèce ; l'espace qui s'étendait de Mayence à Berlin était déjà, au mois de décembre 1806, plutôt une ligne de bataille qu'une route militaire. Il m'arrivait souvent alors de recevoir de Napoléon, par le même courrier, des lettres qui auraient bien pu me donner quelque embarras. Les unes, par exemple, prescrivaient de tenir en réserve la totalité de la solde et des traitements dus à l'armée depuis qu'elle avait passé le Rhin ; de n'employer ces sommes à aucune autre dépense : je lisais dans les autres que, puisque le trésor public se trouvait momentanément dispensé de payer la solde d'une partie des troupes, il avait nécessairement des fonds libres, et qu'il devait les employer à secourir les autres services de la guerre, qui avaient besoin d'un supplément de ressources. C'était ainsi que procédait l'arithmétique de Napoléon : pour tirer des hommes et des choses toute leur valeur, il débutait par demander trop : aussi, dans la foule des décisions qu'il rendait chaque jour *proprio motu*, se trouvait-il souvent des contradictions, des doubles emplois ; il arrivait que le même corps devait, presque au même moment, se trouver sur deux points différents ; que la même somme recevait deux destinations. Ce n'était ni par distraction, ni par oubli, que de telles contradictions avaient lieu ; et comme sur un champ de bataille il inspirait souvent le courage qui compensait l'infériorité du nombre, il semblait croire qu'il dépendait des administrateurs de suppléer par leurs efforts à l'insuffisance des ressources. Du milieu de son camp, et dans le mouvement des opérations militaires, il voulait encore non seulement gouverner, mais administrer seul toute la France ; et il y parvenait.

Il exigeait que les comptes du trésor, qui devaient servir de base aux crédits qu'il ouvrait chaque mois aux ministres, lui fussent adressés, même à son quartier-général ; là, seul dans sa tente, il examinait ces comptes, contestait leurs résultats, modifiait mes propositions et les demandes des ministres, comme s'il n'eût pas été occupé d'autres soins ; il feignait d'oublier que, dans l'état où j'avais trouvé les finances, je n'avais pu promettre pour les neuf derniers mois de 1806 qu'une somme déterminée par mois ; il arrivait que les crédits qu'il ouvrait aux ministres pour chacun des derniers mois de 1806 excédaient beaucoup la proportion convenue ; et il fallait cependant bien y pourvoir. Les économies faites sur la solde et sur la subsistance des troupes qui occupaient la Prusse étaient ainsi plus qu'absorbées par le surcroît de dépenses qu'exigeait une guerre dont la victoire même avait agrandi le plan. La Prusse supportait les frais d'entretien, la France ceux des préparatifs ; mais quoique, dans ses nouvelles prescriptions, Napoléon dépassât la mesure des moyens propres du budget, je dois convenir que le trésor public avait acquis, dans les derniers mois de 1806, d'assez grands accroissements de ressources, surtout en disposant mieux des anciennes ; le cours des cinq pour cent s'était élevé de 50 fr. à 76 fr. dans l'intervalle du mois de mars au mois de décembre ; on ne mendiait plus de prêts ; on ne faisait attendre aucun paiement régulièrement exigible ; les entrepreneurs de diverses fournitures militaires craignaient moins de se mettre en avance ; les obligations des receveurs-généraux ne cherchaient plus d'escompteurs sur la place de Paris ; elles ne sortaient des portefeuilles du trésor que pour être renvoyées, lors de leur échéance, à leurs souscripteurs par la caisse de service à qui ils en avaient déjà, depuis longtemps, transmis la valeur. La seule création de cette nouvelle caisse ayant procuré au trésor, non-seulement la jouissance immédiate de tous les recouvrements faits sur les contributions directes, mais encore une accélération de jouissance de près de deux mois sur les autres taxes, il n'est pas étonnant qu'à la fin de 1806 cette caisse eût constamment un fonds libre de plusieurs dizaines de millions qui ne provenaient, je le répète encore, que d'une meilleure économie des propres ressources du trésor public et de la restitution qui lui en était faite. Les choses étaient dans cet état quand Napoléon ordonna qu'il fût formé, à Mayence, une caisse de réserve de 24 millions d'espèces dont il se proposait de disposer, s'il y avait lieu, pour les seuls besoins de l'armée qui occupait la Prusse ; et lorsque, dans les premiers mois de 1807, ces 24 millions eurent été rassemblés à Mayence, la première réserve que la caisse de service avait créée à Paris pour les besoins imprévus du trésor était du double de cette somme.

Mais avant de parler de cette seconde année de mon ministère, je dois compléter le compte de la première, en présentant la balance des recettes et des dépenses du budget de 1806. Ce budget comprenait les douze mois de 1806 et les cent derniers jours de 1805, parce que ce fut à cette époque que l'usage du calendrier grégorien fut rendu à la France, et la treizième année de l'ère républicaine ayant expiré le 23 septembre 1805, on convint, pour éviter le morcellement des résultats généraux, de ne former qu'une seule période de comptabilité des cent derniers jours de 1805 et des trois cent soixante-cinq jours de 1806.

La comparaison des recettes et des dépenses de cette période indique qu'elles se sont à peu près balancées ; que le crédit total ouvert aux divers ministères, tant pour les dépenses générales que pour les dépenses locales auxquelles devaient s'appliquer les fonds spéciaux, s'est élevé pour cet espace de quatre cent soixante-cinq jours, à 970,800,000 fr. que le trésor avait payé sur cette
somme celle de. . . . . . . 968,156,000 fr.
qu'il ne restait dû sur les crédits

que. . . . . 2,644,000 fr.

et comme il se trouve sur les crédits un excédant de 1,211,000 fr. sans emploi utile au premier et au dernier article, ce qui restait à solder par le trésor n'équivalait, en effet, qu'aux neuf centièmes de la somme totale.

Ce calcul suppose à la vérité que les crédits ouverts à chaque ministère par le budget de 1806 étaient suffisants, et que les ministres ne les avaient pas excédés dans les dépenses qu'ils avaient ordonnées.

Mais, quelque incomplètes que fussent encore en ce moment les notions acquises sur l'arriéré, elles autorisent à penser que ce n'est pas cette première période qui a souffert de l'insuffisance des crédits.

En joignant ici le budget de 1806, je dois faire observer que le déficit survenu dans les ressources de 1805 par la soustraction que les faiseurs de service avaient faite à la caisse générale d'une somme de 141,800,000 fr., n'apparaissait pas et ne devait pas apparaître dans les chiffres du budget de 1806, mais il n'en résultait pas moins que le vide opéré par cette soustraction dans les moyens de paiement du budget de 1805, laissait sans garantie une somme égale dans les dépenses du même budget, et il fallait y suppléer par des moyens de crédit moins onéreux et moins hasardeux que les anciens.

En même temps, si la caisse générale du trésor était suffisamment protégée à Paris par le contrôle qu'exerçait sur elle la nouvelle caisse de service, et par un régime de comptabilité nouveau lui-même dans les finances, il fallait que toutes les autres caisses des départements, pour acquérir la même garantie, fussent unanimement soumises au même système de comptabilité ; enfin, que la réforme des comptes et des contrôles, pour être efficace, fût uniformément pratiquée sur tous les points par les agents des recettes et par les agents des dépenses, et qu'ils renonçassent à des abus dont la jouissance avait été tolérée à leur égard par plus d'un siècle. Telle était la tâche qui me restait à accomplir dans l'année 1807.

FIN DU PREMIER VOLUME

TABLE DES MATIÈRES

PREMIÈRE PARTIE

Mon enfance et mon éducation. — Choix d'un état, nouvelles réflexions de mon père. — Mon retour à Paris. — Entrevue avec le jurisconsulte Gerbier. Ses pronostics. — Mes premières études aux finances. — Aperçu sur la compagnie de finances qu'on appelait la ferme-générale. — Mes rapports avec le banquier Penchaud. — Propositions d'ouvrir un port-franc en France aux vaisseaux des États-Unis d'Amérique. — Enceinte de Paris, et rachat des privilèges attribués à divers grands établissements. — Renouvellement du bail de la ferme-générale qui a commencé en 1786 et fut le dernier. — Aperçu sur l'état des finances à cette époque. — Refonte de la monnaie d'or. — Plans présentés par M. de Calonne à l'Assemblée des notables. — Retraite de M. de Calonne. — M. de Lamoignon. — État de l'opinion publique en 1788. — Seconde assemblée des Notables. — Écrit de l'avocat Linguet, condamné au feu par le parlement de Paris. — Quelques réflexions sur la propriété. — M. Necker, principal ministre. M. Lambert, contrôleur-général des finances. — Ma retraite en province. — Mon arrestation. — Mon emprisonnement avec les fermiers-généraux. — M. Lavoisier à ses derniers moments. — Mon retour en province. — Bonaparte à Toulon. — Voyage hors de France (1798). — Retour à Paris à la fin de 1799. — Note sur quelques ministres du règne de Louis XVI. 46.

DEUXIÈME PARTIE

Situation des finances de la France à la fin de l'an 1799. — Services rendus à cette époque par le ministre des finances, M. Gaudin, depuis duc de Gaëte. — Établissement d'une caisse d'amortissement. Diversité des attributions de cette caisse. — Ma rentrée dans les affaires publiques. — Emprunts faits sous le nom de cautionnements. — Singulière opinion qu'on avait alors de l'amortissement. — Comptabilité introduite à la caisse d'amortissement. — Mes entrevues avec feu M. le chevalier de Coigny, presque au moment de mon arrivée à Paris. — Exil de M. le chevalier de Coigny. — Exil de plusieurs républicains exaltés. — Établissement d'une banque d'escompte. — Pertes du trésor sur l'escompte des obligations à terme souscrites par les receveurs-généraux. — Spéculations particulières sur les fonds publics. — Premiers comptes publics de la caisse d'amortissement. — Premiers profits faits par la caisse d'amortissement. — Divers projets pour la dotation de la caisse d'amortissement. — Ma première entrevue avec Napoléon, premier consul, en juin 1801. — Longue discussion sur la Bourse de Paris. — Seconde entrevue. — Ma nomination à la direction générale de la caisse d'amortissement. — Nouvelles opérations confiées à la caisse d'amortissement. — Le premier consul m'appelle souvent auprès de lui. — Exposé des devoirs d'une banque d'escompte. — La négociation des effets à terme du trésor public (qui constituait alors la mission de faiseurs de service) confiée aux receveurs-généraux. — Le premier consul me charge de l'examen de divers plans qui lui étaient adressés par d'anciens ministres. — Seconde publication des comptes de la caisse d'amortissement. — État de la France en 1802, pendant la paix avec l'Angleterre. — Nouvelle entrevue avec le premier consul après un intervalle de quelques mois. — Symptôme de rupture avec l'Angleterre. —

Projets de nouveaux statuts pour la Banque. — Intervention de la caisse d'amortissement à la Bourse, à l'époque de la rupture de la France avec l'Angleterre. — Comparaison des dépenses publiques en 1802 et en 1803. — Préparatifs d'une descente en Angleterre. — Tentative d'assassinat contre le premier consul. La transition du consulat à l'empire se prépare. — Création de l'ordre de la légion d'Honneur. — Les habitudes domestiques du premier consul. — Le premier consul proclamé empereur. — Échange entre la Légion d'Honneur et la caisse d'amortissement. — Le pape Pie VII vient sacrer à Paris Napoléon empereur. — L'impératrice Joséphine. — Voyage de Napoléon en Italie, où il est proclamé roi. — Nouvelle guerre avec l'Autriche. — Situation des finances. — Crise de la Banque. — Retour de Napoléon à Paris. — Convocation immédiate d'un conseil qui fait connaître la dette énorme des faiseurs de service envers le trésor public. — Ma nomination au ministère du trésor public. — Note. — Première note sur les banques. — Seconde note sur les banques commerciales. 212

TROISIÈME PARTIE

Situation du trésor public au mois de janvier 1806. — Fixation définitive et contradictoire du débet des faiseurs de service. — L'Espagne reconnue débitrice d'une partie de ce débet. — Mode de recouvrement appliqué au débet de 141,800,000 fr. des faiseurs de service envers le trésor public. — Comptabilité de la trésorerie à cette époque. — Projet de faire participer la nouvelle Banque de France au service de la trésorerie. — Principaux motifs de Napoléon pour ne pas admettre la Banque à cette participation de service. — Etablissement de la caisse de service en juillet 1806. — Préparatifs de la campagne de Prusse en 1806. — Budget de l'année 1806, en regard de la page 558. 479

FIN DE LA TABLE DU TOME PREMIER

Saint-Amand (Cher.) — Imp. DESTENAY, Bussière Frères.